컴퓨터활용능력
2급 필기

KB186115

2025
시나공

길벗

지은이 **길벗알앤디**

강윤석, 김용갑, 김우경, 김종일

IT 서적을 기획하고 집필하는 출판 기획 전문 집단으로, 2003년부터 길벗출판사의 IT 수험서인 〈시험에 나오는 것만 공부한다!〉 시리즈를 기획부터 집필 및 편집까지 총괄하고 있다.

30여 년간 자격증 취득에 관한 교육, 연구, 집필에 몰두해 온 강윤석 실장을 중심으로 IT 자격증 시험의 분야별 전문가들이 모여 국내 IT 수험서의 수준을 한 단계 높이기 위한 다양한 연구와 집필 활동에 전념하고 있다.

컴퓨터활용능력 2급 필기 – 시나공 시리즈 ③

The Written Examination for Intermediate Computer Proficiency Certificate – Comprehensive Overview

초판 발행 · 2024년 7월 1일
초판 4쇄 발행 · 2024년 11월 11일

발행인 · 이종원
발행처 · (주)도서출판 길벗
출판사 등록일 · 1990년 12월 24일
주소 · 서울시 마포구 월드컵로 10길 56(서교동)
주문 전화 · 02)332-0931   팩스 · 02)323-0586
홈페이지 · www.gilbut.co.kr   이메일 · gilbut@gilbut.co.kr

기획 및 책임 편집 · 강윤석(kys@gilbut.co.kr), 김미정(kongkong@gilbut.co.kr), 임은정(eunjeong@gilbut.co.kr), 정혜린(sunriin@gilbut.co.kr)
디자인 · 강은경, 윤석남   제작 · 이준호, 손일순, 이진혁   마케팅 · 조승모, 유영은
영업관리 · 김명자   독자지원 · 윤정아

편집진행 및 교정 · 길벗알앤디(강윤석 · 김용갑 · 김우경 · 김종일)   일러스트 · 윤석남
전산편집 · 예다움   CTP 출력 및 인쇄 · 예림인쇄   제본 · 예림원색

ISBN 979-11-407-0975-5 13000

(길벗 도서번호 030932)

가격 16,000원

독자의 1초까지 아껴주는 정성 길벗출판사

(주)도서출판 길벗 | IT교육서, IT단행본, 경제경영서, 어학&실용서, 인문교양서, 자녀교육서 www.gilbut.co.kr
길벗스쿨 | 국어학습, 수학학습, 어린이교양, 주니어 어학학습, 학습단행본 www.gilbutschool.co.kr

인스타그램 · @study_with_sinagong

시험 날짜는 다가오는데 공부할 시간이 없다면?

시나공 총정리 시리즈

시나공 총정리 시리즈는 공부할 시간이 부족한 학생, 최대한 빨리 공부해서 빨리 합격하고 싶은 수험생을
위해 핵심요약과 기출문제, 실전 모의고사로 구성한 초단기 합격 전략집입니다.

• **핵심요약 & 대표기출문제**

합격에 꼭 필요한 핵심 개념 139개를 관련된 기출문제와 함께 수록
했습니다. 자세한 해설은 기본이죠!

• **실습이 필요한 엑셀 기능 16가지**

엑셀 과목은 실습과 병행하지 않으면 이해하기 어렵습니다. 실습이 꼭
필요한 부분은 기본 설명 외에 따라하며 이해할 수 있는 실습 과정을
함께 수록해 두었습니다.

• **기출문제 & 전문가의 조언 15회**

기출문제라고 다 같은 기출문제가 아닙니다. 기출문제만 이해해도
합격할 수 있도록, 왜 답이 되는지 명쾌하게 결론을 내려 줍니다.

• **실전 모의고사 5회**

실제 시험에 출제될 만한 문제들을 전문가가 선별하여 구성하였습
니다. 시험 전 마무리로, 실력 테스트 하기에 딱! 좋으니 꼭! 풀어보
세요.

시나공 총정리

시리즈는 아래와 같은 방식으로 읽으면 더욱 효과적입니다.

핵심요약

① 핵심요약을 전체적으로 가볍게 읽으세요.
② 핵심요약과 관련된 기출문제가 나오면 핵심요약을 보면서 기출문제를 풀어 보세요.
③ 핵심요약을 정독하면서 외울 건 외우고, 이해할 건 이해하고 넘어 가세요.

기출 & 모의

④ 실제 시험을 치르는 것처럼 기출문제와 모의고사를 풀어 보세요.
⑤ 틀린 문제는 꼭 체크해서, 나중에 다시 풀어 보세요.

정리

⑥ 시험이 임박하면 핵심요약의 기출문제를 처음부터 다시 풀어 보세요.
⑦ 기출문제와 모의고사에서 체크해 두었던 틀린 문제만 다시 풀어 보세요.

목차

0 준비운동

수험생을 위한 아주 특별한 서비스   05

이 책의 구성 미리 보기   06

원서 접수 방법 및 유의 사항   09

시험 접수부터 자격증 받기까지 한눈에 살펴볼까요?   10

컴퓨터활용능력 시험, 이것이 궁금하다!   12

1 실습이 필요한 엑셀 기능 16가지   16

2 핵심요약 & 대표기출문제   32

3 기출문제 & 전문가의 조언

01회 • 2024년 상시01 컴퓨터활용능력 2급 필기   96

02회 • 2024년 상시02 컴퓨터활용능력 2급 필기   105

03회 • 2024년 상시03 컴퓨터활용능력 2급 필기   113

04회 • 2024년 상시04 컴퓨터활용능력 2급 필기   121

05회 • 2024년 상시05 컴퓨터활용능력 2급 필기   129

06회 • 2023년 상시01 컴퓨터활용능력 2급 필기   137

07회 • 2023년 상시02 컴퓨터활용능력 2급 필기   144

08회 • 2023년 상시03 컴퓨터활용능력 2급 필기   152

09회 • 2023년 상시04 컴퓨터활용능력 2급 필기   159

10회 • 2023년 상시05 컴퓨터활용능력 2급 필기   167

11회 • 2022년 상시01 컴퓨터활용능력 2급 필기   175

12회 • 2022년 상시02 컴퓨터활용능력 2급 필기   183

13회 • 2022년 상시03 컴퓨터활용능력 2급 필기   190

14회 • 2022년 상시04 컴퓨터활용능력 2급 필기   197

15회 • 2022년 상시05 컴퓨터활용능력 2급 필기   205

4 실전 모의고사

실전 모의고사 01회   PDF 제공

실전 모의고사 02회   PDF 제공

실전 모의고사 03회   PDF 제공

실전 모의고사 04회   PDF 제공

실전 모의고사 05회   PDF 제공

실전 모의고사 정답 및 해설   PDF 제공

길벗출판사 홈페이지(www.gilbut.co.kr)의 '검색' 난에 '컴활 2급 필기 총정리'를 입력하고 〈검색〉을 클릭한 후 '2025 시나공 컴퓨터활용능력 2급 필기 총정리'의 〈학습자료〉를 클릭하여 실전 모의고사 PDF 파일을 다운로드 받아 사용하면 됩니다.

1등만이 드릴 수 있는 1등 혜택!!
수험생을 위한 아주 특별한 서비스

시나공 홈페이지
시험 정보 제공!

IT 자격증 시험, 혼자 공부하기 막막하다고요? 시나공 홈페이지에서 대한민국 최대, 50만 회원들과 함께 공부하세요.

지금 sinagong.co.kr에 접속하세요!

시나공 홈페이지에서는 최신기출문제와 해설, 선배들의 합격 수기와 합격 전략, 책 내용에 대한 문의 및 관련 자료 등 IT 자격증 시험을 위한 모든 정보를 제공합니다.

수험생 지원센터
무엇이든 물어보세요!

공부하다 답답하거나 궁금한 내용이 있으면, 시나공 홈페이지 '묻고 답하기' 게시판에 질문을 올리세요. 길벗알앤디의 전문가들이 빠짐없이 답변해 드립니다.

합격을 위한
학습 자료

시나공 홈페이지 회원으로 가입하면 시험 준비에 필요한 학습 자료를 내려받을 수 있습니다.
- **기출문제** : 최근에 출제된 기출문제를 제공합니다. 최신기출문제로 현장 감각을 키우세요.

실기 시험 대비
온라인 특강 서비스

(주)도서출판 길벗에서는 실기 시험 준비를 위한 온라인 특강을 제공하고 있습니다. 다음과 같은 방법으로 이용하세요.

실기 특강 온라인 강좌는 이렇게 이용하세요!

1. 길벗출판사 홈페이지(www.gilbut.co.kr)에 접속하여 로그인 하세요!
2. 상단 메뉴 중 [동영상 강좌] → [IT자격증] → [컴퓨터활용능력]을 클릭하세요!
3. '[2025] 컴활2급실기 [실제시험장을 옮겨놓았다]'를 클릭하여 시청하세요.

시나공 만의
동영상 강좌

독학이 가능한 친절한 교재가 있어도 준비할 시간이 부족하다면?

길벗출판사의 '동영상 강좌(유료)' 이용 안내

1. 길벗출판사 홈페이지(www.gilbut.co.kr)에 접속하여 로그인 하세요.
2. 상단 메뉴 중 [동영상 강좌]를 클릭하세요.
3. '유료 강좌' 카테고리에서 원하는 강좌를 선택하고 [수강 신청하기]를 클릭하세요.
4. 우측 상단의 [마이길벗] → [나의 동영상 강좌]로 이동하여 강좌를 수강하세요.
※ 기타 동영상 이용 문의 : 독자지원(02-332-0931)

길벗출판사 홈페이지 회원 가입 방법

1. 길벗출판사 홈페이지(www.gilbut.co.kr)에 접속하여 우측 상단의 〈회원가입〉을 클릭하고 〈이메일 주소로 회원가입〉을 클릭합니다.
   ※ 회원가입은 소셜 계정으로도 가입할 수 있습니다.
2. 가입 약관 동의를 선택한 후 〈동의〉를 클릭합니다.
3. 회원 정보를 입력한 후 〈이메일 인증〉을 클릭합니다.
4. 회원 가입 시 입력한 이메일 계정으로 인증 메일이 발송됩니다. 수신한 인증 메일을 열어 이메일 계정을 인증하면 회원가입이 완료됩니다.

이 책의 구성 미리 보기

시험에 나오는 것만 골라 볼 수 있다!

핵심요약 & 대표기출문제

기출문제 유형을 핵심의 틀 안에 담아 두어 출제 유형 파악이 용이합니다. 뿐만 아니라 이론은 각 핵심에서 짧게 공부하고, 기출문제로 바로 확인할 수 있어 학습이 지루하지 않습니다.

핵심

시험에 꼭 나오는 내용만 엄선하여 문제가 출제될 수 있는 최소 단위로 정리해 두었습니다. 꼼꼼히 읽어서 이해할 건 이해하고 외울 것은 외우세요.

토막 강의

혼자 공부하다가 어려운 부분이 나와도 고민하지 말고 QR코드를 이용하세요!

방법1 스마트폰으로 QR코드를 스캔하세요.

방법2 시나공 홈페이지의 해당 도서의 [동영상 강좌] → [토막강의]에서 QR코드 번호를 입력하세요.

방법3 유튜브 검색 창에 "시나공"+QR코드 번호를 입력하세요.
예 시나공1260001

대표기출문제

이론에 충실한 대표기출문제, 이론 학습을 마쳤다면 이 문제들을 재미있게 풀 수 있습니다. 이론이 어떻게 문제로 출제되는지 확인할 수 있을 뿐만 아니라 공부했던 내용을 문제로 다시 확인하니 머리에 쏙쏙 들어옵니다.

출제 연도

해당 문제가 출제된 년, 회차를 나타냅니다. 횟수가 많을수록 자주 나오는, 기본에 충실한 문제겠죠?

해설

명쾌한 해설로 여러분의 궁금증을 속 시원히 해결해 드립니다. 틀린 문제는 왜 틀렸는지 확실히 이해하고 넘어가세요.

1과목 컴퓨터 일반 — 핵심요약 & 대표기출문제

16.2, 11.3, 11.2, 08.4, 07.2, 07.3, 07.2, 07.1, 05.4, 05.3, 04.4, 04.1, 03.3, ...
1360001

핵심 001 한글 Windows 10의 특징

- 그래픽 사용자 인터페이스(GUI) 사용 : 키보드로 명령어를 직접 입력하지 않고, 아이콘이나 메뉴를 마우스로 선택하여 모든 작업을 수행하는 사용자 작업 환경
- 선점형 멀티태스킹(Preemptive Multi-tasking) : 운영체제가 각 작업의 CPU 이용 시간을 제어하여 앱 실행중 문제가 발생하면 해당 앱을 강제 종료시키고, 모든 시스템 자원을 반환하는 멀티태스킹 운영 방식
- 플러그 앤 플레이(PnP; Plug & Play) : 컴퓨터 시스템에 하드웨어를 설치했을 때, 해당 하드웨어를 사용하는 데 필요한 시스템 환경을 운영체제가 자동으로 구성해 주는 것
- OLE(Object Linking and Embedding) : 다른 앱에서 작성된 문자나 그림 등의 개체(Object)를 현재 작성중인 문서에 자유롭게 연결(Linking)하거나 삽입(Embedding)하여 편집할 수 있게 하는 기능
- 64비트 데이터 처리 : 완전한 64비트로 데이터를 처리하므로 더 많은 양의 데이터를 빠르게 처리할 수 있으며, 사용자가 좀 더 빠르고 효율적인 시스템을 구축할 수 있게 한다.

01. Plug and Play 기능에 대해 올바르게 설명한 것은?
16.2, 11.3, 08.4, 07.2, 05.4, 04.4, 03.3, 01.1, 00.3, 00.1

① 새로운 장치를 설정하면 자동적으로 감지하여 적절한 조치를 취하여 사용자가 쉽게 새로운 부품이나 주변 장치를 설치할 수 있도록 지원하는 기능이다.
② 새로운 장치를 설정한 후 수동적으로 Setting만 시켜주면 사용자가 쉽게 사용할 수 있도록 하는 기능이다.
③ 윈도우에서 여러 개의 작업을 동시에 수행할 수 있게 지원하는 기능이다.
④ 기존의 도스 시스템보다 수행 속도를 저해시키는 윈도우의 앱 수행 방식이다.

24.상시, 23.상시, 22.상시, 21.상시, 20.상시, 20.2, 19.상시, 18.1, 15.2, ...
1360003

핵심 002 바로 가기 키

F2	폴더 및 파일의 이름을 변경함
F3	파일 탐색기에서 '검색 상자'를 선택함
F4	파일 탐색기에서 '주소 표시줄' 목록을 표시함
F5	최신 정보로 고침
F6	창이나 바탕 화면의 요소들을 순서대로 전환함
F10	현재 실행중인 앱의 메뉴 모음을 활성화함
Alt + →, ←	현재 실행중인 화면의 다음 화면이나 이전 화면으로 이동함

Alt + Esc	현재 실행중인 앱들을 순서대로 전환함
Alt + Tab	• 현재 실행중인 앱들의 목록을 화면 중앙에 나타냄 • Alt 를 누른 상태에서 Tab 을 이용하여 이동할 작업 창을 선택함
Alt + Enter	선택된 항목의 속성 대화상자를 실행함
Alt + Spacebar	활성창의 바로 가기 메뉴를 표시함
Alt + F4	• 실행중인 창(Window)이나 앱을 종료함 • 실행중인 앱이 없으면 Windows 종료 창을 나타냄
Alt + PrtScn	현재 작업중인 활성 창을 클립보드로 복사함
Alt + F8	로그인 화면에서 암호를 입력할 때 '●' 기호 대신 입력한 내용을 확인할 수 있음
Ctrl + A	폴더 및 파일을 모두 선택함
Ctrl + Esc	⊞(시작)을 클릭한 것처럼 [시작] 메뉴를 표시함
Ctrl + Shift + Esc	'작업 관리자' 대화상자를 실행하여 문제가 있는 앱을 강제로 종료함
Ctrl + 마우스 스크롤	바탕 화면의 아이콘 크기를 변경함
Shift + Delete	폴더나 파일을 휴지통을 거치지 않고 바로 삭제함
Shift + F10	바로 가기 메뉴를 표시함
⊞	⊞(시작)을 클릭하거나 Ctrl + Esc 를 누른 것처럼 [시작] 메뉴를 표시함
⊞ + D	열려 있는 모든 창과 대화상자를 최소화(바탕 화면 표시)하거나 이전 크기로 나타냄
⊞ + E	'파일 탐색기'를 실행함
⊞ + F	'피드백 허브' 앱을 실행함
⊞ + L	컴퓨터를 잠그거나 사용자를 전환함
⊞ + M / ⊞ + Shift + M	열려 있는 모든 창을 최소화/이전 크기로 나타냄
⊞ + R	'실행' 창을 나타냄
⊞ + U	[설정]의 '접근성' 창을 나타냄
⊞ + T	작업 표시줄의 앱을 차례로 선택함

01. 다음 중 한글 Windows 10에서 실행중인 프로그램 사이의 작업 전환을 위한 바로 가기 키는? 24.상시, 23.상시, 22.상시, 18.1, 07.2, 03.2

① Alt + Enter
② Alt + F4
③ Alt + Tab
④ Alt + Delete

02. 다음 중 Windows에서 Winkey(⊞)와 함께 사용하는 바로 가기 키에 대한 설명으로 틀린 것은? 24.상시, 23.상시, 22.상시, 21.상시

① ⊞ + I : '설정' 창을 표시함
② ⊞ + D : 모든 창을 최소화함
③ ⊞ + L : 컴퓨터를 잠금
④ ⊞ + E : '실행' 창을 표시함

⊞ + E 는 파일 탐색기를 실행하는 바로 가기 키입니다. '실행' 창을 표시하는 바로 가기 키는 ⊞ + R 입니다.

정답 001 1, ①

초단타 합격 전략을 아시나요?

기출문제 & 전문가의 조언

기출문제를 확실하게 이해하세요! 시나공 문제집에 들어 있는 기출문제는 실력 테스트용이 아닙니다. 짧은 시간 안에 시험에 나왔던 내용을 파악하고, 나올 내용을 공부하는 초단타 합격 전략 문제입니다. 전문가의 조언을 통해 기출문제와 주변 지식만 확실히 습득해도 초단타 합격의 주인공은 내가 될 수 있습니다.

2024년 상시 01 시험
01 회 **기출문제** & 전문가의 조언

1과목 **컴퓨터 일반**

01 다음 중 한글 Windows 10의 작업 표시줄 설정에 대한 설명으로 옳지 않은 것은?
① 자주 사용하는 앱을 작업 표시줄에 표시할 수 있다.
② 데스크톱 모드에서 작업 표시줄 자동 숨기기를 설정할 수 있다.
③ 화면에서 작업 표시줄의 위치를 왼쪽, 위쪽, 오른쪽, 아래쪽 중에서 설정할 수 있다.
④ 작업 표시줄이 꽉 차면 같은 앱은 그룹으로 묶어서 하나의 단추로 표시되도록 할 수 있다.

> **전문가의 조언** '작업 표시줄 설정'을 통해 자주 사용하는 앱을 작업 표시줄에 표시할 수 없습니다.
> • 작업 표시줄에 앱을 추가하려면 앱을 드래그하여 작업 표시줄에 놓거나, [시작] 메뉴에 등록된 앱의 바로 가기 메뉴에서 [자세히] → [작업 표시줄에 고정]을 선택해야 합니다.

02 다음 중 웜(Worm)에 대한 설명으로 옳은 것은?
① 네트워크를 통해 연속적으로 자신을 복제하여 시스템의 부하를 높이는 프로그램이다.
② 정상적인 기능을 하는 프로그램으로 가장하여 프로그램 내에 숨어 있다가 해당 프로그램이 동작할 때 활성화되어 부작용을 일으키는 것으로 자기 복제 능력은 없다.
③ 컴퓨터 시스템에 불법적으로 접근, 침투하여 시스템과 데이터를 파괴하는 행위이다.
④ 네트워크 주변을 지나다니는 패킷을 엿보면서 계정과 패스워드를 알아내는 행위이다.

> **전문가의 조언** • 웜(Worm)은 연속적으로 자신을 복제하여 시스템의 부하를 높이는 프로그램입니다.
> • ②번은 트로이 목마, ③번은 해킹, ④번은 스니핑에 대한 설명입니다.

03 다음 중 정보 사회에서 발생할 수 있는 문제점으로 적절하지 않은 것은?
① 정보의 편중으로 계층 간의 정보 차이를 줄일 수 있다.
② 중앙 컴퓨터 또는 서버의 장애나 오류로 사회적, 경제적으로 혼란을 초래할 수 있다.
③ 정보기술을 이용한 새로운 범죄가 증가할 수 있다.
④ VDT 증후군이나 테크노스트레스 같은 직업병이 발생할 수 있다.

> **전문가의 조언** 정보의 과다로 인한 혼란과 정보의 편중으로 인해 계층 간의 정보 차이가 증가할 수 있습니다.

04 다음 중 한글 Windows 10의 인쇄 기능에 대한 설명으로 옳은 것은?
① 기본 프린터를 2대 이상 지정할 수 있다.
② 프린터 속성 창에서 공급 용지의 종류, 공유, 포트 등을 설정할 수 있다.
③ 인쇄 대기 중인 작업은 취소시킬 수 없다.
④ 인쇄 중인 작업은 취소할 수는 없으나 잠시 중단시킬 수 있다.

> **전문가의 조언** 프린터 속성 창에서 공급 용지의 종류, 공유, 포트 등을 설정할 수 있습니다.
> ① 기본 프린터는 1대만 지정할 수 있습니다.
> ③ 인쇄 대기 중인 작업도 취소시킬 수 있습니다.
> ④ 인쇄 중인 작업도 인쇄를 취소하거나 잠시 중단시킬 수 있습니다.

05 다음 중 인터넷에 대한 설명으로 적절하지 않은 것은?
① URL은 인터넷 상에 있는 각종 자원의 위치를 나타내는 표준 주소 체계이다.
② 인터넷은 TCP/IP 프로토콜을 통해 연결된 상업용 네트워크로 중앙통제기구인 InterNIC에 의해 운영된다.
③ IP 주소는 인터넷에 연결된 모든 컴퓨터 자원을 구분하기 위한 고유의 주소이다.
④ www는 웹 브라우저를 통해 인터넷을 효과적으로 사용할 수 있게 하는 서비스이다.

> **전문가의 조언** 인터넷은 TCP/IP 프로토콜을 통해 전세계 수많은 컴퓨터와 네트워크들이 연결된 광범위한 컴퓨터 통신망이지만 상업용 네트워크가 아니며, 중앙통제기구도 없습니다.

06 다음 중 웹 브라우저의 기능에 관한 설명으로 옳지 않은 것은?
① 웹 페이지를 사용자 컴퓨터에 저장하거나 인쇄할 수 있다.
② HTML 문서나 PDF 문서를 확인할 수 있다.
③ 자주 방문하는 웹 사이트 주소를 관리할 수 있다.
④ 방문한 웹 사이트를 편집할 수 있다.

> **전문가의 조언** 웹 브라우저로 방문한 웹 사이트를 편집할 수는 없습니다.

96 기출문제 & 전문가의 조언

정답 1.① 2.① 3.① 4.② 5.② 6.④

최신기출문제 15회
실제 시험을 치르는 기분으로 혼자 풀어 보고 정답을 확인하세요. 문제를 풀어보고 전문가의 조언을 읽어 보면 무엇을 공부해야 할지 탁! 감이 잡힙니다.

전문가의 조언
나왔던 문제가 또 나온다는 것을 알고 있는지요? 한 번 풀어본 기출문제는 절대 틀릴 수 없도록 답이 되는 이유를 여러분의 머릿속에 콕! 박아 드립니다.

정답
기출문제에 대한 답을 바로 표시해서 초단기 합격 전략으로 공부하는 수험생의 편의를 최대한 배려했습니다.

이 책의 구성 미리 보기

실습이 꼭 필요한 엑셀 기능 16가지 ●

엑셀 과목은 실습과 병행하지 않으면 이해하기 어려운 부분이 있습니다. 실습이 꼭 필요한 부분은 기본 이론 외에 따라해 보며 이해할 수 있는 실습 과정도 함께 수록해 두었습니다.

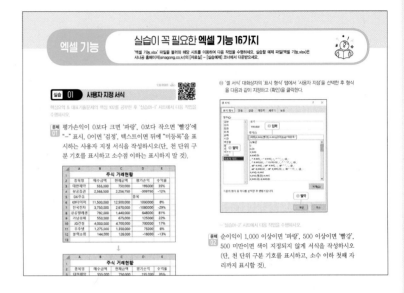

실전 모의고사 5회 ●

수험서의 핵심은 문제 풀이 — 실전 모의고사 5회 실제 나올 만한 문제들을 추려 엮었습니다. 틀린 문제나 이해 안되는 문제가 있다면 해설을 꼭 읽어 보세요.

실전 모의고사 정답 및 해설 ●

정확한 해설로 여러분의 궁금증을 속시원히 해결해 드립니다. 틀린 문제는 또 틀릴 수 있으니 꼭 체크를 해두었다가 시험 직전에 다시 한번 보세요.

원서 접수 방법 및 유의 사항

컴퓨터활용능력 시험은 인터넷을 통해서만 접수할 수 있습니다.

① 상공회의소 인터넷 원서 접수 사이트(license.korcham.net)에 접속합니다.

② 화면의 오른쪽 맨 윗부분에서 〈로그인〉을 클릭한 후 로그인 ID와 비밀번호를 입력한 후 〈로그인〉을 클릭합니다. 비회원인 경우 〈회원가입〉을 클릭하여 회원가입을 한 후 로그인합니다.

③ 상단 위쪽 메뉴에서 [개별접수] → [시험접수]를 선택하고 응시종목과 시험종류를 선택한 후 〈다음〉을 클릭합니다.

④ 약관의 내용을 확인 및 체크한 후 〈약관동의〉를 클릭합니다.

⑤ 접수할 종목의 등급을 선택한 후 〈다음〉을 클릭합니다.

⑥ 수험자 설문조사를 확인 및 체크한 후 〈다음〉을 클릭합니다.

⑦ 인적사항 등록 및 입력 화면에서 *표시가 있는 항목은 반드시 입력해야 합니다. 성명, 주민등록번호, 연락처 등은 반드시 입력해야 할 사항입니다.

⑧ 인적사항을 모두 입력하고 〈이미지등록〉을 클릭하면 '회원사진등록' 화면이 나타납니다. 아래쪽의 〈파일선택〉을 클릭하고 사진을 선택한 후 〈등록〉을 클릭하여 사진을 등록합니다. 미리 보기로 업로드한 사진을 확인하고 〈다음〉을 클릭하면 응시 지역을 선택할 수 있는 화면이 나타납니다.

※ 사진 스캔할 때 주의사항
  • 사진 파일 형식은 JPG, JPEG, PNG, GIF만 가능합니다.
  • 사진 크기는 400×500 픽셀로 변경되며, 1:1.25 비율로 맞춰야 사진이 정상적으로 보입니다.

※ 업로드한 사진은 자격증에 첨부되므로 깨끗한 것을 골라서 올려야 합니다. 한 번 올린 사진은 회원으로 가입하지 않아도 상공회의소에서 실시하는 모든 시험에 사용할 수 있습니다.

⑨ 응시 지역을 선택하고 〈조회하기〉를 클릭한 다음 응시 가능한 시험장 중 집에서 가까운 거리에 있는 시험장을 선택한 후 〈다음〉을 클릭합니다.

⑩ 응시할 시험일자의 시간을 클릭합니다.

⑪ 이제까지 입력한 응시종목 및 시험시작시간, 성명, 수험장명, 시험일자, 합격발표일자가 표시됩니다. 표시된 내용을 확인하고 이상이 없으면 결제방법(PAYCO, 신용카드, 계좌이체, 휴대폰결제)을 선택한 후 〈다음〉을 클릭합니다.

⑫ '전자결제' 화면이 나타나면 화면의 지시에 따라 진행하면 됩니다. 전자결제가 완료되지 않은 경우에는 확인을 눌러 전자결제를 다시 진행합니다.

⑬ 전자결제를 성공적으로 완료하면 수험표가 화면에 출력됩니다. 이 수험표는 시험볼 때 시험장에서 필요하므로 반드시 인쇄하여 보관해야 합니다. 아울러 수험자 유의 사항 및 약도를 확인하여 정확한 날짜 및 장소를 숙지하기 바랍니다.

시험 접수부터 자격증을 받기까지 한눈에 살펴볼까요?

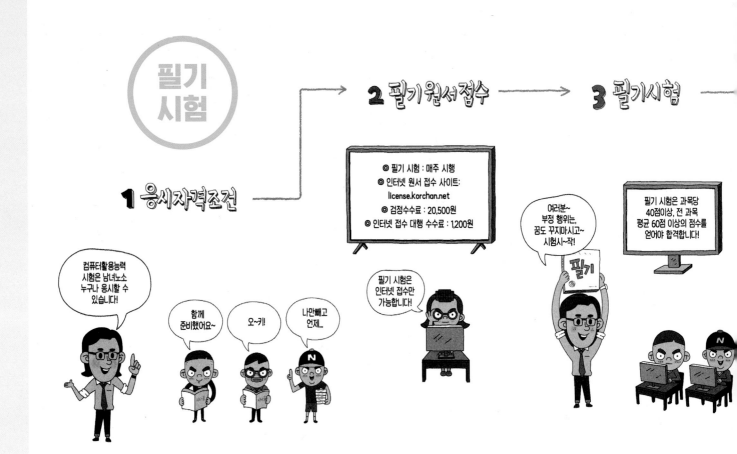

★ **자격증 신청 및 수령** ★

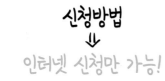

신청방법	수령방법
⇩	⇩
인터넷 신청만 가능!	등기 우편으로만 수령가능!

※ 신청할 때 준비할 것은~

▶인터넷 신청 : 접수 수수료 3,100원, 등기 우편 수수료 3,000원

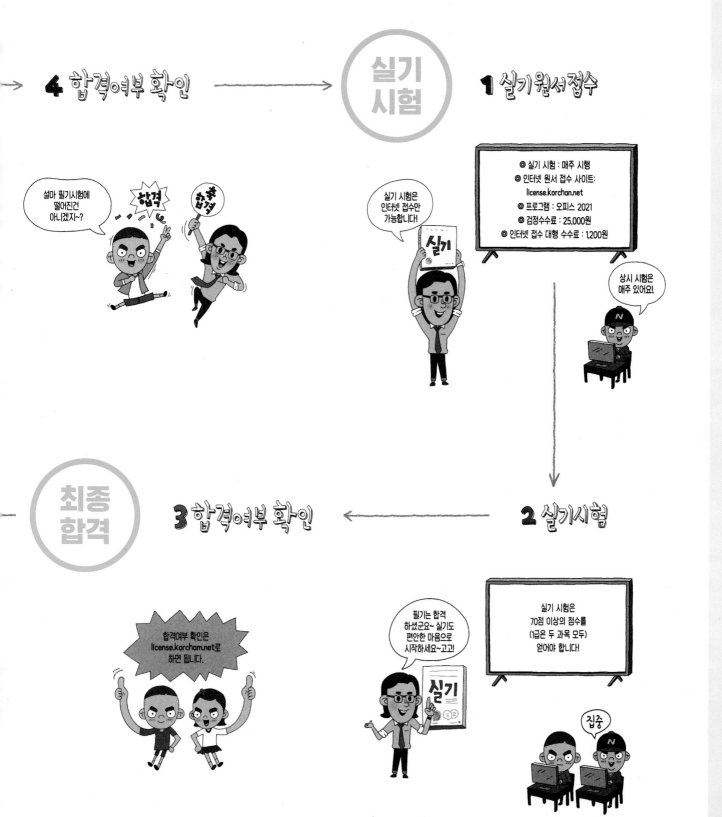

4 합격여부 확인

**실기
시험**

1 실기원서접수

설마 필기시험에
떨어진건
아니겠지~?

합격

합격

실기 시험은
인터넷 접수만
가능합니다!

실기

◎ 실기 시험 : 매주 시행
◎ 인터넷 원서 접수 사이트:
license.korcham.net
◎ 프로그램 : 오피스 2021
◎ 검정수수료 : 25,000원
◎ 인터넷 접수 대행 수수료 : 1,200원

상시 시험은
매주 있어요.

**최종
합격**

3 합격여부 확인

2 실기시험

합격여부 확인은
license.korcham.net로
하면 됩니다.

필기는 합격
하셨군요~ 실기도
편안한 마음으로
시작하세요~고고!

실기

실기 시험은
70점 이상의 점수를
(1급은 두 과목 모두)
얻어야 합니다!

집중

컴퓨터활용능력 시험, 이것이 궁금하다!

Q 컴퓨터활용능력 자격증 취득 시 독학사 취득을 위한 학점 인정이 가능하다고 하던데, 학점 인정 현황은 어떻게 되나요?

A

종목	학점
정보처리기사	20
정보처리산업기사	16
사무자동화산업기사	16
컴퓨터활용능력 1급	14
컴퓨터활용능력 2급	6
워드프로세서	4

※ 자세한 내용은 평생교육진흥원 학점은행 홈페이지(https://cb.or.kr)를 참고하세요.

Q 시험 접수를 취소하고 환불받을 수 있나요? 받을 수 있다면 환불 방법을 알려주세요.

A 네, 가능합니다. 대한상공회의소 자격평가사업단 홈페이지의 상단 메뉴에서 [개별접수] → [환불신청]을 클릭하여 신청하면 됩니다. 하지만 환불 신청 기간 및 사유에 따라 환불 비율에 차이가 있습니다.

상시 시험	
접수일 ~ 시험일 4일 전	100% 반환
시험일 3일 전 ~ 시험일	반환 불가

Q 필기 시험에 합격하면 2년 동안 필기 시험이 면제된다고 하던데, 필기 시험에 언제 합격했는지 기억이 나지 않을 경우 실기 시험 유효 기간이 지났는지 어떻게 확인해야 하나요?

A 대한상공회의소 자격평가사업단 홈페이지에 로그인한 후 [마이페이지] 코너에서 확인할 수 있습니다.

Q 컴퓨터활용능력 1급 필기 응시 수수료와 실기 응시 수수료는 얼마인가요?

A 급수에 관계없이 필기는 20,500원이고, 실기는 25,000원입니다.

Q 필기 시험 볼 때 입실 시간이 지나서 시험장에 도착할 경우 시험 응시가 가능한가요?

A 입실 시간이 지나면 시험장에 입실할 수 없습니다. 반드시 입실 시간에 맞춰 입실하세요.

Q 필기 시험 볼 때 가져갈 준비물로는 어떤 것들이 있나요?

A 수검표, 신분증(주민등록증, 운전면허증 등)을 지참해야 합니다.
※ 신분증을 지참하지 않으면 시험에 응시할 수 없으니 반드시 신분증을 지참하세요.

Q 자격증 분실 시 재발급 받으려면 어떻게 해야 하나요?

A 처음 자격증 신청할 때와 동일하게 인터넷으로 신청하면 됩니다.

Ⓠ 컴퓨터활용능력 1급 필기 시험에 합격하면 2급은 필기 시험 없이 실기 시험에 바로 응시할 수 있나요?

Ⓐ 네, 그렇습니다. 1급 필기 시험에 합격하면 1, 2급 실기 시험에 모두 응시할 수 있습니다.

Ⓠ 신분증을 분실하였을 경우에는 어떻게 해야 하나요?

Ⓐ 신분증을 분실했을 경우 동사무소에서 임시 주민등록증을 발급 받아 오거나 교육행정정보시스템(www.neis.go.kr)에서 재학증명서를 발부해 오면 됩니다. 그 외에 운전면허증, 학생증(초 · 중 · 고등학생 한정), 사진이 나와 있는 여권, 국가기술자격증이 있어도 됩니다.

Ⓠ 필기 시험에 합격한 후 바로 실기 시험에 접수할 수 있나요?

Ⓐ 네, 가능합니다. license.korcham.net에서 접수하면 됩니다.

Ⓠ 시험 장소를 변경할 수 있나요?

Ⓐ 정기 시험 접수 기간 내에만 가능합니다. 같은 지역에서 장소를 변경할 경우 대한상공회의소 자격평가사업단 홈페이지에서 [개별접수] → [접수내역변경]을 선택하여 변경하며, 다른 지역일 경우 환불 후 재접수해야 합니다.

Ⓠ 실기 시험 합격 여부를 확인하기 전에 다시 실기 시험에 접수하여 응시할 수 있나요?

Ⓐ 네, 실기 시험은 같은 날 같은 급수만 아니면, 합격 발표 전까지 계속 접수 및 응시가 가능합니다. 그러나 합격한 이후에 접수한 시험은 모두 무효가 되며 접수한 시험에 대해서는 취소 및 환불이 되지 않으니 주의하기 바랍니다.

Ⓠ 필기 시험과 실기 시험의 합격 기준은 어떻게 되나요?

Ⓐ

필기 시험

등급	시험 과목	제한시간	출제형태	합격기준
1급	· 컴퓨터 일반 · 스프레드시트 일반 · 데이터베이스 일반	60분	객관식 60문항	과목당 40점 이상 평균 60점 이상
2급	· 컴퓨터 일반 · 스프레드시트 일반	40분	객관식 40문항	

실기 시험

등급	시험 과목	제한시간	출제형태	합격기준
1급	· 스프레드시트 실무 · 데이터베이스 실무	90분	컴퓨터 작업형	70점 이상 (1급은 매 과목 70점 이상)
2급	· 스프레드시트 실무	40분		

memo

실습이 꼭 필요한
엑셀 기능 16가지

실습이 꼭 필요한 **엑셀 기능 16가지**

'엑셀 기능.xlsx' 파일을 불러와 해당 시트를 이용하여 다음 작업을 수행하세요. 실습할 예제 파일(엑셀 기능.xlsx)은
시나공 홈페이지(sinagong.co.kr)의 [자료실] – [실습예제] 코너에서 다운받으세요.

1369001

실습 **01** 사용자 지정 서식

핵심요약 & 대표기출문제의 핵심 102를 공부한 후 '실습01-1' 시트에서 다음 작업을
수행하시오.

문제 01 평가손익이 0보다 크면 '파랑', 0보다 작으면 '빨강'에
"–" 표시, 0이면 '검정', 텍스트이면 뒤에 "미등록"을 표
시하는 사용자 지정 서식을 작성하시오(단, 천 단위 구
분 기호를 표시하고 소수점 이하는 표시하지 말 것).

	A	B	C	D	E
1			주식 거래현황		
2	종목명	매수금액	현재금액	평가손익	수익률
3	대한제약	555,000	750,000	195000	35%
4	상공증권	2,566,500	2,256,750	-309750	-12%
5	DK주조			종목	
6	KR타이어	11,500,000	12,500,000	1000000	8%
7	전국전자	3,750,000	2,670,000	-1080000	-29%
8	상공텔레콤	792,000	1,440,000	648000	81%
9	가남경제	550,000	675,000	125000	22%
10	JG건설	4,000,000	4,700,000	700000	17%
11	우주넷	1,275,000	1,350,000	75000	6%
12	블랙쇼핑	144,000	126,000	-18000	-13%
13					

↓

	A	B	C	D	E
1			주식 거래현황		
2	종목명	매수금액	현재금액	평가손익	수익률
3	대한제약	555,000	750,000	195,000	35%
4	상공증권	2,566,500	2,256,750	-309,750	-12%
5	DK주조			종목 미등록	
6	KR타이어	11,500,000	12,500,000	1,000,000	8%
7	전국전자	3,750,000	2,670,000	-1,080,000	-29%
8	상공텔레콤	792,000	1,440,000	648,000	81%
9	가남경제	550,000	675,000	125,000	22%
10	JG건설	4,000,000	4,700,000	700,000	17%
11	우주넷	1,275,000	1,350,000	75,000	6%
12	블랙쇼핑	144,000	126,000	-18,000	-13%
13					

풀이 ▶

❶ 서식이 적용될 [D3:D12] 영역을 블록으로 지정한 후 [홈] → [표시 형식의
⬚]를 클릭한다(Ctrl + 1).

❷ '셀 서식' 대화상자의 '표시 형식' 탭에서 '사용자 지정'을 선택한 후 형식
을 다음과 같이 지정하고 〈확인〉을 클릭한다.

형식(T): [파랑]#,##0;[빨강]-#,##0;[검정]0;@"미등록"

☞ '실습01-2' 시트에서 다음 작업을 수행하시오.

문제 02 순이익이 1,000 이상이면 '파랑', 500 이상이면 '빨강',
500 미만이면 색이 지정되지 않게 서식을 작성하시오
(단, 천 단위 구분 기호를 표시하고, 소수 이하 첫째 자
리까지 표시할 것).

	A	B	C	D	E	F
1			가전제품 판매현황			
2						단위 : 천원
3	주문날짜	제품명	단가	수량	매출액	순이익
4	23/06/04	쥬서기	38	15	570	171
5	23/05/27	쥬서기	45	55	2475	742.5
6	23/06/15	압력밥솥	50	105	5250	1575
7	23/05/29	쥬서기	55	55	3025	907.5
8	23/05/10	커피메이커	92	10	920	276
9	23/05/03	튀김기	98	120	11760	3528
10	23/05/04	튀김기	100	19	1900	570
11	23/05/15	커피메이커	110	50	5500	1650
12						

↓

	A	B	C	D	E	F
1			가전제품 판매현황			
2						단위 : 천원
3	주문날짜	제품명	단가	수량	매출액	순이익
4	23/06/04	쥬서기	38	15	570	171.0
5	23/05/27	쥬서기	45	55	2,475	742.5
6	23/06/15	압력밥솥	50	105	5,250	1,575.0
7	23/05/29	쥬서기	55	55	3,025	907.5
8	23/05/10	커피메이커	92	10	920	276.0
9	23/05/03	튀김기	98	120	11,760	3,528.0
10	23/05/04	튀김기	100	19	1,900	570.0
11	23/05/15	커피메이커	110	50	5,500	1,650.0
12						

풀이 ▶

❶ 서식이 적용될 [F4:F11] 영역을 블록으로 지정한 후 [홈] → [표시 형식의 [⬛]를 클릭한다(Ctrl + 1).

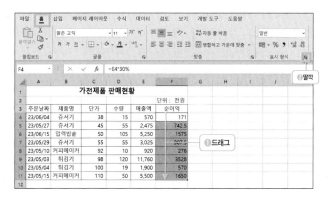

❷ '셀 서식' 대화상자의 '표시 형식' 탭에서 '사용자 지정'을 선택한 후 형식을 다음과 같이 지정하고 〈확인〉을 클릭한다.

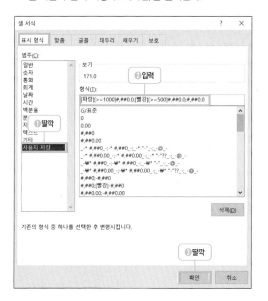

실습 **02**   조건부 서식

핵심요약 & 대표기출문제의 핵심 104를 공부한 후 '실습02' 시트에서 다음 작업을 수행하시오.

문제 01 총점(D2:D5) 중 다음에 제시된 조건을 만족하는 셀에만 해당 서식을 적용하는 조건부 서식을 작성하시오.

> **조건1)**
> 총점이 150 이상일 경우 바탕색을 '빨강'으로 지정(조건 대상 : 셀 값)
> **조건2)**
> 국어점수가 영어점수보다 작을 경우 '기울임꼴'로 지정(조건 대상 : 수식)

	A	B	C	D
1	이름	국어	영어	총점
2	보라미	83	78	161
3	미라미	43	62	105
4	김은혜	58	70	128
5	박한솔	79	66	145
6				

↓

	A	B	C	D
1	이름	국어	영어	총점
2	보라미	83	78	**161**
3	미라미	43	62	*105*
4	김은혜	58	70	*128*
5	박한솔	79	66	145
6				

풀이 ▶

❶ 조건부 서식이 적용될 [D2:D5] 영역을 블록으로 지정한 후 [홈] → [스타일] → [조건부 서식] → [규칙 관리]를 선택한다.

❷ '조건부 서식 규칙 관리자' 대화상자에서 〈새 규칙〉을 클릭한다.

❸ 첫 번째 조건을 설정하기 위해 '새 서식 규칙' 대화상자에서 '다음을 포함
하는 셀만 서식 지정'과 '셀 값', '>='를 선택하고 150을 입력한 후 〈서식〉
을 클릭한다.

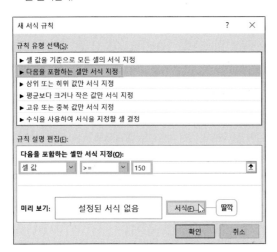

❹ '셀 서식' 대화상자의 '채우기' 탭에서 배경색을 '빨강'으로 지정한 후
〈확인〉을 클릭한다.

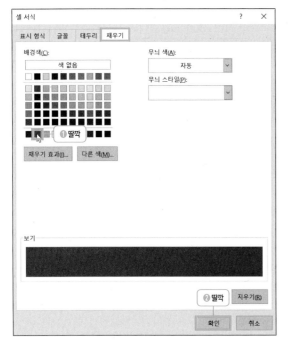

❺ '새 서식 규칙' 대화상자에서도 〈확인〉을 클릭한다.

❻ 두 번째 조건을 설정하기 위해 '조건부 서식 규칙 관리자' 대화상자에서
〈새 규칙〉을 클릭한다.

❼ '새 서식 규칙' 대화상자에서 '수식을 사용하여 서식을 지정할 셀 결정'을
선택하고 =B2<C2를 입력한 후 〈서식〉을 클릭한다.

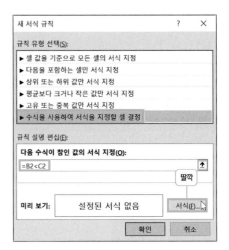

❽ '셀 서식' 대화상자의 '글꼴' 탭에서 글꼴 스타일을 '기울임꼴'로 지정한
후 〈확인〉을 클릭한다.

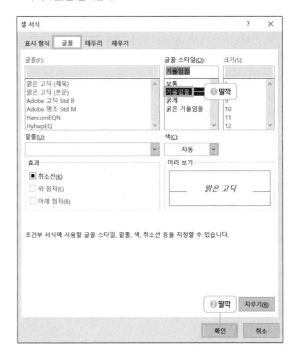

❾ '새 서식 규칙' 대화상자에서도 〈확인〉을 클릭한다.

❿ '조건부 서식 규칙 관리자' 대화상자에서 〈확인〉을 클릭한다.

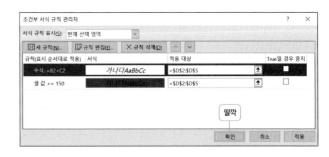

1369003

실습 03 수식 활용 - 통계 함수

핵심요약 & 대표기출문제의 핵심 108을 공부한 후 '실습03-1' 시트에서 다음 작업을 수행하시오.

문제 01 다음 표에 표시된 부분의 값을 함수를 이용하여 계산하시오.

	A	B	C	D	E	F
1	특별고사 성적					
2	성명	국어	영어	수학	평균1	평균2
3	고아라	72	90	78		
4	나영희	95	65	80		
5	박철수	75	결시	75		
6	안도해	결시	98	100		
7	최순이	85	100	85		
8	평균3					
9	평균4					
10	총점					
11	최고점수					
12	최저점수					
13						

↓

	A	B	C	D	E	F
1	특별고사 성적					
2	성명	국어	영어	수학	평균1	평균2
3	고아라	72	90	78	80	80
4	나영희	95	65	80	80	80
5	박철수	75	결시	75	75	50
6	안도해	결시	98	100	99	66
7	최순이	85	100	85	90	90
8	평균3	84	88	86		
9	평균4	90	88	88		
10	총점	327	353	418		
11	최고점수	95	100	100		
12	최저점수	72	65	75		
13						

풀이 ▶

- 결시 과목을 제외한 평균1(E3) : =AVERAGE(B3:D3)
- 결시 과목을 포함한 평균2(F3) : =AVERAGEA(B3:D3)
- '평균1'이 80 이상인 점수들의 평균(B8) : =AVERAGEIF($E$3:$E$7, "〉=80", B3:B7)
- '평균1'과 '수학' 점수가 80 이상인 점수들의 평균(B9) : =AVERAGEIFS(B3:B7, $E$3:$E$7, "〉=80", $D$3:$D$7, "〉=80")
- 과목별 총점(B10) : =SUM(B3:B7)
- 과목별 최고 점수(B11) : =MAX(B3:B7)
- 과목별 최저 점수(B12) : =MIN(B3:B7)

☞ '실습03-2' 시트에서 다음 작업을 수행하시오.

문제 02 다음 표에 표시된 부분의 값을 함수를 이용하여 계산하시오.

	A	B	C	D
1	특별고사 성적			
2	성명	국어	영어	수학
3	고아라	72	90	78
4	나영희	95	65	0
5	박철수	75		75
6	안도해		98	100
7	최순이	85	100	85
8	학생수			
9	응시생수			
10	결시생수			
11	90점이상			
12	80점이상 95점이하			
13				

↓

	A	B	C	D
1	특별고사 성적			
2	성명	국어	영어	수학
3	고아라	72	90	78
4	나영희	95	65	0
5	박철수	75		75
6	안도해		98	100
7	최순이	85	100	85
8	학생수	5	5	5
9	응시생수	4	4	5
10	결시생수	1	1	0
11	90점이상	1	3	1
12	80점이상 95점이하	2	1	1
13				

풀이 ▶

- 전체 학생 수(B8) : =COUNTA($A$3:$A$7)
- 응시한 학생 수(B9) : =COUNT(B3:B7)
- 결시한 학생 수(B10) : =COUNTBLANK(B3:B7)
- 90점 이상인 학생 수(B11) : =COUNTIF(B3:B7, "〉=90")
- 80점 이상 95점 이하인 학생수(B12) : =COUNTIFS(B3:B7, "〉=80", B3:B7, "〈=95")

☞ '실습03-3' 시트에서 다음 작업을 수행하시오.

문제 03 다음 표에 표시된 부분의 값을 함수를 이용하여 계산하시오.

	A	B	C	D	E	F
1	특별고사 성적					
2	성명	국어	영어	수학	총점	순위
3	고아라	72	90	78	240	
4	나영희	95	65	0	160	
5	박철수	75		75	150	
6	안도해		98	100	198	
7	최순이	85	100	85	270	
8	앞에서 2위					
9	뒤에서 2위					
10						

↓

	A	B	C	D	E	F
1	특별고사 성적					
2	성명	국어	영어	수학	총점	순위
3	고아라	72	90	78	240	2
4	나영희	95	65	0	160	4
5	박철수	75		75	150	5
6	안도해		98	100	198	3
7	최순이	85	100	85	270	1
8	앞에서 2위	85	98	85	240	
9	뒤에서 2위	75	90	75	160	
10						

풀이 ▶

- 총점에 대한 전체 순위(F3) : =RANK.EQ(E3, $E$3:$E$7)
- 각 점수에서 두 번째로 큰 값(B8) : =LARGE(B3:B7, 2)
- 각 점수에서 두 번째로 작은 값(B9) : =SMALL(B3:B7, 2)

실습 04 　수식 활용 - 수학/삼각 함수

핵심요약 & 대표기출문제의 핵심 109를 공부한 후 '실습04' 시트에서 다음 작업을 수행하시오.

문제 01 다음 표에 표시된 부분의 값을 함수를 이용하여 계산하시오.

	A	B	C	D	E	F
1			특별고사 성적			
2	성명	국어	영어	수학	총점	평균
3	고아라	81	93	88	262	
4	나영희	82	65	71	218	
5	박철수	93	98	75	266	
6	안도해	79	98	100	277	
7	나도해	75	86	77	238	
8	최순이	86	90	70	246	
9	과목평균1					
10	과목평균2					
11	합계1					
12	합계2					
13	국어, 영어, 수학이 모두 80 이상인 학생의 총점 합계					
14						

↓

	A	B	C	D	E	F
1			특별고사 성적			
2	성명	국어	영어	수학	총점	평균
3	고아라	81	93	88	262	87.3
4	나영희	82	65	71	218	72.7
5	박철수	93	98	75	266	88.7
6	안도해	79	98	100	277	92.3
7	나도해	75	86	77	238	79.3
8	최순이	86	90	70	246	82
9	과목평균1	82.67	88.34	80.17	251.17	83.72
10	과목평균2	82.66	88.33	80.16	251.16	83.71
11	합계1	253	289	263	805	268.3
12	합계2	243	241	218	702	234
13	국어, 영어, 수학이 모두 80 이상인 학생의 총점 합계					262
14						

풀이 ▶

- 평균(소수 둘째 자리에서 반올림) : =ROUND(AVERAGE(B3:D3), 1)
- 과목평균1(소수 셋째 자리에서 자리 올림) : =ROUNDUP(AVERAGE(B3:B8), 2)
- 과목평균2(소수 셋째 자리에서 자리 내림) : =ROUNDDOWN(AVERAGE (B3:B8), 2)
- 합계1(총점이 250 이상인 사람의 과목 합계) : =SUMIF($E$3:$E$8, "〉=250", B3:B8)
- 합계2(총점이 250 미만인 사람의 과목 합계) : =SUMIF($E$3:$E$8, "〈250", B3:B8)
- 국어, 영어, 수학이 모두 80 이상인 학생의 총점 합계(F13) =SUMIFS(E3:E8, B3:B8, "〉=80", C3:C8, "〉=80", D3:D8, "〉=80")

문제 02 임의의 셀에 '25/3'의 몫과 나머지를 구하시오.

풀이 ▶

몫 : =INT(25/3) → 8　　　나머지 : =MOD(25, 3) → 1

문제 03 수학식 '$3^2 \times (|-5| + \sqrt{36})$'을 엑셀 수식으로 표현하시오.

풀이 ▶

=POWER(3, 2) * (ABS(−5) + SQRT(36))

실습 05 　수식 활용 - 날짜 함수

핵심요약 & 대표기출문제의 핵심 111을 공부한 후 '실습05' 시트에서 다음 작업을 수행하시오.

문제 01 다음 데이터 표를 이용하여 결과값을 구하시오.

	A	B
1	생일	
2	날짜	시간
3	2004-03-04	9시 56분 55초
4		
5	날짜 일련번호 구하기	
6	시간 일련번호 구하기	
7	살아온 날 구하기1	
8	살아온 날 구하기2	
9	나이 구하기	
10		

↓

	A	B
1	생일	
2	날짜	시간
3	2004-03-04	9시 56분 55초
4		
5	날짜 일련번호 구하기	38050
6	시간 일련번호 구하기	0.414525463
7	살아온 날 구하기1	7179
8	살아온 날 구하기2	7179
9	나이 구하기	19
10		

└ 현재 날짜에 따라 결과가 달라집니다.

풀이 ▶

- 날짜 일련번호 구하기(B5) : =DATE(YEAR(A3), MONTH(A3), DAY(A3))
- 시간 일련번호 구하기(B6) : =TIME(HOUR(B3), MINUTE(B3), SECOND(B3))
- 살아온 날 구하기(B7) : =TODAY( ) − A3
- 살아온 날 구하기(DATE 이용)(B8) : =TODAY( ) − DATE(YEAR(A3), MONTH(A3), DAY (A3))
- 나이 구하기(B9) : =YEAR(TODAY( )) − YEAR(A3)
- ※ [B5:B9] 영역의 표시 형식을 '일반'으로 변경하면 결과 화면과 같이 표시됩니다.

실습 06 수식 활용 – 논리 함수

핵심요약 & 대표기출문제의 핵심 112를 공부한 후 '실습06' 시트에서 다음 작업을 수행하시오.

문제 01 다음 표를 보고 번호에 알맞은 함수식을 완성하시오.

① '오정국' 사원의 팀명이 '1팀'이면 '국내팀', '2팀'이면 '국외팀', '3팀'이면 '본사팀'을 입력할 것(IFS 함수 이용)

② '하나영' 사원의 실적, 영어회화, 컴퓨터 점수가 모두 70점 이상이면 '해외연수', 아니면 '국내연수'를 입력할 것(IFS 함수 이용)

③ '우거진' 사원의 실적, 영어회화, 컴퓨터 점수중 평균이 90점 이상인 점수의 평균을, 아니면 "없음"을 입력할 것(IFERROR 함수 이용)

④ '유호연' 사원의 팀명이 '영업'이면 '1층', '판매'면 '2층', '홍보'면 '3층'을 입력할 것(SWITCH 함수 이용)

⑤ '박도리' 사원의 주민등록번호 중 여덟 번째 자리가 1 또는 3이면 '남자', 2 또는 4이면 '여자'를 입력할 것(IF 함수 이용)

⑥ '차한도' 사원의 실적, 영어회화, 컴퓨터 점수가 모두 60점 이상이면 '통과', 아니면 '과목미달'을 표시 (IF 함수만 이용)

	A	B	C	D	E	F	G
1			사원 평가표				
2	사원명	주민등록번호	팀명	실적	영어회화	컴퓨터	비고
3	오정국	990103-2******	영업1팀	100	78	100	❶
4	하나영	881111-1******	영업3팀	78	59	96	❷
5	우거진	001014-3******	판매2팀	87	65	85	❸
6	유호연	860422-2******	판매1팀	93	91	98	❹
7	박도리	011010-4******	홍보3팀	75	78	88	❺
8	차한도	830417-2******	홍보2팀	94	82	79	❻
9							

↓

	A	B	C	D	E	F	G
1			사원 평가표				
2	사원명	주민등록번호	팀명	실적	영어회화	컴퓨터	비고
3	오정국	990103-2******	영업1팀	100	78	100	국내팀
4	하나영	881111-1******	영업3팀	78	59	96	국내연수
5	우거진	001014-3******	판매2팀	87	65	85	없음
6	유호연	860422-2******	판매1팀	93	91	98	2층
7	박도리	011010-4******	홍보3팀	75	78	88	여자
8	차한도	830417-2******	홍보2팀	94	82	79	통과
9							

풀이

- G3(①) : =IFS(RIGHT(C3, 2)="1팀", "국내팀", RIGHT(C3, 2)="2팀", "국외팀", RIGHT(C3, 2)="3팀", "본사팀")
- G4(②) : =IFS(AND(D4>=70, E4>=70, F4>=70), "해외연수", TRUE, "국내연수")
- G5(③) : =IFERROR(AVERAGEIF(D5:F5, ">=90"), "없음")
- G6(④) : =SWITCH(LEFT(C6, 2), "영업", "1층", "판매", "2층", "3층")
- G7(⑤) : =IF(OR(MID(B7, 8, 1)="1", MID(B7, 8, 1)="3"), "남자", "여자")
- G8(⑥) : =IF(D8>=60, IF(E8>=60, IF(F8>=60, "통과", "과목미달"), "과목미달"), "과목미달")

실습 07 수식 활용 – 참조/찾기 함수

핵심요약 & 대표기출문제의 핵심 113을 공부한 후 '실습07' 시트에서 다음 작업을 수행하시오.

문제 01 다음 표의 참여횟수표(A11:D12)를 참조하여 참여도(D4:D9)를, 코드표(G3:H9)를 참조하여 구입상품(E4:E9)의 종류를 구하는 함수식을 입력하시오 (HLOOKUP, VLOOKUP 이용).

	A	B	C	D	E	F	G	H
1		길벗 백화점 VIP 관리						
2								
3	성명	코드	참여횟수	참여도	구입상품		코드	상품분류
4	박성재	A-100	9				A-100	의류
5	김아랑	A-200	8				C-100	의류
6	최정재	B-100	6				B-100	주방소품
7	한성구	B-200	4				C-200	주방소품
8	정효주	C-100	5				B-200	가전제품
9	김정렬	C-200	6				A-200	가전제품
10								
11	참여횟수	0	5	9				
12	참여도	소극적	보통	적극적				
13								

↓

	A	B	C	D	E	F	G	H
1		길벗 백화점 VIP 관리						
2								
3	성명	코드	참여횟수	참여도	구입상품		코드	상품분류
4	박성재	A-100	9	적극적	의류		A-100	의류
5	김아랑	A-200	8	보통	가전제품		C-100	의류
6	최정재	B-100	6	보통	주방소품		B-100	주방소품
7	한성구	B-200	4	소극적	가전제품		C-200	주방소품
8	정효주	C-100	5	보통	의류		B-200	가전제품
9	김정렬	C-200	6	보통	주방소품		A-200	가전제품
10								
11	참여횟수	0	5	9				
12	참여도	소극적	보통	적극적				
13								

풀이

- 참여도(D4) : =HLOOKUP(C4, $B$11:$D$12, 2)
- 구입상품(E4) : =VLOOKUP(B4, $G$4:$H$9, 2, FALSE)

실습 08 수식 활용 - 데이터베이스 함수

실습 09 차트 작성

핵심요약 & 대표기출문제의 핵심 114를 공부한 후 '실습08' 시트에서 다음 작업을 수행하시오.

문제 01 다음 표에 표시된 부분의 값을 적절한 함수를 이용하여 계산하시오.

	A	B	C	D	E	F
1	지역별 득표수					
2	이름	A지역	B지역	C지역		A지역
3	홍성곤	246	258	152		<200
4	우청송	144	213	57		B지역
5	최정호	92	274	269		>=250
6	강구국	112	88	105		C지역
7	임곤준	244	140	297		<=100
8	A지역 득표가 200 미만인 사람들의 합					
9	B지역 득표가 250 이상인 사람들의 평균					
10	C지역 득표가 100 이하인 사람의 수					
11	A지역 득표가 200 미만인 사람 중 최대 득표수					
12	B지역 득표가 250 이상인 사람 중 최소 득표수					
13						

↓

	A	B	C	D	E	F
1	지역별 득표수					
2	이름	A지역	B지역	C지역		A지역
3	홍성곤	246	258	152		<200
4	우청송	144	213	57		B지역
5	최정호	92	274	269		>=250
6	강구국	112	88	105		C지역
7	임곤준	244	140	297		<=100
8	A지역 득표가 200 미만인 사람들의 합			348		
9	B지역 득표가 250 이상인 사람들의 평균			266		
10	C지역 득표가 100 이하인 사람의 수			1		
11	A지역 득표가 200 미만인 사람 중 최대 득표수			144		
12	B지역 득표가 250 이상인 사람 중 최소 득표수			258		
13						

풀이 ▶

- A지역 득표가 200 미만인 사람들의 합(D8) : =DSUM(A2:D7, 2, F2:F3)
- B지역 득표가 250 이상인 사람들의 평균(D9) : =DAVERAGE(A2:D7, 3, F4:F5)
- C지역 득표가 100 이하인 사람의 수(D10) : =DCOUNT(A2:D7, 4, F6:F7)
- A지역 득표가 200 미만인 사람 중 최대 득표 수(D11) : =DMAX(A2:D7, 2, F2:F3)
- B지역 득표가 250 이상인 사람 중 최소 득표 수(D12) : =DMIN(A2:D7, 3, F4:F5)

핵심요약 & 대표기출문제의 핵심 115와 핵심 116을 공부한 후 '실습09' 시트에서 다음 작업을 수행하시오.

문제 01 영업소가 '인천'인 사원의 데이터를 이용하여 다음과 같은 차트를 작성하시오.

	A	B	C	D	E	F
1	사원별 판매 현황					
2						
3	성명	영업소	상반기 판매	하반기 판매		
4	박성호	경기	540	230		
5	김현승	대구	430	210		
6	손정호	인천	120	180		
7	강만식	부산	500	310		
8	최기정	인천	120	110		
9	하경희	대구	480	310		
10	임정희	인천	160	172		
11	안진국	인천	245	112		

인천영업소 사원 판매현황

풀이 ▶

❶ 영업소가 '인천'인 사원의 데이터를 범위로 지정(Ctrl을 누른 채 클릭)한 후 [삽입] → [차트] → [세로 또는 가로 막대형 차트 삽입] → [묶은 세로 막대형]을 선택한다.

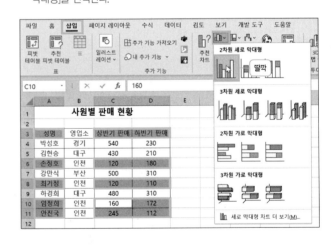

❷ 차트 제목을 지정하기 위해 만들어진 차트에 표시된 '차트 제목'을 선택한 후 수식 입력줄에 **인천영업소 사원 판매현황**을 입력하고 Enter를 누른다.

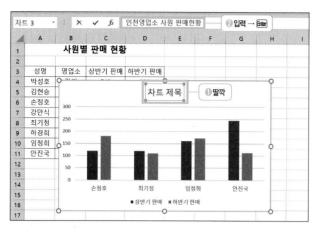

❸ 가로(항목) 축 제목을 삽입하기 위해서 [차트 디자인] → [차트 레이아웃] → [차트 요소 추가] → [축 제목] → [기본 가로]를 선택한다.

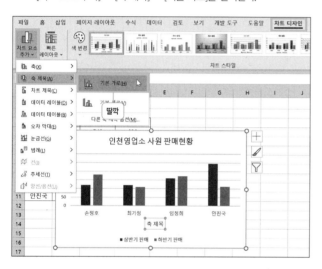

❹ 수식 입력줄에 **성명**을 입력한 후 Enter를 누른다.

❺ 세로(값) 축 제목을 삽입하기 위해 [차트 디자인] → [차트 레이아웃] → [차트 요소 추가] → [축 제목] → [기본 세로]를 선택한다.

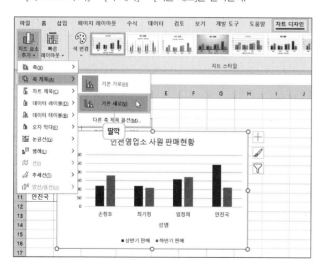

❻ 수식 입력줄에 **판매**를 입력한 후 Enter를 누른다.

❼ 완성된 차트의 왼쪽 모서리가 [A13] 셀에 위치하도록 차트를 드래그하여 이동한다.

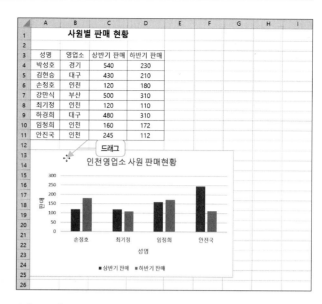

❽ [A13:F28] 영역에 맞게 차트의 크기를 조절하기 위해 마우스로 조절점을 드래그하여 크기를 조정한다.

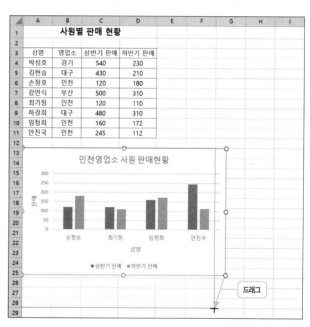

실습 10 · 차트 편집

핵심요약 & 대표기출문제의 핵심 117과 핵심 118을 공부한 후 '실습10' 시트에서 다음 작업을 수행하시오.

문제 01 다음 지시사항에 따라 [차트 1]을 [차트 2]와 같이 변경하시오.

- [A12:C12] 영역의 데이터를 차트에 추가하시오.
- 차트 종류를 '표식이 있는 꺾은선형'으로 변경하시오.
- '하반기 판매' 계열의 '김민아' 요소에 데이터 레이블 '값'을 표시하시오.
- 범례 위치를 오른쪽으로 변경하시오.

[차트 1]

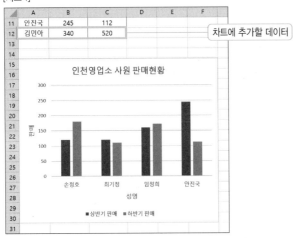

[차트 2]

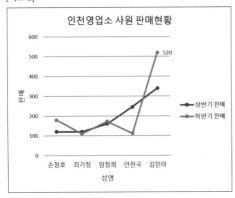

풀이

❶ 데이터를 추가하기 위해 [A12:C12] 영역을 블록으로 지정한 후 복사(Ctrl + C)한다.

❷ 차트를 선택한 후 붙여넣기(Ctrl + V)를 한다.

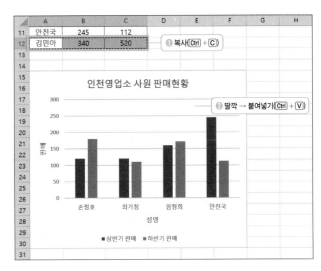

❸ 차트의 종류를 변경하기 위해 차트를 마우스 오른쪽 단추로 클릭한 후 바로 가기 메뉴에서 [차트 종류 변경]을 선택한다.

❹ '차트 종류 변경' 대화상자에서 '꺾은선형'과 '표식이 있는 꺾은선형'을 선택한 후 〈확인〉을 클릭한다.

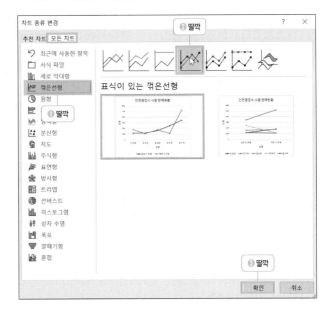

❺ '하반기 판매' 계열의 '김민아' 데이터 요소에만 값을 표시하기 위해 '하반기 판매' 계열의 '김민아' 데이터 요소를 클릭한 후 다시 한번 클릭한다.

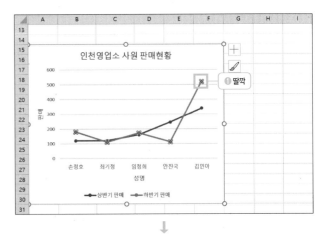

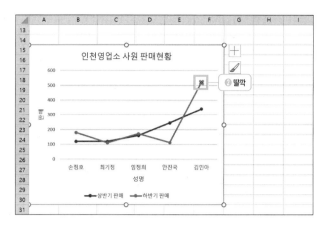

⑥ '김민아' 데이터 요소를 마우스 오른쪽 단추로 클릭한 후 바로 가기 메뉴에서 [데이터 레이블 추가]를 선택한다.

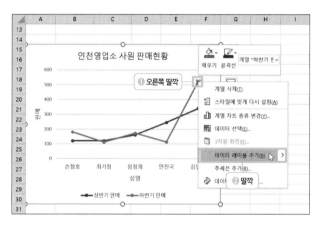

⑦ 차트를 선택한 후 [차트 디자인] → 차트 레이아웃 → 차트 요소 추가 → 범례 → 오른쪽을 선택한다.

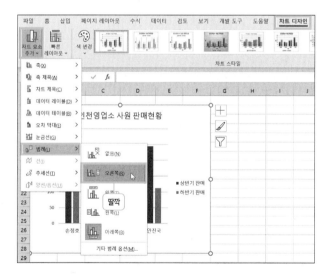

1369011

실습 11 **고급 필터**

핵심요약 & 대표기출문제의 핵심 127을 공부한 후 '실습11' 시트에서 다음 작업을 수행하시오.

문제 01 다음과 같은 데이터 목록 중 성별이 '여'이고 컴퓨터 점수가 컴퓨터 점수 평균 이상인 레코드만을 추출하여 [A18] 셀에서부터 표시하시오.

	A	B	C	D	E	F	G
1			상반기 영어/컴퓨터 능력 시험				
2							
3	번호	이름	소속부서	성별	영어	컴퓨터	총점
4	1	강현진	개발부	여	98	85	183
5	2	김기연	영업부	남	95	100	195
6	3	김철원	영업부	남	80	75	155
7	4	남동하	기술부	남	85	90	175
8	5	마동윤	영업부	여	100	100	200
9	6	미라미	총무부	여	80	75	155
10	7	박한솔	기술부	남	100	80	180
11	8	박이호	기술부	남	90	70	160
12	9	박한식	총무부	남	80	90	170
13	11	박하나	총무부	여	90	50	140
14							

↓

	A	B	C	D	E	F	G
13	11	박하나	총무부	여	90	50	140
14							
15		성별	컴퓨터평균				
16		여	TRUE				
17							
18	번호	이름	소속부서	성별	영어	컴퓨터	총점
19	1	강현진	개발부	여	98	85	183
20	5	마동윤	영업부	여	100	100	200
21							

풀이 ▶

① [B15] 셀에 **성별**, [B16] 셀에 **여**, [C15] 셀에 **컴퓨터평균**, [C16] 셀에 **=F4>=AVERAGE($F$4:$F$13)**을 입력한다.

C16		× ✓ fx	=F4>=AVERAGE($F$4:$F$13)					
	A	B	C	D	E	F	G	H	I
13	11	박하나	총무부	여	90	50	140		
14									
15		성별	컴퓨터평균						
16		여	TRUE						
17									

② 데이터 영역(A3:G13)의 임의의 셀을 클릭한 후 [데이터] → [정렬 및 필터] → [고급]을 클릭한다.

파일	홈	삽입	페이지 레이아웃	수식	데이터	검토	보기	개발 도구	도움말

B7		× ✓ fx	남동하					❷ 딸깍
	A	B	C	D	E	F	G	H	I
1			상반기 영어/컴퓨터 능력 시험						
2									
3	번호	이름	소속부서	성별	영어	컴퓨터	총점		
4	1	강현진	개발부	여	98	85	183		
5	2	김기연	영업부	남	95	100	195		
6	3	김철원	영업부	남	80	75	155		
7	4	남동하	❶ 딸깍	남	85	90	175		
8	5	마동윤	영업부	여	100	100	200		
9	6	미라미	총무부	여	80	75	155		
10	7	박한솔	기술부	남	100	80	180		
11	8	박이호	기술부	남	90	70	160		
12	9	박한식	총무부	남	80	90	170		
13	11	박하나	총무부	여	90	50	140		
14									
15		성별	컴퓨터평균						
16		여	TRUE						
17									

❸ 다음 그림과 같이 '고급 필터' 대화상자의 각 설정 사항을 지정한 후 〈확인〉
을 클릭한다. 범위를 지정할 때는 직접 입력하거나 '범위 지정 단추(⬆)'를
클릭하여 해당 범위를 마우스로 드래그한다.

풀이 ▶

❶ 데이터 영역의 임의의 셀을 클릭한 후 [데이터] → [정렬 및 필터] → [정
렬]을 클릭한다.

❷ '정렬' 대화상자에서 그림과 같이 첫째 기준은 소속부서를 오름차순, 둘째
기준은 성별을 오름차순으로 지정한 후 〈확인〉을 클릭한다. 두 번째 정렬
기준을 지정할 때는 〈기준 추가〉를 클릭한 후 지정한다.

❸ [데이터] → [개요] → [부분합]을 클릭한 후 '부분합' 대화상자에서 그림과
같이 설정하고 〈확인〉을 클릭한다.

실습 12 부분합

1369012

핵심요약 & 대표기출문제의 핵심 125와 핵심 129를 공부한 후 '실습12' 시트에서 다음
작업을 수행하시오.

문제 01 다음과 같이 소속부서별 총점 합계에 성별별 총점 합계
를 중첩한 부분합을 작성하시오.

❹ 소속부서별 총점의 합계가 계산된 부분합이 작성된다. 성별별 총점의 합
계를 구하기 위해 [데이터] → [개요] → [부분합]을 클릭한다.

❺ '부분합' 대화상자에서 그림과 같이 설정하고 '새로운 값으로 대치'를 해
제한 후 〈확인〉을 클릭한다.

실습 13 피벗 테이블

핵심요약 & 대표기출문제의 핵심 130을 공부한 후 '실습13' 시트에서 다음 작업을 수행하시오.

문제 01 다음과 같은 데이터 목록을 이용하여 직급별, 근무팀별 급여의 합계를 구하는 피벗 테이블을 완성하시오.

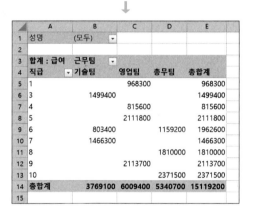

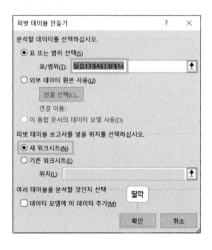

풀이 ▶

① 데이터 영역(A3:F14)의 임의의 셀을 클릭한 후 [삽입] → [표] → [피벗 테이블]을 클릭한다.

② '피벗 테이블 만들기' 대화상자에서 '새 워크시트'를 선택한 후 〈확인〉을 클릭한다.

③ 화면의 오른쪽에 '피벗 테이블 필드 목록' 창이 표시된다. '피벗 테이블 필드 목록' 창의 각 필드를 드래그하여 그림과 같이 위치시킨다.

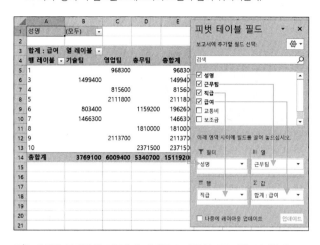

④ [A4] 셀을 클릭한 후 **직급**을, [B3] 셀을 클릭한 후 **근무팀**을 입력한다.

실습 14 목표값 찾기

핵심요약 & 대표기출문제의 핵심 132를 공부한 후 '실습14' 시트에서 다음 작업을 수행하시오.

문제 01 다음 데이터 목록에서 김철원 사원의 평균이 80이 되기 위한 영어점수를 목표값 찾기를 이용하여 계산하시오.

	A	B	C	D	E	F	G
1		상반기 영어/컴퓨터 능력 시험					
2							
3	번호	이름	소속부서	성별	영어	컴퓨터	평균
4	1	강현진	개발부	여	98	70	84
5	2	김기언	영업부	남	95	100	97.5
6	3	김철원	영업부	남	80	75	77.5
7	4	남동하	기술부	남	85	90	87.5
8	5	마동윤	영업부	여	100	100	100

↓

	A	B	C	D	E	F	G
1		상반기 영어/컴퓨터 능력 시험					
2							
3	번호	이름	소속부서	성별	영어	컴퓨터	평균
4	1	강현진	개발부	여	98	70	84
5	2	김기언	영업부	남	95	100	97.5
6	3	김철원	영업부	남	85	75	80
7	4	남동하	기술부	남	85	90	87.5
8	5	마동윤	영업부	여	100	100	100

풀이 ▶

① [데이터] → [예측] → [가상 분석] → [목표값 찾기]를 선택한다.

② '목표값 찾기' 대화상자의 수식 셀에 [G6], 찾는 값에 **80**, 값을 바꿀 셀에 [E6]을 지정한 후 〈확인〉을 클릭한다.

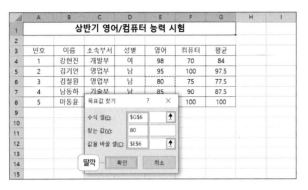

③ 결과가 표시된 '목표값 찾기 상태' 대화상자가 나타나면 〈확인〉을 클릭한다.

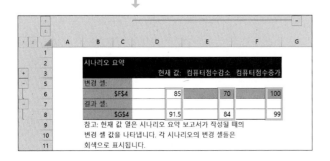

1369015 📚

실습 **15** **시나리오**

핵심요약 & 대표기출문제의 핵심 133을 공부한 후 '실습15' 시트에서 다음 작업을 수행하시오.

문제 **01** 다음 데이터 목록 중 강현진의 컴퓨터 점수가 70으로 감소할 때와 100으로 증가할 때의 평균을 계산하는 시나리오를 작성하시오.

	A	B	C	D	E	F	G
1		상반기 영어/컴퓨터 능력 시험					
2							
3		번호	이름	소속부서	성별	영어	컴퓨터	평균
4		1	강현진	개발부	여	98	85	91.5
5		2	김기언	영업부	남	95	100	97.5
6		3	김철원	영업부	남	80	75	77.5
7		4	남동하	기술부	남	85	90	87.5
8		5	마동윤	영업부	여	100	100	100

↓

	A	B	C	D	E	F	G
1							
2		시나리오 요약					
3				현재 값:	컴퓨터점수감소	컴퓨터점수증가	
5		변경 셀:					
6		$F$4		85	70	100	
7		결과 셀:					
8		$G$4		91.5	84	99	
9		참고: 현재 값 열은 시나리오 요약 보고서가 작성될 때의					
10		변경 셀 값을 나타냅니다. 각 시나리오의 변경 셀들은					
11		회색으로 표시됩니다.					

풀이 ▶

① [데이터] → [예측] → [가상 분석] → [시나리오 관리자]를 선택한 후 '시나리오 관리자' 대화상자에서 〈추가〉를 클릭한다.

② '시나리오 추가' 대화상자에서 시나리오 이름에 **컴퓨터점수감소**를 입력하고, 변경 셀에 [F4] 셀을 지정한 후 〈확인〉을 클릭한다.

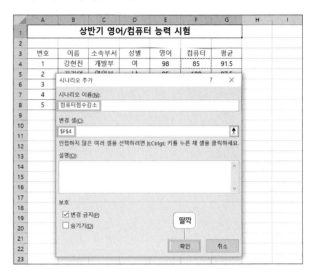

③ '시나리오 값' 대화상자에서 **70**을 입력한 후 〈확인〉을 클릭한다.

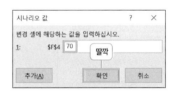

④ 시나리오에 '컴퓨터점수감소'가 추가된다. '시나리오 관리자' 대화상자에서 다시 〈추가〉를 클릭한다.

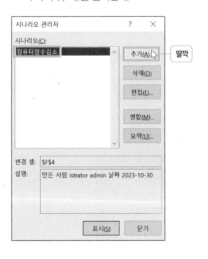

❺ '시나리오 추가' 대화상자에서 시나리오 이름에 **컴퓨터점수증가**를 입력하고, 변경 셀에 [F4] 셀을 지정한 후 〈확인〉을 클릭한다.

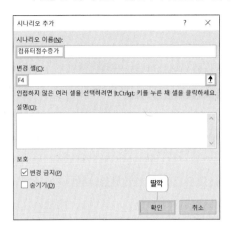

❻ '시나리오 값' 대화상자에 **100**을 입력한 후 〈확인〉을 클릭한다.

❼ '시나리오 관리자' 대화상자에서 〈요약〉을 클릭한다.

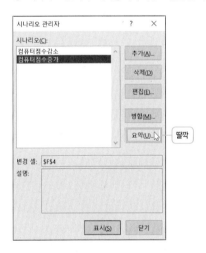

❽ '시나리오 요약' 대화상자에서 '시나리오 요약'을 선택하고, 결과 셀에는 평균이 표시되어 있는 [G4] 셀을 지정한 후 〈확인〉을 클릭하면 새로운 워크시트에 시나리오가 작성된다.

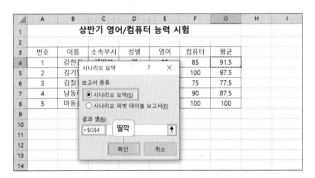

1369016

실습 16 데이터 통합

핵심요약 & 대표기출문제의 핵심 135를 공부한 후 '실습16' 시트에서 다음 작업을 수행하시오.

문제 01 상반기 판매현황과 하반기 판매현황을 통합하여 각 품목의 목표량과 판매량의 합계를 구하시오.

	A	B	C	D	E	F	G
1							
2		상반기 판매현황				하반기 판매현황	
3	품목	목표량	판매량		품목	목표량	판매량
4	컴퓨터	20	15		캠코더	19	20
5	스캐너	7	10		스캐너	13	15
6	프린터	13	15		프린터	8	10
7	카메라	14	14		컴퓨터	14	15
8	캠코더	17	20		카메라	9	15
9							
10		품목별 합계					
11	품목	목표량	판매량				
12							
13							

↓

	A	B	C	D	E	F	G
1							
2		상반기 판매현황				하반기 판매현황	
3	품목	목표량	판매량		품목	목표량	판매량
4	컴퓨터	20	15		캠코더	19	20
5	스캐너	7	10		스캐너	13	15
6	프린터	13	15		프린터	8	10
7	카메라	14	14		컴퓨터	14	15
8	캠코더	17	20		카메라	9	15
9							
10		품목별 합계					
11	품목	목표량	판매량				
12	컴퓨터	34	30				
13	스캐너	20	25				
14	프린터	21	25				
15	카메라	23	29				
16	캠코더	36	40				
17							

풀이 ▶

❶ [A11:C11] 영역을 블록으로 지정한 후 [데이터] → [데이터 도구] → [통합]을 클릭한다.

❷ '통합' 대화상자의 '함수'에서 '합계'를 선택한다.

❸ '참조'를 클릭하고 [A3:C8] 영역을 드래그한 후 〈추가〉를 클릭하면 '모든
참조 영역'에 추가된다.

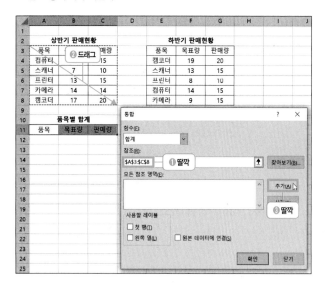

❹ 이어서 [E3:G8] 영역을 드래그한 후 〈추가〉를 클릭한다.

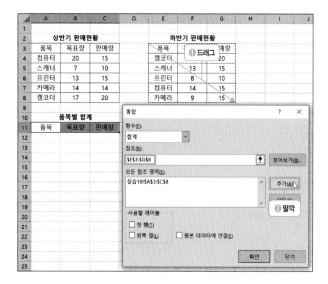

❺ 사용할 레이블로 '첫 행'과 '왼쪽 열'을 선택한 후 〈확인〉을 클릭한다.

핵심요약 &
대표기출문제

1과목 컴퓨터 일반

2과목 스프레드시트 일반

16.2, 11.3, 11.2, 08.4, 08.2, 07.3, 07.2, 07.1, 05.4, 05.3, 04.4, 04.1, 03.3, ...   1360001

핵심 001 한글 Windows 10의 특징

- 그래픽 사용자 인터페이스(GUI) 사용 : 키보드로 명령어를 직접 입력하지 않고, 아이콘이나 메뉴를 마우스로 선택하여 모든 작업을 수행하는 사용자 작업 환경
- 선점형 멀티태스킹(Preemptive Multi-tasking) : 운영체제가 각 작업의 CPU 이용 시간을 제어하여 앱 실행중 문제가 발생하면 해당 앱을 강제 종료시키고, 모든 시스템 자원을 반환하는 멀티태스킹 운영 방식
- 플러그 앤 플레이(PnP; Plug & Play) : 컴퓨터 시스템에 하드웨어를 설치했을 때, 해당 하드웨어를 사용하는 데 필요한 시스템 환경을 운영체제가 자동으로 구성해 주는 것
- OLE(Object Linking and Embedding) : 다른 앱에서 작성된 문자나 그림 등의 개체(Object)를 현재 작성중인 문서에 자유롭게 연결(Linking)하거나 삽입(Embedding)하여 편집할 수 있게 하는 기능
- 64비트 데이터 처리 : 완전한 64비트로 데이터를 처리하므로 더 많은 양의 데이터를 빠르게 처리할 수 있으며, 사용자가 좀 더 빠르고 효율적인 시스템을 구축할 수 있게 한다.

01. Plug and Play 기능에 대해 올바르게 설명한 것은?

16.2, 11.3, 08.4, 07.2, 05.4, 04.4, 03.3, 01.1, 00.3, 00.1

① 새로운 장치를 설정하면 자동적으로 감지하여 적절한 조치를 취하여 사용자가 쉽게 새로운 부품이나 주변 장치를 설치할 수 있도록 지원하는 기능이다.
② 새로운 장치를 설정한 후 수동적으로 Setting만 시켜주면 사용자가 쉽게 사용할 수 있도록 하는 기능이다.
③ 윈도우에서 여러 개의 작업을 동시에 수행할 수 있게 지원하는 기능이다.
④ 기존의 도스 시스템보다 수행 속도를 저해시키는 윈도우의 앱 수행 방식이다.

24.상시, 23.상시, 22.상시, 21.상시, 20.상시, 20.2, 19.상시, 19.1, 18.1, 15.2, ...   1360003

핵심 002 바로 가기 키

F2	폴더 및 파일의 이름을 변경함
F3	파일 탐색기에서 '검색 상자'를 선택함
F4	파일 탐색기에서 '주소 표시줄' 목록을 표시함
F5	최신 정보로 고침
F6	창이나 바탕 화면의 요소들을 순서대로 전환함
F10	현재 실행중인 앱의 메뉴 모음을 활성화함
Alt + →, ←	현재 실행중인 화면의 다음 화면이나 이전 화면으로 이동함

Alt + Esc	현재 실행중인 앱들을 순서대로 전환함
Alt + Tab	• 현재 실행중인 앱들의 목록을 화면 중앙에 나타냄 • Alt를 누른 상태에서 Tab을 이용하여 이동할 작업 창을 선택함
Alt + Enter	선택된 항목의 속성 대화상자를 실행함
Alt + Spacebar	활성창의 바로 가기 메뉴를 표시함
Alt + F4	• 실행중인 창(Window)이나 앱을 종료함 • 실행중인 앱이 없으면 'Windows 종료' 창을 나타냄
Alt + Print Screen	현재 작업중인 활성 창을 클립보드로 복사함
Alt + F8	로그인 화면에서 암호를 입력할 때 '●' 기호 대신 입력한 내용을 확인할 수 있음
Ctrl + A	폴더 및 파일을 모두 선택함
Ctrl + Esc	⊞(시작)을 클릭한 것처럼 [시작] 메뉴를 표시함
Ctrl + Shift + Esc	'작업 관리자' 대화상자를 실행하여 문제가 있는 앱을 강제로 종료함
Ctrl + 마우스 스크롤	바탕 화면의 아이콘 크기를 변경함
Shift + Delete	폴더나 파일을 휴지통을 거치지 않고 바로 삭제함
Shift + F10	바로 가기 메뉴를 표시함
⊞	⊞(시작)을 클릭하거나 Ctrl+Esc를 누른 것처럼 [시작] 메뉴를 표시함
⊞ + D	열려 있는 모든 창과 대화상자를 최소화(바탕 화면 표시)하거나 이전 크기로 나타냄
⊞ + E	'파일 탐색기'를 실행함
⊞ + F	'피드백 허브' 앱을 실행함
⊞ + L	컴퓨터를 잠그거나 사용자를 전환함
⊞ + M / ⊞ + Shift + M	열려 있는 모든 창을 최소화/이전 크기로 나타냄
⊞ + R	'실행' 창을 나타냄
⊞ + U	[설정]의 '접근성' 창을 나타냄
⊞ + T	작업 표시줄의 앱을 차례로 선택함
⊞ + A	알림 센터를 표시함
⊞ + B	알림 영역으로 포커스를 옮김
⊞ + Alt + D	알림 영역에 날짜 및 시간을 표시하거나 숨김
⊞ + I	'설정' 창을 화면에 나타냄
⊞ + S	'검색 상자'로 포커스를 옮김
⊞ + Ctrl + D	가상 데스크톱을 추가함
⊞ + Ctrl + F4	사용 중인 가상 데스크톱을 삭제함
⊞ + Home	선택된 창을 제외한 모든 창을 최소화/이전 크기로 나타냄
⊞ + ↑/←/→/↓	선택된 창 최대화/화면 왼쪽으로 최대화/화면 오른쪽으로 최대화/창 최소화(창 최대화일 때는 이전 크기로) 함
⊞ + Ctrl + F	'컴퓨터 찾기' 대화상자를 나타냄
⊞ + Tab	'작업 보기'를 실행함
⊞ + Pause/Break	[설정] → [시스템] → [정보] 창을 나타냄

01. 다음 중 한글 Windows 10에서 실행중인 프로그램 사이의 작업 전환을 위한 바로 가기 키는? 24.상시, 23.상시, 22.상시, 18.1, 07.2, 03.2

① Alt + Enter ② Alt + F4
③ Alt + Tab ④ Alt + Delete

02. 다음 중 Windows에서 Winkey(⊞)와 함께 사용하는 바로 가기 키에 대한 설명으로 틀린 것은? 24.상시, 23.상시, 22.상시, 21.상시

① ⊞ + I : '설정' 창을 표시함
② ⊞ + D : 모든 창을 최소화함
③ ⊞ + L : 컴퓨터를 잠금
④ ⊞ + E : '실행' 창을 표시함

> ⊞ + E는 파일 탐색기를 실행하는 바로 가기 키입니다. '실행' 창을 표시하는 바로 가기 키는 ⊞ + R입니다.

• 바로 가기 아이콘 만들기

바로 가기 메뉴 이용	• 개체를 선택한 후 바로 가기 메뉴에서 [바로 가기 만들기] 또는 [보내기] → [바탕 화면에 바로 가기 만들기] 선택 • 바탕 화면의 바로 가기 메뉴에서 [새로 만들기] → [바로 가기]를 선택하여 실행 파일을 찾아 생성함
오른쪽 버튼으로 끌기	마우스 오른쪽 버튼으로 개체를 선택한 후 원하는 위치로 끌어다 놓으면 바로 가기 메뉴가 표시되는데, 이 메뉴 중 [여기에 바로 가기 만들기]를 선택
Ctrl + Shift + 드래그	개체를 선택한 후 Ctrl + Shift를 누른 채 원하는 위치로 끌어다 놓음
복사 - 붙여넣기	바로 가기 아이콘을 복사(Ctrl + C)하여 다른 위치에 붙여넣음(Ctrl + V)

01. 다음 중 Windows에서 바로 가기 아이콘에 대한 설명으로 옳지 않은 것은? 22.상시, 21.상시, 18.2

① 원본 파일이 있는 위치와 관계없이 만들 수 있다.
② 하나의 원본 파일에 대하여 여러 개의 바로 가기 아이콘을 만들 수 없다.
③ 바로 가기 아이콘의 확장자는 LNK이다.
④ 원본 파일을 삭제하면 바로 가기 아이콘을 실행할 수 없다.

> 하나의 원본 파일에 대하여 여러 개의 바로 가기 아이콘을 만들 수 있습니다.

24.상시, 22.상시, 21.상시, 20.상시, 20.1, 18.2, 17.2, 15.1, 12.3, 11.2, 10.3, … 1360004

핵심 003 바로 가기 아이콘(단축 아이콘)

• 자주 사용하는 문서나 앱을 빠르게 실행시키기 위한 아이콘으로, 원본 파일의 위치 정보를 가지고 있다.
• 바로 가기 아이콘을 실행시키면 바로 가기 아이콘과 연결된 원본 파일이 실행된다.
• 폴더나 파일, 디스크 드라이브, 다른 컴퓨터, 프린터 등 모든 개체에 대해 바로 가기 아이콘을 작성할 수 있다.
• 바로 가기 아이콘은 왼쪽 아랫부분에 화살표 표시가 있어 일반 아이콘과 구별된다.
• 바로 가기 아이콘의 확장자는 LNK이며, 컴퓨터에 여러 개 존재할 수 있다.
• 하나의 원본 파일에 대해 여러 개의 바로 가기 아이콘을 만들 수 있으며, 이름을 변경할 수도 있다.
• 바로 가기 아이콘은 원본 파일이 있는 위치와 관계없이 만들 수 있다.
• 바로 가기 아이콘을 삭제/이동하더라도 원본 파일은 삭제/이동되지 않는다.
• 원본 파일을 삭제하면 해당 파일의 바로 가기 아이콘은 실행되지 않는다.

24.상시, 23.상시, 22.상시, 21.상시, 20.2, 18.2, 17.2, 16.2, 16.1, 14.1, 13.1, … 1360005

핵심 004 작업 표시줄

• 작업 표시줄은 현재 실행되고 있는 앱 단추와 앱을 빠르게 실행하기 위해 등록한 고정 앱 단추 등이 표시되는 곳으로서, 기본적으로 바탕 화면의 맨 아래쪽에 있다.
• 작업 표시줄의 위치를 변경할 수 있다.
• 작업 표시줄의 크기를 화면의 1/2까지 늘릴 수 있다.
• '작업 표시줄 잠금'을 지정하면 작업 표시줄의 크기나 위치 등을 변경할 수 없다.
• 작업 표시줄을 자동으로 숨길 것인지의 여부를 선택할 수 있다.
• 작업 표시줄의 단추를 그룹으로 표시할 수 있다.
• 작업 표시줄 바로 가기 메뉴의 주요 항목 : 계단식 창 배열, 창 가로 정렬 보기, 모든 작업 표시줄 잠금
• 작업 표시줄 도구 모음
 – 링크 : 자주 사용하는 문서나 앱, 웹 페이지(URL)의 바로 가기 아이콘을 추가하여 해당 문서, 앱을 바로 실행하거나 웹 페이지로 이동할 수 있음
 – 바탕 화면 : 바탕 화면 아이콘인 내 PC, 휴지통, 문서, 제어판, 네트워크와 바탕 화면에 추가된 모든 폴더와 아이콘 등을 표시함
 – 새 도구 모음 : 사용자가 임의로 새로운 도구 모음을 만들어 표시할 때 사용함

01. 다음 중 한글 Windows 10의 작업 표시줄 설정에 대한 설명으로 옳지 않은 것은? 24.상시, 23.상시

① 자주 사용하는 앱을 작업 표시줄에 표시할 수 있다.

② 데스크톱 모드에서 작업 표시줄 자동 숨기기를 설정할 수 있다.

③ 화면에서 작업 표시줄의 위치를 왼쪽, 위쪽, 오른쪽, 아래쪽 중에서 설정할 수 있다.

④ 작업 표시줄이 꽉 차면 같은 앱은 그룹으로 묶어서 하나의 단추로 표시되도록 할 수 있다.

> • 작업 표시줄 설정에 자주 사용하는 앱을 작업 표시줄에 표시하는 옵션은 없습니다.
> • 작업 표시줄에 앱을 추가하려면 앱을 드래그하여 작업 표시줄에 놓거나, [시작] 메뉴에 등록된 앱의 바로 가기 메뉴에서 [자세히] → [작업 표시줄에 고정]을 선택해야 합니다.

02. 다음 중 한글 Windows 10 [작업 표시줄]의 바로 가기 메뉴에 있는 [도구 모음]에서 선택할 수 없는 것은? 22.상시, 13.1, 09.4

① 바탕 화면

② 링크

③ 새 도구 모음

④ 알림 영역

핵심 005 시작 메뉴의 '사용자 계정'

• 현재 사용중인 사용자 계정이 표시된다.

• 사용자 계정을 클릭하면 '계정 설정 변경', '잠금', '로그아웃' 메뉴, 다른 사용자의 계정이 표시된다.

• 다른 사용자의 계정을 클릭하면 현재 로그인한 계정이 실행중인 앱을 종료하지 않고 선택한 다른 사용자의 계정으로 전환된다.

01. 하나의 컴퓨터에서 A 사용자가 여러 개의 프로그램을 실행시킨 상태에서 잠시 B 사용자가 사용할 수 있도록 하는 방법으로 옳은 것은? (단, 해당 컴퓨터에 사용자 A와 사용자 B의 계정은 모두 등록되어 있다.) 24.상시, 23.상시

① 로그오프를 수행한다.

② 사용자 전환을 수행한다.

③ 시스템을 다시 시작한다.

④ 전원을 종료한 후 재부팅 한다.

> [시작] 메뉴에서 사용자 계정을 클릭한 후 등록된 다른 사용자를 선택하면 기존 사용자가 실행 중인 프로그램이 종료되지 않고 대기 상태에서 다른 사용자로 전환됩니다.

핵심 006 시작 메뉴의 '점프 목록' 설정

• 점프 목록은 파일, 폴더, 웹 사이트 등 최근에 사용했던 문서나 작업을 빠르고 간편하게 이용할 수 있도록 프로그램별로 구성한 목록이다.

• 표시된 항목 위로 마우스 포인터를 가져가면 항목 오른쪽에 '이 목록에 고정(📌)' 아이콘이 표시되며, 이 아이콘을 클릭하면 점프 목록 상단에 고정된다.

• 점프 목록에 고정된 항목을 해제하려면 항목 위로 마우스 포인터를 가져가면 표시되는 '이 목록에서 제거(📌)' 아이콘을 클릭한다.

01. 다음 중 Windows 10 작업 표시줄의 점프 목록 사용에 대한 설명으로 옳지 않은 것은? 24.상시, 22.상시

① 프로그램의 점프 목록을 보려면 작업 표시줄의 프로그램 아이콘을 마우스 오른쪽 단추로 클릭한다.

② 점프 목록에서 항목을 열려면 프로그램의 점프 목록에서 해당 항목을 클릭한다.

③ 점프 목록에 항목을 고정하려면 프로그램의 점프 목록에서 항목을 가리킨 다음 압정 아이콘을 클릭한다.

④ 점프 목록에서 항목을 제거하려면 프로그램의 점프 목록에서 항목을 가리킨 다음 Delete를 누른다.

> 점프 목록에 고정된 항목을 해제하려면 항목 위로 마우스 포인터를 가져가면 표시되는 '이 목록에서 제거(📌)' 아이콘을 클릭하면 됩니다.

핵심 007 파일 탐색기의 기능과 구조

• 컴퓨터에 설치된 디스크 드라이브, 제어판, 앱 파일 및 폴더 등을 관리할 수 있는 곳으로, 파일이나 폴더, 디스크 드라이브에 관련된 모든 작업을 수행할 수 있다.

• 파일 탐색기는 컴퓨터의 파일과 폴더를 계층(트리) 구조로 표시한다.

• 파일 탐색기는 크게 탐색 창과 파일 영역으로 나누어져 있다.

• 탐색 창에는 컴퓨터에 존재하는 모든 폴더가 표시되고, 파일 영역에는 탐색 창에서 선택한 폴더의 내용(하위 폴더, 파일)이 표시된다.

• 〉 🗀 폴더 : 폴더 내에 또 다른 폴더, 즉 하위 폴더가 있음을 의미하며, 〉 부분을 클릭하면 하위 폴더가 표시되고, ⌄로 변경됨

• ⌄ 🗀 폴더 : 하위 폴더까지 표시된 상태임을 의미하며, ⌄ 부분을 클릭하면 하위 폴더가 숨겨지고 〉로 변경됨

• 숫자 키패드의 ﹡ : 선택된 폴더의 모든 하위 폴더가 표시됨

• 왼쪽 방향키(←) : 선택된 폴더가 열려 있을 때는 닫고, 닫혀 있으면 상위 폴더가 선택됨

• Backspace : 선택된 폴더의 상위 폴더가 선택됨

- 영문자 : 해당 영문자로 시작하는 폴더나 파일 중 첫 번째 항목으로 이동됨
- 리본 메뉴는 파일 탐색기에서 제공하는 다양한 기능들이 용도에 맞게 탭으로 분류되어 있는 곳으로, 각 탭은 기능별로 묶여 표시되어 있다.

01. 다음 중 한글 Windows 10의 [파일 탐색기]에 대한 기능과 구조에 대한 설명으로 옳지 않은 것은?　17.2, 14.3

① 컴퓨터에 설치된 디스크 드라이브, 파일 및 폴더 등을 관리하는 기능을 가진다.

② 폴더와 파일을 계층 구조로 표시하며, 폴더 앞의 오른쪽 화살표 기호는 하위 폴더가 있음을 의미한다.

③ 현재 폴더에서 상위 폴더로 이동하려면 바로 가기 키인 Home 을 누른다.

④ 세부 정보 창, 미리 보기 창, 탐색 창 등의 표시 여부를 선택할 수 있다.

> 파일 탐색기의 현재 폴더에서 상위 폴더로 이동하는 바로 가기 키는 Backspace 입니다.

01. 다음 중 한글 Windows 10의 [폴더 옵션]에서 설정할 수 있는 작업에 해당되지 않는 것은?　22.상시, 21.상시, 14.3

① 숨김 파일 및 폴더를 표시할 수 있다.

② 색인된 위치에서는 파일 이름 뿐만 아니라 내용도 검색하도록 설정할 수 있다.

③ 숨긴 파일 및 폴더의 숨김 속성을 일괄 해제할 수 있다.

④ 파일이나 폴더를 한 번 클릭해서 열 것인지, 두 번 클릭해서 열 것인지를 설정할 수 있다.

> 폴더 옵션의 '숨김 파일, 폴더 및 드라이브 표시'는 단순히 숨김 속성이 지정된 폴더/파일을 보이도록 하는 것 뿐입니다. 숨김 폴더/파일의 숨김 속성을 해제하려면 해당 폴더/파일의 속성 대화상자에서 '숨김'의 체크 표시를 해제해야 합니다.

23.상시, 22.상시, 21.상시, 14.3, 12.1, 11.2, 10.3, 09.3, 09.2, 09.1, 08.2, … 　　1360010

핵심 008 폴더 옵션

- 실행 방법
  - **방법1** 파일 탐색기에서 [파일] → [폴더 및 검색 옵션 변경] 또는 [파일] → [옵션] 선택
  - **방법2** 파일 탐색기에서 리본 메뉴의 [보기] → [🔲(옵션)] 클릭
  - **방법3** 파일 탐색기에서 리본 메뉴의 [보기] → [옵션] → [폴더 및 검색 옵션 변경] 선택
- '폴더 옵션' 대화상자의 탭별 기능

일반	• 파일 탐색기가 열렸을 때의 기본 위치를 '즐겨찾기'나 '내 PC' 중에서 선택할 수 있음 • 새로 여는 폴더의 내용을 같은 창에서 열리거나 다른 창에 열리도록 지정할 수 있음 • 웹을 사용하는 것처럼 바탕 화면이나 파일 탐색기에서도 파일을 한 번 클릭하면 실행되도록 설정할 수 있음 • 즐겨찾기에서 최근에 사용된 파일이나 폴더의 표시 여부를 지정함 • 파일 탐색기의 즐겨찾기에 표시된 최근에 사용한 파일 목록을 지울 수 있음
보기	• 탐색 창에 모든 폴더의 표시 여부를 지정함 • 메뉴 모음의 항상 표시 여부를 지정함 • 숨김 파일이나 폴더의 표시 여부를 지정함 • 알려진 파일 형식의 파일 확장명 표시 여부를 지정함 • 보호된 운영체제 파일의 숨김 여부를 지정함 • 폴더 팁에 파일 크기 정보 표시 여부를 지정함
검색	• 폴더에서 시스템 파일을 검색할 때 색인을 사용할지 여부를 지정함 • 색인되지 않은 위치 검색 시 포함할 대상을 지정함

23.상시, 22.상시, 19.상시, 19.1, 16.3, 12.1, 05.3 　　1300903

핵심 009 디스크 포맷

- 디스크를 초기화(트랙과 섹터 형성)하여 사용 가능한 상태로 만들어 주는 작업이다.
- 옵션의 종류 : 용량, 파일 시스템, 할당 단위 크기, 볼륨 레이블, 포맷 옵션
- 빠른 포맷 : 사용하던 디스크를 포맷할 때 사용하는 옵션으로, 디스크의 불량 섹터는 검출하지 않고 디스크의 모든 파일을 삭제함

01. 다음 중 한글 Windows 10에서 하드디스크를 포맷하기 위한 [포맷] 창에서 설정 가능한 항목으로 옳지 않은 것은?　23.상시, 22.상시, 19.1, 12.1

① 볼륨 레이블 입력

② 파티션 제거

③ 파일 시스템 선택

④ 빠른 포맷 선택

> '포맷' 대화상자에서 '파티션 제거'는 설정할 수 없습니다.

핵심 010 | 파일/폴더 속성

- 파일/폴더의 속성을 이용하여 파일/폴더의 기본 정보를 확인하거나 특성 및 공유 여부를 설정할 수 있다.
- 파일/폴더 속성의 탭별 기능

파일	일반	• 파일 이름 및 파일 형식, 연결 프로그램, 저장 위치, 크기, 디스크 할당 크기, 만든 날짜, 수정한 날짜, 액세스한 날짜 등이 표시됨 • 읽을 수만 있게 하는 '읽기 전용', 화면에서 숨기는 '숨김'과 같은 파일의 특성을 설정할 수 있음
	보안	사용자별 사용 권한을 설정함
	자세히	파일에 제목, 주제, 태그, 만든이 등의 속성을 확인하거나 제거할 수 있음
	이전 버전	이전 버전은 Windows에서 복원 지점이나 백업으로 만들어진 파일 및 폴더의 복사본으로, 실수로 수정 또는 삭제되거나 손상된 파일 및 폴더를 복원할 수 있음
폴더	일반	폴더의 이름, 종류, 저장 위치, 크기, 디스크 할당 크기, 폴더 안에 들어 있는 하위 폴더 및 파일의 수, 만든 날짜가 표시되고, 특성(읽기 전용, 숨김)을 설정할 수 있음
	공유	폴더 공유를 위한 공유 설정 및 옵션을 설정할 수 있음
	사용자 지정	폴더의 유형, 폴더에 표시할 사진, 폴더의 아이콘 모양을 변경할 수 있음

※ '폴더 속성'의 '보안'과 '이전 버전' 탭은 '파일 속성'의 탭과 동일함

01. 다음 중 폴더의 [속성] 창에 대한 설명으로 옳지 않은 것은?
24.상시, 22.상시, 21.상시

① 폴더의 저장 위치를 변경할 수 있다.
② 폴더가 포함하고 있는 하위 폴더 및 파일의 개수를 알 수 있다.
③ 폴더에 '읽기 전용' 속성을 설정하거나 해제할 수 있다.
④ 해당 폴더의 만든 날짜를 알 수 있다.

> 폴더의 [속성] 창에서는 폴더의 저장 위치를 확인할 수는 있지만 변경할 수는 없습니다.

핵심 011 | 파일 탐색기와 작업 표시줄의 '검색 상자'의 차이점

	파일 탐색기의 '검색 상자'	작업 표시줄의 '검색 상자'
실행	F3 또는 Ctrl + F 누름	⊞ + S
검색 항목	파일, 폴더	모두, 앱, 문서, 웹, 동영상, 사람, 사진, 설정, 음악, 전자 메일, 폴더
검색 위치	지정 가능	컴퓨터 전체와 웹
검색 필터	사용 가능	사용 못함
검색 결과	검색어에 노란색 표시	범주별로 그룹화 되어 표시

01. 다음 중 한글 Windows 10에서 작업 표시줄의 [검색 상자]에 대한 설명으로 옳지 않은 것은?
23.상시

① 검색 항목은 모두, 앱, 문서, 웹, 동영상, 설정, 전자 메일, 폴더 등이다.
② 작업 표시줄의 바로 가기 메뉴에서 [검색]을 선택하여 검색 상자를 표시하거나 숨길 수 있다.
③ 검색된 앱을 선택하여 바로 실행할 수 있다.
④ ⊞ + F 를 누르면 검색 상자로 포커스가 옮겨진다.

> ⊞ + F 를 누르면 피드백 허브 앱이 실행됩니다. 작업 표시줄의 '검색 상자'로 이동하는 바로 가기 키는 ⊞ + S 입니다.

핵심 012 | 파일과 폴더 - 선택/복사/이동

파일/폴더 선택

하나의 항목 선택	항목을 마우스 왼쪽 버튼으로 클릭함
연속적인 항목 선택	• 선택할 항목의 범위를 마우스로 드래그함 • 첫 항목을 클릭한 후 Shift 를 누른 상태에서 마지막 항목을 클릭함
비연속적인 항목 선택	Ctrl 을 누른 상태에서 선택할 항목을 차례로 클릭함
모든 항목 선택	• 리본 메뉴의 [홈] → [선택] → [모두 선택]을 클릭함 • Ctrl + A 를 누름
선택 영역 반전	리본 메뉴의 [홈] → [선택] → [선택 영역 반전]을 선택하여 현재 선택된 항목을 해제하고 나머지 항목을 선택함

파일/폴더 복사 및 이동

	복사	이동
같은 드라이브	Ctrl 을 누른 상태에서 마우스로 드래그 앤 드롭	마우스로 드래그 앤 드롭
다른 드라이브	마우스로 드래그 앤 드롭	Shift 를 누른 상태에서 마우스로 드래그 앤 드롭

01. 다음 중 파일이나 폴더를 복사하거나 이동하는 방법으로 옳지 않은 것은?
24.상시, 23.상시, 22.상시, 21.상시, 20.2

① 폴더를 마우스로 선택한 후 동일한 드라이브의 다른 폴더로 끌어서 놓으면 이동이 된다.
② USB에 저장되어 있는 파일을 마우스로 선택한 후 바탕 화면으로 끌어서 놓으면 복사가 된다.
③ 파일을 마우스로 선택한 후 Ctrl 을 누른 채 같은 드라이브의 다른 폴더로 끌어서 놓으면 복사가 된다.
④ 폴더를 마우스로 선택한 후 Alt 를 누른 채 같은 드라이브의 다른 폴더로 끌어서 놓으면 이동이 된다.

> 폴더를 마우스로 선택한 후 Alt 를 누른 채 같은 드라이브의 다른 폴더로 끌어서 놓으면 폴더의 바로 가기 아이콘이 생성됩니다.

21.상시, 20.상시, 18.상시, 13.2, 09.2, 09.1, 08.2, 03.2, 01.2, 00.3

핵심 013　클립보드

- 데이터를 일시적으로 보관해 두는 임시 저장 공간으로, 서로 다른 앱 간에 데이터를 쉽게 전달할 수 있다.
- 클립보드의 내용은 한글 Windows 10에 설치된 모든 앱에서 여러 번 사용이 가능하지만, 가장 최근에 저장된 것 하나만 기억한다.
- 복사(Ctrl + C)하기, 잘라내기(Ctrl + X), 붙여넣기(Ctrl + V)할 때 사용된다.
- 시스템을 재시작하면 클립보드에 저장된 데이터는 지워진다.
- 화면 전체 내용을 클립보드에 복사하는 키는 PrintScreen, 현재 사용중인 활성창만을 클립보드에 복사하는 키는 Alt + PrintScreen이다.

01. 다음 중 한글 Windows 10의 클립보드에 대한 설명으로 가장 옳지 않은 것은?　21.상시, 18.상시, 08.2, 03.2, 00.3

① 클립보드는 Windows뿐만 아니라 설치된 모든 앱에서 공동으로 이용한다.

② 화면 전체 내용을 그대로 클립보드에 복사하는 키는 PrintScreen이다.

③ 현재 사용중인 활성창의 내용을 클립보드에 복사하는 키는 Ctrl + PrintScreen이다.

④ 클립보드의 내용은 시스템을 재부팅하면 모두 삭제된다.

> 활성창의 내용을 클립보드에 복사하려면 Alt + PrintScreen을 눌러야 합니다.

- 휴지통에 보관되지 않는 경우
  - 플로피디스크, USB 메모리, DOS 모드, 네트워크 드라이브에서 삭제된 항목
  - Shift + Delete를 사용하여 삭제한 항목
  - 휴지통 속성 창에서 '파일을 휴지통에 버리지 않고 삭제할 때 바로 제거'를 선택한 경우
  - 휴지통 속성 창에서 최대 크기를 0MB로 지정한 경우
  - 같은 이름의 항목을 복사/이동 작업으로 덮어쓴 경우

01. 다음 중 파일 삭제 시 파일이 [휴지통]에 임시 보관되어 복원이 가능한 경우는?　23.상시, 21.상시, 20.2, 14.3

① 바탕 화면에 있는 파일을 [휴지통]으로 드래그 앤 드롭하여 삭제한 경우

② USB 메모리에 저장되어 있는 파일을 Delete로 삭제한 경우

③ 네트워크 드라이브의 파일을 바로 가기 메뉴의 [삭제]를 클릭하여 삭제한 경우

④ [휴지통]의 크기를 0%로 설정한 후 파일 탐색기 안의 파일을 삭제한 경우

> ②, ③, ④번의 경우 삭제된 파일이 휴지통에 보관되지 않으므로 복원할 수 없습니다.

23.상시, 22.상시, 21.상시, 20.상시, 20.2, 19.2, 18.상시, 14.3, 14.2, 14.1, …

핵심 014　휴지통

- 삭제된 파일이나 폴더가 임시 보관되는 장소로, 필요 시 복원이 가능하다.
- 크기는 기본적으로 드라이브 용량의 5%~10% 범위 내에서 시스템이 자동으로 설정하지만 사용자가 원하는 크기를 MB 단위로 지정할 수 있다.
- 디스크 드라이브마다 한 개씩 만들 수 있으며, 크기를 다르게 설정할 수 있다.
- 휴지통 아이콘을 통하여 휴지통이 비워진 경우와 차 있는 경우를 구분할 수 있다.
- 휴지통에는 삭제된 파일뿐만 아니라 삭제된 시간, 날짜, 파일의 경로 등에 대한 정보도 저장된다.
- 휴지통의 용량을 초과하면 가장 오래 전에 삭제된 파일부터 자동으로 지워진다.
- 삭제된 파일이나 폴더는 복원하기 전까지 사용할 수 없다.

24.상시, 23.상시, 22.상시, 21.상시, 19.1, 14.3, 12.1, 09.2, 07.4, 07.2, 07.1, …

핵심 015　메모장

- 메모장은 특별한 서식이 필요 없는 간단한 텍스트 파일을 작성할 수 있는 문서 작성 앱이다.
- 메모장은 텍스트(.TXT) 형식의 문서만을 열거나 저장할 수 있다.
- 메모장에서는 그림, 차트 등의 OLE 개체를 삽입할 수 없다.
- 문서 전체에 대해서는 글꼴의 종류, 속성, 크기를 변경할 수 있으나 지정할 수 있는 속성의 종류는 다양하지 않다.
- 문서의 첫 행 왼쪽에 .LOG를 입력하면 문서를 열 때마다 현재의 시간과 날짜가 문서의 맨 마지막 줄에 자동으로 표시된다.
- 커서 위치에 시간과 날짜 표시
  - 방법 1 : [편집] → [시간/날짜] 선택
  - 방법 2 : F5 누름
- 메모장에서 제공하는 주요 기능 : 찾기, 바꾸기, 페이지 설정, 자동 줄 바꿈, 글꼴 등

01. 다음 중 한글 Windows 10의 [메모장]에 대한 설명으로 옳지 않은 것은?
24.상시, 22.상시, 21.상시, 19.1, 14.3, 09.2, 07.4

① 작성한 문서를 저장할 때 확장자는 기본적으로 .txt가 부여된다.

② 특정한 문자열을 찾을 수 있는 찾기 기능이 있다.

③ 그림, 차트 등의 OLE 개체를 삽입할 수 있다.

④ 현재 시간을 삽입하는 기능이 있다.

> 메모장에는 그림, 차트 등의 OLE 개체를 삽입할 수 없습니다.

02. 다음 중 한글 Windows 10의 [설정] → [시스템] → [소리]에서 수행할 수 있는 작업이 아닌 것은?
24.상시, 23.상시, 22.상시

① 출력 장치를 선택할 수 있다.

② 입력 장치를 선택할 수 있다.

③ 마스터 볼륨을 조절할 수 있다.

④ 내레이터를 설정할 수 있다.

> [⚙(설정)] → [시스템] → [소리]에서는 내레이터를 설정할 수 없습니다. 내레이터는 [⚙(설정)] → [접근성] → [내레이터]에서 설정합니다.

24.상시, 23.상시, 22.상시, 21.상시, 20.1, 16.1, 14.3, 09.3, 08.4, 08.1, 03.4, … 1360017

핵심 016 [설정] 창의 '시스템'

디스플레이	• 화면에 표시되는 텍스트나 앱, 아이콘 등의 크기를 변경함 • 디스플레이 장치의 해상도를 변경함 • 높은 화면 해상도에서는 텍스트와 이미지가 더 선명하지만 크기는 더 작게 표시됨 • 해상도를 변경하면 해당 컴퓨터에 로그인한 모든 사용자에게 변경 내용이 적용됨 • 하나의 컴퓨터에 두 개 이상의 모니터를 연결하면, 여러 디스플레이 옵션이 활성화됨 • 디스플레이 장치의 화면 방향을 가로, 세로 등으로 변경함
소리	소리와 관련된 출력 및 입력 장치의 선택과 설정, 볼륨 조정, 마이크 테스트 등을 수행할 때 사용함
정보	• 시스템에 연결된 하드웨어 및 Windows 사양 등을 확인하거나 컴퓨터(PC) 이름을 변경함 • 장치 사양 : 디바이스(컴퓨터) 이름, 프로세서(CPU) 종류, 메모리(RAM) 크기, 장치 ID, 제품 ID, 시스템 종류, 펜 및 터치 등 • Windows 사양 : 에디션, 버전, 설치 날짜, OS 빌드 등

> **잠깐만요** 다중 디스플레이
> • 하나의 컴퓨터에 두 개 이상의 모니터를 연결하는 것을 의미합니다.
> • 각 모니터마다 해상도와 방향을 다르게 설정할 수 있고, 원하는 모니터를 주 모니터로 설정할 수 있습니다.

01. 다음 중 한글 Windows 10의 [설정] → [시스템] → [디스플레이]에서 해상도 조정 설정에 대한 설명으로 옳지 않은 것은?
24.상시, 23.상시, 22.상시, 14.3

① 높은 화면 해상도에서는 텍스트와 이미지가 더 선명하지만 크기는 더 작게 표시된다.

② 해상도를 변경하면 해당 컴퓨터에 로그인한 모든 사용자에게 변경 내용이 적용된다.

③ 여러 디스플레이 옵션은 Windows에서 둘 이상의 모니터가 PC에 연결되어 있음을 인식할 때만 나타난다.

④ 두 대의 모니터가 연결된 경우 좌측 모니터가 주 모니터로 설정되므로 해상도가 높은 모니터를 반드시 좌측에 배치해야 한다.

> 주 모니터는 [⚙(설정)] → [시스템] → [디스플레이]에서 자유롭게 변경할 수 있으므로 모니터의 배치를 변경할 필요는 없습니다.

24.상시, 23.상시, 22.상시, 21.상시, 18.상시, 14.1, 13.3, 13.1, 12.2, 12.1, 11.3, … 1360018

핵심 017 [설정] → [개인 설정]

배경	• 바탕 화면의 배경이 표시되는 방식을 지정함 – 배경 표시 방식 : 사진, 단색, 슬라이드 쇼 • Windows에서 제공하는 이미지나 GIF, BMP, JPEG, PNG 등의 확장자를 가진 사용자 이미지 중에서 원하는 그림 파일을 선택하여 지정함 • 바탕 화면에 놓일 배경 그림의 맞춤 방식을 지정함 – 맞춤 방식 : 채우기, 맞춤, 확대, 바둑판식 배열, 가운데, 스팬
잠금 화면	• 잠금 화면에 표시할 앱이나 배경을 지정함 • 잠금 화면에 알림을 표시할 앱을 선택함 • 화면 시간 제한 설정 : 정해진 시간 동안 컴퓨터를 사용하지 않으면 화면을 끄거나 절전 모드로 변경되게 설정하는 창으로 이동함 • 화면 보호기 설정 : 정해진 시간 동안 모니터에 전달되는 정보에 변화가 없을 때 화면 보호기가 작동되게 설정하는 '화면 보호기 설정' 창이 실행됨 – 화면 보호기는 마우스를 움직이거나 키보드에서 임의의 키를 누르면 해제됨 – 대기 시간(화면 보호기가 작동되는 시간)과 다시 시작할 때 로그온 화면 표시 여부를 지정할 수 있음 – 전원 관리 : 에너지 절약을 위한 전원 관리를 효율적으로 설정할 수 있는 [제어판] → [전원 옵션] 창을 표시함
테마	테마는 컴퓨터의 배경 그림, 색, 소리, 마우스 커서 등 Windows를 구성하는 여러 요소를 하나의 그룹으로 묶어 놓은 것으로, 다른 테마로 변경할 수 있음
색	창 테두리 및 제목 표시줄, 시작 단추, 작업 표시줄에 대한 색과 테마 컬러를 변경할 수 있음

01. 다음은 [설정] → [개인 설정]에 관한 설명이다. 다음 중 옳지 않은 것은?
24.상시, 23.상시, 22.상시, 07.2, 06.3, 05.2

① 바탕 화면의 배경을 사용자가 임의로 바꿀 수 있게 지원한다.

② 시스템을 켜둔 채 정해진 시간 동안 마우스나 키보드를 사용하지 않으면 모니터를 보호하기 위해 화면 보호기를 작동할지 여부를 설정한다.

③ 창의 색상과 구성 요소의 색상을 설정한다.

④ 모니터의 해상도 및 방향을 설정한다.

> 모니터의 해상도와 방향은 [⚙(설정)] → [시스템] → [디스플레이]에서 설정할 수 있습니다.

24.상시, 23.상시, 22.상시, 21.상시, 18.1, 17.2, 16.1, 15.2, 14.1, 13.3, 12.2, … 　1360019

핵심 018 [설정] → [앱]

앱 및 기능	• 컴퓨터에 설치된 앱을 수정하거나 제거함 • 설치할 앱을 가져올 위치를 지정함 • 선택적 기능 : 언어 팩, 필기 인식 등 Windows에서 제공하는 기능을 선택하여 추가로 설치 및 제거할 수 있음 • 앱 실행 별칭 : 동일한 이름으로 여러 개의 앱이 설치되어 있을 경우 '명령 프롬프트' 창에서 해당 앱을 실행하는데 사용할 이름을 선택함
시작 프로그램	로그인할 때 자동으로 실행될 앱을 설정함

잠깐만요 연결 프로그램
• 특정 데이터 파일(문서, 그림, 사운드 등)을 열 때 자동으로 실행되는 앱을 말하며, 파일의 확장자에 의해 연결 프로그램이 결정됩니다.
• 파일을 실행했을 때 연결 프로그램을 선택할 수 있는 대화상자가 나타나면 현재 연결된 앱이 없다는 의미입니다.
• 현재 연결 프로그램이 지정되어 있지 않은 파일을 열기 위해서는 파일을 더블클릭한 후 연결 프로그램을 선택할 수 있는 대화상자에서 사용할 앱을 지정합니다.
• 일반적으로 앱을 설치하면 해당 앱에서 사용하는 파일은 자동으로 연결 프로그램이 설정됩니다.
• 확장자가 다른 여러 개의 파일을 하나의 앱에 연결하여 사용할 수 있으며, 기본적으로 여러 가지 확장자를 사용할 수 있는 앱도 있습니다(메 그림 보기에 많이 사용하는 알씨).

01. 다음 중 Windows의 [설정] → [앱]에서 설정할 수 없는 기능은?
23.상시, 21.상시

① 선택적 기능을 설치하거나 제거할 수 있다.
② 시작 프로그램을 확인할 수 있다.
③ 업데이트 현황을 확인하거나 설정할 수 있다.
④ 설치된 앱을 변경하거나 제거할 수 있다.

Windows 10의 업데이트 현황의 확인 및 설정은 [설정] → [업데이트 및 보안]에서 수행할 수 있습니다.

02. 다음 중 Windows 10의 연결 프로그램에 대한 설명으로 옳지 않은 것은?
24.상시, 23.상시, 22.상시, 21.상시, 13.3, 08.3, 04.3

① 파일 탐색기에서 특정한 파일을 더블클릭했을 때 실행될 앱을 설정하는 것이다.
② 확장자가 .txt나 .hwp인 파일은 반드시 서로 다른 연결 프로그램이 지정되어야 한다.
③ 동일한 확장자를 가진 다른 파일을 열 때 항상 같은 앱을 사용하도록 연결 프로그램을 설정할 수 있다.
④ 일반적으로 앱을 설치하면 해당 앱에서 사용하는 파일은 연결 프로그램이 자동으로 설정된다.

확장자가 다른 파일을 같은 앱에 연결하여 사용할 수도 있고, 여러 가지 확장자를 사용할 수 있는 앱도 있습니다.

24.상시, 23.상시, 20.2, 17.1, 16.2, 15.2, 14.2, 08.2, 07.3, 06.4, 05.2, 04.3, … 　1360020

핵심 019 [설정] → [접근성]

• 신체에 장애가 있거나 컴퓨터에 익숙하지 않은 사람들이 컴퓨터를 편리하고 쉽게 사용할 수 있도록 키보드, 소리, 마우스 등의 설정을 변경할 때 사용한다.
• 고대비 : 고유색을 사용하여 색상 대비를 강하게 함으로써 텍스트와 앱이 보다 뚜렷하게 표시되도록 지정함
• 내레이터 : 내레이터가 화면에 나타나는 모든 텍스트를 소리 내어 읽어주도록 지정함
• 마우스 포인터 : 마우스 포인터의 크기 및 색을 변경함
• 텍스트 커서 : 텍스트 커서 표시기의 사용 여부를 지정하거나 텍스트 커서의 모양을 변경함
• 돋보기
  – 화면 전체 또는 원하는 영역을 확대할 수 있도록 설정한다.
  – ⊞ + ＋/－를 이용하여 100%~1600%까지 확대 또는 축소할 수 있다.
  – Windows 로그인 전·후에 자동으로 돋보기가 시작되도록 설정할 수 있다.
• 키보드 : 화상 키보드, 고정 키, 토글 키, 필터 키의 사용 여부를 지정함
  – 화상 키보드 : 마우스 등의 포인팅 장치로 문자를 입력할 수 있도록 지정함
  – 고정 키 : 동시에 두 개 이상의 키를 누르기 힘든 경우를 위한 것으로, 특정키에 대해 키를 누르고 손을 떼도 다음 키를 누를 때까지 눌러진 상태로 고정되도록 설정함
  – 토글 키 : CapsLock, NumLock, Scroll Lock을 누를 때 신호음이 나도록 설정함
  – 필터 키 : 실수로 키를 누르고 있는 동안 반복 입력되는 것을 방지하기 위한 것으로, 반복 입력을 무시하거나 반복 입력 속도를 느리게 설정함
• 마우스 : 키보드 오른쪽의 숫자 키패드를 사용하여 화면의 마우스를 이동할 수 있도록 지정하는 마우스 키의 사용 여부를 지정함

01. 다음 중 한글 Windows 10의 [설정] → [접근성]에서 설정할 수 없는 기능은?
24.상시, 23.상시, 20.2

① 다중 디스플레이를 설정하여 두 대의 모니터에 화면을 확장하여 표시할 수 있다.
② 돋보기를 사용하여 화면에서 원하는 영역을 확대하여 크게 표시할 수 있다.
③ 내레이터를 사용하여 화면의 모든 텍스트를 소리내어 읽어주도록 설정할 수 있다.
④ 키보드가 없어도 입력 가능한 화상 키보드를 표시할 수 있다.

다중 디스플레이는 [⚙(설정)] → [시스템] → [디스플레이]에서 설정할 수 있습니다.

핵심 020 [설정] → [계정]

- 여러 사용자가 한 대의 컴퓨터를 공유하는 경우 사용자별로 바탕 화면, 시작 메뉴, 메일 계정 등을 서로 다르게 설정하여 사용할 수 있도록 하는 기능이다.
- 로그인된 사용자의 이름, 계정 유형, 사진 등을 확인할 수 있다.
- 로그인 옵션을 설정할 수 있다.
- 가족과 다른 사용자를 구분하여 새로운 계정을 추가할 수 있다.
- 계정을 삭제할 수 있다.
- 계정의 유형을 변경할 수 있다.

관리자 계정	• 제한 없이 컴퓨터 설정을 변경할 수 있음 • 사용자 계정을 추가, 삭제, 변경할 수 있고 액세스 권한을 가짐
표준 사용자 계정	• 할 수 없는 것 – 앱, 하드웨어 등을 설치 – 중요한 파일을 삭제 – 계정 이름 및 계정 유형 변경 • 할 수 있는 것 – 이미 설치된 앱의 실행 – 테마, 바탕 화면 설정 – 자신의 계정에 대한 암호 설정

잠깐만요 사용자 계정 컨트롤
유해한 프로그램이나 불법 사용자가 컴퓨터 설정을 임의로 변경하려는 경우 이를 사용자에게 알려 컴퓨터를 제어할 수 있도록 도와주는 기능입니다.

01. 다음 중 한글 Windows 10의 사용자 계정을 통해 사용할 수 있는 기능으로 옳지 않은 것은? 20.상시, 20.1

① 관리자 계정의 사용자는 다른 계정의 컴퓨터 사용 시간을 제어할 수 있다.
② 관리자 계정의 사용자는 제한 없이 컴퓨터 설정을 변경할 수 있다.
③ 표준 사용자 계정의 사용자는 컴퓨터 보안에 영향을 주는 설정을 변경할 수 있다.
④ 표준 사용자 계정의 사용자는 컴퓨터에 설치된 대부분의 앱을 사용할 수 있다.

컴퓨터 보안에 영향을 주는 설정 변경은 관리자 계정에서만 가능합니다.

02. 다음 중 한글 Windows 10에서 유해한 앱이나 불법 사용자가 컴퓨터 설정을 임의로 변경하려는 경우 이를 사용자에게 알려 컴퓨터를 제어할 수 있도록 도와주는 기능은? 24.상시, 19.2, 16.1

① 사용자 계정 컨트롤
② Windows Defender
③ BitLocker
④ 시스템 복원

핵심 021 [설정] → [업데이트 및 보안]

Windows 업데이트	• Windows의 업데이트 현황을 확인하거나 직접 업데이트할 때 사용함 • 업데이트 표시가 된 항목을 직접 업데이트 할 수 있음
Windows 보안	• 바이러스와 같은 위협 요소로부터 컴퓨터를 보호하기 위한 방화벽이나 백신 등을 설정함 • 방화벽 및 네트워크 보호 : Windows Defender 방화벽을 설정 및 해제하거나 네트워크 및 인터넷 연결에 발생하는 상황을 모니터링함 – 방화벽을 통해 통신이 허용되는 앱을 설정함으로써, 외부의 불법적인 해킹 같은 위협 요소로부터 컴퓨터를 보호함 – 방화벽이 새 앱을 차단할 때 알림을 표시하도록 설정함 • 가족 옵션 : 자녀를 보호하기 위해 유해 사이트를 차단하거나 게임 시간 등을 제한할 수 있음

잠깐만요 Windows Defender 방화벽
사용자의 컴퓨터를 무단으로 접근하려는 위협 요소로부터 컴퓨터를 보호하는 방어막을 제공하는 앱입니다.

01. 다음 중 한글 Windows 10에서 외부로부터의 불법적인 해킹 등의 위협 요소로부터 컴퓨터를 보호하는 역할을 하는 것은 무엇인가? 23.상시, 22.상시, 21.상시

① Windows Update
② Windows Defender 방화벽
③ BitLocker
④ Malware

핵심 022 [설정] → [장치] → [마우스]

- 오른손잡이/왼손잡이에 맞게 마우스 단추의 기능을 설정한다.
- 마우스 커서의 속도를 설정한다.
- 휠을 한 번 돌리면 여러 줄(1~100) 또는 한 화면이 스크롤 되도록 설정한다.
- 활성창/비활성창 구분 없이 마우스 포인터가 가리키는 창이 스크롤 되도록 설정할 수 있다.
- '추가 마우스 옵션'을 클릭하면 실행되는 '마우스 속성' 대화상자에서 세부 기능을 설정할 수 있다.

01. 다음 중 [설정] → [장치] → [마우스]에서 설정할 수 있는 기능으로 옳지 않은 것은? 23.상시

① 왼손잡이와 오른손잡이의 마우스 단추 기능을 설정할 수 있다.
② 활성창/비활성 창 구분 없이 마우스 포인터가 가리키는 창이 스크롤 되도록 설정할 수 있다.
③ 휠을 한 번 돌리면 여러 줄(10~50) 또는 한 화면이 스크롤 되도록 설정할 수 있다.
④ 마우스 커서의 속도를 설정할 수 있다.

휠을 한 번 돌리면 1~100줄, 또는 한 화면이 스크롤되도록 설정할 수 있습니다.

24.상시, 23.상시, 19.상시, 15.3, 15.2, 11.2, 09.1, 06.3 · · · 1360024

핵심 023 장치 관리자

• 컴퓨터에 설치되어 있는 하드웨어의 종류 및 작동 여부를 확인하고 하드웨어를 제거하거나 속성을 변경한다.

• 아래 화살표가 표시된 장치는 사용되지 않음을 나타낸다.

• 물음표가 표시된 장치는 알 수 없는 장치(미설치된 장치)를 나타낸다.

• 느낌표가 표시된 장치는 정상적으로 동작하지 않는 장치를 나타낸다.

• 각 장치의 속성을 이용하여 장치의 드라이버 파일이나 IRQ, DMA, I/O 주소, 메모리 주소 등을 확인하고 변경한다.

• 실행

방법1 [⊞(시작)] → [Windows 시스템] → [제어판] → [장치 관리자] 클릭

방법2 [⊞(시작)]의 바로 가기 메뉴에서 [장치 관리자] 선택

01. 다음 중 한글 Windows 10에서 사용자 컴퓨터에 설치된 하드웨어의 종류 및 작동 여부를 확인하거나 하드웨어 제거를 수행할 수 있는 항목은? *24.상시, 23.상시, 15.3*

① [제어판] → [시스템]

② [제어판] → [관리 도구]

③ [제어판] → [프로그램 및 기능]

④ [제어판] → [장치 관리자]

23.상시, 22.상시, 21.상시, 19.1, 18.상시, 14.1, 13.2, 11.2, 11.1, 09.3, 08.3, · · · 1360025

핵심 024 프린터

• 한글 Windows 10에서는 대부분의 프린터를 지원하므로 프린터를 컴퓨터에 연결하면 자동으로 설치된다.

• 프린터는 [⊞(시작)] → [⚙(설정)] → [장치] → [프린터 및 스캐너]에서 [프린터 또는 스캐너 추가]를 클릭하여 설치한다.

• 여러 개의 프린터를 한 대의 컴퓨터에 설치할 수 있고, 한 개의 프린터를 네트워크로 공유하여 여러 대의 컴퓨터에 설치할 수 있다.

• 프린터 설치 시 연결할 프린터의 포트는 자동으로 지정된다.

• 프린터마다 개별적으로 이름을 붙여 설치할 수 있고, 이미 설치한 프린터를 다른 이름으로 다시 설치할 수도 있다.

• 네트워크 프린터를 설치하면, 다른 컴퓨터에 연결된 프린터를 내 컴퓨터에 연결된 프린터처럼 사용할 수 있다.

• 네트워크 프린터를 사용할 때는 프린터의 공유 이름과 프린터가 연결되어 있는 컴퓨터의 이름을 알아야 한다.

• 로컬 프린터 : 컴퓨터에 직접 연결되어 있는 프린터

• 네트워크 프린터 : 다른 컴퓨터에 연결되어 있는 프린터

01. 다음 중 한글 Windows 10에서 프린터 설치에 관한 설명으로 옳지 않은 것은? *23.상시, 22.상시, 21.상시, 19.1*

① 네트워크 프린터를 선택한 경우에는 연결할 프린터의 포트를 지정한다.

② [설정] → [장치] → [프린터 및 스캐너]에서 '프린터 또는 스캐너 추가'를 클릭하여 프린터를 추가한다.

③ 설치할 프린터 유형은 로컬 프린터와 Bluetooth, 무선 또는 네트워크 검색 가능 프린터 등에서 하나를 선택할 수 있다.

④ 컴퓨터에 설치된 여러 대의 프린터 중에 현재 설치 중인 프린터를 기본 프린터로 설정할 것인지 선택한다.

> 네트워크 프린터를 선택한 경우에도 연결할 프린터의 포트가 자동으로 지정됩니다.

21.상시, 18.상시, 16.3, 15.2, 13.3, 11.2, 08.2, 07.1, 06.4, 03.3, 02.2, 00.3 · · · 1360026

핵심 025 기본 프린터

• 인쇄 명령 수행 시 특정 프린터를 지정하지 않을 경우 자동으로 인쇄 작업이 전달되는 프린터이다.

• 기본 프린터는 하나만 지정할 수 있다.

• 프린터 이름 아래에 '기본값'이라고 표시되어 있다.

• 현재 기본 프린터를 해제하려면 다른 프린터를 기본 프린터로 설정하면 된다.

• 네트워크 프린터나 추가 설치된 프린터도 기본 프린터로 설정할 수 있다.

• 기본 프린터 설정

방법1 [⚙(설정)] → [장치] → [프린터 및 스캐너]에서 기본 프린터로 사용할 프린터를 선택하고 〈관리〉 클릭 → 디바이스 관리에서 〈기본값으로 설정〉 클릭

방법2 [제어판]의 '장치 및 프린터' 창에서 기본 프린터로 사용할 프린터를 클릭한 후 바로 가기 메뉴에서 [기본 프린터로 설정] 선택

01. 한글 Windows 10의 기본 프린터에 대한 설명으로 가장 옳지 않은 것은? *18.상시, 15.2, 11.2, 08.2, 07.1, 03.3, 02.2, 00.3*

① 특정한 프린터를 설정하지 않을 경우 자동으로 인쇄 작업을 처리하는 프린터이다.

② 기본 프린터는 한 대만 지정할 수 있다.

③ 기본 프린터에는 프린터 이름 아래에 '기본값'이라고 표시된다.

④ 네트워크 프린터는 기본 프린터로 설정할 수 없다.

> 네트워크 프린터도 기본 프린터로 설정할 수 있습니다.

핵심 026　인쇄 작업

- 문서를 인쇄하는 동안 작업 표시줄에 프린터 아이콘이 표시되며, 아이콘은 인쇄가 끝나면 없어진다.
- 인쇄 중일 때 [⚙(설정)] → [장치] → [프린터 및 스캐너]에서 인쇄되는 프린터를 선택한 후 〈대기열 열기〉를 클릭하거나 작업 표시줄의 프린터 아이콘을 더블클릭하면 프린터 대화상자('인쇄 관리자' 창)가 열린다.
- 인쇄 관리자 창에는 문서 이름, 상태, 소유자, 페이지 수, 크기, 포트 등이 표시된다.
- 인쇄 작업이 시작된 문서도 중간에 강제로 종료시키거나 잠시 중지시켰다가 다시 인쇄할 수 있다.
- 인쇄 대기중인 문서를 삭제하거나, 출력 대기 순서를 임의로 조정할 수 있다.
- 인쇄 대기중인 문서를 다른 프린터로 전송할 수 있지만 인쇄중인 문서(일시 중지 포함)나 오류가 발생한 문서는 다른 프린터로 전송할 수 없다.
- 프린터 대화상자의 [프린터] → [모든 문서 취소]를 선택하면, 스풀러에 저장된 모든 인쇄 작업이 삭제된다.
- 프린터 대화상자의 [문서] → [취소]를 선택하면, 인쇄 중인 문서의 인쇄 작업이 취소된다.
- 프린터 대화상자의 [문서] → [일시 중지]를 선택하면, 해당 문서의 인쇄 작업을 일시 중지시킨다.

01. 다음 중 한글 Windows 10의 인쇄 기능에 대한 설명으로 옳지 않은 것은?　24.상시, 23.상시, 22.상시, 21.상시, 19.상시, 16.3

① 기본 프린터란 인쇄 시 특정 프린터를 지정하지 않아도 자동으로 인쇄되는 프린터를 말한다.

② 프린터 속성 창에서 공급 용지의 종류, 공유, 포트 등을 설정할 수 있다.

③ 인쇄 대기 중인 작업은 취소시킬 수 있다.

④ 인쇄 중인 작업은 취소할 수는 없으나 잠시 중단시킬 수 있다.

> 인쇄 대기중인 문서뿐만 아니라 인쇄 중인 문서도 취소(삭제)할 수 있습니다.

핵심 027　드라이브 조각 모음 및 최적화

- 드라이브의 접근 속도를 향상시키기 위해 드라이브를 최적화하는 기능이다.
- 드라이브 미디어 유형이 HDD(Hard Disk Drive)인 경우 단편화(Fragmentation)로 인해 여기저기 분산되어 저장된 파일들을 연속된 공간으로 최적화시킨다.
- 드라이브 미디어 유형이 SSD(Solid State Drive)인 경우 트림(Trim) 기능을 이용하여 최적화시킨다.
- 드라이브에 대한 접근 속도를 향상시키기 위한 것으로, 드라이브의 용량 증가와는 관계가 없다.
- '드라이브 조각 모음 및 최적화'를 수행하면 드라이브 공간의 최적화가 이루어져 접근 속도와 안정성이 향상된다.
- 드라이브 조각 모음 및 최적화가 불가능한 경우
  - NTFS, FAT, FAT32 이외의 파일 시스템으로 포맷된 경우
  - CD/DVD-ROM 드라이브
  - 네트워크 드라이브
  - Windows가 지원하지 않는 형식으로 압축된 드라이브

01. 다음 중 한글 Windows 10의 드라이브 조각 모음 및 최적화 기능에 관한 설명으로 옳지 않은 것은?　23.상시, 21.상시, 19.2

① 하드디스크에 단편화되어 조각난 파일들을 모아준다.

② USB 플래시 드라이브와 같은 이동식 저장장치도 드라이브 조각 모음을 수행할 수 있다.

③ 수행 후에는 디스크 공간의 최적화가 이루어져 디스크의 용량이 증가한다.

④ 일정을 구성하여 드라이브 조각 모음 및 최적화를 예약 실행할 수 있다.

> '드라이브 조각 모음 및 최적화'는 디스크의 접근 속도를 향상시키기 위한 것으로, 디스크의 용량 증가와는 관계가 없습니다.

핵심 028　작업 관리자

- 컴퓨터에서 현재 실행중인 앱과 프로세스에 대한 정보를 제공하고 응답하지 않는 앱을 종료할 때 사용한다.
- '작업 관리자' 대화상자의 탭별 기능

프로세스	현재 실행 중인 앱과 프로세스의 상태를 확인하고, 응답하지 않는 앱이나 프로세스를 종료할 수 있음
성능	CPU, 메모리, 디스크, 이더넷(네트워크), GPU의 자원 사용 현황을 그래프로 표시함
앱 기록	특정 날짜 이후의 앱별 리소스 사용량을 표시함

시작프로그램	Windows가 시작될 때 자동으로 실행되는 앱의 사용 여부를 지정함
사용자	• 현재 컴퓨터에 로그인되어 있는 모든 사용자를 보여줌 • 특정 사용자에게 메시지를 보내거나 강제로 로그아웃 시킬 수 있음
세부 정보	• 현재 실행 중인 프로세스에 대해 CPU 및 메모리 사용에 대한 자세한 정보를 표시함 • 현재 실행 중인 프로세스를 선택하여 종료할 수 있음
서비스	시스템의 서비스 항목을 확인하고 실행 여부를 지정함

01. 다음 중 한글 Windows 10의 '작업 관리자' 대화상자에서 수행할 수 있는 작업으로 옳지 않은 것은? 22.상시, 21.상시

① 컴퓨터를 이용하는 사용자 계정의 추가와 삭제를 수행할 수 있다.

② 현재 실행 중인 앱을 강제로 종료시킬 수 있다.

③ 시스템의 CPU 사용 내용이나 할당된 메모리의 크기를 파악할 수 있다.

④ 현재 네트워크 상태를 보고 네트워크 처리량을 확인할 수 있다.

> [작업 관리자] 창에서는 사용자 계정을 추가하거나 삭제할 수 없습니다. 사용자 계정의 추가 및 삭제는 [⚙(설정)] → [계정]을 이용해야 합니다.

24.상시, 20.2, 17.1, 12.2, 10.3, 10.2, 09.3, 09.1, 08.4, 04.3, 04.1, 03.3, …　　1360033

핵심 029 **TCP/IP의 구성 요소**

TCP/IP 구성 요소 중에서 수동으로 IP를 설정할 경우 인터넷 접속을 위해 반드시 지정해야 하는 구성 요소는 다음과 같다.

• IPv4 : IPv4 주소, 서브넷 마스크, 기본 게이트웨이, DNS 서버 주소
• IPv6 : IPv6 주소, 서브넷 접두사 길이, 기본 게이트웨이, DNS 서버 주소

IP 주소	• 인터넷에 연결된 호스트 컴퓨터의 유일한 주소로 네트워크 주소와 호스트 주소로 구성되어 있음 • IPv4 주소는 32비트 주소를 8비트씩 마침표(.)로 구분함 • IPv6 주소는 128비트 주소를 16비트씩 콜론(:)으로 구분함
서브넷 접두사 길이	IPv6 주소의 네트워크 주소와 호스트 주소를 구별하기 위하여 IPv6 수신인에게 허용하는 서브넷 마스크 부분의 길이를 비트로 표현한 것
서브넷 마스크	• IPv4 주소의 네트워크 주소와 호스트 주소를 구별하기 위하여 IPv4 수신인에게 허용하는 32비트 주소 • IPv4 주소와 결합하여 사용자 컴퓨터가 속한 네트워크를 나타냄
게이트웨이	• 다른 네트워크와의 데이터 교환을 위한 출입구 역할을 하는 장치로, LAN에서 다른 네트워크에 데이터를 보내거나 받아들이는 역할을 하는 장치를 지정함 • 네트워크 사이에서 IP 패킷을 라우팅하거나 전달할 수 있는 여러 개의 실제 TCP/IP 네트워크에 연결된 장치임 • 서로 다른 전송 프로토콜이나 IPX 및 IP와 같은 데이터 형식 간의 변환을 담당함
DNS 서버 주소	DNS 서버는 문자 형태로 된 도메인 네임을 숫자로 된 IP 주소로 변환해 주는 서버이며, DNS 서버 주소에는 이 서버가 있는 곳의 IP 주소를 지정함

---

01. 다음 중 인터넷을 수동으로 연결하기 위하여 지정해야 할 TCP/IP 구성 요소로 옳지 않은 것은? 24.상시, 20.2, 12.2, 10.3, 09.3

① IP 주소　　　　　　② 서브넷 마스크
③ 어댑터 주소　　　　④ DNS 서버 주소

22.상시, 21.상시, 18.상시, 18.2, 17.1, 14.1, 13.2, 09.2, 09.1, 08.4, 07.4, …　　1360034

핵심 030 **네트워크 관련 DOS 명령어**

Ping

• 원격 컴퓨터가 현재 네트워크에 연결되어 정상적으로 작동하고 있는지 알아보는 서비스이다.
• 특정 컴퓨터에 ping 명령을 실행하면 해당 컴퓨터의 이름과 IP 주소, 전송 신호의 손실률 및 응답 시간 등이 표시된다.
• '명령 프롬프트' 창에 ping 211.11.14.177이나 ping sinagong.co.kr 형식으로 입력한다.

Ipconfig

'명령 프롬프트' 창에 ipconfig를 입력하면 현재 컴퓨터의 물리적(MAC) 주소, IP 주소, 서브넷 마스크, 게이트웨이 등을 표시해 준다.

> **잠깐만요** '명령 프롬프트' 창
> • '명령 프롬프트' 창은 [⊞(시작)] → [Windows 시스템] → [명령 프롬프트]를 선택하거나 '실행(⊞+R)' 창에 cmd를 입력한 후 〈확인〉을 클릭하면 실행됩니다.
> • 명령 프롬프트(도스 창) 상태에서 EXIT를 입력한 후 Enter를 누르면 윈도우로 복귀합니다.

01. 다음 중 인터넷 서비스에서 PING(Packet InterNet Groper)의 기능에 관한 설명으로 옳은 것은? 22.상시, 18.2, 14.1, 09.1, 07.4, 01.3

① 인터넷 상에서 채팅을 할 수 있도록 하는 기능이다.

② 인터넷 속도가 느릴 경우에는 어느 구간에서 정체가 있는가를 알기 위하여 인터넷 서버까지의 경로를 추적하는 기능이다.

③ 원격 컴퓨터가 현재 인터넷에 연결되어 정상적으로 네트워크가 작동하고 있는지 파악할 수 있는 서비스이다.

④ 여러 지역에 분산되어 있는 데이터베이스로부터 정보를 검색할 수 있게 하는 서비스이다.

02. 다음 중 한글 Windows 10에서 '명령 프롬프트' 창을 표시하기 위해 '실행' 창에 입력해야 하는 것은? 22.상시, 21.상시

① cmd　　　　　　② command
③ ping　　　　　　④ tracert

핵심 031 휴대용 컴퓨터

가볍고 크기가 작아 휴대가 가능한 개인용(Personal) 컴퓨터를 말한다.

• 태블릿PC(Tablet PC) : 노트북의 기능에 PDA의 휴대성을 더한 컴퓨터로, 키보드 대신 터치스크린이나 스타일러스 펜을 입력 장치로 사용함

• PDA(Personal Digital Assistant) : 팜톱 컴퓨터의 일종으로 전자수첩 기능, 이동통신 기능, 비서 기능, 개인정보 관리 기능 등을 가진 컴퓨터로 크기가 작아 펜이나 터치 스크린을 입력 방식으로 사용함

• 웨어러블 컴퓨터(Wearable Computer)
 - 의류, 시계, 안경 등의 형태로 사람이 몸에 착용하고 다닐 수 있는 컴퓨터이다.
 - 소형화 및 경량화, 음성과 동작 인식 등 다양한 기술이 적용되어 장소에 구애받지 않고 컴퓨터를 활용할 수 있다.

01. 다음 중 소형화, 경량화를 비롯해 음성과 동작인식 등 다양한 기술이 적용되어 장소에 구애받지 않고 컴퓨터를 활용할 수 있도록 몸에 착용하는 컴퓨터를 의미하는 것은?   24.상시, 23.상시, 20.2, 17.1

① 웨어러블 컴퓨터   ② 마이크로 컴퓨터
③ 인공지능 컴퓨터   ④ 서버 컴퓨터

핵심 032 컴퓨터의 분류 - 데이터 취급(형태)

• 디지털 컴퓨터 : 문자나 숫자화된 비연속적인 데이터(디지털형)를 처리하는 컴퓨터로, 사회 각 분야에서 일반적으로 사용하는 컴퓨터

• 아날로그 컴퓨터 : 온도, 전류, 속도 등과 같이 연속적으로 변화하는 데이터(아날로그형)를 처리하기 위한 특수 목적용 컴퓨터

• 하이브리드 컴퓨터 : 디지털 컴퓨터와 아날로그 컴퓨터의 장점을 혼합하여 만든 컴퓨터

• 디지털 컴퓨터와 아날로그 컴퓨터의 비교

항목	디지털 컴퓨터	아날로그 컴퓨터
입력 형태	숫자, 문자	전류, 전압, 온도
출력 형태	숫자, 문자	곡선, 그래프
연산 형식	산술 · 논리 연산	미 · 적분 연산
연산 속도	느림	빠름
구성 회로	논리 회로	증폭 회로
프로그래밍	필요	불필요
정밀도	필요한 한도까지	제한적임
기억 기능	있음	없음
적용성	범용	특수 목적용

01. 다음 중 디지털 컴퓨터와 아날로그 컴퓨터의 차이점에 관한 설명으로 옳은 것은?   24.상시, 23.상시, 22.상시, 21.상시, 17.1

① 디지털 컴퓨터는 전류, 전압, 온도 등 다양한 입력 값을 처리하며, 아날로그 컴퓨터는 숫자 데이터만을 처리한다.

② 디지털 컴퓨터는 증폭 회로로 구성되며, 아날로그 컴퓨터는 논리 회로로 구성된다.

③ 아날로그 컴퓨터는 미분이나 적분 연산을 주로 하며, 디지털 컴퓨터는 산술이나 논리 연산을 주로 한다.

④ 아날로그 컴퓨터는 범용이며, 디지털 컴퓨터는 특수 목적용으로 많이 사용된다.

① 디지털 컴퓨터는 숫자, 문자 데이터를 처리하며, 아날로그 컴퓨터는 전류, 전압, 온도 등 다양한 입력 값을 처리합니다.
② 디지털 컴퓨터는 논리 회로로 구성되며, 아날로그 컴퓨터는 증폭 회로로 구성됩니다.
④ 아날로그 컴퓨터는 특수 목적용이며, 디지털 컴퓨터는 범용으로 많이 사용됩니다.

핵심 033 자료 구성의 단위

비트(Bit)	• 자료(정보) 표현의 최소 단위임 • 두 가지 상태(0과 1)를 표시하는 2진수 1자리임
니블(Nibble)	• 4개의 비트(Bit)가 모여 1개의 니블(Nibble)을 구성함 • 4비트로 구성되며 16진수 1자리를 표현하기에 적합함
바이트(Byte)	• 문자를 표현하는 최소 단위로, 8개의 비트(Bit)가 모여 1Byte를 구성함 • 1Byte는 256(2^8)가지의 정보를 표현할 수 있음
워드(Word)	• CPU가 한 번에 처리할 수 있는 명령 단위 • 반워드(Half Word) : 2Byte • 전워드(Full Word) : 4Byte • 더블워드(Double Word) : 8Byte
필드(Field)	• 파일 구성의 최소 단위, 의미 있는 정보를 표현하는 최소 단위 • 자료 처리의 최소 단위이며, 여러 개의 필드가 모여 레코드가 됨
레코드(Record)	하나 이상의 관련된 필드가 모여서 구성됨(논리 레코드)
블록(Block)	하나 이상의 논리 레코드가 모여서 구성됨
파일(File)	프로그램 구성의 기본 단위로, 여러 레코드가 모여서 구성됨
데이터베이스 (Database)	여러 개의 관련된 파일(File)의 집합

01. 다음 중 자료의 구성 단위에 대한 설명으로 옳지 않은 것은?   24.상시, 23.상시, 21.상시, 19.2, 16.3, 16.2, 01.3

① 워드(Word)는 명령 처리 단위이며, 전워드(Full Word)는 8Byte이다.

② 필드(Field)는 파일 구성의 최소 단위이다.

③ 니블(Nibble)은 4개의 비트로 16가지를 표현할 수 있다.

④ 여러 개의 파일이 모여 데이터베이스가 된다.

전워드(Full Word)는 4Byte입니다. 8Byte의 크기를 갖는 워드는 더블워드(Double Word)입니다.

24.상시, 23.상시, 22.상시, 21.상시, 19.2, 19.1, 18.상시, 18.1, 17.2, 15.2, 15.1, …   3303702

핵심 034   문자 표현 코드

BCD 코드 (2진화 10진)	• 하나의 문자를 2개의 Zone 비트와 4개의 Digit 비트로 표현함 • 2^6 = 64가지의 문자를 표현할 수 있음 • 영문 소문자를 표현하지 못함
ASCII 코드 (미국 표준)	• 하나의 문자를 3개의 Zone 비트와 4개의 Digit 비트로 표현하며, 영문 대·소문자, 숫자, 문장 부호, 미국 영어에 사용되는 특수 제어 문자를 나타냄 • 2^7 = 128가지의 문자를 표현할 수 있음 • 7비트 코드이지만 실제로는 패리티 비트를 포함하여 8비트로 사용됨 • 데이터 통신 또는 PC의 문자 표현 등에 사용됨 • 확장 ASCII 코드 : ASCII에 1bit를 추가한 코드로 특수 기호, 외래어 문자, 그래픽 기호 등 128개의 문자를 더 표현할 수 있음
EBCDIC 코드 (확장 2진화 10진)	• BCD 코드를 확장한 것으로 하나의 문자를 4개의 Zone 비트와 4개의 Digit 비트로 표현함 • 2^8 = 256가지의 문자를 표현할 수 있음 • 대형 컴퓨터에서 사용함
KS X 1005-1 (유니코드)	• 전 세계의 모든 문자를 2바이트로 표현할 수 있는 국제 표준 코드로, 정보 처리 및 정보 교환용으로 사용 • 데이터의 교환을 원활하게 하기 위하여 문자 1개에 부여된 값을 16비트(2바이트)로 통일

01. 다음 중 컴퓨터에서 문자 데이터를 표현하는 방법으로 옳지 않은 것은?   24.상시, 23.상시, 22.상시, 21.상시, 19.1

① EBCDIC   ② Unicode

③ ASCII   ④ Hamming Code

> 해밍 코드(Hamming Code)는 에러 검출 및 교정이 가능한 코드로, 문자 데이터를 표현하기 위해 사용하는 코드는 아닙니다.

• 중앙처리장치(CPU)의 성능을 나타내는 단위

MIPS	1초당 명령 실행 수 ÷ 1백만
FLOPS	1초당 부동 소수점 연산 횟수
클럭 속도(Hz)	CPU 동작 클럭 주파수로, 1Hz는 1초에 1번 주기가 반복됨

• 중앙처리장치(CPU)의 성능에 영향을 미치는 요인 : 클럭 주파수, 캐시 메모리, 워드(명령어)의 크기, FSB(시스템 버스) 등

01. 다음 중 컴퓨터의 CPU에 있는 레지스터(Register)에 관한 설명으로 옳지 않은 것은?   21.상시, 17.1, 16.3, 11.3, 08.1

① CPU 내에서 자료를 일시적으로 저장하는 저장장치이다.

② 주기억장치보다 저장 용량이 적고 속도가 느리다.

③ ALU(산술/논리장치)에서 연산된 자료를 일시적으로 저장한다.

④ 레지스터에는 명령 레지스터, 주소 레지스터, 프로그램 카운터 등 여러 유형의 레지스터가 있다.

> 레지스터는 주기억장치보다 저장 용량은 적지만 속도는 빠릅니다.

22.상시, 21.상시, 18.1, 17.1, 16.3, 14.2, 13.3, 13.1, 11.3, 08.1, 05.3, 05.2, …   1360041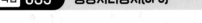

핵심 035   중앙처리장치(CPU)

• 사람의 두뇌와 같이 컴퓨터 시스템에 부착된 모든 장치의 동작을 제어하고, 명령을 실행하는 장치이다.

• 중앙처리장치는 제어장치(Control Unit)·연산장치(ALU; Arithmetic & Logic Unit)·레지스터(Register)로 구성된다.

• 레지스터(Register)

  – CPU(중앙처리장치) 내부에서 처리할 명령어나 연산의 중간 결과 값 등을 일시적으로 기억하는 소량의 임시 기억장소이다.

  – 레지스터는 플립플롭(Flip-Flop)이나 래치(Latch)들을 연결하여 만든다.

  – 레지스터는 메모리 중에서 속도가 가장 빠르다.

24.상시, 21.상시, 18.2, 18.1, 15.3, 15.1, 12.1, 10.3, 09.4, 08.3, 08.2, 04.4, 99.2   1360042

핵심 036   제어장치

• 입·출력, 저장, 연산장치 등 컴퓨터의 모든 동작을 지시하고 제어하는 장치이다.

• 주기억장치에서 읽어 들인 명령어를 해독하여 해당하는 장치에게 제어 신호를 보내 정확하게 수행하도록 지시한다.

• 제어장치에서 사용하는 레지스터와 회로

프로그램 카운터 (PC; Program Counter)	다음에 실행할 명령어의 번지를 기억하는 레지스터
명령 레지스터 (IR; Instruction Register)	현재 실행중인 명령의 내용을 기억하는 레지스터
명령 해독기(Decoder)	명령 레지스터에 있는 명령어를 해독하는 회로
부호기(Encoder)	해독된 명령에 따라 각 장치로 보낼 제어 신호를 생성하는 회로
메모리 주소 레지스터(MAR)	기억장치를 출입하는 데이터의 번지를 기억하는 레지스터
메모리 버퍼 레지스터(MBR)	기억장치를 출입하는 데이터를 잠시 기억하는 레지스터

> **잠깐만요** 제어장치의 명령 실행 순서(기계 사이클)
> 호출 → 해독 → 실행 → 저장

01. 다음 중 제어장치에서 사용되는 레지스터로, 다음 번에 실행할 명령어의 번지를 기억하는 것은?
24.상시, 18.2, 18.1

① 프로그램 카운터(PC)
② 누산기(AC)
③ 메모리 주소 레지스터(MAR)
④ 메모리 버퍼 레지스터(MBR)

24.상시, 23.상시, 21.상시, 20.상시, 16.2, 15.2, 14.1, 12.3, 11.1, 09.2, 09.1, …   1360043

핵심 037   연산장치(ALU)

- 제어장치의 명령에 따라 실제로 연산을 수행하는 장치이다.
- 연산장치가 수행하는 연산에는 산술 연산, 논리 연산, 관계 연산, 이동 등이 있다.
- 연산장치에서 사용하는 레지스터와 회로

가산기(Adder)	2진수의 덧셈을 수행하는 회로
보수기(Complementor)	뺄셈의 수행을 위해 입력된 값을 보수로 변환하는 회로
누산기(AC; Accumulator)	연산된 결과를 일시적으로 저장하는 레지스터
데이터 레지스터(Data Register)	연산에 사용될 데이터를 기억하는 레지스터
상태 레지스터(Status Register)	연산중에 발생하는 여러 가지 상태값을 기억하는 레지스터(부호, 오버플로, 언더플로, 자리올림, 인터럽트 등)
인덱스 레지스터(Index Register)	주소 변경을 위해 사용되는 레지스터

01. 다음 중 컴퓨터의 연산장치에 있는 누산기(Accumulator)에 관한 설명으로 옳은 것은?
24.상시, 23.상시, 21.상시, 16.2, 14.1, 12.3

① 연산 결과를 일시적으로 기억하는 장치이다.
② 명령의 순서를 기억하는 장치이다.
③ 명령어를 기억하는 장치이다.
④ 명령을 해독하는 장치이다.

24.상시, 23.상시, 17.2, 16.1, 11.2, 09.4, 06.3, 06.2, 05.3, 05.2, 03.3, 02.3   1360044

핵심 038   주기억장치

- 주기억장치는 CPU가 직접 접근하여 데이터를 처리할 수 있는 기억장치로, 현재 수행되는 프로그램과 데이터를 저장하고 있다.
- ROM : 비휘발성 메모리로, 입·출력 시스템, 글자 폰트, 자가 진단 프로그램 등을 저장함. 읽기는 가능하나 쓰기는 불가능함
- RAM : 휘발성 메모리로, 사용중인 프로그램이나 데이터를 저장함. 자유롭게 읽고 쓰기 가능

- 주기억장치의 단점
  - 접근 속도가 빠르지만 가격이 비싸고 저장 용량이 적다.
  - 대부분 전원 공급이 중단되면 기억된 내용이 모두 지워지는 휘발성 메모리이므로, 작업한 문서를 오랜 기간 보관할 수 없다.

01. 다음 중 주기억장치에 대한 설명으로 가장 옳지 않은 것은?
24.상시, 23.상시, 06.2, 05.3

① 주기억장치는 비휘발성 메모리로 대용량의 데이터와 프로그램을 영구적으로 보관하는데 사용된다.
② ROM에는 주로 기본 입/출력 시스템(BIOS), 글자 폰트, 자가 진단 프로그램(POST) 등이 저장되어 있다.
③ 주기억장치는 CPU가 직접 접근하여 데이터를 처리할 수 있는 기억장치로 현재 수행되는 프로그램과 데이터를 저장하고 있다.
④ RAM(Random Access Memory)은 자유롭게 읽기/쓰기가 가능한 기억장치이다.

> 주기억장치의 종류에는 ROM과 RAM이 있는데 이 중 ROM은 비휘발성 메모리, RAM은 휘발성 메모리입니다. 또한 주기억장치는 용량이 적기 때문에 대량의 데이터를 장기간 보관하기 위해서는 보조기억장치를 사용해야 합니다.

24.상시, 23.상시, 22.상시, 21.상시, 20.상시, 20.2, 20.1, 19.상시, 19.2, 19.1, …   1360045

핵심 039   기타 메모리

- 플래시 메모리(Flash Memory)
  - EEPROM의 일종인 비휘발성 메모리로, 하드디스크에 비해 전력 소모가 적다.
  - 블록 단위로 데이터를 전송한다.
  - 전송 속도가 빨라서, 개인용 정보 단말기, 스마트폰, 디지털 카메라 등에 주로 사용한다.
- 캐시 메모리(Cache Memory) : CPU와 주기억장치 사이에서 컴퓨터의 처리 속도를 향상시키기 위한 것으로, SRAM을 사용함
- 가상 메모리(Virtual Memory) : 보조기억장치의 일부를 주기억장치처럼 사용하는 메모리 기법으로, 전원이 꺼지면 데이터가 소실됨
- 버퍼 메모리(Buffer Memory) : 두 장치 간에 데이터를 주고 받을 때 속도 차이를 해결하기 위한 저장 공간
- 연상(연관) 메모리(Associative Memory) : 기억장치에 저장된 정보에 접근할 때 주소 대신 기억된 내용의 일부를 이용하여 직접 접근하는 장치로, 정보 검색이 신속하고, 캐시 메모리나 가상 메모리 관리 기법에서 사용하는 매핑 테이블에 사용됨

01. 다음 중 컴퓨터에서 사용하는 캐시 메모리에 관한 설명으로 옳은 것은? 24.상시, 23.상시, 20.2, 14.2, 10.3, 05.4, 01.3

① 보조기억장치의 일부를 주기억장치처럼 사용하는 메모리이다.

② 기억된 정보의 내용 일부를 이용하여 주기억장치에 접근하는 장치이다.

③ EEPROM의 일종으로 비휘발성 메모리이다.

④ 중앙처리장치(CPU)와 주기억장치 사이에 위치하여 컴퓨터 처리 속도를 향상시키는 메모리이다.

①번은 가상 메모리(Virtual Memory), ②번은 연상(연관) 메모리(Associative Memory), ③번은 플래시 메모리(Flash Memory)에 대한 설명입니다.

02. 다음 중 플래시 메모리(Flash Memory)에 관한 설명으로 옳지 않은 것은? 23.상시, 22.상시, 21.상시, 19.2, 17.2, 16.1, 14.1, 13.3, 10.1, 03.4

① 정보의 입출력이 자유롭고, 전송 속도가 빠르다.

② 비휘발성 기억장치이다.

③ 트랙 단위로 저장된다.

④ 전력 소모가 적다.

플래시 메모리는 트랙 단위가 아닌 블록 단위로 저장됩니다.

20.상시, 23.상시, 22.상시, 21.상시, 20.상시, 19.상시, 19.1, 17.1, 16.2, 14.3, ···   1360046

핵심 040   보조기억장치

• 보조기억장치는 주기억장치에 비해 속도는 느리지만 전원이 차단되어도 내용이 유지되고, 저장 용량이 크다.

• 하드디스크(Hard Disk) : 자성 물질을 입힌 금속 원판을 여러 장 겹쳐서 만든 기억매체로, 개인용 컴퓨터에서 보조기억장치로 널리 사용됨

• SSD(Solid State Drive)
  – 디스크 드라이브(HDD)와 비슷하게 동작하면서 HDD와는 달리 기계적 장치가 없는 반도체를 이용하여 정보를 저장하는 보조기억장치로, 고속으로 데이터를 입·출력할 수 있다.
  – 기계적 지연이나 에러의 확률 및 발열·소음과 전력 소모가 적으며, 소형화, 경량화 할 수 있다.

• DVD : 4.7~17GB의 대용량 저장이 가능한 차세대 기억 매체로, 뛰어난 화질과 음질의 멀티미디어 데이터를 저장할 수 있음

• Blu-Ray : 고선명(HD) 비디오를 위한 디지털 데이터를 저장할 수 있도록 만든 저장매체로, 25GB 이상 저장할 수 있음

01. 다음 중 컴퓨터에서 사용하는 일반 하드디스크에 비하여 속도가 빠르고 기계적 지연이나 에러의 확률 및 발열소음이 적으며, 소형화, 경량화할 수 있는 하드디스크 대체 저장 장치로 옳은 것은? 24.상시, 23.상시, 22.상시, 21.상시, 19.상시, 16.2, 14.1, 13.1

① DVD   ② HDD

③ SSD   ④ ZIP

24.상시, 23.상시, 22.상시, 21.상시, 20.상시, 19.상시, 18.2, 18.1, 16.1, 15.2, ···   1360047

핵심 041   기억장치 관련 단위

• 기억 용량 단위

단위	Byte	KB	MB	GB	TB	PB	EB
저장 용량	8Bit	1024Byte	1024KB	1024MB	1024GB	1024TB	1024PB

작음 ◄———————————————————————► 큼

• 처리 속도 단위

단위	ms	μs	ns	ps	fs	as
처리 속도	10^{-3}	10^{-6}	10^{-9}	10^{-12}	10^{-15}	10^{-18}

느림 ◄———————————————————————► 빠름

• 기억장치 접근 속도 비교(빠름 〉 느림)

레지스터 〉 주기억장치(캐시(SRAM) 〉 DRAM 〉 ROM) 〉 보조기억장치(하드디스크 〉 Zip Disk 〉 CD-ROM 〉 플로피디스크 〉 자기 테이프)

01. 다음 중 컴퓨터의 연산 속도 단위로 가장 빠른 것은? 24.상시, 23.상시, 21.상시, 20.상시, 19.상시, 18.1, 16.1, 14.2, 05.2, 02.3, 01.1

① 1ms   ② 1μs

③ 1ns   ④ 1ps

02. 다음 중 기억장치의 기억 용량 단위로 가장 큰 것은? 24.상시, 23.상시, 22.상시, 21.상시

① 1TB   ② 1KB

③ 1GB   ④ 1MB

20.1, 13.3, 13.2, 07.1, 06.2, 04.1, 03.1, 01.3, 01.2, 00.1   1360048

핵심 042   표시장치 관련 용어

픽셀(Pixel, 화소)	• 모니터 화면을 구성하는 가장 작은 단위 • 화면 해상도가 1,024×768이라고 하면, 가로 1,024개, 세로 768개의 픽셀로 화면을 표시한다는 뜻임
해상도(Resolution)	모니터 등의 출력장치가 내용을 얼마나 선명하게 표현할 수 있느냐를 나타내는 단위로, 픽셀(Pixel)의 수가 많을수록 선명함
재생률(Refresh Rate)	픽셀들이 밝게 빛나는 것을 유지하도록 하기 위한 1초당 재충전 횟수
점 간격(Dot Pitch)	픽셀들 사이의 공간을 나타내는 것으로 간격이 가까울수록 해상도가 높음

01. 다음 중 컴퓨터 출력장치인 모니터에 관한 용어의 설명으로 가장 거리가 먼 것은? 20.1, 13.3, 07.1, 04.1, 01.3, 00.1

① 픽셀(Pixel) : 화면을 이루는 최소의 단위로서 그림의 화소라는 뜻을 의미하며 픽셀 수가 많을수록 해상도가 높아진다.

② 재생률(Refresh Rate) : 픽셀들이 밝게 빛나는 것을 유지하도록 하기 위한 1초당 재충전 횟수를 의미한다.

③ 점 간격(Dot Pitch) : 픽셀들 사이의 공간을 나타내는 것으로 간격이 가까울수록 영상은 선명하다.

④ 해상도(Resolution) : 모니터 화면의 명확성을 나타내는 것으로, 1인치(inch) 사각형에 픽셀의 수가 많을 수록 표시할 수 있는 색상의 수가 증가한다.

> 해상도는 모니터 등 출력장치의 선명도(명확성)를 나타내는 단위로서 픽셀의 수가 많다고 해서 표시할 수 있는 색상의 수가 증가하는 것은 아닙니다.

01. 다음 중 컴퓨터 시스템에서 사용하는 채널(Channel)에 관한 설명으로 옳지 않은 것은? 23.상시, 22.상시, 21.상시

① 주변장치에 대한 제어 권한을 CPU로 부터 넘겨받아 CPU 대신 입출력을 관리한다.

② 입출력 작업이 끝나면 CPU에게 인터럽트 신호를 보낸다.

③ CPU와 주기억장치의 속도 차이를 해결하기 위하여 사용된다.

④ 채널에는 셀렉터(Selector), 멀티플랙서(Multiplexer), 블록 멀티플랙서(Block Multiplexer) 등이 있다.

> 채널은 CPU와 입·출력장치 사이의 속도 차이를 해결하기 위해 사용됩니다. CPU와 주기억장치의 속도 차이를 해결하기 위해 사용되는 것은 캐시 메모리입니다.

24.상시, 22.상시, 21.상시, 20.2 4203502

핵심 043 레이저 프린터

• 회전하는 둥근 막대(드럼)에 레이저 빛을 이용해 인쇄할 문자나 그림 모양으로 토너(Toner) 가루를 묻힌 뒤 종이에 인쇄하는 방식으로, 복사기와 같은 원리이다.

• 인쇄 소음이 적고 인쇄 속도가 빠르다.

• 인쇄 속도의 단위는 PPM(Page Per Minute)을 사용한다.

01. 다음 중 컴퓨터에서 사용하는 레이저 프린터에 관한 설명으로 옳지 않은 것은? 24.상시, 22.상시, 21.상시, 20.2

① 회전하는 드럼에 토너를 묻혀서 인쇄하는 방식이다.

② 비충격식이라 비교적 인쇄 소음이 적고 인쇄 속도가 빠르다.

③ 인쇄 방식에는 드럼식, 체인식, 밴드식 등이 있다.

④ 인쇄 해상도가 높으며 복사기와 같은 원리를 사용한다.

> 드럼식, 체인식, 밴드식은 라인 프린터의 인쇄 방식입니다.

24.상시, 23.상시, 22.상시, 21.상시, 20.2, 20.1, 16.3, 14.1, 12.1 1304005

핵심 045 포트

USB 포트 (범용 직렬 버스)	• 기존의 직렬, 병렬, PS/2 포트를 통합한 직렬 포트의 일종 • 주변장치를 최대 127개까지 연결할 수 있음 • 핫 플러그 인(Hot Plug-In)과 플러그 앤 플레이(Plug and Play)를 지원함 • 연결 단자 색상 : USB 2.0 이하(검정색 또는 흰색), USB 3.0(파란색), USB 3.1(하늘색 또는 빨간색)
HDMI	• 영상과 음향 신호를 압축하지 않고 통합하여 전송하는 고선명 멀티미디어 인터페이스 • S-비디오, 컴포지트 등의 아날로그 케이블보다 고품질의 음향 및 영상을 전송함
블루투스 (Bluetooth)	• 근거리 무선 통신을 가능하게 해주는 통신 방식 • 핸드폰, PDA, 노트북과 같은 휴대 가능한 장치들 간의 양방향 정보 전송이 가능함

01. USB 포트에 대한 설명으로 옳지 않은 것은? 24.상시, 23.상시, 22.상시, 21.상시, 12.1

① 주변장치를 127개까지 연결할 수 있다.

② 컴퓨터의 전원이 켜진 상태에서도 장치를 연결하거나 제거할 수 있다.

③ 기존의 직렬, 병렬, PS/2 포트 등을 하나의 포트로 대체하기 위한 범용 직렬 버스이다.

④ 한번에 8비트의 데이터가 동시에 전송되는 방식을 사용한다.

> USB 포트는 최대 5Gps 이상의 데이터 전송 속도를 지원하지만 직렬 포트로서 한 번에 1비트씩 데이터를 전송합니다. 한 번에 8비트의 데이터를 동시에 전송하는 것은 병렬 포트입니다.

23.상시, 22.상시, 21.상시, 02.2, 01.3, 01.1 1303802

핵심 044 채널

• 주변장치에 대한 제어 권한을 CPU로부터 넘겨받아 CPU 대신 입·출력을 관리한다.

• 채널은 중앙처리장치와 입·출력장치 사이의 속도 차이로 인한 문제점을 해결하기 위해 사용된다.

• 채널은 입·출력 작업이 끝나면 CPU에게 인터럽트 신호를 보낸다.

• 채널에는 셀렉터(Selector), 멀티플랙서(Multiplexer), 블록 멀티플랙서(Block Multiplexer) 등이 있다.

핵심 046 펌웨어

24.상시, 23.상시, 22.상시, 16.2, 11.2   3304602

- 하드웨어의 동작을 지시하는 소프트웨어이지만 하드웨어적으로 구성되어 하드웨어의 일부분으로도 볼 수 있는 제품이다.
- 주로 ROM에 반영구적으로 저장되어 하드웨어를 제어(관리)하는 역할을 수행한다.
- 읽기/쓰기가 가능한 플래시 롬(Flash ROM)에 저장되기 때문에 내용을 쉽게 변경하거나 추가·삭제할 수 있다.
- 펌웨어로 만들어져 있는 프로그램을 마이크로프로그램이라고 한다.

01. 다음 중 컴퓨터의 롬(ROM)에 기록되어 하드웨어를 제어하며, 하드웨어의 성능 향상을 위해 업그레이드 할 수 있는 마이크로프로그램의 집합을 의미하는 것은? 24.상시, 23.상시, 22.상시, 21.상시, …

① 프리웨어(Freeware)
② 셰어웨어(Shareware)
③ 미들웨어(Middleware)
④ 펌웨어(Firmware)

핵심 047 시스템 관리

24.상시, 23.상시, 22.상시, 21.상시, 17.1, 16.2, 11.3, 05.1, 04.1, 03.1, 01.2   1360052

- 컴퓨터는 평평하고 흔들림이 없는 곳에 설치하는 것이 바람직하다.
- 컴퓨터를 이동하거나 부품을 교체할 때는 반드시 전원을 끄고 작업한다.
- 직사광선을 피하고 습기가 적으며 통풍이 잘되고 먼지 발생이 적은 곳에 설치한다.
- 먼지가 많은 환경의 경우 메인보드 내에 먼지가 쌓이지 않도록 주의하고, 자주 확인하여 청소한다.
- 주기적으로 디스크 정리, 디스크 검사, 드라이브 조각 모음 및 최적화를 수행하여 저장 매체(하드디스크 등)를 최적화한다.
- 중요한 데이터는 사용하지 않는 별도의 저장 매체에 주기적으로 백업한다.
- 저장 매체의 주변에 자성이 강한 물체를 두지 않도록 주의한다.
- 시스템에 문제가 발생하면 [🔧(설정)] → [업데이트 및 보안] → [복구]를 통해 문제를 해결한다.

01. 다음 중 컴퓨터를 관리하는 효율적인 방법으로 옳지 않은 것은? 24.상시, 23.상시, 22.상시, 21.상시

① 컴퓨터를 이동하거나 부품을 교체할 경우에는 전원을 끄고 작업하는 것이 바람직하다.
② 시스템에 문제가 발생하면 시스템을 재부팅하고 하드디스크의 모든 파티션을 제거한다.
③ 정기적으로 최신 바이러스 백신 프로그램을 사용하여 바이러스 감염을 방지하며, 중요한 데이터는 백업하여 둔다.
④ 가급적 불필요한 프로그램은 설치하지 않도록 하며, 정기적으로 시스템을 점검한다.

> 하드디스크의 모든 파티션을 제거하면 하드디스크에 저장된 내용도 모두 삭제되므로 시스템에 문제가 발생하면 [⊞(시작)] → [🔧(설정)] → [업데이트 및 보안] → [복구]를 통해 문제를 해결하는 것이 좋습니다.

핵심 048 업그레이드

24.상시, 19.2, 18.1, 13.1, 08.1   4204181

- 컴퓨터의 하드웨어나 소프트웨어를 일부 교체하거나 추가하여 컴퓨터 시스템의 성능을 향상시키는 작업으로 하드웨어 업그레이드와 소프트웨어 업그레이드로 나눈다.
- 소프트웨어 업그레이드 : 기존 소프트웨어의 버그를 수정하거나 새로운 기능을 추가한 새 버전의 소프트웨어를 구입 또는 통신망에서 다운받아 시스템에 설치하는 것을 말함
  - 📋 Windows 7 → Windows 10, 한글 2010 → 한글 2020, MS-오피스 2016 → MS-오피스 2021
- 하드웨어 업그레이드
  - 하드웨어를 업그레이드할 때는 가격과 성능을 면밀히 검토해 보고 어떤 이득이 있는지 파악한 뒤, 적절한 장치를 선택하는 것이 중요하다.
  - 업그레이드 시 고려할 사항

수치가 클수록 좋은 것	수치가 작을수록 좋은 것
• CPU 클럭 속도 : MHz 또는 GHz • 모뎀의 전송 속도 : bps 또는 cps • DVD-ROM 드라이브 전송 속도 : 배속 • 하드디스크 용량 : GB • 하드디스크 회전 수 : RPM • 하드디스크 전송 속도 : MB/s	• RAM 접근 속도 : ns

01. 다음 중 컴퓨터의 하드웨어를 업그레이드할 때 수치가 작을수록 좋은 항목은? 24.상시, 19.2, 18.1

① CPU 클럭 속도
② 하드디스크 용량
③ RAM 접근 속도
④ 모뎀 전송 속도

핵심 049 파티션

- 하나의 물리적인 하드디스크를 여러 개의 논리적인 영역으로 나누는 작업으로, 기본 파티션과 확장 파티션이 있다.
- 목적 : 특정 데이터만 별도로 보관할 드라이브를 확보하거나 하나의 하드디스크에 서로 다른 운영체제를 설치하기 위함
- 운영체제에서는 파티션이 하나의 드라이브로 인식된다.
- 하나의 파티션에는 한 가지의 파일 시스템만 사용할 수 있으며, 파티션을 설정한 후 데이터 저장을 위해서는 포맷 과정을 거쳐야 한다.
- 파티션 설정 : [■(시작)] → [Windows 관리 도구] → [컴퓨터 관리] → [저장소] → [디스크 관리] 이용

01. 다음 중 컴퓨터에서 사용하는 하드디스크의 파티션에 대한 설명으로 옳지 않은 것은?   22.상시, 21.상시, 12.2, 11.3, 11.1

① 하나의 물리적인 하드디스크를 여러 개의 파티션으로 나눌 수 있다.

② 파티션을 나눈 후에 하드디스크를 사용하기 위해서는 포맷을 해야 한다.

③ 하나의 하드디스크 내의 모든 파티션에는 동일한 운영체제만 설치할 수 있다.

④ 하나의 파티션에는 한 가지 파일 시스템만을 설치할 수 있다.

> 하나의 하드디스크 내 각각의 파티션에는 서로 다른 운영체제를 설치할 수 있습니다.

핵심 050 하드디스크 용량 문제 해결

- 자주 사용하지 않는 파일을 백업한 다음 하드디스크에서 삭제한다.
- 사용하지 않는 Windows 기능이나 불필요한 프로그램을 제거한다.
- 휴지통에 있는 파일을 삭제한다.
- 디스크 정리를 수행하여 휴지통 파일, 임시 인터넷 파일, 다운로드한 프로그램 파일 등의 불필요한 파일들을 삭제한다.
- 웹 브라우저에서 사용한 캐시 폴더의 내용을 삭제한다.
- 확장명이 .bak(백업 파일) 또는 .tmp(임시 파일)인 파일을 삭제한다.

01. 다음 중 하드디스크 용량이 부족할 경우의 해결 방법으로 옳지 않은 것은?   24.상시, 22.상시, 21.상시

① USB 파일 정리

② 휴지통 파일 정리

③ 디스크 정리 수행

④ Windows 기능 제거

> USB 파일을 정리한다고 해서 하드디스크의 용량이 증가하지는 않습니다. 하드디스크의 파일을 USB로 백업한 후 하드디스크의 파일을 삭제해야 하드디스크의 용량이 증가됩니다.

핵심 051 사용권에 따른 소프트웨어 분류

- 상용 소프트웨어 : 정식으로 대가를 지불하고 사용해야 하는 것
- 셰어웨어(Shareware) : 기능 혹은 사용 기간에 제한을 두어 배포하는 것으로, 정식 프로그램의 구입을 유도하기 위해 배포하는 버전
- 트라이얼(Trial) 버전 : 셰어웨어와 마찬가지로 제품을 구매하기 전에 해당 프로그램을 미리 사용해 볼 수 있도록 제작한 것으로, 셰어웨어는 일부 기능을 제외한 대부분의 기능을 사용할 수 있는 반면 트라이얼 버전은 일부 기본적인 기능만 사용할 수 있다는 것이 다름
- 프리웨어(Freeware) : 무료로 사용 또는 배포가 가능한 프로그램
- 공개 소프트웨어(Open Source Software) : 개발자가 소스를 공개한 소프트웨어로, 누구나 자유롭게 사용하고 수정 및 재배포할 수 있음
- 데모(Demo) 버전 : 정식 프로그램의 기능을 홍보하기 위해 사용 기간이나 기능을 제한하여 배포하는 프로그램
- 알파(Alpha) 버전 : 베타테스트를 하기 전, 제작 회사 내에서 테스트할 목적으로 제작하는 프로그램
- 베타(Beta) 버전 : 정식 프로그램을 출시하기 전, 테스트를 목적으로 일반인에게 공개하는 프로그램
- 패치(Patch) 버전 : 이미 제작하여 배포된 프로그램의 오류 수정이나 성능 향상을 위해 프로그램의 일부 파일을 변경해 주는 프로그램
- 번들(Bundle) : 하드웨어나 소프트웨어를 구매했을 때 무료로 제공하는 프로그램

01. 다음 중 아래의 ㉠, ㉡, ㉢에 해당하는 소프트웨어의 종류를 올바르게 짝지어 나열한 것은?   24.상시, 23.상시, 22.상시, 18.2, 15.3

> 홍길동은 어떤 프로그램이 좋은지 알아보기 위해 (㉠) 누구나 임의의 용도로 사용할 수 있는 프로그램과 (㉡) 주로 일정 기간 동안 일부 기능을 제한한 상태로 사용하는 프로그램을 먼저 사용해 보고, 가장 적합한 (㉢) 프로그램을 구입하여 사용하려고 한다.

① ㉠ 프리웨어,   ㉡ 셰어웨어,   ㉢ 상용 소프트웨어

② ㉠ 셰어웨어,   ㉡ 프리웨어,   ㉢ 상용 소프트웨어

③ ㉠ 상용 소프트웨어,   ㉡ 셰어웨어,   ㉢ 프리웨어

④ ㉠ 셰어웨어,   ㉡ 상용 소프트웨어,   ㉢ 프리웨어

> 누구나 임의의 용도로 사용할 수 있는 프로그램은 프리웨어, 일정 기간 동안 일부 기능을 제한한 상태로 사용하는 프로그램은 셰어웨어, 정식으로 대가를 지불하고 사용해야 하는 프로그램은 상용 소프트웨어입니다.

24.상시, 23.상시, 22.상시, 20.1, 19.상시, 19.2, 18.2, 17.1, 16.3, 12.1   1304501

핵심 052 운영체제의 개요

- 사용자의 편의를 도모하는 동시에 시스템의 생산성을 높이기 위한 프로그램의 모임으로 사용자와 컴퓨터 사이에서 중계자 역할을 한다 (Man-Machine Interface).
- 운영체제의 목적은 응답시간(Turnaround Time) 단축, 처리능력(Throughput) 증대, 신뢰도(Reliability) 향상, 사용 가능도(Availability) 증대에 있다.
- 운영체제는 컴퓨터가 동작하는 동안 주기억장치에 위치한다.
- 주요 기능
  - 프로세스, 기억장치, 주변장치, 파일 및 정보 등의 자원을 관리한다.
  - 자원을 효율적으로 관리하기 위해 자원의 스케줄링 기능을 제공한다.
  - 사용자와 시스템 간의 편리한 인터페이스를 제공한다.
  - 데이터를 관리하고, 데이터 및 자원의 공유 기능을 제공한다.
- 운영체제는 크게 제어 프로그램과 처리 프로그램으로 나뉜다.
  - 제어 프로그램 : 감시 프로그램, 작업 관리 프로그램, 데이터 관리 프로그램
  - 처리 프로그램 : 언어 번역 프로그램, 서비스 프로그램, 문제 프로그램

01. 다음 중 운영체제에 대한 설명으로 옳지 않은 것은?
24.상시, 23.상시, 20.1

① 운영체제는 제어 프로그램, 감시 프로그램, 응용 프로그램으로 구성된다.
② 자원의 효율적인 관리를 위해 자원의 스케줄링을 제공한다.
③ 시스템과 사용자간의 편리한 인터페이스를 제공한다.
④ 데이터 및 자원 공유 기능을 제공한다.

> 운영체제는 제어 프로그램과 처리 프로그램으로 구성되어 있습니다.

24.상시, 23.상시, 22.상시, 21.상시, 19.2, 16.2   3305231

핵심 053 유틸리티 프로그램

- 컴퓨터 동작에 필수적이지는 않지만, 컴퓨터 시스템에 있는 기존 프로그램을 지원하거나 기능을 향상 또는 확장하기 위해 사용하는 소프트웨어를 의미한다.
- 유틸리티 프로그램은 서비스 프로그램, 유틸리티 루틴이라고도 한다.
- 컴퓨터 하드웨어, 운영체제, 응용 소프트웨어를 관리하는 데 도움을 주도록 설계되었다.
- Windows에서 제공하는 유틸리티 프로그램에는 메모장, 그림판, 계산기 등이 있다.

01. 다음 중 유틸리티 프로그램에 대한 설명으로 적절하지 않은 것은?
24.상시, 23.상시, 22.상시, 21.상시, 19.2, 16.2

① 다수의 작업이나 목적에 대하여 적용되는 편리한 서비스 프로그램이나 루틴을 말한다.
② 컴퓨터의 동작에 필수적이고, 컴퓨터를 이용하는 주목적에 대한 일부 특정 작업을 수행하는 소프트웨어들을 가리킨다.
③ 컴퓨터 하드웨어, 운영체제, 응용 소프트웨어를 관리하는 데 도움을 주도록 설계된 프로그램을 의미한다.
④ Windows에서 제공하는 유틸리티 프로그램으로는 메모장, 그림판, 계산기 등을 예로 들 수 있다.

> 유틸리티 프로그램은 컴퓨터 동작에 필수적이지는 않지만, 컴퓨터를 이용하는 주 목적에 대한 특정 작업을 수행하는 소프트웨어들을 가리킵니다.

24.상시, 22.상시, 19.2, 18.상시, 13.1, 11.1   3305202

핵심 054 운영체제의 운용 방식

- 일괄 처리 시스템 : 처리할 데이터를 일정량 또는 일정 기간 모았다가 한꺼번에 처리하는 방식으로, 온라인 일괄 처리 시스템과 오프라인 일괄 처리 시스템이 있음
- 실시간 처리 시스템 : 처리할 데이터가 생겨날 때마다 바로 처리하는 방식으로, 일반적으로 온라인 실시간 시스템을 의미함
- 분산 처리 시스템 : 지역적으로 분산된 여러 대의 컴퓨터를 연결하여 작업을 분담하여 처리하는 방식
- 임베디드 시스템 : 마이크로프로세서에 특정 기능을 수행하는 응용 프로그램을 탑재하여 컴퓨터의 기능을 수행하는 것으로, 컴퓨터의 하드웨어와 소프트웨어가 조합된 전자 제어 시스템

> 잠깐만요 운영체제 운영 기법의 발달 과정
> 일괄 처리 시스템 → 다중 프로그래밍 시스템/다중 처리 시스템/시분할 시스템/실시간 처리 시스템 → 다중 모드 → 분산 처리 시스템

01. 다음 중 운영체제의 운용 방식으로 옳지 않은 것은?
22.상시, 13.1

① 일괄 처리는 컴퓨터에 입력하는 데이터를 일정량 모았다가 한꺼번에 처리하는 시스템으로, 오프라인으로만 사용한다.
② 시분할 시스템은 한 대의 시스템을 여러 사용자가 동시에 사용하는 시스템이다.
③ 실시간 처리 시스템은 처리할 데이터가 생겨날 때마다 바로 처리하는 시스템이다.
④ 분산 처리 시스템은 지역적으로 분산된 여러 대의 컴퓨터를 연결하여 작업을 분담하여 처리하는 시스템이다.

> 일괄 처리 시스템은 오프라인뿐만 아니라 온라인에서도 흔히 사용됩니다.

핵심 055 프로그래밍 언어

문제 중심 언어	• 처리 방법이나 절차보다는 해결하려는 문제에 중심을 두고 프로그램할 수 있는 언어로서, 비절차적이며 대화식으로 구성됨 • 인공지능, 모의실험 등에 사용됨 • 종류 : LISP, GPSS, SPSS, SAS, COGO 등
절차 중심 언어	• 정해진 문법에 맞게 일련의 처리 절차를 순서대로 기술해 나가는 언어임 • 종류 : C, COBOL, ALGOL, FORTRAN, PASCAL 등
객체 지향 프로그래밍 언어	• 동작보다는 객체, 논리보다는 자료를 바탕으로 구성된 프로그래밍 언어임 • 특징 : 상속성, 캡슐화, 추상화, 다형성, 오버로딩 등 • 종류 : Smalltalk, C++, C#, JAVA 등

01. 다음 중 추상화, 캡슐화, 상속성, 다형성 등의 특징을 지니고 있으며, 크고 복잡한 프로그램 구축이 어려운 절차형 언어의 문제점을 해결하기 위해 개발된 프로그래밍 기법은?

24.상시, 23.상시, 21.상시, 19.1, 17.2

① 구조적 프로그래밍
② 객체지향 프로그래밍
③ 하향식 프로그래밍
④ 비주얼 프로그래밍

핵심 056 웹 프로그래밍 언어

HTML5	• 웹 표준 기관인 W3C에서 제안한 HTML의 최신 규격으로, HTML에 비디오, 오디오 등 다양한 부가 기능을 포함시킴 • 최신 멀티미디어 콘텐츠를 액티브X 없이 브라우저에서 쉽게 볼 수 있음
DHTML	이전 버전의 HTML에 비해 애니메이션이 강화되고 사용자와의 상호 작용에 좀더 민감한 동적인 웹 페이지를 만들 수 있게 해주는 HTML임
SGML	텍스트, 이미지, 오디오 및 비디오 등을 포함하는 멀티미디어 전자 문서들을 다른 기종의 시스템들과 정보의 손실 없이 효율적으로 전송, 저장 및 자동 처리하기 위한 언어임
XML	• '확장성 생성 언어'라는 뜻으로, 기존 HTML의 단점을 보완하여 웹에서 구조화된 폭넓고 다양한 문서를 상호 교환할 수 있도록 설계된 언어 • 사용자가 HTML에 새로운 태그(Tag)를 정의할 수 있는 기능이 추가되었음
VRML	'가상현실 모델링 언어'라는 뜻으로, 웹에서 3차원 가상공간을 표현하고 조작할 수 있게 하는 언어
ASP	서버측에서 동적으로 수행되는 페이지를 만들기 위한 언어로, 마이크로소프트 사에서 제작하였으며, Windows 계열에서만 수행 가능함

JSP	• 자바로 만들어진 서버 스크립트로, 다양한 운영체제에서 사용 가능하며, 데이터베이스와 연결하기 쉽고, 시스템을 효율적으로 사용할 수 있음 • Linux, Unix, Windows 등의 다양한 운영체제에서 사용할 수 있음
JAVA	웹 상에서 멀티미디어 데이터를 효율적으로 처리할 수 있는 객체 지향 언어로, 네트워크 환경에서 분산 작업이 가능하도록 설계된 프로그래밍 언어임
PHP	• 라스무스 러돌프에 의해 개발된 언어로, 초기에는 아주 간단한 유틸리티들로만 구성되어 개인용 홈페이지 제작 도구로 사용되었으나, PHP 4.0 버전 이후 각광받는 웹 스크립트 언어로 자리하고 있음 • Linux, Unix, Windows 등의 다양한 운영체제에서 사용할 수 있음

01. 다음 중 차세대 웹 표준으로, 텍스트와 하이퍼링크를 이용한 문서 작성 중심으로 구성된 기존 표준에 비디오, 오디오 등의 다양한 부가기능을 추가하여 최신 멀티미디어 콘텐츠를 ActiveX 없이도 웹 서비스로 제공할 수 있는 언어는?

23.상시, 20.2, 16.1

① XML
② VRML
③ HTML5
④ JSP

02. 다음 중 웹 프로그래밍 언어에 대한 설명으로 옳지 않은 것은?

23.상시

① ASP는 Windows 계열에서만 사용할 있지만 JSP와 PHP는 다양한 운영체제에서 사용할 수 있다.
② XML은 HTML의 단점을 보완하여 웹에서 구조화된 폭넓고 다양한 문서들을 상호 교환할 수 있도록 설계된 언어이다.
③ SGML은 멀티미디어 전자 문서들을 다른 기종의 시스템들과 효율적으로 전송, 저장 및 자동 처리하기 위한 언어이다.
④ DHTML은 가상현실 모델링 언어라는 뜻으로, 웹에서 3차원 가상공간을 표현하고 조작할 수 있게 하는 언어이다.

④번은 VRML에 대한 설명입니다. DHTML은 HTML에 비해 애니메이션이 강화되고 사용자와의 상호작용에 좀 더 민감한 동적인 웹 페이지를 만들 수 있는 언어입니다.

핵심 057 정보 전송 방식

단향 방식(Simplex)	한쪽은 수신만, 다른 한쪽은 송신만 가능한 방식 예 TV, 라디오
반이중 방식 (Half-Duplex)	양쪽 모두 송 · 수신이 가능하지만 동시에는 불가능한 방식 예 무전기
전이중 방식 (Full-Duplex)	양쪽 모두 동시에 송 · 수신이 가능한 방식 예 전화

01. 다음 중 라디오와 같이 한쪽은 송신만, 다른 한쪽은 수신만 가능한 정보 전송 방식은?

20.2

① 단방향 통신
② 반이중 통신
③ 전이중 통신
④ 양방향 통신

22.상시, 21.상시, 16.1, 09.2, 07.4, 04.1, 03.1, 01.3, 01.1 1304804

핵심 058   네트워크 운영 방식

중앙 집중식	작업에 필요한 모든 처리를 담당하는 중앙 컴퓨터와 데이터의 입·출력 기능을 담당하는 단말기로 구성되며, 메인 프레임에서 사용함
클라이언트/ 서버 방식	정보를 제공하는 서버와 정보를 요구하는 클라이언트로 구성되며, 서버와 클라이언트 모두 독자적인 처리 능력이 있어 분산 처리 환경에 적합함
동배간 처리 방식 (피어 투 피어)	• 모든 컴퓨터를 동등하게 연결하는 방식으로, 시스템에 소속된 컴퓨터들은 어느 것이든 서버가 될 수 있으며, 동시에 클라이언트도 될 수 있음 • 워크스테이션 혹은 개인용 컴퓨터를 단말기로 사용하는 작은 규모의 네트워크 구성에 많이 사용됨 • 고속 LAN을 기반으로 함

01. 다음의 보기가 의미하는 분산 시스템 모델로 옳은 것은?

22.상시, 21.상시, 09.2

> • 시스템에 소속된 컴퓨터들은 누구든지 서버가 될 수 있으며, 클라이언트도 될 수 있다.
> • 워크스테이션 혹인 개인용 컴퓨터를 단말기로 사용한다.
> • 고속 LAN을 기반으로 한다.

① 주/종속 시스템(Master/Slave System)
② 동배간 처리 시스템(Peer to Peer System)
③ 호스트 기반(Host Based) 시스템
④ 클라이언트/서버 시스템(Client/Server System)

23.상시, 21.상시, 17.2, 17.1, 15.2, 14.3, 14.2, 14.1, 10.3, 05.3, 02.2, 02.1 1360063

핵심 059   통신망의 종류

• LAN
  – 자원 공유를 목적으로 전송 거리가 짧은 학교, 연구소, 병원 등의 구내에서 사용하는 통신망이다.
  – 전송 거리가 짧아 고속 전송이 가능하며, 에러 발생률이 낮다.
  – 프린터, 보조기억장치 등 주변장치들을 쉽게 공유할 수 있다.
  – 전이중 방식으로 데이터를 송·수신한다.

> **잠깐만요** 무선 랜(WLAN)
> 무선접속장치(AP; Access Point)가 설치된 곳을 중심으로 일정 거리 안에서 초고속 인터넷을 사용할 수 있는 근거리 통신망(LAN)으로, 무선 랜(WLAN) 시스템을 구성하기 위한 주요 구성 요소에는 무선 랜카드, 무선접속장치(AP), 안테나(Antenna) 등이 있습니다.

• MAN
  – LAN과 WAN의 중간 형태로, LAN의 기능을 충분히 수용하면서 도시 전역 또는 도시와 도시 등 넓은 지역을 연결하는 통신망이다.
  – LAN과 마찬가지로 높은 데이터 전송률을 가지고 있다.

• WAN : MAN보다 넓은 범위인 국가와 국가 혹은 대륙과 대륙을 하나로 연결하는 통신망으로 에러 발생률이 높음
• VAN : 기간 통신 사업자로부터 통신 회선을 빌려 기존의 정보에 새로운 가치를 더해 다수의 이용자에게 판매하는 통신망
• B–ISDN
  – 광대역 네트워크에서 데이터, 음성, 고해상도의 동영상 등 다양한 서비스를 디지털 통신망을 이용해 제공하는 고속 통신망이다.
  – 비동기식 전달 방식(ATM)을 사용하여 150~600Mbps의 초고속 대용량 데이터를 디지털로 전송할 수 있다.
  ※ bps : 'bit per second'의 약자로 초당 전송되는 비트 수
• ATM : 비동기적 전송 모드로, 음성, 동화상, 텍스트와 같은 여러 형식의 정보를 고정된 크기로 작게 나누어 빠르게 전송하는 B–ISDN의 핵심 기술

01. 다음 중 근거리 통신망(LAN)에 관한 설명으로 옳지 않은 것은?

23.상시, 21.상시, 17.2

① 비교적 전송 거리가 짧아 에러 발생률이 낮다.
② 반이중 방식의 통신을 한다.
③ 자원 공유를 목적으로 컴퓨터들을 상호 연결한다.
④ 프린터, 보조기억장치 등 주변장치들을 쉽게 공유할 수 있다.

> 근거리 통신망(LAN)은 전이중 방식의 통신을 합니다.

24.상시, 23.상시, 22.상시, 21.상시, 20.상시, 20.2, 19.상시, 18.2, 17.2, 16.2, … 1360064

핵심 060   네트워크 관련 장비

네트워크 인터페이스 카드(NIC)	• 컴퓨터와 컴퓨터 또는 컴퓨터와 네트워크를 연결하는 장치 • 정보 전송 시 정보가 케이블을 통해 전송될 수 있도록 정보 형태를 변경함 • 이더넷 카드(LAN 카드) 혹은 네트워크 어댑터라고 함
허브(Hub)	• 네트워크를 구성할 때 한꺼번에 여러 대의 컴퓨터를 연결하는 장치로, 각 회선을 통합적으로 관리함 • 더미 허브 : 네트워크에 흐르는 모든 데이터를 단순히 연결하는 기능만을 제공하며, 네트워크에 연결된 각 노드를 물리적인 성형 구조로 연결함 • 스위칭 허브 : 네트워크상에 흐르는 데이터의 유무 및 흐름을 제어하여 각각의 노드가 허브의 최대 대역폭을 사용할 수 있는 지능형 허브로, 더미 허브보다 안정적이고 속도가 빠름
리피터 (Repeater)	거리가 멀어질수록 감쇠하는 디지털 신호의 장거리 전송을 위해서 수신한 신호를 재생시키거나 출력 전압을 높여 전송하는 장치
브리지 (Bridge)	단순 신호 증폭뿐만 아니라 네트워크 분할을 통해 트래픽을 감소시키며, 같은 프로토콜을 사용하는 여러 다른 네트워크를 연결할 때 사용함
라우터 (Router)	• 인터넷에 접속할 때 반드시 필요한 장비로, 최적의 경로를 설정하여 전송함 • 각 데이터들이 효율적인 속도로 전송될 수 있도록 데이터의 흐름을 제어함
게이트웨이 (Gateway)	주로 LAN에서 다른 네트워크에 데이터를 보내거나 다른 네트워크로부터 데이터를 받아들이는 출입구 역할을 함

01. 다음 중 정보통신에서 네트워크 관련 장비에 대한 설명으로 옳지 않은 것은? 24.상시, 23.상시, 21.상시, 18.2, 16.2

① 라우터(Router) : 네트워크를 구성하기 위해 반드시 필요한 장비로 정보 전송을 위한 최적의 경로를 찾아 통신망에 연결하는 장치

② 허브(Hub) : 네트워크를 구성할 때 여러 대의 컴퓨터를 연결하고, 각 회선들을 통합 관리하는 장치

③ 브리지(Bridge) : 네트워크를 구성할 때 디지털 신호를 아날로그 신호로 변환하여 전송하고 다시 수신된 신호를 원래대로 변환하기 위한 전송 장치

④ 게이트웨이(Gateway) : 한 네트워크에서 다른 네트워크로 들어가는 입구 역할을 하는 장치로 근거리통신망(LAN)과 같은 하나의 네트워크를 다른 네트워크와 연결할 때 사용되는 장치

> ③번은 모뎀(MODEM)에 대한 설명입니다. 브리지(Bridge)는 서로 독립적으로 동작하면서 같은 프로토콜을 사용하는 두 LAN을 연결하는 네트워크 장치입니다.

24.상시, 23.상시, 20.1, 19.2, 16.2, 10.3, 06.4, 06.1, 03.3, 02.2, 00.1   4204902

핵심 061   인터넷 관련 용어

• 인트라넷(Intranet) : 인터넷의 기술을 기업 내 정보 시스템에 적용한 것으로, 전자우편 시스템, 전자결재 시스템 등을 인터넷 환경으로 통합하여 사용하는 것을 말함

• 엑스트라넷(Extranet) : 기업과 기업 간에 인트라넷을 서로 연결하여 납품업체나 고객업체 등 자기 회사와 관련 있는 기업체와의 원활한 통신을 위해 인트라넷의 이용 범위를 확대한 것임

• IPTV(Internet Protocol TeleVision)
  – 초고속 광대역 네트워크를 통해 디지털 채널 방송과 양방향 서비스를 제공한다.
  – 시간에 구애받지 않고 동영상 콘텐츠를 이용할 수 있다.
  – 인터넷 검색을 통해 다양한 정보를 찾아볼 수 있다.

---

01. 다음 중 초고속 인터넷을 이용하여 동영상 콘텐츠, 정보 서비스 등 기본 텔레비전 기능에 인터넷 검색이 가능하게 한 서비스는? 24.상시, 23.상시, 19.2

① VoIP   ② IPTV

③ IPv6   ④ TCP/IP

23.상시, 22.상시, 21.상시, 20.상시, 19.1, 18.상시, 17.1, 16.3, 15.3, 14.2, 12.1, …   1360068

핵심 062   IP 주소

• 인터넷에 연결된 모든 컴퓨터의 자원을 구분하기 위한 인터넷 주소이다.

• 인터넷에 연결된 전 세계의 모든 IT 기기는 IP 주소가 중복되지 않아야 한다.

• IPv4
  – 숫자로 8비트씩 4부분, 총 32비트로 구성되어 있다.
  – 각 부분은 10진수로 0~255까지 3자리의 숫자로 표현한다.
  – 네트워크 부분의 길이에 따라 다음과 같이 A 클래스에서 E 클래스까지 총 5단계로 구성되어 있다.

Class A	국가나 대형 통신망에 사용(16,777,214개의 호스트)
Class B	중대형 통신망에 사용(65,534개의 호스트)
Class C	소규모 통신망에 사용(254개의 호스트)
Class D	멀티캐스트용으로 사용
Class E	실험용으로 사용

• IPv6
  – 현재 사용하고 있는 IP 주소 체계인 IPv4의 주소 부족 문제를 해결하기 위해 개발되었다.
  – 16비트씩 8부분, 총 128비트로 구성되어 있다.
  – 각 부분은 16진수로 표현하고, 콜론(:)으로 구분한다.
  – IPv4와의 호환성 및 주소의 확장성, 융통성, 연동성이 뛰어나다.
  – 주소의 각 부분이 0으로 연속된 경우 0을 생략하여 '::'와 같이 표시하고, 주소의 한 부분이 0으로 연속된 경우 0을 생략하고 ':'만 표시한다.
  – IPv6의 주소는 유니캐스트, 애니캐스트, 멀티캐스트 3종류의 형태로 분류한다.

---

01. 다음 중 인터넷 주소 체계인 IPv6에 대한 설명으로 옳은 것은? 23.상시, 22.상시, 21.상시, 20.상시, 14.2, 09.4

① 주소는 8비트씩 16개 부분으로 총 128비트로 구성되어 있다.

② 주소를 네트워크 부분의 길이에 따라 A클래스에서 E클래스까지 총 5단계로 구분한다.

③ IPv4와의 호환성은 낮으나 IPv4에 비해 품질 보장은 용이하다.

④ 주소의 한 부분이 0으로만 연속되는 경우 연속된 0은 '::'으로 생략하여 표시할 수 있다.

> ① IPv6은 16비트씩 8부분으로 총 128비트로 구성되어 있습니다.
> ② IPv6은 유니캐스트, 애니캐스트, 멀티캐스트 3종류의 형태로 구분합니다.
> ②번은 IPv4에 대한 설명입니다.
> ③ IPv6은 IPv4와의 호환성 및 주소의 확장성, 융통성, 연동성이 뛰어납니다.

23.상시, 22.상시, 21.상시, 17.2, 15.3, 15.1, 12.2, 12.1, 09.2, 09.1, 08.3, 08.2, …   1360069

핵심 063 도메인 네임

- 숫자로 된 IP 주소를 사람이 이해하기 쉬운 문자 형태로 표현한 것으로 중복되지 않는다.
- 호스트 컴퓨터 이름, 소속 기관 이름, 소속 기관의 종류, 소속 국가명 순으로 구성되며, 왼쪽에서 오른쪽으로 갈수록 상위 도메인을 의미한다.
- 도메인 네임은 보통 영문과 숫자, 하이픈(–)을 섞어서 만들며, 단어와 단어 사이는 마침표(.)로 구분한다.
- 도메인 네임은 전 세계에서 중복되지 않는 고유한 주소로 사용된다.
- 전 세계의 도메인 네임을 총괄하고 있는 곳은 ICANN(Internet Corporation for Assigned Named and Number)이며, 우리나라는 KISA(Korea Internet & Security Agency)에서 관리한다.
- DNS(Domain Name System) : 문자로 된 도메인 네임을 숫자로 된 IP 주소로 바꿔주는 시스템

01. 다음 중 인터넷에서 사용하는 도메인 네임에 대한 설명으로 옳지 않은 것은?
23.상시, 21.상시, 12.1

① 숫자로 구성된 IP 주소를 사람들이 기억하고 이해하기 쉽도록 문자열로 만든 주소이다.
② 우리나라에서 도메인 네임을 관리하는 기관은 KISA이다.
③ 인터넷의 모든 도메인 네임은 전 세계적으로 유일하게 존재해야 한다.
④ 도메인 네임을 사용자가 컴퓨터에서 임의로 설정하여 사용할 수 있다.

> 도메인 네임은 전 세계를 통틀어 중복되지 않는 고유한 주소로, 사용자가 임의로 설정할 수 없습니다.

21.상시, 20.1, 15.2, 13.1, 04.1, 03.2, 02.3, 01.2   1360070

핵심 064 URL(Uniform Resource Locater)

- 인터넷상에 존재하는 각종 자원이 있는 위치를 나타내는 표준 주소 체계이다.
- 형식

  프로토콜://호스트(서버) 주소 [: 포트 번호][/파일 경로]

  – 프로토콜 : 인터넷 서비스의 종류로 http(WWW), ftp(FTP), telnet(TELNET), news(USENET), mailto(e-mail) 등을 기입함
  – :// : 프로토콜과 나머지 URL을 분리하는 표준 기호
  – 호스트(서버) 주소 : 검색할 정보가 위치한 서버의 호스트 주소
  – 포트 번호 : TCP 접속에 사용되는 포트 번호
  – 파일 경로 : 서비스에 접속한 후 실제 정보가 있는 경로

01. 다음 중 인터넷의 표준 주소 체계인 URL(Uniform Resource Locator)의 형식으로 옳은 것은?
21.상시, 20.1

① 프로토콜://호스트 서버 주소[:포트번호][/파일 경로]
② 프로토콜://호스트 서버 주소[/파일 경로][:포트번호]
③ 호스트 서버 주소://프로토콜[/파일 경로][:포트번호]
④ 호스트 서버 주소://프로토콜[:포트번호][/파일 경로]

24.상시, 20.1, 15.3, 15.1, 14.3   1305131

핵심 065 OSI 7계층

- 기종이 서로 다른 컴퓨터 간의 정보 교환을 원활히 하기 위해 국제표준화기구(ISO; International Standards Organization)에서 제정했다.
- 네트워크를 이루고 있는 구성 요소들을 계층적 방법으로 나누고 각 계층의 표준을 정한 것이다.
- 물리(Physical) 계층, 데이터 링크(Data Link) 계층, 네트워크(Network) 계층, 전송(Transport) 계층, 세션(Session) 계층, 표현(Presentation) 계층, 응용(Application) 계층까지 모두 7개의 계층(Layer)으로 되어 있다.

01. 다음 중 이기종 단말 간 통신과 호환성 등 모든 네트워크상의 원활한 통신을 위해 최소한의 네트워크 구조를 제공하는 모델로, 네트워크 프로토콜 디자인과 통신을 여러 계층으로 나누어 정의한 통신 규약 명칭은?
24.상시, 20.1, 15.1

① ISO 7 계층   ② Network 7 계층
③ TCP/IP 7 계층   ④ OSI 7 계층

24.상시, 23.상시, 22.상시, 21.상시, 20.상시, 20.1, 19.상시, 19.1, 18.상시, …   1360072

핵심 066 전자우편

- 인터넷을 통해 다른 사람과 편지뿐만 아니라 그림, 동영상 등 다양한 형식의 데이터를 주고받을 수 있도록 해주는 서비스이다.
- 전자우편은 보내는 즉시 수신자에게 도착하므로 빠른 의견 교환이 가능하고, 한 사람이 동시에 여러 사람에게 동일한 전자우편을 보낼 수 있다.
- 수신자가 인터넷에 접속되어 있지 않더라도 메일이 발송되어 메일 서버에 저장되며, 수신자가 언제라도 인터넷에 접속하여 메일을 확인할 수 있다.
- 기본적으로 7비트의 ASCII 문자를 사용하여 메시지를 전달한다.
- 주소 형식 : ID@호스트 주소(예 admin@gilbut.co.kr)

• 전자우편에 사용되는 프로토콜

SMTP	사용자의 컴퓨터에서 작성한 메일을 다른 사람의 계정이 있는 곳으로 전송하는 프로토콜
POP3	메일 서버에 도착한 E-mail을 사용자가 컴퓨터로 가져올 수 있도록 메일 서버에서 제공하는 프로토콜
MIME	웹 브라우저가 지원하지 않는 각종 멀티미디어 파일의 내용을 확인하고 실행시켜 주는 프로토콜
IMAP	로컬 서버에서 프로그램을 이용하여 전자우편을 액세스하기 위한 표준 프로토콜로, 사용자는 메일 서버에 도착한 편지의 제목과 송신자를 확인하고 메일을 실제로 다운로드할 것인지를 결정할 수 있음

• 스팸 메일 : 통신이나 인터넷을 통해 불특정 다수에게 원하지도, 요청하지도 않은 메일을 대량으로 보내는 광고성 메일로, 정크 메일(Junk Mail) 또는 벌크 메일(Bulk Mail)이라고도 함

01. 다음 중 한글 Windows에서 전자우편에 관한 설명으로 옳지 않은 것은? 24.상시, 23.상시, 22.상시, 21.상시, 13.1, 10.3, 06.3, 02.3

① 인터넷에 접속하여 사용자끼리 서로 편지를 주고 받는 서비스를 말한다.

② 일반적으로 편지를 받을 때는 SMTP 서버를 이용하고, 편지를 보낼 때는 POP 서버를 이용한다.

③ 전자우편 주소는 '사용자 ID@호스트 주소'의 형식으로 이루어진다.

④ MIME은 웹 브라우저가 지원하지 않는 각종 멀티미디어 파일의 내용을 확인하고 실행시켜 주는 프로토콜이다.

편지를 받을 때는 POP3 서버, 편지를 보낼 때는 SMTP 서버를 이용합니다.

24.상시, 23.상시, 22.상시, 21.상시, 20.상시, 20.2, 19.1, 18.1, 16.3, 16.2, …   1360073

핵심 067 기타 인터넷 서비스

WWW	• 텍스트, 그림, 동영상, 음성 등 인터넷에 존재하는 다양한 정보를 거미줄처럼 연결해 놓은 종합 정보 서비스로, HTTP 프로토콜을 사용하는 하이퍼텍스트 기반으로 되어 있음 ※ HTTP : 하이퍼텍스트 문서를 전송하기 위해 사용하는 프로토콜
FTP	• 컴퓨터와 컴퓨터 또는 컴퓨터와 인터넷 사이에서 파일을 주고받을 수 있도록 하는 원격 파일 전송 프로토콜 • 파일의 전송(업로드), 수신(다운로드), 삭제, 이름 변경 등의 작업을 할 수 있음 • FTP 서버에 있는 프로그램은 다운로드한 후에만 실행이 가능함 • 데이터 전송을 위하여 Binary 모드와 ASCII 모드를 제공함
텔넷(Telnet)	멀리 떨어져 있는 컴퓨터에 접속하여 자신의 컴퓨터처럼 사용할 수 있도록 해주는 서비스

01. 다음 중 인터넷에서 웹 서버와 사용자의 인터넷 브라우저 사이에 하이퍼텍스트 문서를 전송하기 위해 사용되는 통신 규약은? 24.상시, 23.상시, 22.상시, 21.상시, 20.2, 19.1, 16.2

① TCP   ② HTTP

③ FTP   ④ SMTP

24.상시, 23.상시, 22.상시, 21.상시, 19.상시, 19.2, 18.1, 16.2, 16.1, 15.3, …   1360074

핵심 068 웹 브라우저 관련 용어

• 웹 브라우저
 - 웹 서버와 HTTP 프로토콜로 통신하여 사용자가 요구한 홈페이지에 접근하여 웹 문서를 사용자에게 보여주는 프로그램이다.
 - 플러그 인 프로그램을 설치하여 동영상이나 소리 등의 다양한 멀티미디어 데이터를 처리할 수 있다.
 - 웹 브라우저로 전자우편을 보내거나 FTP 서버에 접속할 수 있다.
 - 웹 브라우저를 이용하여 웹 페이지를 사용자 컴퓨터에 저장하거나 인쇄할 수 있다.
 - 웹 브라우저를 처음 실행시킨 후부터 종료 전까지 사용자가 방문했던 웹 사이트 주소들을 순서대로 보관할 수 있다.
 - 웹 브라우저를 이용하여 자주 방문하는 웹 사이트 주소를 관리할 수 있다.
 - 웹 브라우저를 이용하여 HTML 문서를 편집할 수 있다.
 - 종류 : 크롬(Chrome), 마이크로소프트 엣지(Egde), 파이어 폭스(Firefox) 등

• 플러그인(Plug-IN) : 웹 브라우저의 기능을 확장하기 위해 설치하는 프로그램으로 인터넷에서 오디오 듣기, 비디오 보기, 애니메이션 보기 등이 가능하도록 하는 것

• 쿠키(Cookie) : 인터넷 사용자의 특정 웹 사이트에 대한 접속 정보를 저장하고 있는 작은 파일로, 쿠키를 이용하면 인터넷 접속 시 매번 아이디와 비밀번호를 넣지 않고 자동으로 접속할 수 있음

• 포털 사이트(Portal Site) : 사용자들이 웹에 접속할 때 제일 먼저 방문하거나 가장 많이 머무르는 사이트로, 전자우편, 뉴스, 쇼핑, 게시판 등 다양한 서비스를 통합하여 제공하는 사이트

• 미러 사이트(Mirror Site) : 인터넷상에서 특정 사이트로 동시에 많은 이용자들이 접속하는 것을 방지하기 위하여 같은 내용을 복사해 놓은 사이트

01. 다음 중 웹 브라우저의 기능에 관한 설명으로 옳지 않은 것은? 24.상시, 23.상시, 22.상시, 21.상시, 19.2

① '설정'에서 멀티미디어 편집기를 선택할 수 있다.

② 전자우편을 보내거나 FTP 서버에 접속할 수 있다.

③ 웹 페이지를 사용자 컴퓨터에 저장하거나 인쇄할 수 있다.

④ 자주 방문하는 웹 사이트 주소를 관리할 수 있다.

'설정'에 멀티미디어 편집기를 선택할 수 있는 메뉴는 없습니다.

02. 다음 중 사용자의 기본 설정을 사이트가 인식하도록 하거나, 사용자가 웹 사이트로 이동할 때마다 로그인해야 하는 번거로움을 생략할 수 있도록 사용자 환경을 향상시키는 것은? 24.상시, 23.상시, 22.상시, 21.상시, 16.1, 14.3

① 쿠키(Cookie)

② 즐겨찾기(Favorites)

③ 웹 서비스(Web Service)

④ 히스토리(History)

24.상시, 23.상시, 22.상시, 21.상시, 20.상시, 20.1, 18.2, 18.1, 13.1, 09.3   1305401

핵심 069   ICT 신기술 관련 용어

• 클라우드 컴퓨팅(Cloud Computing)
  – 하드웨어 · 소프트웨어 등의 컴퓨팅 자원을 자신이 필요한 만큼 빌려 쓰고 이에 대한 사용요금을 지불하는 방식의 컴퓨팅 서비스이다.
  – 서로 다른 물리적인 위치에 존재하는 컴퓨팅 자원을 가상화 기술로 통합하고 인터넷상의 서버를 통하여 데이터 저장, 네트워크, 콘텐츠 사용 등의 서비스를 한 번에 사용할 수 있다.

• 와이파이(WiFi; Wireless-Fidelity)
  – Wireless Fidelity의 약어로, 2.4GHz대를 사용하는 무선 랜(WLAN) 규격(IEEE 802.11b)에서 정한 제반 규정에 적합한 제품에 주어지는 인증 마크이다.
  – 유선 랜을 무선화한 것으로 사용 거리에 제한이 있다.

• NFC(Near Field Communication)
  – 10cm 이내의 가까운 거리에서 무선으로 데이터를 전송하는 무선 태그 기술이다.
  – 13.56MHz의 주파수 대역을 사용하여 전자태그(RFID)에 기록된 정보를 단말기 등에 전송한다.

• 유비쿼터스 컴퓨팅(Ubiquitous Computing)
  – 언제 어디서나 어떤 기기를 통해서도 컴퓨팅이 가능한 환경이다.
  – 초소형 칩을 모든 사물에 내장시켜 네트워크로 연결하므로 사물끼리 통신이 가능한 환경이다.
  – 관련 기술

RFID	사물에 전자 태그를 부착하고 무선 통신을 이용하여 사물의 정보 및 주변 정보를 감지하는 센서 기술
USN	모든 사물에 부착된 RFID 태그 또는 센서를 통해 탐지된 사물의 인식 정보는 물론 주변의 온도, 습도, 위치정보, 압력, 오염 및 균열 정도 등과 같은 환경 정보를 네트워크와 연결하여 실시간으로 수집하고 관리하는 네트워크 시스템

• 사물 인터넷(IoT; Internet of Things)
  – 세상에 존재하는 모든 사물을 네트워크로 연결해 인간과 사물, 사물과 사물 간 언제 어디서나 서로 소통할 수 있게 하는 새로운 정보 통신 환경이다.
  – 인터넷을 기반으로 하므로 통신 비용이 추가될 수 있다.
  – 기존의 정보 보안 기술을 적용하기 어려워 해킹 등의 외부 위협에 대한 보안이 취약하다.

• 디지털 워터마킹(Digital Watermaking)
  – 각종 디지털 데이터에 저작권 정보를 삽입하여 관리하는 기술이다.
  – 파일 압축이나 변환 시 본래의 특성이 유지될 수 있도록 파일 전체에 저작권 정보가 분산되어 삽입된다.

01. 다음 중 통신 기술의 이용 현황을 올바르게 설명한 것은?
24.상시, 23.상시

① NFC – 노트북을 핫스팟을 이용하여 연결한다.
② BlueTooth – 출 · 퇴근을 태그를 이용하여 관리한다.
③ WiFi – 헤드폰과 핸드폰을 연결한다.
④ RFID – 도서관에서 도서 대출/반납 시 태그를 이용하여 도서의 출납을 실시간으로 확인한다.

---

① NFC는 RFID 기술의 일종으로 태그를 사용하여 도서 대출 및 반납, 출입 통제, 모바일 결제 등에 활용됩니다.
② BlueTooth는 근거리 무선 통신 기술로, 핸드폰, 헤드폰, 노트북과 같은 휴대 가능한 장치들 간의 양방향 정보 전송을 지원합니다.
③ WiFi는 무선 인터넷을 지원하는 무선랜 기술을 의미합니다. 무선 인터넷을 사용하는 모든 전자기기를 지원하며 중계역할을 수행하는 핫스팟의 원천 기술이기도 합니다.

02. 다음 중 모든 사물을 네트워크로 연결하여 인간과 사물, 사물과 사물간에 언제 어디서나 서로 소통할 수 있게 하는 새로운 정보 통신 환경을 의미하는 것은?
23.상시, 22.상시, 20.상시, 18.1

① 클라우드 컴퓨팅(Cloud Computing)
② RSS(Rich Site Summary)
③ IoT(Internet of Things)
④ 빅 데이터(Big Data)

03. 다음 중 각종 디지털 데이터에 저작권 정보를 삽입하여 관리하는 기술을 무엇이라고 하는가?
24.상시

① 디지털 저작권 관리(Digital Right Management)
② 디지털 워터마킹(Digital Watermaking)
③ 디지털 저작권 표현(Digital Right Expression)
④ 디지털 서명(Digital Signature)

23.상시, 22.상시, 18.상시, 18.1, 16.3, 15.3, 15.2, 14.2, 08.1, 07.1, 05.3   1305501

핵심 070   멀티미디어의 개요

• Multi(다중)와 Media(매체)의 합성어로 텍스트, 그래픽, 사운드 등의 매체를 디지털로 통합하여 전달한다.
• 초고속 통신망 기술이 발달되어 대용량의 멀티미디어 정보를 통신망을 통해 전송할 수 있다.
• 멀티미디어 데이터는 다양한 하드웨어와 소프트웨어 환경에서 생성, 처리, 전송, 이용되므로 상호 호환되기 위한 표준이 필요하다.
• 가상현실, 전자출판, 화상회의, 방송, 교육, 의료 등 사회 전 분야에서 활용되고 있다.

01. 다음 중 멀티미디어에 관련된 설명으로 옳지 않은 것은?
23.상시, 22.상시, 14.2, 08.1

① 다중(Multi)과 매체(Media)의 합성어로 그래픽, 이미지, 텍스트, 오디오, 비디오 등의 매체들이 통합된 것을 의미한다.
② 멀티미디어는 매체 정보를 디지털화하고, 대용량으로 생성되므로 이를 저장할 수 있는 저장장치를 사용해야 한다.
③ 대용량의 멀티미디어 정보를 효율적으로 저장하기 위해 다양한 압축 기술이 개발되었으나 아직 동영상 압축 기술의 개발은 미비하다.
④ 초고속 통신망의 기술이 발달되어 대용량의 멀티미디어 정보를 통신망을 통해 전송할 수 있다.

대용량의 멀티미디어 정보를 효율적으로 저장하기 위해 MPEG과 같은 동영상 압축 기술이 개발되었습니다.

핵심 071　멀티미디어의 특징

• 디지털화(Digitalization) : 다양한 아날로그 데이터를 디지털 데이터로 변환하여 통합 처리함

• 쌍방향성(Interactive) : 정보 제공자의 선택에 의해 일방적으로 데이터가 전달되는 것이 아니라 정보 제공자와 사용자 간의 의견을 통한 상호 작용에 의해 데이터가 전달됨

• 비선형성(Non-Linear) : 데이터가 일정한 방향으로 순차적으로 처리되는 것이 아니라 사용자의 선택에 따라 다양한 방향으로 처리됨

• 정보의 통합성(Integration) : 텍스트, 그래픽, 사운드, 동영상, 애니메이션 등의 여러 미디어를 통합하여 처리함

01. 다음 중 멀티미디어의 특징에 대한 설명으로 옳지 않은 것은?
23.상시, 22.상시, 20.1

① 다양한 아날로그 데이터를 디지털 데이터로 변환하여 통합 처리한다.

② 정보 제공자와 사용자 간의 상호 작용에 의해 데이터가 전달된다.

③ 미디어별 파일 형식이 획일화되어 멀티미디어의 제작이 용이해진다.

④ 텍스트, 그래픽, 사운드, 동영상 등의 여러 미디어를 통합 처리한다.

> 멀티미디어는 그래픽, 비디오, 오디오 등 각 미디어별로 다양한 파일 형식이 있어 용도에 맞는 멀티미디어의 제작이 용이합니다.

핵심 072　하이퍼텍스트와 하이퍼미디어

• 하이퍼텍스트(Hypertext) : 문서와 문서가 하이퍼링크로 연결되어 있는 것으로, 문서 내의 특정 문자를 선택하면 그와 연결된 문서로 이동하는 문서 형식

• 하이퍼미디어(Hypermedia) : 하이퍼텍스트와 멀티미디어를 합한 개념으로, 문자뿐만 아니라 그래픽, 사운드, 동영상의 정보를 연결해 놓은 미디어 형식

• 하이퍼링크(Hyperlink) : 웹상에서 정보를 효과적으로 나타내기 위해 문서와 문서를 연결하여 관련된 정보를 쉽게 찾아 볼 수 있도록 하는 기능

01. 다음 중 하이퍼텍스트(Hypertext)에 대한 설명으로 옳지 않은 것은?
24.상시, 23.상시, 21.상시

① 하이퍼텍스트는 텍스트가 링크로 연결되어 있는 문서이다.

② 동영상, 그래픽 등의 정보를 연결해 놓은 멀티미디어 형식이다.

③ 사용자가 하이퍼링크(Hyperlink)를 클릭함으로써 원하는 데이터를 찾을 수 있다.

④ 하이퍼텍스트는 사용자의 의도에 따라 문서를 읽는 순서가 결정되는 비선형 구조이다.

> 동영상, 그래픽 등의 정보를 연결해 놓은 멀티미디어 형식은 하이퍼미디어(Hypermedia)입니다.

핵심 073　그래픽 기법

디더링 (Dithering)	제한된 색상을 조합하여 복잡한 색이나 새로운 색을 만드는 작업
렌더링 (Rendering)	3차원 애니메이션을 만드는 과정 중의 하나로 물체의 모형에 명암과 색상을 입혀 사실감을 더해 주는 작업
모델링 (Modeling)	렌더링을 하기 전에 수행되는 작업으로, 어떠한 방법으로 렌더링할 것인지를 정함
모핑 (Morphing)	2개의 이미지를 부드럽게 연결하여 변환·통합하는 것으로, 컴퓨터 그래픽, 영화 등에서 많이 응용하고 있음
필터링 (Filtering)	이미 작성된 그림을 필터 기능을 이용하여 여러 가지 형태의 새로운 이미지로 바꿔주는 작업
리터칭 (Retouching)	기존의 이미지를 다른 형태로 새롭게 변형·수정하는 작업
인터레이싱 (Interlacing)	그림 파일을 표시하는 데 있어서 이미지의 대략적인 모습을 먼저 보여준 다음 점차 자세한 모습을 보여주는 기법
메조틴트 (Mezzotint)	무수히 많은 점과 선으로 이미지를 만드는 것
클레이메이션 (Claymation)	점토, 찰흙 등의 점성이 있는 소재를 이용하여 인형을 만들고, 소재의 점성을 이용하여 조금씩 변형된 형태를 만들어서 촬영하는 형식의 애니메이션 기법
솔러리제이션 (Solarization)	필름을 일시적으로 빛에 노출시켜 반전된 것처럼 표현하는 것
안티앨리어싱 (Anti-Aliasing)	픽셀(Pixel) 단위로 표현하는 비트맵 이미지에서 본래의 매끄러운 직선이 거칠게 표시되는 계단 현상, 즉 앨리어싱(Aliasing)을 보정하기 위해 가장자리의 픽셀들을 주변 색상과 혼합한 중간 색상을 넣어 외형을 부드럽게 만드는 기법
셀 애니메이션 (Cel Animation)	종이에 그린 그림을 셀룰로이드라는 투명한 플라스틱이나 필름 위에 그대로 옮긴 뒤 채색하고 촬영하는 기법
키 프레임 애니메이션 (Key-frame Animation)	핵심이 되는 두 프레임(Key-frame)을 선정한 후 중간 프레임을 자동적으로 생성하여 애니메이션을 만드는 기법

01. 다음 중 아래에서 설명하는 그래픽 기법은?
24.상시, 23.상시, 21.상시, 18.1

> 컴퓨터 프로그램을 이용하여 3차원 애니메이션을 만드는 과정으로 사물 모형에 명암과 색상을 추가하여 사실감을 더해주는 작업이다.

① 안티앨리어싱(Anti-Aliasing)

② 렌더링(Rendering)

③ 인터레이싱(Interlacing)

④ 메조틴트(Mezzotint)

24.상시, 23.상시, 21.상시, 20.상시, 19.1, 18.2, 18.1, 14.3, 11.2, 10.3, 10.2, ···   1305801

핵심 074 그래픽 데이터의 표현 방식

비트맵 (Bitmap)	• 점(Pixel, 화소)으로 이미지를 표현하는 방식으로, 래스터 이미지라고 도 함 • 이미지를 확대하면 테두리가 거칠게 표현(계단 현상)됨 • 다양한 색상을 사용하여 사실적인 이미지를 표현할 수 있음 • 파일 형식에는 BMP, TIF, GIF, JPEG, PCX, PNG 등이 있음
벡터 (Vector)	• 점과 점을 연결하는 직선이나 곡선을 이용하여 이미지를 표현하는 방식으로, 이미지를 확대해도 테두리가 거칠어지지 않고, 매끄럽게 표현됨 • 파일 형식에는 DXF, AI, CDR, WMF 등이 있음
3D 그래픽	입체감이 있는 이미지

> **잠깐만요** 한 픽셀의 색 표현 수
> n비트 일 때 2^n 가지 색 표현

01. 다음 중 그래픽 데이터의 표현에서 벡터(Vector) 방식에 관한 설명으로 옳은 것은?   24.상시, 23.상시, 18.2

① 점과 점을 연결하는 직선 또는 곡선을 이용하여 이미지를 표현한다.

② 이미지를 확대하면 테두리에 계단 현상과 같은 앨리어싱이 발생한다.

③ 래스터 방식이라고도 하며 화면 표시 속도가 빠르다.

④ 많은 픽셀로 정교하고 다양한 색상을 표시할 수 있다.

> ②~④번은 비트맵(Bitmap) 방식에 대한 설명입니다.

24.상시, 23.상시, 22.상시, 21.상시, 20.2, 16.2, 16.1, 15.1, 14.1, 12.1, 10.2, ···   3306602

핵심 075 그래픽 파일 형식

BMP	Windows 표준 비트맵 파일 형식으로 고해상도의 이미지를 표현할 수 있지 만 압축을 하지 않으므로 파일의 크기가 큼
GIF	• 인터넷 표준 그래픽 형식으로, 8비트 컬러를 사용하여 256(2^8)가지로 색 표현이 제한되었으나, 애니메이션 표현이 가능함 • 무손실 압축 기법을 사용하므로 여러 번 압축해도 화질의 손상이 없음 • 선명한 화질을 제공하며, 배경을 투명하게 처리할 수 있음
JPEG /JPG	• 사진과 같은 선명한 정지 영상을 표현하기 위한 국제 표준 압축 방식으로 손실 압축 기법과 무손실 압축 기법을 사용함 • 24비트 트루 컬러를 사용하여 16,777,215(2^{24})가지의 색을 표현할 수 있음 • 파일 크기가 작아 전송 시간을 단축할 수 있어 주로 인터넷에서 그림 전 송에 사용함 • 고주파 성분(문자, 선, 격자 등)이 많은 이미지의 변환에서는 GIF, PNG 보 다 품질이 나쁨
PNG	• 웹에서 최상의 이미지를 표현하기 위해 제정한 그래픽 형식 • GIF 포맷의 문제점을 개선하기 위해 고안된 것으로 무손실 압축 기법을 사용함 • GIF를 대체하여 인터넷에서 사용할 수 있지만 애니메이션은 표현할 수 없 음 • 트루 컬러를 지원하며, 투명색을 표현할 수 있음

01. 다음 중 멀티미디어 파일 형식 중에서 형식이 다른 것은?   23.상시, 21.상시, 15.1, 04.2

① jpg   ② png

③ wmv   ④ gif

> ①, ②, ④번은 그래픽 파일 형식이고, ③번은 동영상 파일 형식입니다.

20.1, 19.상시, 16.1, 14.3, 13.2, 12.2, 08.1, 07.2, 07.1, 06.1, 04.3, 04.1, 03.3, ···   1305901

핵심 076 오디오 데이터

WAVE	• 아날로그 형태의 소리를 디지털 형태로 변형하는 샘플링 과정을 통하여 작성된 데이터 • 실제 소리가 저장되어 있으므로 재생은 쉽지만 용량이 큼
MIDI	• 전자악기 간의 디지털 신호에 의한 통신이나 컴퓨터와 전자악기 간의 통 신 규약 • 음성이나 효과음의 저장이 불가능하고, 연주 정보만 저장되어 있으므로 크기가 작음 • 시퀀싱 작업을 통해 작성되며, 16개 이상의 악기를 동시에 연주할 수 있음 • 음높이, 음길이, 세기 등 다양한 음악 기호가 정의되어 있음
MP3	• 고음질 오디오 압축의 표준 형식 • MP3는 MPEG에서 규정한 MPEG-1의 압축 기술을 이용하여, 음반 CD 수 준의 음질을 유지하면서 용량을 1/12 크기로까지 압축할 수 있음

01. 다음 중 컴퓨터에서 사용하는 소리 파일인 웨이브(wave) 파일에 관한 설명으로 옳지 않은 것은?   20.1, 19.상시, 14.3

① 파일의 확장자는 .wav 이다.

② 녹음 조건에 따라 파일의 크기가 가변적이다.

③ Windows Media Player로 파일을 재생할 수 있다.

④ 음높이, 음길이, 세기 등 다양한 음악 기호가 정의되어 있다.

> ④번의 내용은 MIDI에 대한 설명입니다.

24.상시, 23.상시, 22.상시, 21.상시, 17.1, 11.3   3306702

핵심 077 오디오 데이터 관련 용어

• 샘플링(Sampling)

– 음성, 영상 등의 아날로그 신호를 일정 시간 간격으로 검출하는 단계이다.

– 아날로그 신호를 디지털 신호로 변환하는 과정 중 한 단계이다.

• 시퀀싱(Sequencing)

– 컴퓨터를 이용하여 음악을 제작, 녹음, 편집하는 것을 의미한다.

– 시퀀싱 작업에 필요한 소프트웨어를 시퀀서라고 하며, 이를 통해 해당 음에 대한 악기를 지정하고, 음표 등을 입력할 수 있다.

• PCM(Pulse Code Modulation) : 아날로그 데이터를 디지털 데이터로 변경하는 것을 디지털화라고 하며, 가장 대표적인 디지털화 방법임

01. 다음 중 연속적 소리 신호인 아날로그 신호를 일정한 간격으로 측정하여 그 값을 디지털화시키는 작업으로 옳은 것은?

23.상시, 11.3

① 시퀀싱　　　　　　② 샘플링
③ 멀티플렉싱　　　　④ 디더링

23.상시, 22.상시, 21.상시, 19.1, 16.2, 15.1, 13.2, 12.3, 11.1, 10.2, 09.2, 09.1, … 1305902

핵심 078 비디오 데이터

AVI	Windows의 표준 동영상 파일 형식으로, Windows에서 기본적으로 지원하므로 별도의 하드웨어 장치 없이 재생할 수 있음
퀵 타임 MOV	Apple 사가 개발한 동영상 압축 기술로, JPEG의 압축 방식을 사용함
MPEG	동영상 전문가 그룹에서 제정한 동영상 압축 기술에 대한 국제 표준 규격
ASF	인터넷을 통해 오디오, 비디오 및 생방송 수신 등을 지원하는 마이크로소프트 사의 통합 멀티미디어 형식으로, 스트리밍을 위한 표준 기술 규격
DivX	• 동영상 압축 고화질 파일 형식으로, 비표준 동영상 파일 형식 • MPEG-4와 MP3를 재조합한 것으로, 이 형식의 동영상을 보려면 소프트웨어와 코덱이 필요함

> **잠깐만요** 스트리밍(Streaming) 기술
> • 웹에서 오디오, 비디오 등의 멀티미디어 데이터를 다운로드하면서 동시에 실시간적으로 재생해 주는 기술을 말합니다.
> • 스트리밍 전송이 가능한 파일 형식 : ASF, WMV, RAM 등

01. 다음 중 멀티미디어와 관련하여 동영상 전문가 그룹에 의해서 제안된 비디오 또는 오디오 압축에 관한 일련의 표준으로 옳은 것은?

23.상시, 22.상시, 21.상시, 19.1

① XML　　　　　　② SVG
③ JPEG　　　　　④ MPEG

24.상시, 23.상시, 22.상시, 21.상시, 19.상시, 18.2, 17.2, 15.2, 15.1, 14.2, 13.3, 08.3 1360084

핵심 079 멀티미디어 활용

• **가상현실(VR; Virtual Reality)** : 다양한 장치를 통해 컴퓨터가 만들어낸 가상세계에서 여러 다른 경험을 체험할 수 있도록 한 모든 기술을 말함
• **증강현실(AR; Augmented Reality)** : 실제 촬영한 화면에 가상의 정보를 부가하여 보여주는 기술임
• **혼합현실(MR; Mixed Reality)** : 가상현실과 현실 세계를 합쳐, 현실의 물리적인 객체와 가상의 객체가 상호 작용할 수 있는 환경을 구현하는 기술임

• **메타버스(Metaverse)**
　– 가공(Meta)과 현실 세계(Universe)의 합성어로, 현실 세계와 같은 사회 · 경제 · 문화 활동이 이뤄지는 3차원 가상 세계를 가리킨다.
　– 1992년 미국 SF 작가 닐 스티븐슨의 소설 '스노 크래시'에 처음 등장하였다.
• **교육(CAI; Computer Aided Instruction)** : 컴퓨터를 수업 매체로 활용하여 학습자에게 필요한 지식, 정보, 기술, 태도 등을 가르치는 것을 말함
• **홀로그램(Hologram)** : 기록 매체에 레이저와 같이 간섭성이 있는 광원을 이용하여 간섭 패턴을 기록한 결과물임

01. 다음 중 실감미디어에 대한 설명으로 옳지 않은 것은?

24.상시, 23.상시

① 홀로그램 – 기록 매체에 레이저와 같이 간섭성이 있는 광원을 이용하여 간섭 패턴을 기록한 결과물로, 광원을 이용하여 재생하면 3차원 영상으로 표현된다.
② 증강현실 – 가상 세계에서 일상 생활이나 경제적 활동이 가능하며, 사용자를 대신하는 캐릭터에서 가상 세계에서의 사회적 책임과 의무를 요구하고 있다.
③ 가상현실 – 다양한 장치를 통해 컴퓨터가 만들어낸 가상세계에서 여러 다른 경험을 체험할 수 있도록 한 모든 기술을 말한다.
④ 혼합현실 – 가상현실과 현실 세계를 합쳐, 현실의 물리적인 객체와 가상의 객체가 상호작용할 수 있는 환경을 구현하는 기술이다.

> ②번은 메타버스(Metaverse)에 대한 설명입니다. 증강현실은 실제 촬영한 화면에 가상의 정보를 부가하여 보여주는 기술을 의미합니다.

22.상시, 19.2, 05.4, 99.1 1306101

핵심 080 정보 사회의 개요

• 정보의 축적과 활용이 확대되고 처리하고자 하는 정보의 종류와 양이 증가하였다.
• 사회의 변화 속도가 빨라졌다.
• 사이버 공간상의 새로운 인간 관계와 문화가 형성되었다.
• 정보 사회에서는 대중화 현상이 약화되고, 개성과 자유를 중요시하게 되었다.
• 정보 사회에서는 통신 기술의 발달로 시간과 공간의 제약에서 벗어나게 되었다.

01. 다음 중 정보 사회의 특징으로 적절하지 않은 것은? 22.상시

① 정보처리 기술의 발달로 사회의 변화 속도가 빨라졌다.
② 사이버 공간 상에 새로운 인간관계와 문화가 형성되었다.
③ 통신 기술의 발달로 시간과 공간의 제약에서 벗어나게 되었다.
④ 컴퓨터를 통한 정보 처리 기술의 발달로 인해 정보의 양이 감소하였다.

> 정보 사회에서는 컴퓨터를 통한 정보 처리 기술의 발달로 정보의 양이 폭발적으로 증가하게 되었습니다.

23.상시, 22.상시, 21.상시, 19.1, 18.1, 17.2, 14.1, 13.3, 13.2, 12.2, 10.3, 08.3, ⋯   1360085

핵심 081 컴퓨터 범죄

컴퓨터 범죄란 컴퓨터 및 통신 기술을 이용하여 저지르는 불법적 · 비윤리적 범죄를 총칭한다.

유형	• 소프트웨어, 웹 콘텐츠, 전자문서의 도난 및 불법 복사 • 타인의 하드웨어나 기억 매체에 기록된 자료를 소거하거나 교란시키는 행위 • 컴퓨터를 이용한 금품 횡령 또는 사기 판매 • 컴퓨터 시스템 해킹으로 인한 중요 정보의 위 · 변조, 삭제, 유출 • 전산망을 이용한 개인 신용 정보 유출 • 음란물의 유통 및 사이트 운영 • 컴퓨터 바이러스 제작 및 유포 • 다른 사람의 ID와 비밀번호의 불법 사용 및 유출
예방 및 대책	• 정보 누출이나 해킹 방지를 위해 방화벽 체제를 정비하고 보안 관련 프로그램의 보급 및 정기적인 보안 교육 실시 • 보호 패스워드를 시스템에 도입하고, 수시로 변경함 – 패스워드를 만들 때는 알파벳과 숫자, 특수문자 등을 섞어서 복잡하게 만드는 것이 바람직함 • 백신 프로그램을 설치하고 자동 업데이트 기능을 설정하거나 수시로 업데이트함 • 인터넷을 통해 다운로드한 프로그램은 백신으로 진단한 후 사용 • 의심이 가는 메일이나 호기심을 자극하는 표현이 담긴 메일은 열어보지 않음

01. 다음 중 컴퓨터 범죄와 거리가 먼 것은?
23.상시, 22.상시, 21.상시, 13.3, 08.3

① 전자문서의 불법 복사
② 전산망을 이용한 개인 정보 유출
③ 컴퓨터 시스템 해킹을 통한 중요 정보의 위조 또는 변조
④ 인터넷 쇼핑몰 상품 가격 비교표 작성

02. 다음 중 컴퓨터 범죄 예방과 대책에 관한 설명으로 옳지 않은 것은?
22.상시, 21.상시, 19.1, 17.2

① 해킹 여부를 정기적으로 검사한다.
② 의심이 가는 이메일은 열어서 내용을 확인하고 삭제한다.
③ 백신 프로그램을 설치하고 자동 업데이트 기능을 설정한다.
④ 회원 가입한 사이트의 패스워드를 주기적으로 변경한다.

> 의심이 가는 이메일은 열어보지 않고 바로 삭제하거나 바이러스 검사를 수행한 후 열어봅니다.

24.상시, 23.상시, 22.상시, 21.상시, 20.2, 18.2, 17.1, 16.2, 15.2, 11.3, 11.1, ⋯   1360086

핵심 082 컴퓨터 바이러스

• 바이러스는 컴퓨터의 정상적인 작동을 방해하기 위해 운영체제나 저장된 데이터에 손상을 입히는 프로그램이다.

• 바이러스의 기능적 특징에는 복제 기능, 은폐 기능, 파괴 기능 등이 있다.

• 바이러스는 보통 소프트웨어 형태로 감염되지만 하드웨어의 성능에도 영향을 미칠 수 있다.

• 바이러스 감염 경로와 예방법
  – 인터넷을 이용해 다운로드한 파일이나 외부에서 복사해 온 파일은 반드시 바이러스 검사를 수행한 후 사용한다.
  – 네트워크를 통해 감염될 수 있으므로 공유 폴더의 속성은 읽기 전용으로 지정한다.
  – 전자우편을 통해 감염될 수 있으므로 발신자가 불분명한 전자우편은 열어보지 않고 삭제하거나 바이러스 검사를 수행한 후 열어본다.
  – 외부의 불법적인 침입을 막을 수 있는 방화벽을 설정하여 사용한다.
  – 가장 최신 버전의 백신 프로그램을 사용하여 주기적으로 바이러스 검사를 수행한다.

• 매크로 바이러스
  – 주로 MS-Office에서 사용하는 매크로 기능을 이용하여 다른 파일을 감염시키는 바이러스이다.
  – 종류 : 멜리사, Laroux 등

01. 다음 중 컴퓨터 사용 시 발생할 수 있는 바이러스 감염에 대한 예방법으로 적절하지 않은 것은?
23.상시, 18.2, 09.3

① 방화벽을 설정하여 사용한다.
② 의심이 가는 메일은 열지 않고 삭제한다.
③ 백신 프로그램을 최신 버전으로 업데이트하여 실행한다.
④ 정기적으로 Windows 10의 [디스크 정리]를 실행한다.

> 디스크 정리는 디스크의 여유 공간을 확보하기 위해 필요 없는 파일을 삭제하는 기능으로 바이러스 예방과는 관계가 없습니다.

02. 다음 중 컴퓨터 바이러스의 예방법으로 적절하지 않은 것은?
24.상시, 23.상시, 22.상시, 21.상시, 20.2, 15.2, 10.2

① 최신 버전의 백신 프로그램을 사용한다.
② 다운로드 받은 파일은 사용하기 전에 바이러스 검사 후 사용한다.
③ 전자우편에 첨부된 파일은 파일명을 다른 이름으로 저장하여 사용한다.
④ 네트워크 공유 폴더에 있는 파일을 사용하기 전에 바이러스 검사 후 사용한다.

> 전자우편에 첨부된 파일은 바이러스 검사를 수행한 후 저장하여 사용해야 합니다.

핵심 083　보안 위협의 유형

가로막기(Interruption, 흐름 차단)	데이터의 정상적인 전달을 가로막아서 흐름을 방해하는 행위로, 가용성을 저해함
가로채기(Interception)	송신된 데이터가 수신지까지 가는 도중에 몰래 보거나 도청하여 정보를 유출하는 행위로, 기밀성을 저해함
수정/변조(Modification)	전송된 데이터를 원래의 데이터가 아닌 다른 내용으로 바꾸는 행위로, 무결성을 저해함
위조(Fabrication)	마치 다른 송신자로부터 데이터가 송신된 것처럼 꾸미는 행위로, 무결성을 저해함

01. 다음 중 정보 보안을 위협하는 유형에서 가로채기에 해당하는 것은?　　23.상시, 22.상시, 20.2, 05.4

① 데이터의 전달을 가로막아 수신자측으로 정보가 전달되는 것을 방해하는 행위
② 전송되는 데이터를 전송 도중에 도청 및 몰래 보는 행위
③ 전송된 원래의 데이터를 다른 내용으로 수정하여 변조하는 행위
④ 다른 송신자로부터 데이터가 송신된 것처럼 꾸미는 행위

> ①번은 가로막기(Interruption, 흐름차단), ③번은 수정(Modification), ④번은 위조(Fabrication)에 해당합니다.

핵심 084　위협의 구체적인 형태

웜(Worm)	네트워크를 통해 연속적으로 자신을 복제하여 시스템의 부하를 높여 결국 시스템을 다운시키는 바이러스의 일종
트로이 목마(Trojan Horse)	정상적인 기능을 하는 프로그램으로 가장하여 프로그램 내에 숨어 있다가 해당 프로그램이 동작할 때 활성화되어 부작용을 일으키는 것
백도어(Back Door, Trap Door)	서비스 기술자나 유지 보수 프로그래머들의 액세스 편의를 위해 만든 보안이 제거된 비밀 통로를 이르는 말로, 시스템에 무단 접근하기 위한 일종의 비상구로 사용함
스푸핑(Spoofing)	눈속임(Spoof)에서 파생된 것으로, 검증된 사람이 네트워크를 통해 데이터를 보낸 것처럼 데이터를 변조(위조)하여 접속을 시도하는 침입 형태
스니핑(Sniffing)	네트워크 주변을 지나다니는 패킷을 엿보면서 계정과 패스워드를 알아내는 행위
분산 서비스 거부 공격(DDoS; Distribute Denial of Service)	여러 대의 장비를 이용하여 대량의 데이터를 특정한 서버에 집중적으로 전송하므로써 서버의 정상적인 기능을 방해하는 행위
피싱(Phishing)	개인정보(Private Data)와 낚시(Fishing)의 합성어로, 금융기관을 가장한 이메일을 발송한 후 메일에 있는 인터넷 주소를 클릭하면 허위 은행 사이트로 유도하여 개인 금융 정보를 빼내는 행위
키로거(Key Logger)	키 입력 캐치 프로그램을 이용하여 키보드를 통해 입력하는 ID나 암호 등의 개인 정보를 빼내어 악용하는 기법

랜섬웨어(Ransomware)	• 인터넷 사용자의 컴퓨터에 잠입해 내부 문서나 파일 등을 암호화해 확장자를 변경시킨 후 사용자가 열지 못하게 하는 프로그램임 • 암호 해독용 프로그램의 전달을 조건으로 사용자에게 돈을 요구하기도 함
허니팟(Honeypot)	• 비정상적인 접근을 탐지하기 위해 설치해 둔 시스템임 • 침입자를 속여 실제 공격을 당하는 것처럼 보여줌으로써 추적 및 공격기법에 대한 정보를 수집함
스파이웨어(Spyware)	적절한 사용자 동의 없이 사용자 정보를 수집하는 프로그램, 또는 적절한 사용자 동의 없이 설치되어 사용을 불편하게 하거나 사생활을 침해하는 프로그램
혹스(Hoax)	실제로는 악성코드로 행동하지 않으면서 겉으로는 악성코드인 것처럼 가장하여 행동하는 소프트웨어
피기배킹(Piggybacking)	정당한 사용자가 정상적으로 시스템을 종료하지 않고 자리를 떠났을 때 비인가된 사용자가 바로 그 자리에서 계속 작업을 수행하여 불법적 접근을 행하는 범죄 행위

01. 다음 중 정보 보안을 위협하는 형태에 대한 설명으로 옳은 것은?　　23.상시, 17.2

① 스니핑(Sniffing) : 검증된 사람이 네트워크를 통해 데이터를 보낸 것처럼 데이터를 변조하여 접속을 시도한다.
② 피싱(Phishing) : 적절한 사용자 동의 없이 사용자 정보를 수집하는 프로그램을 설치하여 사생활을 침해한다.
③ 스푸핑(Spoofing) : 실제로는 악성 코드로 행동하지 않으면서 겉으로는 악성 코드인 것처럼 가장한다.
④ 키로거(Key Logger) : 키보드 상의 키 입력 캐치 프로그램을 이용하여 개인 정보를 빼낸다.

> ①번은 스푸핑(Spoofing), ②번의 스파이웨어(Spyware), ③번은 혹스(Hoax)에 대한 설명입니다.

02. 해커를 유인하기 위해 의도적으로 취약한 서버를 만들어 이를 모니터링하는 시스템으로 공격자의 공격 경로와 공격 수법을 알아내기 위한 목적으로 사용하는 것은?　　24.상시, 23.상시

① VPN(Virtual Private Network)
② 허니팟(Honeypot)
③ 침입 탐지 시스템(IDS)
④ 방화벽(Firewall)

03. 다음 중 웜(Worm)에 대한 설명으로 옳은 것은?　　24.상시

① 네트워크를 통해 연속적으로 자신을 복제하여 시스템의 부하를 높이는 프로그램이다.
② 정상적인 기능을 하는 프로그램으로 가장하여 프로그램 내에 숨어 있다가 해당 프로그램이 동작할 때 활성화되어 부작용을 일으키는 것으로 자기 복제 능력은 없다.
③ 컴퓨터 시스템에 불법적으로 접근, 침투하여 시스템과 데이터를 파괴하는 행위이다.
④ 네트워크 주변을 지나다니는 패킷을 엿보면서 계정과 패스워드를 알아내는 행위이다.

> ②번은 트로이 목마, ③번은 해킹, ④번은 스니핑에 대한 설명입니다.

24.상시, 23.상시, 22.상시, 21.상시, 20.1, 19.2, 17.2, 17.1, 12.3, 12.1, 08.1, …   1360090

핵심 085   데이터 입력

- 셀 안에서 줄을 바꿔 계속 입력하려면 Alt + Enter 를 누른다.
- 여러 셀에 동일한 내용을 입력하려면 해당 셀을 범위로 지정한 후 데이터를 입력하고 Ctrl + Enter 를 누른다.
- 범위를 지정하고 Enter 를 누르면 지정한 범위 안에서만 셀 포인터가 이동한다.
- 셀을 선택하고 Alt + ↓ 를 누르면 같은 열에 입력된 문자열 목록이 표시된다.
- 셀 내용 자동 완성
  - 데이터 입력 중 처음 몇 자가 같은 열에 이미 입력된 내용과 동일하면 자동으로 나머지 내용이 채워진다.
  - 문자 데이터에만 적용되고, 숫자, 날짜, 시간 형식의 데이터에는 적용되지 않는다.
- 데이터 입력 도중 입력을 취소하려면 Esc 나 Ctrl + Z 를 누른다.

01. 다음 중 데이터 입력에 대한 설명으로 옳지 않은 것은?

22.상시, 21.상시, 17.2

① 데이터를 입력하는 도중에 입력을 취소하려면 Esc 를 누른다.

② 셀 안에서 줄을 바꾸어 데이터를 입력하려면 Alt + Enter 를 누른다.

③ 텍스트, 텍스트/숫자 조합, 날짜, 시간 데이터는 셀에 입력하는 처음 몇 자가 해당 열의 기존 내용과 일치하면 자동으로 입력된다.

④ 여러 셀에 동일한 데이터를 입력하려면 해당 셀을 범위로 지정하여 데이터를 입력한 후 Ctrl + Enter 를 누른다.

> 텍스트와 텍스트/숫자 조합 데이터는 셀에 입력하는 처음 몇 자가 해당 열의 기존 내용과 일치하면 자동으로 입력되지만 숫자, 날짜, 시간 데이터는 자동으로 입력되지 않습니다.

02. 다음 중 아래 워크시트에서 [A2:A4] 영역의 문자열을 [A5] 셀에 목록으로 표시하여 입력하기 위한 키 조작으로 옳은 것은?

24.상시, 21.상시

	A	B	C
1	과목	성적	
2	컴퓨터	90	
3	전자	85	
4	프로그램	70	
5			
6	전자		
7	컴퓨터 프로그램		
8			

① Ctrl + ↓   ② Alt + ↓

③ Shift + ↓   ④ Tab + ↓

23.상시, 20.상시, 20.2, 12.1, 10.3, 10.1, 09.4, 09.1, 08.3, 07.1, 05.4, 05.2, …   1360091

핵심 086   문자 데이터

- 문자 데이터는 한글, 영문, 특수문자, 문자와 숫자가 혼합된 데이터이다.
- 기본적으로 셀의 왼쪽으로 정렬된다.
- 숫자 데이터 앞에 문자 접두어(')를 입력하면 문자 데이터로 인식된다.
- 입력 데이터가 셀의 너비보다 긴 경우 오른쪽 셀이 비어 있으면 연속해서 표시하고 오른쪽 셀에 데이터가 있으면 셀의 너비만큼만 표시한다.

01. 다음 중 새 워크시트에서 보기의 내용을 그대로 입력하였을 때, 입력한 내용이 텍스트로 인식되지 않는 것은?

23.상시, 20.2, 10.1, …

① 01:02AM   ② 0 1/4

③ '1234   ④ 1월30일

> 0을 입력하고, 한 칸 띄운 다음에 1/4를 입력하면 분수 1/4로 입력됩니다.

23.상시, 21.상시, 12.2, 08.4, 07.3, 05.1, 04.2, 04.1, 03.4, 99.2   1360092

핵심 087   숫자 데이터

- 0~9까지의 숫자, +, −, 소수점(.), 쉼표(,), 통화(₩, $) 기호, 백분율(%) 기호, 지수(E, e) 기호 등을 사용하여 입력한 데이터이다.
- 기본적으로 셀의 오른쪽으로 정렬된다.
- 데이터 중간에 공백이나 특수 문자가 있으면 문자로 인식된다.
- 숫자를 큰따옴표(" ")로 묶어서 수식에 입력하면 텍스트로 인식되지만, 연산을 하면 수치 데이터로 계산된다(예 "1" + "3" = 4).
- 음수는 숫자 앞에 − 기호를 붙이거나, 괄호( )로 묶어 표현한다.
- 분수는 0을 입력하고, 한 칸 띄운 다음 입력한다(예 0 1/2).
- 셀의 너비보다 긴 경우 지수 형식으로 표시된다.

01. 다음 중 워크시트의 데이터 입력에 관한 설명으로 옳지 않은 것은?

12.2, 07.3

① 문자열 데이터는 셀의 왼쪽에 정렬한다.

② 수치 데이터는 셀의 오른쪽에 정렬되며 공백과 '&' 특수 문자를 사용할 수 있다.

③ 기본적으로 수식 데이터는 워크시트 상에 수식 결과 값이 표시된다.

④ 특수문자 입력은 한글 자음(ㄱ, ㄴ, ㄷ 등)을 입력한 후 한자 를 눌러 나타나는 목록상자에서 원하는 문자를 선택한다.

> 수치 데이터 중간에 공백이나 특수 문자 등을 입력하면 문자 데이터로 인식하여 셀의 왼쪽에 정렬됩니다.

핵심 088 날짜/시간 데이터

- 날짜 및 시간 데이터는 수치 데이터이므로 셀의 오른쪽을 기준으로 정렬된다.
- 날짜는 일련번호로 저장되고, 시간은 하루에 대한 비율로 계산되어 소수로 저장된다.

날짜 데이터

- 하이픈(−)이나 슬래시(/)를 이용하여 년, 월, 일을 구분한다.
- 날짜의 연도를 입력할 때 00~29 사이의 숫자를 입력하면 2000~2029년, 30~99 사이의 숫자를 입력하면 1930~1999년 사이의 연도가 된다.
- 오늘 날짜 입력 : Ctrl + ;

시간 데이터

- 콜론(:)을 이용하여 시, 분, 초를 구분한다.
- 시간은 기본적으로 24시간제로 표시되며, 12시간제로 표시할 때는 시간 뒤에 한 칸 띄우고 A 또는 AM이나 P 또는 PM을 입력한다.
- 시간 데이터는 밤 12시(자정)를 0.0으로 시작하여 6시는 0.25, 12시(정오)는 0.5로 저장된다.
- 현재 시간 입력 : Ctrl + Shift + ;

---

01. 다음 중 날짜 및 시간 데이터에 관한 설명으로 옳지 않은 것은? 24.상시, 23.상시, 22.상시, 21.상시, 19.1

① 날짜 데이터를 입력할 때 년도와 월만 입력하면 일자는 자동으로 해당 월의 1일로 입력된다.
② 셀에 '4/9'을 입력하고 Enter를 누르면 셀에는 '04월 09일'로 표시된다.
③ 날짜 및 시간 데이터의 텍스트 맞춤은 기본 왼쪽 맞춤으로 표시된다.
④ Ctrl + ;을 누르면 시스템의 오늘 날짜, Ctrl + Shift + ;을 누르면 현재 시간이 입력된다.

> 날짜 및 시간 데이터는 기본적으로 오른쪽 맞춤으로 표시됩니다.

핵심 089 한자·특수문자 입력

한자	• 한자로 변환할 한글을 입력한 후 한자를 눌러 해당 셀 바로 아래에 한자 목록 상자가 나타나면 한글 음에 해당하는 한자를 마우스로 선택하여 입력함 • 두 글자 이상의 단어를 한자로 변환할 때는 단어를 입력하고, 커서를 단어 앞이나 뒤에 놓은 다음 한자를 눌러 나타나는 '한글/한자 변환' 대화 상자를 이용하면 편리함
특수문자	한글 입력 상태에서 한글 자음(ㄱ, ㄴ, ㄷ, …)을 입력하고, 한자를 눌러 해당 셀 바로 아래에 특수문자 목록 상자가 나타나면 원하는 특수문자를 마우스로 선택하여 입력함

---

01. 다음 중 한자와 특수문자 입력에 대한 설명으로 옳지 않은 것은? 24.상시, 23.상시, 22.상시

① 한자로 변환할 한글을 입력한 후 한자를 누른다.
② 두 글자 이상의 단어를 한자로 변환할 때는 단어를 입력하고, 커서를 단어 앞이나 뒤에 놓은 다음 한자를 누른다.
③ 특수문자는 한글 입력 상태에서 한글 자음을 입력하고 한자를 누른다.
④ 특수문자는 한글 입력 상태에서 한글 모음을 입력하고 한자를 누른다.

> 특수문자는 한글 자음을 입력하고 한자를 눌러 입력합니다.

핵심 090 노트

- 셀에 입력된 데이터에 대한 보충 설명을 하는 곳이다.
- 셀에 입력된 데이터를 지워도 노트는 삭제되지 않는다.
- 시트에 삽입된 노트를 시트에 표시된 대로 인쇄하거나 시트 끝에 모아서 인쇄할 수 있다.
- 노트의 위치를 자유롭게 이동하거나 노트가 항상 표시되도록 지정할 수 있다.
- 셀에 입력된 데이터를 정렬하면 노트도 함께 이동되지만 피벗 테이블에 삽입된 노트는 이동되지 않는다.
- 바로 가기 키 : Shift + F2

---

01. 다음 중 노트에 대한 설명으로 옳지 않은 것은? 23.상시

① 노트를 삽입하려면 Shift + F2를 누른다.
② 셀에 입력된 데이터를 지워도 노트는 삭제되지 않는다.
③ 노트가 삽입된 셀을 정렬하면 노트는 고정되어 이동되지 않는다.
④ 노트는 셀에 입력된 데이터에 대한 보충 설명을 하는 곳이다.

> 노트가 삽입된 셀을 정렬하면 노트도 함께 이동되지만 피벗 테이블에 삽입된 노트는 이동되지 않습니다.

핵심 091 채우기 핸들을 이용한 연속 데이터 입력

숫자 데이터	• 한 셀 : 드래그할 경우 동일한 데이터가 복사, Ctrl을 누르고 드래그하면 값이 1씩 증가하며 입력됨 • 두 셀 : 드래그할 경우 첫 셀과 두 번째 셀의 차이만큼 증가/감소하고, Ctrl을 누른 채 드래그하면 두 개의 값이 반복하여 복사됨
문자 데이터	• 한 셀 : 동일한 데이터가 복사됨 • 두 셀 : 두 개의 문자가 반복하여 입력됨
혼합 데이터	• 한 셀 : 가장 오른쪽에 있는 숫자는 1씩 증가, 나머지는 그대로 입력됨 • 두 셀 : 숫자 데이터는 차이만큼 증가/감소하고 문자는 그대로 입력됨 • Ctrl을 누른 채 드래그하면 복사됨
날짜 데이터	• 한 셀 : 1일 단위로 증가함 • 두 셀 : 두 셀의 차이만큼 년, 월, 일 단위로 증가함 • Ctrl을 누른 채 드래그하면 복사됨
사용자 지정 목록	• 사용자 지정 목록에 등록된 데이터 중 하나를 입력하고 드래그하면 사용자 지정 목록에 등록된 순서대로 반복되어 입력됨 • [파일] → [옵션] → '고급'의 '일반'에서 [사용자 지정 목록 편집]을 이용하여 등록함

01. 다음 중 아래 워크시트의 [A1] 셀에서 10.1을 입력한 후 Ctrl을 누르고 자동 채우기 핸들을 아래로 드래그한 경우 [A4] 셀에 입력되는 값은?　22.상시

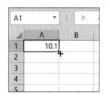

① 10.1
② 10.4
③ 13.1
④ 13.4

> Ctrl을 누른 채 숫자가 들어 있는 셀의 채우기 핸들을 드래그하면 값이 1씩 증가하며 입력됩니다.
>
> | | A |
> |---|---|
> | 1 | 10.1 |
> | 2 | 11.1 |
> | 3 | 12.1 |
> | 4 | 13.1 |

02. 다음 중 채우기 핸들에 대한 설명으로 옳은 것은?
22.상시, 21.상시, 19.1

① 문자와 숫자가 혼합된 셀의 채우기 핸들을 Ctrl을 누른 채 드래그하면 동일한 내용으로 복사된다.

② 숫자가 입력된 첫 번째 셀과 두 번째 셀을 범위로 설정한 후 채우기 핸들을 드래그하면 두 번째 셀의 값이 복사된다.

③ 숫자가 입력된 셀에서 Ctrl을 누른 채 채우기 핸들을 오른쪽으로 드래그하면 숫자가 1씩 감소한다.

④ 사용자 지정 목록에 지정된 목록 데이터의 첫 번째 항목을 입력하고 Ctrl을 누른 채 채우기 핸들을 드래그하면 목록 데이터가 입력된다.

> ② 숫자가 입력된 첫 번째 셀과 두 번째 셀을 범위로 설정한 후 채우기 핸들을 드래그하면 첫 번째 셀과 두 번째 셀의 값 차이만큼 값이 증가하거나 감소합니다.
> ③ 숫자가 입력된 셀에서 Ctrl을 누른 채 채우기 핸들을 오른쪽으로 드래그하면 숫자가 1씩 증가합니다.
> ④ 사용자 지정 목록에 정의된 목록 데이터의 첫 번째 항목을 입력하고 Ctrl을 누른 채 채우기 핸들을 드래그하면 입력한 내용이 복사됩니다. 목록 데이터를 입력하려면 아무것도 누르지 않은 채 채우기 핸들을 드래그해야 합니다.

핵심 092 '연속 데이터' 대화상자

실행 [홈] → [편집] → [채우기] → [계열] 선택

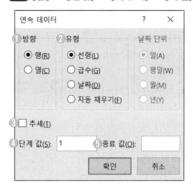

❶ 방향	자동 채우기를 실행할 방향을 지정함(행 : 가로, 열 : 세로)
❷ 유형	자동 채우기를 실행할 데이터의 종류를 지정함 • 선형 : 단계 값만큼 더하여 입력함 • 급수 : 단계 값만큼 곱하여 입력함 • 날짜 : 날짜 단위에서 지정한 값만큼 증가하여 입력함 • 자동 채우기 : 채우기 핸들로 자동 채우기를 수행한 것과 같은 결과를 표시함
❸ 추세	범위의 첫 번째와 두 번째 셀의 차이만큼 선형 추세 또는 급수 추세로 입력함
❹ 단계 값	연속 데이터의 증가 또는 감소할 값을 지정함
❺ 종료 값	연속 데이터가 끝나는 값을 지정함

01. [A1] 셀에서 '연속 데이터' 대화상자의 설정 값을 다음과 같이 지정했을 때의 결과로 옳은 것은?　24.상시, 23.상시

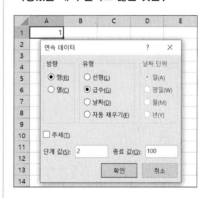

① C1 → 4
② C1 → 5
③ A3 → 4
④ A3 → 5

> • 방향이 '행'이므로 오른쪽으로 값이 입력됩니다.
> • 유형이 '급수'이므로 '단계 값'만큼 값이 곱해지며 입력됩니다.
> • '단계 값'이 2이므로 2씩 곱해지며 입력됩니다. 즉 [A1] 셀부터 오른쪽으로 차례대로 1, 2, 4, 8, 16, ···이 입력됩니다.
> • 종료 값이 100이므로 채워지는 값은 100을 넘을 수 없습니다.
>
>
>
> | | A | B | C | D | E | F | G |
> |---|---|---|---|---|---|---|---|
> | 1 | 1 | 2 | 4 | 8 | 16 | 32 | 64 |

1360096

핵심 093 데이터 유효성 검사

- 데이터를 정확하게 입력할 수 있도록 도와주는 기능이다.
- 데이터가 입력된 셀에도 유효성 검사를 적용할 수 있다.
- [데이터] → [데이터 도구] → [데이터 유효성 검사] → [잘못된 데이터]를 선택하면 유효성 검사에 위배되는 데이터에 빨강색 원이 표시된다.

실행 [데이터] → [데이터 도구] → [🔲(데이터 유효성 검사)] 클릭

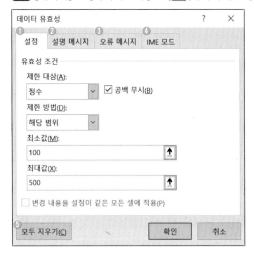

① 설정	제한 대상, 제한 방법, 최소값, 최대값 등을 이용해 유효성 조건을 지정함 • 제한 대상 : 정수, 소수점, 목록, 날짜, 시간 등 • 제한 방법 : 제외 범위, =, ⟨⟩, ⟩, ⟨, ⟩=, ⟨=
② 설명 메시지	유효성 검사를 지정한 셀을 선택하면 표시할 메시지를 지정함
③ 오류 메시지	유효성 검사에 위배되는 데이터를 입력하면 표시할 오류 메시지를 지정함 • 오류 스타일 : 경고(⚠), 중지(❌), 정보(ℹ)
④ IME 모드	유효성 검사가 지정된 셀의 데이터 입력 모드(한글/영문 등)를 지정함
⑤ 모두 지우기	설정된 유효성 검사를 해제함

> **잠깐만요** 제한 대상의 '목록'
> • 엑셀에 지정된 내용을 선택할 수 있도록 표시하는 목록으로, 새로운 내용을 입력할 수는 없습니다.
> • 워크시트에 입력된 데이터를 범위로 지정하거나 사용할 항목을 쉼표(,)로 구분하여 목록의 원본을 만들어 사용할 수 있습니다.
> • 목록의 원본으로 정의된 이름을 사용하려면 =이름과 같이 입력하면 됩니다.
> • 목록의 너비는 데이터 유효성 검사 설정이 적용된 셀의 너비에 의해 결정됩니다.

01. 다음 중 데이터 유효성 검사에서 유효성 조건의 제한 대상으로 '목록'을 설정하였을 때의 설명으로 옳지 않은 것은?

19.상시, 17.1, 15.3, 13.3, 11.3

① 목록의 원본으로 정의된 이름의 범위를 사용하려면 등호(=)와 범위의 이름을 입력한다.

② 유효하지 않은 데이터를 입력할 때 표시할 메시지 창의 내용은 [오류 메시지] 탭에서 설정한다.

③ 드롭다운 목록의 너비는 데이터 유효성 설정이 있는 셀의 너비에 의해 결정된다.

④ 목록 값을 입력하여 원본을 설정하려면 값을 세미콜론(;)으로 구분하여 입력한다.

> 유효성 조건에서 '원본'에 데이터를 직접 입력하려면 항목을 쉼표(,)로 구분하여 입력해야 합니다.

1360098

핵심 094 데이터 수정/삭제

전체 수정	• 데이터가 있는 셀에 새로운 데이터를 입력하고 Enter를 누름 • 여러 데이터 동시 수정 : 수정할 여러 개의 셀을 선택하고, 새로운 내용을 입력한 후 Ctrl + Enter를 누름
부분 수정	• 마우스로 더블클릭하여 수정함 • F2를 누른 다음 수정함 • 수식 입력줄을 클릭하여 수정함
삭제	• 삭제할 셀을 선택한 후 Delete를 누름 • 삭제할 셀의 바로 가기 메뉴에서 [내용 지우기]를 선택함 ※ Delete를 누르거나 [내용 지우기]를 선택하면 셀에 입력된 데이터만 삭제되고 셀에 설정된 서식이나 메모, 노트 등은 삭제되지 않음 • [홈] → [편집] → [지우기]에서 [모두 지우기] 또는 [내용 지우기]를 선택함

01. 아래 시트에서 [C2:C5] 영역을 선택하고 선택된 셀들의 내용을 모두 지우려고 할 경우 다음 중 결과가 다르게 나타나는 것은?

20.1, 13.3, 00.1, 99.2, 99.1

▲	A	B	C	D	E
1	성명	출석	과제	실기	총점
2	박경수	20	20	55	95
3	이정수	15	10	60	85
4	경동식	20	14	50	84
5	김미경	5	11	45	61

① 키보드의 Backspace를 누른다.

② 마우스의 오른쪽 버튼을 눌러서 나온 바로 가기 메뉴에서 [내용 지우기]를 선택한다.

③ [홈] → [편집] → [지우기] 메뉴에서 [내용 지우기]를 선택한다.

④ 키보드의 Delete를 누른다.

> Backspace를 누르면 현재의 셀 포인터 [C2] 셀의 데이터만 삭제됩니다.

02. 다음 중 데이터가 입력된 셀에서 Delete를 눌렀을 때의 상황에 대한 설명으로 옳지 않은 것은?

22.상시, 14.2, 07.2

① 셀에 설정된 메모는 지워지지 않는다.

② 셀에 설정된 내용과 서식이 함께 지워진다.

③ [홈] → [편집] → [지우기] → [내용 지우기]를 실행한 것과 동일한 결과가 발생한다.

④ 바로 가기 메뉴에서 [내용 지우기]를 실행한 것과 동일한 결과가 발생한다.

> 데이터가 입력된 셀에서 Delete를 누르면 셀에 입력된 내용은 지워지지만 셀에 지정된 서식은 지워지지 않습니다.

24.상시, 23.상시, 22.상시, 21.상시, 19.2, 18.2, 18.1, 16.3, 14.3, 14.2, 13.1, …   1360099

핵심 095 찾기

- 워크시트에 입력되어 있는 데이터 중에서 특정 내용을 찾는 기능으로 숫자, 특수문자, 수식, 메모, 서식 등도 찾을 수 있다.
- 워크시트 전체를 대상으로 찾거나, 범위를 지정하여 찾을 수 있다.
- 데이터를 뒤에서부터 앞으로, 즉 역순으로 검색하려면 Shift를 누른 상태에서 〈다음 찾기〉를 클릭한다.
- '찾기 및 바꾸기' 대화상자(Ctrl + F)

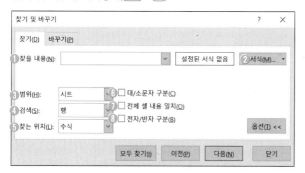

❶ 찾을 내용	• 찾고자 하는 내용을 입력함 • '?, *' 등의 만능문자(와일드 카드)나 특수문자(+, -, #, $ 등)를 사용할 수 있음
❷ 서식	특정 서식이 지정된 데이터를 찾음
❸ 범위	찾을 범위로, 시트나 통합 문서를 지정함
❹ 검색	찾을 방향으로, 행이나 열을 지정함
❺ 찾는 위치	찾을 정보가 들어 있는 워크시트의 요소로, 수식이나 값, 슬라이드 노트, 메모를 지정함
❻ 대/소문자 구분	대문자와 소문자를 구분하여 찾음
❼ 전체 셀 내용 일치	찾을 내용과 완전히 일치하는 셀만을 찾음
❽ 전자/반자 구분	전자(2Byte 문자)와 반자(1Byte 문자)를 구분하여 찾음

- 만능 문자(?, *) 자체를 찾으려면 ~* 또는 ~?와 같이 만능 문자 앞에 ~ 기호를 입력하면 된다.

> **잠깐만요** 만능 문자(와일드 카드, *, ?)
> - 모든 문자를 대신하여 사용하는 문자로, *는 문자의 모든 자리를 대신하고 ?는 문자의 한 자리만 대신합니다.
> - a* : a로 시작하는 모든 문자
> - ?a : 두 번째 글자가 a인 문자
> - ??a : 세 번째 글자가 a인 문자

01. 다음 중 [찾기 및 바꾸기] 대화상자의 각 항목에 대한 설명으로 옳지 않은 것은?   24.상시, 22.상시, 21.상시, 18.1, 14.3

① 찾을 내용 : 검색할 내용을 입력할 곳으로 와일드 카드 문자를 검색 문자열에 사용할 수 있다.

② 서식 : 숫자 셀을 제외한 특정 서식이 있는 텍스트 셀을 찾을 수 있다.

③ 범위 : 현재 워크시트에서만 검색하는 '시트'와 현재 통합 문서의 모든 시트를 검색하는 '통합 문서' 중 선택할 수 있다.

④ 모두 찾기 : 검색 조건에 맞는 모든 항목이 나열된다.

> 특정 서식이 지정된 문자열이나 숫자를 찾을 수 있습니다.

02. [홈] → [편집] → [찾기 및 선택] → [찾기]를 선택하여 표시된 대화상자의 찾을 내용에 다음과 같이 입력하였을 경우 검색되는 대상에 대한 설명으로 옳은 것은?   24.상시, 23.상시

삼?주식회사

① [전체 셀 내용 일치]를 설정하면 '삼'으로 시작하고 '주식회사'로 끝나는 6글자를 찾는다.

② '삼'으로 시작하고 '주식회사'로 끝나는 모든 글자를 찾는다.

③ '삼'로 시작하는 모든 데이터를 찾는다.

④ '주식회사'로 끝나는 모든 데이터를 찾는다.

> '?'는 문자의 한 자리만을 대신할 수 있는 만능 문자이므로, '전체 셀 내용 일치'를 선택하고 찾을 내용을 '삼?주식회사'로 지정하여 찾기를 수행하면 '삼'으로 시작하여 '주식회사'로 끝나는 여섯 자리 문자를 찾습니다.
> ② '삼'으로 시작하고 '주식회사'로 끝나는 모든 데이터 : 삼*주식회사
> ③ '삼'으로 시작하는 모든 데이터 : 삼*
> ④ '주식회사'로 끝나는 모든 데이터 : *주식회사

24.상시, 23.상시, 19.2, 16.1, 11.3, 08.3, 04.3, 01.3, 01.2, 00.2   1360100

핵심 096 셀 포인터 이동

Shift + Tab, Tab	좌·우로 이동
Shift + Enter, Enter	상·하로 이동
Home	해당 행의 A열로 이동
Ctrl + Home	A1 셀로 이동
Ctrl + End	데이터 범위의 맨 오른쪽 아래의 셀로 이동
Ctrl + PgUp, Ctrl + PgDn	현재 시트의 앞, 뒤 시트로 이동
F5, Ctrl + G	이동하고자 하는 셀 주소를 직접 입력하여 이동
Enter	• 기본적으로 위에서 아래로, 왼쪽에서 오른쪽으로 이동함 • [파일]→[옵션]→[고급]→[편집 옵션]에서 이동 방향을 지정할 수 있음

01. 아래 워크시트에서의 작업에 대한 설명으로 옳지 않은 것은?

24.상시, 23.상시

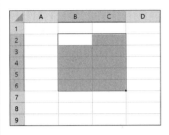

① [B2] 셀에 데이터를 입력하고 Shift + Enter를 누르면 셀 포인터가 [B3] 셀로 이동된다.

② [B2] 셀에서 Enter를 5번 누르면 셀 포인터가 [C2] 셀로 이동된다.

③ [B2] 셀에 데이터를 입력하고 Ctrl + Enter를 누르면 [B2:C6] 영역에 동일한 데이터가 입력된다.

④ [B2] 셀에 데이터를 입력하고 Alt + Enter를 누르면 셀 안에서 줄 나누기가 수행된다.

> • [B2] 셀에 데이터를 입력하고 Shift + Enter를 누르면 셀 포인터가 [C6] 셀로 이동됩니다.
> • [B2] 셀에 데이터를 입력하고 [B3] 셀로 이동하려면 Enter를 누르면 됩니다.

24.상시, 21.상시, 19.1, 11.3, 10.3, 09.4, 06.2, 06.1, 03.3, 01.3, 99.3   1360101

핵심 097 **[파일] → [옵션]의 주요 탭**

'언어 교정' 탭

자동 고침 옵션	• 오타, 대문자 오류 등의 입력 실수를 자동으로 고치도록 설정함 • 사용자가 특정 단어를 입력하면 자동으로 다른 단어나 기호로 변경되도록 지정할 수 있음 ㎖ (tel) → ☎, (ks) → ⓚ

'저장' 탭

자동 복구 정보 저장 간격	• 작업 중인 파일을 일정 시간마다 저장함으로써 엑셀이나 시스템에 예상하지 못한 문제가 발생했을 때 작업 중인 파일을 보존함 • 저장 간격을 1분에서 120분까지 지정할 수 있음

'고급' 탭

〈Enter〉 키를 누른 후 다음 셀로 이동	Enter를 누를 때 셀 포인터의 이동 방향을 아래쪽, 위쪽, 오른쪽, 왼쪽으로 지정함
소수점 자동 삽입	• 입력한 숫자 데이터의 소수점 위치를 '소수점 위치'에 입력된 숫자 만큼 이동하여 설정함 • '소수점 위치'에 입력한 숫자가 양수이면 소수점 이하(오른쪽)의 자릿수를 늘리고, 음수이면 소수점 이상(왼쪽)의 자릿수를 늘림
셀 내용을 자동 완성	셀에 입력한 처음 몇 자가 같은 열에 입력된 항목과 일치하면 자동으로 나머지 문자가 채워지도록 설정함
행 및 열 머리글 표시	행 및 열 머리글의 표시 여부를 지정함
계산 결과 대신 수식을 셀에 표시	셀에 수식의 결과 값 대신 입력한 수식의 표시 여부를 지정함
눈금선 표시	눈금선의 표시 여부를 지정함

---

01. 다음 중 아래 그림과 같이 소수점 자동 삽입의 소수점 위치를 3으로 설정한 상태에서 숫자 5를 입력하였을 때 화면에 표시되는 결과로 옳은 것은?

19.1

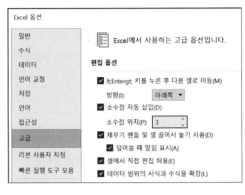

① 0.005   ② 3

③ 5   ④ 5,000

> 'Excel 옵션' 대화상자의 '고급' 탭에 있는 '소수점 자동 삽입'을 이용하여 소수점 위치를 양수로 입력하면 소수점 이하(오른쪽)의 자릿수를 늘리고, 음수로 입력하면 소수점 이상(왼쪽)의 자릿수를 늘립니다. 소수점 위치를 '3'으로 설정하면 소수점 이하의 자릿수를 3자리 늘리므로 5를 입력하면 0.005로 입력됩니다.

02. 워크시트에 "(tel)"을 입력하면 자동으로 "☎"로 변경되어 입력되도록 하는 기능은?

24.상시, 21.상시

① 자동 완성 기능   ② 자동 고침 기능

③ 맞춤법 검사 기능   ④ 자동 교정 기능

24.상시, 23.상시, 21.상시, 18.2, 16.2, 15.3, 14.3, 00.3   4207204

핵심 098 **선택하여 붙여넣기**

• 셀 전체를 붙여넣기하지 않고 메모, 노트, 수식, 값 등 셀에서 필요한 특정 내용만을 복사할 때 사용하는 기능이다.

• 선택하여 붙여넣기는 잘라내기한 경우에는 사용할 수 없고, 복사한 경우에만 사용할 수 있다.

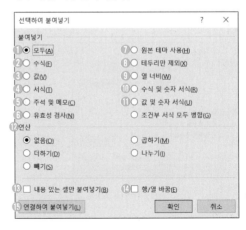

'선택하여 붙여넣기' 대화상자

붙여넣기

값 붙여넣기

기타 붙여넣기 옵션

선택하여 붙여넣기(S)...

[홈] → [클립보드] → 붙여넣기 의 하위 메뉴

❶ 모두	원본 데이터를 그대로 복사(일반 붙여넣기와 동일)
❷ 수식	수식만 복사함
❸ 값	화면에 표시된 값만 복사함
❹ 서식	셀 서식만 복사함
❺ 주석 및 메모	메모나 노트만 복사함
❻ 유효성 검사	유효성 검사 내용만 복사함
❼ 원본 테마 사용	테마를 복사함
❽ 테두리만 제외	테두리만 제외하고 모두 복사함
❾ 열 너비	열 너비만 복사함
❿ 수식 및 숫자 서식	수식과 숫자 서식만 복사함
⓫ 값 및 숫자 서식	수식이 아닌 수식의 결과와 숫자에 적용된 서식만 복사함
⓬ 연산	복사한 데이터와 붙여넣기할 위치에 있는 데이터를 지정한 연산자로 계산함(더하기, 빼기, 곱하기, 나누기)
⓭ 내용 있는 셀만 붙여넣기	데이터가 있는 셀만 복사함
⓮ 행/열 바꿈	행과 열의 위치를 서로 바꿈
⓯ 연결하여 붙여넣기	복사한 원본 셀과 붙여넣기한 셀을 서로 연결하여 원본 셀의 데이터가 수정되면 붙여넣기한 셀도 자동으로 수정됨
⓰ 연결된 그림	복사한 원본 셀과 붙여넣기한 그림을 서로 연결하여 원본 셀의 데이터가 수정되면 붙여넣기한 그림도 자동으로 수정됨

01. "=A1"이 입력되어 있는 [A2] 셀을 복사한 후 [A3] 셀에 다음과 같이 선택하여 붙여넣기를 수행할 경우 [A3] 셀에 표시되는 값은? 23.상시, 21.상시

	A	B	C	D
1		100	선택하여 붙여넣기		
2	=A1	붙여넣기		
3		150	⦿ 모두(A)		
4		○ 수식(F)		
5		○ 값(V)		
6		○ 서식(T)		
7		○ 주석 및 메모(C)		
8		○ 유효성 검사(N)		
9		연산		
10		⦿ 없음(O)		
11		○ 더하기(D)		
12		○ 빼기(S)		
13				
14				
15				

① 0　　② 200　　③ 100　　④ 150

'선택하여 붙여넣기' 대화상자에서 붙여넣기를 '모두', 연산을 '없음'으로 지정하면 데이터를 단순히 복사하여 붙여넣기 한 것과 동일합니다. =A1이 입력된 [A2] 셀을 복사한 후 그림과 같이 붙여넣기 하면 [A3] 셀에는 =A2가 입력되고 화면에는 100이 표시됩니다.

핵심 099 행/열 크기 변경과 숨기기

행 높이 변경	• 행 높이는 해당 행의 글꼴 크기 중 가장 큰 것에 맞추어 자동으로 조절됨 • 메뉴 이용 : 높이를 변경할 행을 선택한 다음 [홈] → [셀] → [서식] → [행 높이]를 선택한 후 변경할 값을 입력하고 〈확인〉을 클릭함 • 마우스 이용 : 높이를 변경할 행의 아래쪽 행 머리글 경계선에 마우스 포인터를 위치시킨 후 드래그하여 행 높이를 조절함 • 셀을 선택한 후 [홈] → [셀] → [서식] → [행 높이 자동 맞춤]을 실행하면 현재 행에서 가장 큰 문자 크기에 맞추어 행의 높이가 자동으로 조절됨
열 너비 변경	• 여러 개의 열을 선택하고, 너비를 조절하면 모두 동일한 너비로 조절됨 • 메뉴 이용 : 너비를 변경할 열을 선택하고 [홈] → [셀] → [서식] → [열 너비]를 선택한 후 변경할 값을 입력하고 〈확인〉을 클릭함 • 마우스 이용 : 너비를 변경할 열의 오른쪽 열 머리글 경계선을 마우스로 드래그함 • 셀을 선택한 후 [홈] → [셀] → [서식] → [열 너비 자동 맞춤]을 실행하면 현재 선택한 셀에 입력된 문자의 길이에 맞추어 열의 너비가 자동으로 조절됨 • 열 머리글 경계선을 더블클릭하면 해당 열에 입력된 데이터 중 가장 긴 데이터에 맞게 열의 너비가 자동으로 조절됨
행/열 숨기기	• 행/열 숨기기 : 행이나 열을 선택한 후 [홈] → [셀] → [서식] → [숨기기 및 숨기기 취소] → [행 숨기기/열 숨기기]를 선택함 • 행/열 숨기기 취소 : 숨겨진 행이나 열이 포함되도록 범위를 지정한 후 [홈] → [셀] → [서식] → [숨기기 및 숨기기 취소] → [행 숨기기 취소/열 숨기기 취소]를 선택함 • 숨겨진 행이나 열이 포함되도록 범위를 지정한 후 행 높이나 열 너비를 조절하면 숨겨진 행이나 열이 화면에 표시됨

01. '행/열 숨기기' 기능에 대한 설명으로 잘못된 것은? 23.상시

① 숨겨진 행이나 열이 포함되도록 범위를 지정한 후 행 높이나 열 너비를 조절해도 숨겨진 행이나 열은 화면에 표시되지 않는다.

② [A1] 셀의 행이 숨겨진 경우 이름 상자에 'A1'을 입력하고 Enter를 누른 후 [홈] → [셀] → [서식] → [숨기기 및 숨기기 취소] → [행 숨기기 취소]를 선택하면 [A1] 셀이 화면에 표시된다.

③ 숨겨진 행이나 열은 인쇄 시 출력되지 않는다.

④ 숨겨진 열이나 행은 정렬 시 이동되지 않는다.

숨겨진 행이나 열이 포함되도록 범위를 지정한 후 행 높이나 열 너비를 조절하면 숨겨진 행이나 열이 화면에 표시됩니다.

02. 다음 중 워크시트 작업 및 관리에 대한 설명으로 옳지 않은 것은? 23.상시, 21.상시

① 시트 삭제 작업은 실행을 취소할 수 없다.

② 열 너비를 기본값으로 되돌리려면 열 머리글 경계선을 마우스로 더블클릭한다.

③ 그룹화 된 시트에서 데이터 입력 및 편집 등의 작업을 실행하면 그룹 내 시트에 동일한 작업이 실행된다.

④ 연속된 시트의 선택은 Shift를 사용하면 편리하다.

열 머리글 경계선을 더블클릭하면 기본값이 아닌 해당 열에 입력된 데이터 중 가장 긴 데이터에 맞추어 자동으로 너비가 변경됩니다.

핵심 100   워크시트 편집

워크시트 선택	• 연속적인 여러 개의 시트 선택 : 첫 번째 시트를 클릭하고 Shift 를 누른 채 마지막 시트를 클릭함 • 비연속적인 여러 개의 시트 선택 : 첫 번째 시트를 클릭하고 Ctrl 을 누른 채 원하는 시트를 차례로 클릭함 • 모든 시트 선택 : 시트 탭의 바로 가기 메뉴에서 [모든 시트 선택]을 선택함 • 여러 개의 시트를 선택하고, 데이터를 입력하면 선택한 모든 시트에 동일한 데이터가 입력됨 • 여러 개의 시트가 선택된 그룹 상태를 해제하려면 시트 탭의 바로 가기 메뉴에서 [시트 그룹 해제]를 선택하거나 임의의 시트를 클릭함 • 여러 개의 시트가 선택된 그룹 상태에서 시트 이동/복사를 수행하면 그룹으로 지정한 시트가 모두 이동/복사됨
워크시트 삽입	• 삽입된 시트는 활성 시트의 왼쪽에 삽입되고, 시트 이름은 'Sheet' 뒤에 2, 3, … 등으로 일련번호가 붙음 • 바로 가기 키 : Shift + F11
워크시트 삭제	• 삭제된 시트는 되살릴 수 없으므로 신중하게 수행해야 함 • 여러 개의 시트를 선택하여 한꺼번에 삭제할 수 있음
워크시트 이동/복사	• 복사나 이동할 시트를 선택하고 [홈] → [셀] → [서식] → [시트 이동/복사]를 선택함 • 이동할 시트를 선택한 후 드래그하면 이동됨 • 복사할 시트를 선택한 후 Ctrl 을 누른 채 드래그하면 복사됨

---

01. 다음 중 워크시트 작업 및 관리에 대한 설명으로 옳지 않은 것은?   23.상시, 22.상시, 21.상시, 13.3

① 시트 삭제 작업은 실행을 취소할 수 없다.

② Shift + F10 을 누르면 현재 시트의 뒤에 새 워크시트가 삽입된다.

③ 그룹화 된 시트에서 데이터 입력 및 편집 등의 작업을 실행하면 그룹 내 시트에 동일한 작업이 실행된다.

④ 연속된 시트의 선택은 Shift 를 사용하면 편리하다.

> 새 워크시트를 삽입하는 바로 가기 키는 Shift + F11 이고, Shift + F11 을 누르면 현재 시트의 앞에 새 워크시트가 삽입됩니다.

핵심 101   보호

시트 보호	• 특정 워크시트에 입력된 데이터나 차트 등을 변경할 수 없도록 보호하는 것으로, 보호된 시트에서는 기본적으로 셀을 선택하는 것만 가능함
	• 통합 문서 중 특정 시트만을 보호하는 것으로, 나머지 시트는 변경이 가능함
	• 셀/행/열의 서식, 행/열 삽입, 하이퍼링크, 자동 필터, 피벗 테이블 등 특정 항목을 제외하고 시트 보호를 지정할 수 있음
	• 시트 보호가 설정된 상태에서 데이터를 입력하거나 수정하면 경고 메시지가 나타남
	• 암호를 지정할 수 있음(선택 사항)
	• 차트 시트에서 [시트 보호]를 실행하면 차트에 대한 보호를 설정할 수 있음
	  – 내용 : 차트의 데이터 계열, 축, 범례 등을 변경할 수 없게 보호함
	  – 개체 : 도형, 텍스트 상자, 컨트롤 등 그래픽 개체를 변경할 수 없게 보호함
	• '셀 서식' 대화상자의 '보호' 탭에서 '잠금'이 해제된 셀은 보호되지 않음
	실행 [검토] → [보호] → [시트 보호] 클릭

통합 문서 보호	• 통합 문서의 시트 삭제, 이동, 숨기기, 이름 바꾸기 등을 할 수 없도록 보호함 • 통합 문서를 보호해도 '시트 보호'가 설정되지 않으면 데이터를 입력, 수정, 삭제하거나 피벗 테이블 보고서, 부분합과 같은 데이터 분석 작업을 할 수 있음 • 암호를 지정할 수 있음 **실행** [검토] → [보호] → [통합 문서 보호] 클릭

---

01. 다음 중 [시트 보호] 기능에 대한 설명으로 옳지 않은 것은?   24.상시, 21.상시, 20.2

① 새 워크시트의 모든 셀은 기본적으로 '잠금' 속성이 설정되어 있다.

② 워크시트에 있는 셀을 보호하기 위해서는 먼저 셀의 '잠금' 속성을 해제해야 한다.

③ 시트 보호를 설정하면 셀에 데이터를 입력하거나 수정하려고 했을 때 경고 메시지가 나타난다.

④ 셀의 '잠금' 속성과 '숨김' 속성은 시트를 보호하기 전까지는 아무런 효과를 내지 못한다.

> 워크시트에 있는 셀을 보호하려면 셀에 '잠금'이 설정되어 있는 상태에서 [검토] → [보호] → [시트 보호]를 클릭해야 합니다. '잠금'은 기본 설정값이므로 '셀 서식' 대화상자의 '보호' 탭에서 확인만 하면 됩니다.

핵심 102   사용자 지정 서식   실습 01 ☞ 16쪽

조건 지정	• 양수, 음수, 0값, 텍스트 순으로 한 번에 네 가지의 표시 형식을 지정할 수 있으며, 각 구역은 세미콜론(;)으로 구분함
	• 조건이 없을 때는 '양수, 음수, 0, 텍스트' 순으로 표시 형식이 지정되지만, 조건이 있을 때는 조건이 지정된 순으로 표시 형식을 나타냄
	• 조건이나 글꼴색을 지정할 때는 대괄호([ ]) 안에 입력함
	• 조건이 없을 때 : #,### ; [빨강](#,###) ; 0.00 ; @"님"
	            양수 음수 0값 텍스트
	• 조건이 있을 때 : [>0](#,###) ; [(0)[빨강](#,###) ; 0.00
	           조건1 조건2 두 조건을 만족하지 않을 경우
	• 셀에 입력한 자료를 숨길 때는 서식 코드 없이 ;;;만 입력함

숫자 서식 코드	• # : 유효한 자릿수만 표시하고, 유효하지 않은 0은 표시하지 않음 • 0 : 유효하지 않은 자릿수를 0으로 표시함 • ? : 유효하지 않은 자릿수에 0대신 공백을 입력하고, 소수점을 기준으로 정렬함 • , : 천 단위 구분 기호를 표시하며, 표시 형식 맨 끝에 콤마를 표시하면 3자리씩 생략함 • % : 숫자에 100을 곱한 다음 %를 붙임
문자 서식 코드	• @ : 문자 데이터의 표시 위치 지정 • * : * 기호 다음에 있는 특정 문자를 셀의 너비만큼 반복하여 채움
날짜 서식 코드	• yy : 연도 중 뒤의 두 자리만 표시 • yyyy : 연도를 네 자리로 표시 • m : 월을 1~12로 표시 • mm : 월을 01~12로 표시 • mmm : 월을 Jan~Dec로 표시 • mmmm : 월을 January~December로 표시 • d : 일을 1~31로 표시 • dd : 일을 01~31로 표시 • ddd : 요일을 Sun~Sat로 표시 • dddd : 요일을 Sunday~Saturday로 표시

---

01. 다음 중 2234543 숫자에 아래와 같이 '사용자 지정' 표시 형식을 설정하였을 경우의 결과로 옳지 않은 것은?

23.상시, 22.상시, 19.상시, 19.1, 13.3, 13.2, 13.1, 10.2, 08.2, 07.2, 05.4, 05.1, 03.4, …

① 형식 : #,##0.00   결과 : 2,234,543.00
② 형식 : 0.00   결과 : 2234543.00
③ 형식 : #,###,"천원"   결과 : 2,234천원
④ 형식 : #%   결과 : 223454300%

> 쉼표(,)가 서식의 맨 뒤에 입력되어 있을 때는 천 단위가 생략되므로, 2234543을 입력한 후 표시 형식으로 #,###,"천원"을 지정하면 반올림되어 2,235천원으로 표시됩니다.

02. 다음 중 입력 데이터에 주어진 표시 형식으로 지정한 경우 그 결과가 옳지 않은 것은?

23.상시, 20.2

	입력 데이터	표시 형식	표시 결과
①	7.5	#.00	7.50
②	44.398	???.???	044.398
③	12,200,000	#,##0,	12,200
④	상공상사	@ "귀중"	상공상사 귀중

> 44.398을 입력한 후 표시 형식을 ???.???으로 지정하면 ' 44.398'로 표시됩니다.

03. 다음 중 원본 데이터를 지정된 서식으로 설정하였을 때, 결과가 옳지 않은 것은?

24.상시, 21.상시, 16.2, 14.1

① 원본 데이터 : 5054.2, 서식 : ###
    → 결과 데이터 : 5054
② 원본 데이터 : 대한민국, 서식 : @"화이팅"
    → 결과 데이터 : 대한민국화이팅
③ 원본 데이터 : 15:30:22, 서식 : hh:mm:ss AM/PM
    → 결과 데이터 : 3:30:22 PM
④ 원본 데이터 : 2023-02-01, 서식 : yyyy-mm-ddd
    → 결과 데이터 : 2023-02-Fri

> 15:30:22를 입력한 후 표시 형식을 hh:mm:ss AM/PM으로 지정하면 03:30:22 PM으로 표시됩니다.

20.1, 11.1, 04.3, 03.2, 03.1, 01.3, 01.2, 99.2   1360108

핵심 103 셀 서식 - 맞춤

가로	기본적으로 문자는 왼쪽, 숫자는 오른쪽, 논리와 오류값은 가운데로 정렬됨
자동 줄 바꿈	데이터의 길이가 긴 경우 열의 너비에 맞게 줄을 나누어 한 셀에 여러 줄의 내용을 표시함
셀에 맞춤	• 데이터의 길이가 열의 너비보다 긴 경우 글자 크기를 자동으로 줄여 한 셀에 표시함 • 열의 너비를 조절하면 열의 너비에 따라 글자 크기가 자동으로 조절됨

셀 병합	• 여러 개의 셀을 하나의 셀로 합침 • 데이터가 들어 있는 셀들을 병합하면 첫 행 왼쪽 셀의 내용만 남고, 모두 삭제됨
방향	데이터에 회전 각도를 지정하여 기울기를 설정함

01. 다음 중 [셀 서식] 대화상자에서 [맞춤] 탭의 기능으로 옳지 않은 것은?

20.1

① '셀 병합'은 선택 영역에서 데이터 값이 여러 개인 경우 마지막 셀의 내용만 남기고 모두 지운다.
② '셀에 맞춤'은 입력 데이터의 길이가 셀의 너비보다 긴 경우 글자 크기를 자동으로 줄인다.
③ '방향'은 데이터를 세로 방향으로 설정하거나 가로의 회전 각도를 지정하여 방향을 설정한다.
④ '자동 줄 바꿈'은 텍스트의 길이가 셀의 너비보다 긴 경우 자동으로 줄을 나누어 표시한다.

> '셀 병합'은 선택 영역에서 데이터 값이 여러 개인 경우 첫 번째 셀의 내용만 남기고 모두 지웁니다.

24.상시, 23.상시, 22.상시, 21.상시, 20.상시, 19.2, 18.2, 18.1, 17.2, 17.1, …   1360109

핵심 104 조건부 서식   실습 02 ☞ 17쪽

• 규칙(조건)에 만족하는 셀에만 셀 서식을 적용한다.
• 조건부 서식의 규칙을 수식으로 입력할 경우 수식 앞에 반드시 등호(=)를 입력해야 한다.
• 셀의 값이 변경되어 규칙을 만족하지 않으면 적용된 서식이 해제된다.
• 조건부 서식은 기존의 셀 서식에 우선하여 적용된다.
• 규칙별로 다른 서식을 적용할 수 있다.
• 둘 이상의 조건부 서식이 참일 경우 두 규칙에 지정된 서식이 모두 적용되지만, 서식이 충돌할 경우 우선 순위가 높은 규칙의 서식이 적용된다.
• 규칙에 맞는 데이터가 있는 행 전체에 서식을 지정할 때는 수식 입력 시 열 이름 앞에 $를, 열 전체에 서식을 지정할 때는 행 번호 앞에 $를 붙인다.
• 고유 또는 중복 값, 상위 또는 하위 값, 평균보다 크거나 작은 값 등의 규칙을 지정하여 규칙에 맞는 자료에 대해서만 서식을 지정할 수 있다.
• 조건부 서식의 서식 스타일 : 데이터 막대, 색조, 아이콘 집합
• 실행 [홈] → [스타일] → [조건부 서식] → [새 규칙] 선택
• 조건부 서식 규칙 관리자
 – 지정된 조건부 서식을 확인하거나 수정, 삭제, 추가할 수 있고, 규칙의 우선 순위를 변경할 수 있다.
 – 실행 [홈] → [스타일] → [조건부 서식] → [규칙 관리] 선택

01. 조건부 서식에 대한 설명으로 틀린 것은? 23.상시, 21.상시, 13.3, 12.3

① 조건에 맞지 않을 경우에 대한 서식도 함께 지정할 수 있다.

② 조건부 서식은 기존의 셀 서식에 우선하여 적용된다.

③ 조건을 수식으로 입력할 경우 수식 앞에 등호(=)를 반드시 입력해야 한다.

④ 조건부 서식에 의해 서식이 설정된 셀에서 값이 변경되어 조건에 만족하지 않을 경우 적용된 서식은 바로 해제된다.

> 조건부 서식에서 규칙별로 다른 서식은 지정할 수 있지만 조건에 맞지 않을 경우에 대한 서식은 지정할 수 없습니다.

02. 다음 중 조건부 서식을 이용하여 [A2:C5] 영역에 EXCEL과 ACCESS 점수의 합계가 170 이하인 행 전체에 셀 배경색을 지정하기 위한 수식으로 옳은 것은? 24.상시, 22.상시, 17.2

	A	B	C
1	이름	EXCEL	ACCESS
2	김경희	75	73
3	원은형	89	88
4	나도향	65	68
5	최은심	98	96
6			

① =B$2+C$2<=170   ② =$B2+$C2<=170

③ =$B$2+$C$2<=170   ④ =B2+C2<=170

> 조건부 서식의 규칙으로 셀 주소를 이용해 규칙에 맞는 행 전체에 서식이 적용되도록 수식을 작성할 경우 열 번호에만 절대 주소 표시($)를 해야 합니다.

---

01. 다음 중 =SUM(A3:A9) 수식이 =SUM(A3A9)와 같이 범위 참조의 콜론(:)이 생략된 경우 나타나는 오류 메시지로 옳은 것은? 22.상시, 21.상시, 16.2, 14.1, 13.2

① #N/A   ② #NULL!

③ #REF!   ④ #NAME?

> 인식할 수 없는 텍스트를 수식에 사용했을 때는 #NAME? 오류가 표시됩니다.

02. 다음 중 입력한 수식에서 발생한 오류 메시지와 그 발생 원인으로 옳지 않은 것은? 24.상시, 23.상시, 21.상시, 18.2, 13.1, 01.3, 00.1

① #VALUE! : 잘못된 인수나 피연산자를 사용했을 때

② #DIV/0! : 특정 값(셀)을 0 또는 빈 셀로 나누었을 때

③ #NAME? : 함수 이름을 잘못 입력하거나 인식할 수 없는 텍스트를 수식에 사용했을 때

④ #REF! : 숫자 인수가 필요한 함수에 다른 인수를 지정했을 때

> #REF!는 셀 참조가 유효하지 않을 때 발생하는 오류 메시지입니다.

24.상시, 23.상시, 22.상시, 21.상시, 20.상시, 20.2, 19.상시, 16.2, 15.3, 14.1, …   1360112

핵심 106   **셀 참조**

상대 참조	• 셀 참조시 기본적으로 지정되는 방식 • 수식을 입력한 셀의 위치가 변동되면 참조가 상대적으로 변경됨 • 표기 예 A1
절대 참조	• 수식을 입력한 셀의 위치와 관계없이 고정된 주소로, 참조가 변경되지 않음 • 표기 예 $A$1
혼합 참조	• 열 고정 혼합 참조 : 열만 절대 참조가 적용됨($A1) • 행 고정 혼합 참조 : 행만 절대 참조가 적용됨(A$1)
다른 워크시트의 셀 참조	• 시트 이름과 셀 주소 사이를 느낌표(!)로 구분 • 표기 예 =Sheet!A5 • 시트 이름에 한글, 영문 외의 다른 문자가 있을 경우 작은따옴표(' ')로 묶음
다른 통합 문서의 셀 참조	• 통합 문서의 이름을 대괄호([ ])로 묶음 • 표기 예 =[매출현황]Sheet4!B6 • 경로명은 작은따옴표(' ')로 묶음

---

01. "2020년 매출 실적" 파일의 "상품 재고" 시트 [B2] 셀을 참조하려고 한다. 다음 중 옳은 것은? 23.상시

① "2020년 매출 실적"상품 재고!B2

② '[2020년 매출 실적]상품 재고'!B2

③ [2020년 매출 실적]상품 재고/B2

④ "2020년 매출 실적!상품 재고"B2

> 다른 통합 문서(파일)에 있는 셀의 데이터를 참조할 경우 통합 문서 이름은 대괄호([ ])로, 통합 문서 이름과 시트명은 작은따옴표(' ')로 묶어주고, 시트 이름과 셀 주소는 느낌표(!)로 구분합니다.

24.상시, 23.상시, 22.상시, 21.상시, 20.상시, 18.2, 18.1, 17.2, 16.2, 15.2, …   1360111

핵심 105   **오류 메시지**

오류	발생 원인
#####	셀에 셀 너비보다 큰 수치데이터나 음수의 날짜나 시간이 있을 때
#DIV/0!	• 피제수가 빈 셀이나 0이 있는 셀을 참조할 때 • 피연산자가 빈 셀이면 0으로 간주됨
#N/A	함수나 수식에 사용할 수 없는 값을 지정했을 때
#NAME?	인식할 수 없는 텍스트를 수식에 사용했을 때
#NULL!	교차하지 않는 두 영역의 교점을 지정하였을 때
#NUM!	표현할 수 있는 숫자의 범위를 벗어났을 때
#REF!	셀 참조가 유효하지 않을 때
#VALUE!	• 잘못된 인수나 피연산자를 사용할 때 • 수식 자동 고침 기능으로 수식을 고칠 수 없을 때

72   핵심요약 & 대표기출문제   정답 104 1.①, 2.②   105 1.④, 2.④   106 1.②

02. 북부/남부의 제품 판매 현황에서 금액은 단가×수량으로 산출한 것이다. 다음 중 남부의 금액[D7:F7]을 구하는 방법으로 옳은 것은 무엇인가? (단, 북부의 금액[D5:F5]은 [D5] 셀의 수식(=D$3*D4)을 [F5] 셀까지 채우기 핸들을 드래그하여 구한 것이다.) 24.상시, 23.상시, 22.상시

A	B	C	D	E	F
1			북부/남부 제품 판매 현황		
2			OLED TV	냉장고	세탁기
3	단가		1,500,000	1,200,000	800,000
4	북부	수량	5	15	8
5		금액	7,500,000	18,000,000	6,400,000
6	남부	수량	10	8	12
7		금액			

① [D5] 셀을 복사하여 [D7:F7] 영역에 붙여넣기 한다.

② [D7] 셀에 '=D$3*D4'를 입력한 후 채우기 핸들을 [F7] 셀까지 드래그한다.

③ [D5] 셀을 복사하여 [D7:F7] 영역에 '값'으로 붙여넣기 한다.

④ [D7:F7] 영역을 선택한 상태에서 '=D$3*D4'를 입력한다.

> [D5] 셀을 [D7:F7] 영역에 복사하면 다음과 같이 복사됩니다.
> • [D7] : =D$3*D6
> • [E7] : =E$3*E6
> • [F7] : =F$3*F6
> [D3] 셀의 행 번호에만 절대 참조($)가 지정되어 있으므로 [D3] 셀의 행 번호만 3으로 고정되고 나머지는 변경됩니다.

01. 다음 중 셀 범위를 선택한 후 그 범위에 이름을 정의하여 사용하는 것에 대한 설명으로 옳지 않은 것은? 23.상시, 21.상시, 19.2, 19.1, …

① 이름은 기본적으로 상대 참조를 사용한다.

② 이름에는 공백이 없어야 한다.

③ 이름은 대소문자를 구별하지 않는다.

④ 정의된 이름은 다른 시트에서도 사용할 수 있다.

> 이름은 기본적으로 절대 참조를 사용합니다.

02. 다음 중 아래 그림과 같이 [A2:D5] 영역을 선택하여 이름을 정의한 경우에 대한 설명으로 옳지 않은 것은? 24.상시, 23.상시, 16.3, 14.3

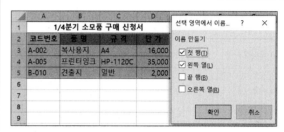

① [B3:B5] 영역을 선택하면 워크시트의 이름 상자에 '품_명'이라고 표시된다.

② [A3:A5] 영역을 선택하면 워크시트의 이름 상자에 '코드번호'라고 표시된다.

③ [B3:D3] 영역을 선택하면 워크시트의 이름 상자에 'A_002'라고 표시된다.

④ 정의된 이름은 모든 시트에서 사용할 수 있으며, 이름 정의 후 참조 대상을 편집할 수도 있다.

> • [B3:D5] 영역을 선택해야 이름 상자에 '코드번호'라고 표시됩니다.
> • '선택 영역에서 이름 만들기' 대화상자에서 '첫 행'과 '왼쪽 열'을 선택하고 실행했을 때 정의된 이름은 다음과 같습니다.
>
> | A | B | C | D |
> |---|---|---|---|
> | 1 | | 1/4분기 소모품 구매 신청서 | |
> | 2 | 코드번호 | 품 명 | 규 격 | 단 가 |
> | 3 | A-002 | 복사용지 | A4 | 16,000 |
> | 4 | A-005 | 프린터잉크 | HP-1120C | 35,000 |
> | 5 | B-010 | 견출지 | 일반 | 2,000 |
>
> | 번호 | 이름 | 셀 범위 |
> |---|---|---|
> | ① | 코드번호 | B3:D5 |
> | ② | 품_명 | B3:B5 |
> | ③ | 규_격 | C3:C5 |
> | ④ | 단_가 | D3:D5 |
> | ⑤ | A_002 | B3:D3 |
> | ⑥ | A_005 | B4:D4 |
> | ⑦ | B_010 | B5:D5 |

24.상시, 23.상시, 22.상시, 21.상시, 19.2, 19.1, 18.2, 17.2, 16.3, 16.2, 15.3, … 1360113

핵심 **107** 이름 정의

• 자주 사용하는 셀이나 셀 범위에 이름을 지정하는 것으로, 수식이나 함수에서 주소 대신 이름을 참조하여 사용한다.

• 정의된 이름을 사용하여 수식이나 함수에서 참조 범위를 쉽게 지정할 수 있으며, 함수나 수식의 의미를 좀더 명확히 할 수 있다.

• 정의된 이름은 참조 시 절대 참조 방식으로 사용된다.

• 수식에 이미 입력된 셀 참조(주소)를 이름으로 정의할 수 있다.

• 첫 문자는 반드시 문자(영문, 한글)나 밑줄(_) 또는 역슬래시(\)로 시작해야 한다.

• 이름에 공백을 사용할 수 없다.

• 대 · 소문자는 구분하지 않으며 최대 255자까지 지정할 수 있다.

• 같은 통합 문서 내에서 동일한 이름을 중복하여 사용할 수 없다.

• 이름을 셀 주소 형식으로 지정할 수 없다.

핵심 108 통계 함수

실습 03 ☞ 19쪽

AVERAGE(인수1, 인수2, …)	인수들의 평균을 반환함
AVERAGEA(인수1, 인수2, …)	• 인수들의 평균을 반환함 • AVERAGE와 다른 점은 숫자가 아닌 셀도 인수로 사용함
AVERAGEIF(조건이 적용될 범위, 조건, 평균을 구할 범위)	'조건이 적용될 범위'에서 '조건'에 맞는 셀을 찾아 '평균을 구할 범위' 중 같은 행에 있는 값들의 평균값을 반환함
AVERAGEIFS(평균을 구할 범위, 조건1이 적용될 범위, 조건1, 조건2가 적용될 범위, 조건2, …)	여러 개의 조건이 적용될 범위에서 여러 개의 조건에 맞는 셀을 찾아 '평균을 구할 범위' 중 같은 행에 있는 값들의 평균값을 반환함
MAX(인수1, 인수2, …)	인수들 중에서 가장 큰 값을 반환함
MAXA(인수1, 인수2, …)	• 인수 중에서 가장 큰 값을 반환함 • MAX와 다른 점은 숫자는 물론 빈 셀, 논리값, 숫자로 표시된 텍스트 등도 인수로 사용함
MIN(인수1, 인수2, …)	인수들 중에서 가장 작은 값을 반환함
MINA(인수1, 인수2, …)	• 인수 중에서 가장 작은 값을 반환함 • MIN과 다른 점은 숫자는 물론 빈 셀, 논리값, 숫자로 표시된 텍스트 등도 인수로 사용함
COUNT(인수1, 인수2, …)	인수들 중에서 숫자가 있는 셀의 개수를 반환함
COUNTA(인수1, 인수2, …)	인수들 중에서 자료가 입력되어 있는 셀의 개수를 반환함
COUNTBLANK(범위)	범위 중 자료가 없는 셀의 개수를 반환함
COUNTIF(범위, 조건)	지정된 범위에서 조건에 맞는 셀의 개수를 반환함
COUNTIFS(조건1이 적용될 범위, 조건1, 조건2가 적용될 범위, 조건2, …)	여러 개의 조건이 적용될 범위에서 여러 개의 조건에 맞는 셀을 찾아 개수를 반환함
LARGE(범위, n번째)	범위 중 n번째로 큰 값을 반환함
SMALL(범위, n번째)	범위 중 n번째로 작은 값을 반환함
RANK.EQ(인수, 범위, 논리 값)	• 지정된 범위 안에서 인수의 순위를 반환하는데, 동일한 값들은 동일하지 않을 경우 나올 수 있는 순위들 중 가장 높은 순위를 동일하게 반환함 • 옵션 　– 0 또는 생략 : 내림차순을 기준으로 순위 부여 　– 0 이외의 값 : 오름차순을 기준으로 순위 부여
VAR.S(인수1, 인수2, …)	인수로 주어진 숫자들의 표본 분산값을 반환함
STDEV.S(인수1, 인수2, …)	인수로 주어진 숫자들의 표본 표준편차값을 반환함
MEDIAN(인수1, 인수2, …)	인수들의 중간값을 반환함
MODE.SNGL(인수1, 인수2, …)	인수 중 가장 빈도수가 높은 값을 반환함

01. 아래 워크시트에서 평균에 대한 내림차순 순위를 구하고자 한다. [E2] 셀에 함수식을 입력한 후 채우기 핸들을 이용하여 [E3:E6] 영역에 복사하려고 할 때, 입력해야 할 함수식으로 옳은 것은?
23.상시, 22.상시, 21.상시, 13.3, 12.3, 07.4, 07.3

	A	B	C	D	E
1	이름	국어	수학	평균	순위
2	구연	100	94	97	
3	진아	99	88	93.5	
4	원빈	65	66	65.5	
5	이리	80	83	81.5	
6	은비	75	77	76	

① =RANK.EQ(D2, $D$2:$D$6, 0)

② =RANK.EQ(D2, $D$2:$D$6, 1)

③ =RANK.EQ(D2, D$2:D$6, 0)

④ =RANK.EQ(D2, D$2:D$6, 1)

> • [D2:D6] 영역은 비교 대상이므로 행 방향으로 채우기 핸들을 드래그하여도 변하지 않도록 [$D$2:$D$6] 또는 [D$2:D$6] 형태로 입력해야 합니다.
> • 옵션 0은 순위를 내림차순으로 구하기 위해 지정한 것으로, 생략할 수 있습니다.

02. 다음 중 [A8] 셀에 아래 함수식을 입력했을 때 나타나는 결과로 옳은 것은?
22.상시, 19.1

```
=COUNTBLANK(A1:A7) + COUNT(A1:A7)
```

	A
1	민영호
2	
3	이민정
4	노치국
5	6
6	2019-09-09
7	
8	

① 4

② 5

③ 6

④ 7

> =COUNTBLANK(A1:A7) + COUNT(A1:A7)
> 　　　　❶　　　　　　　❷
> 　　　　　　　❸
> ❶ COUNTBLANK(A1:A7) : COUNTBLANK(인수1, 인수2) 함수는 인수 중 비어 있는 셀의 개수를 구하므로 2를 반환합니다.
> ❷ COUNT(A1:A7) : COUNT(인수1, 인수2, …) 함수는 인수 중 숫자가 들어 있는 셀의 개수를 구하므로 2를 반환합니다.
> ❸ ❶ + ❷ : 2+2 = 4입니다.

03. 다음 중 [C10] 셀에 판매량이 판매량 평균 이상인 지점의 개수를 구하는 수식으로 올바른 것은?
24.상시, 22.상시, 21.상시

	A	B	C
1	지점	대표자	판매량
2	마포	고아라	125
3	서대문	나영희	85
4	을지로	박철수	94
5	강남	안도혜	108
6	강서	최순이	75
7	강북	최하늘	12
8	강동	김수창	98
9			
10	판매량 평균 이상		4

① =COUNTIF(C2:C8, ">="&AVERAGE($C$2:$C$8))

② =COUNTIF(">="&AVERAGE($C$2:$C$8))

③ =COUNTIF(C2:C8, ">=AVERAGE($C$2:$C$8)")

④ =COUNTIF(">="&AVERAGE($C$2:$C$8), C2:C8)

> =COUNTIF(C2:C8, ">="&AVERAGE($C$2:$C$8))
> 　　　　　　　　　　　❶
> 　　　　　　　　❷
> ❶ AVERAGE($C$2:$C$8) : [C2:C8] 영역의 평균을 구하면 결과는 85.28입니다.
> ❷ =COUNTIF(C2:C8,">="&❶) → =COUNTIF(C2:C8, ">="&85.28) : [C2:C8] 영역에서 85.28보다 크거나 같은 값의 개수를 구하면 결과는 4입니다.
> ※ &는 두 문자열을 연결하여 하나의 문자열로 만드는 연산자입니다.
> ※ ③번 수식이 틀린 이유 : ">=AVERAGE($C$2:$C$8)"과 같이 AVERAGE 함수를 큰따옴표(" ") 안에 입력하면 함수가 아닌 단순 텍스트로 인식하므로 올바른 결과가 나오지 않습니다. 함수를 이용하여 조건을 지정할 때는 반드시 ">="&AVERAGE($C$2:$C$8)과 같이 입력해야 합니다.

24.상시, 23.상시, 22.상시, 21.상시, 20.상시, 20.2, 19.상시, 19.1, 18.상시, … 3360114

핵심 109 수학/삼각 함수 실습 04 ☞ 20쪽

SUM(인수1, 인수2, …)	인수들의 합계를 반환함
SUMIF(조건이 적용될 범위, 조건, 합계를 구할 범위)	조건에 맞는 셀을 찾아 합계를 반환함
SUMIFS(합계를 구할 범위, 조건1이 적용될 범위, 조건1, 조건2가 적용될 범위, 조건2, …)	여러 개의 조건이 적용될 범위에서 여러 개의 조건에 맞는 셀을 찾아 '합계를 구할 범위' 중 같은 행에 있는 값들의 합계값을 반환함
ROUND(인수, 반올림 자릿수)	인수에 대하여 지정한 '반올림 자릿수'로 반올림함
ROUNDUP(인수, 올림 자릿수)	인수에 대하여 지정한 '올림 자릿수'로 올림함
ROUNDDOWN(인수, 내림 자릿수)	인수에 대하여 지정한 '내림 자릿수'로 내림함
ABS(인수)	인수의 절대값을 반환함
INT(인수)	인수보다 크지 않은 정수값을 반환함
RAND( )	0과 1 사이의 난수를 반환함
RANDBETWEEN(인수1, 인수2)	지정한 두 수 사이의 난수를 반환함
MOD(인수1, 인수2)	인수1을 인수2로 나눈 나머지값을 반환함
FACT(인수)	인수의 계승 값을 반환함
SQRT(인수)	• 인수의 양의 제곱근을 반환함 • 인수가 음수면 에러가 발생함
POWER(인수, 제곱값)	인수를 '제곱값'만큼 거듭 곱한 값을 반환함
TRUNC(인수, 자릿수)	인수에 대해 자릿수 미만의 수치를 버린 값을 반환함
PI( )	수치 상수 파이(π)를 15자리까지를 계산함
EXP(인수)	e를 인수만큼 거듭제곱한 값을 반환함

• ROUND, ROUNDUP, ROUNDDOWN 함수의 자릿수

3	8	6	4	.	5	5	8	8
−3자리	−2자리	−1자리	0자리		1자리	2자리	3자리	4자리

01. 다음 중 수식의 실행 결과가 옳지 않은 것은?

24.상시, 23.상시, 18.2, 16.2, 14.3, 11.1

① =MOD(13, −3) ⇒ −2

② =POWER(3, 2) ⇒ 9

③ =INT(−7.4) ⇒ −7

④ =TRUNC(−8.6) ⇒ −8

> ① =MOD(13, −3) : MOD(인수1, 인수2) 함수는 인수1을 인수2로 나눈 나머지를 구하므로 −2를 반환합니다.
> ② =POWER(3, 2) : POWER(인수, 제곱값) 함수는 인수의 거듭 제곱값을 구하므로 9(3^2)를 반환합니다.
> ③ =INT(−7.4) : INT(인수) 함수는 인수보다 크지 않은 정수를 구하므로 −8을 반환합니다.
> ④ =TRUNC(−8.6) : TRUNC(인수, 자릿수) 함수는 지정한 자릿수 미만을 버리므로 −8을 반환합니다.

> ① =MOD(13, −3) : MOD(인수1, 인수2) 함수는 인수1을 인수2로 나눈 나머지를 구하므로 −2를 반환합니다.
> ② =POWER(3, 2) : POWER(인수, 제곱값) 함수는 인수의 거듭 제곱값을 구하므로 9(3^2)를 반환합니다.
> ③ =INT(−7.4) : INT(인수) 함수는 인수보다 크지 않은 정수를 구하므로 −8을 반환합니다.
> ④ =TRUNC(−8.6) : TRUNC(인수, 자릿수) 함수는 지정한 자릿수 미만을 버리므로 −8을 반환합니다.

02. 아래 워크시트에서 '부서'가 "기획부"이고 '경력여부'가 "신입"인 직원들의 면접 점수 합계를 구하고자 할 때 [D11] 셀에 입력할 수식으로 옳은 것은?

24.상시, 23.상시

	A	B	C	D
1				
2	사번	부서	경력여부	면접
3	K-0001	기획부	경력	85
4	K-0002	인사부	신입	79
5	K-0003	기획부	경력	93
6	K-0004	인사부	신입	82
7	K-0005	기획부	경력	84
8	K-0006	경리부	신입	78
9	K-0007	기획부	신입	90
10	K-0008	경리부	경력	88
11	기획부 신입 면접 점수 합계			

① =SUMIF(B3:B10, "기획부", C3:C10, "신입", D3:D10)

② =SUMIFS(D3:D10, B3:B10, "기획부", C3:C10, "신입")

③ =SUMIF(B3:B10, C3:C10, "기획부", "신입", D3:D10)

④ =SUMIFS(B3:B10, "기획부", C3:C10, "신입", D3:D10)

> SUMIFS(합계를 구할 범위, 조건1이 적용될 범위, 조건1, 조건2가 적용될 범위, 조건2, …)는 여러 조건에 맞는 셀들의 합계를 구하는 함수입니다.
> • 합계를 구할 범위 : 면접의 합계를 구해야 하므로 면접 점수가 있는 [D3:D10] 영역을 입력합니다.
> • 조건1이 적용될 범위 : 첫 번째 조건의 대상이 되는 부서가 있는 [B3:B10] 영역을 입력합니다.
> • 조건1 : 부서에서 기획부를 찾아야 하므로 "기획부"를 입력합니다.
> • 조건2가 적용될 범위 : 두 번째 조건의 대상이 되는 경력여부가 있는 [C3:C10] 영역을 입력합니다.
> • 조건2 : 경력여부에서 신입을 찾아야 하므로 "신입"을 입력합니다.

03. 다음 수식의 결과가 나머지와 다른 것은?

22.상시, 21.상시, 00.2

① =LEFT(123.654, 6)

② =ROUND(123.654, 2)

③ =ROUNDUP(123.654, 2)

④ =ROUNDDOWN(123.654, 2)

> ① =LEFT(123.654, 6) : 123.654에서 왼쪽부터 6글자를 표시하면 123.65입니다.
> ② =ROUND(123.654, 2) : 123.654를 소수점 이하 셋째 자리에서 반올림하여 둘째 자리까지 표시하면 123.65입니다.
> ③ =ROUNDUP(123.654, 2) : 123.654를 소수점 이하 셋째 자리에서 올림하여 둘째 자리까지 표시하면 123.66입니다.
> ④ =ROUNDDOWN(123.654, 2) : 123.654를 소수점 이하 셋째 자리에서 내림하여 둘째 자리까지 표시하면 123.65입니다.

핵심 110 텍스트 함수

LEFT(텍스트, 개수)	텍스트의 왼쪽부터 지정한 개수만큼 반환함
MID(텍스트, 시작 위치, 개수)	텍스트의 시작 위치부터 지정한 개수만큼 반환함
RIGHT(텍스트, 개수)	텍스트의 오른쪽부터 지정한 개수만큼 반환함
LEN(텍스트)	텍스트의 길이(개수)를 반환함
REPT(텍스트, 개수)	텍스트를 개수만큼 반복하여 반환함
LOWER(텍스트)	텍스트를 모두 소문자로 변환하여 반환함
UPPER(텍스트)	텍스트를 모두 대문자로 변환하여 반환함
PROPER(텍스트)	텍스트의 첫 문자만 대문자로 변환하여 반환함
TRIM(텍스트)	텍스트의 양쪽 공백을 제거함
FIND(찾을 텍스트, 문자열, 시작 위치)	• 문자열의 시작 위치에서부터 찾을 텍스트를 찾아 그 위치 값을 반환함 • 문자를 모두 한 글자로 계산함 • 대/소문자를 구분하며, 와일드카드(*, ?) 문자를 사용할 수 없음
SEARCH(찾을 텍스트, 문자열, 시작 위치)	• 문자열의 시작 위치에서부터 찾을 텍스트를 찾아 그 위치 값을 반환함 • 문자를 모두 한 글자로 계산함 • 대/소문자를 구분할 수 없고, 와일드카드(*, ?) 문자를 사용할 수 있음

01. 아래 워크시트에서 [B2] 셀은 '=LEFT(A2, 2)' 수식을 적용하여 텍스트 형식으로 입력된 [A2] 셀의 값에서 앞 2자리를 추출한 것이다. [B2] 셀의 수식을 채우기 핸들을 이용하여 [B5] 셀까지 계산한 후 [B6] 셀에 '=SUM(B2:B5)' 수식을 입력할 경우 표시되는 결과로 옳은 것은?   24.상시

	A	B
1	입력값	추출값
2	35개	35
3	15개	15
4	20개	20
5	35개	35
6	합계	

① 0   ② #VALUE!

③ #NAME?   ④ 105

• 텍스트 함수(LEFT, RIGHT, MID 등)를 이용하여 추출된 값은 숫자 데이터가 아니고 문자 데이터이므로 [B6] 셀에는 0이 표시됩니다.
• 텍스트 함수의 결과를 숫자 데이터로 표시하려면 수식의 뒤에 *1을 입력해야 합니다. 즉 [B2] 셀에 =LEFT(A2, 2)*1을 입력하고 채우기 핸들을 이용하여 [B5] 셀까지 계산한 후 [B6] 셀에 =SUM(B2:B5)을 입력하면 105가 표시됩니다.

02. 다음 중 아래 워크시트의 [A2] 셀에 수식을 작성하는 경우 수식의 결과가 다른 하나는?   21.상시, 18.상시, 17.2

	A
1	대한상공대학교
2	

① =MID(A1, SEARCH("대", A1)+2, 5)

② =RIGHT(A1, LEN(A1)−2)

③ =RIGHT(A1, FIND("대", A1)+5)

④ =MID(A1, FIND("대", A1)+2, 5)

---

① =MID(A1, SEARCH("대", A1)+2, 5)
    ①
    ❶ SEARCH("대", A1) : SEARCH(텍스트1, 텍스트2) 함수는 대/소문자 구분없이 텍스트2에서 텍스트1을 찾아 위치를 표시하므로, [A1] 셀에서 "대"를 찾으면 결과는 1입니다.
    ❷ =MID(A1, ❶+2, 5) = =MID(A1, 1+2, 5) : MID(텍스트, 시작 위치, 개수) 함수는 텍스트의 시작 위치부터 지정한 개수만큼 표시하므로, [A1] 셀에서 3번째 글자부터 5글자를 표시하면 결과는 "상공대학교"입니다.

② =RIGHT(A1, LEN(A1)−2)
    ❶
    ❶ LEN(A1) : LEN(텍스트) 함수는 문자의 개수를 구하므로, [A1] 셀의 문자 수를 표시하면 결과는 7입니다.
    ❷ =RIGHT(A1, ❶−2) → =RIGHT(A1, 7−2) : RIGHT(텍스트, 개수) 함수는 텍스트의 오른쪽부터 지정한 개수만큼 표시하므로, [A1] 셀에서 오른쪽부터 5글자를 표시하면 결과는 "상공대학교"입니다.

③ =RIGHT(A1, FIND("대", A1)+5)
    ❶
    ❶ FIND("대", A1) : FIND(텍스트1, 텍스트2) 함수는 대/소문자를 구분하여 텍스트2에서 텍스트1을 찾아 위치를 표시하므로, [A1] 셀에서 "대"를 찾으면 결과는 1입니다.
    ❷ =RIGHT(A1, ❶+5) → =RIGHT(A1, 1+5) : RIGHT(텍스트, 개수) 함수는 텍스트의 오른쪽부터 지정한 개수만큼 표시하므로, [A1] 셀에서 오른쪽부터 6글자를 표시하면 결과는 "한상공대학교"입니다.

④ =MID(A1, FIND("대", A1)+2, 5)
    ❶
    ❶ FIND("대", A1) : 결과는 1입니다.
    ❷ =MID(A1, ❶+2, 5) = =MID(A1, 1+2, 5) : [A1] 셀에서 3번째 글자부터 5글자를 표시하면 결과는 "상공대학교"입니다.

핵심 111 날짜/시간 함수   실습 05 ☞ 20쪽

YEAR(날짜)	날짜에서 연도만 추출하여 반환함
MONTH(날짜)	날짜에서 월만 추출하여 반환함
DAY(날짜)	날짜에서 일만 추출하여 반환함

WEEKDAY(날짜, 옵션)	• 날짜에 해당하는 요일번호를 반환함
	• 옵션
	  − 1 또는 생략 : 1(일요일) ~ 7(토요일)
	  − 2 : 1(월요일) ~ 7(일요일)
	  − 3 : 0(월요일) ~ 6(일요일)

DAYS(마지막 날짜, 시작 날짜)	마지막 날짜에서 시작 날짜를 뺀 일 수를 계산하여 반환함
DATE(년, 월, 일)	년, 월, 일에 대한 날짜의 일련번호 반환함
TODAY( )	현재 날짜를 반환함

EDATE(시작 날짜, 월수)	• 시작 날짜에서 월수를 더한 날짜를 반환함
	• 월수
	  − 양수 : 이후 날짜를 대상으로 구함
	  − 음수 : 이전 날짜를 대상으로 구함

EOMONTH(날짜, 월수)	• 지정한 날짜를 기준으로 몇 개월 이전 또는 이후 달의 마지막 날짜를 반환함
	• 월수
	  − 양수 : 이후 날짜를 대상으로 구함
	  − 음수 : 이전 날짜를 대상으로 구함

WORKDAY(시작날짜, 일수, 휴일날짜)	시작날짜에 주말과 휴일날짜를 제외하고 일수만큼 지난 날짜를 반환함
HOUR(시간)	시간에서 시만 추출하여 반환함
MINUTE(시간)	시간에서 분만 추출하여 반환함
SECOND(시간)	시간에서 초만 추출하여 반환함
TIME(시, 분, 초)	시, 분, 초에 대한 시간의 일련번호를 반환함
NOW( )	현재 날짜와 시간을 반환함

SWITCH(변환할 값, 인수1, 결과1, 인수2, 결과2, …, 일치하는 인수가 없을 때 결과)	'변환할 값'이 인수1이면 결과1을, 인수2이면 결과2를, … 변환할 값과 일치하는 인수가 없을 경우 '일치하는 인수가 없을 때 결과'를 반환함
NOT(인수)	인수의 반대 논리값을 반환함
AND(인수1, 인수2, …)	주어진 인수가 모두 참이면 참을 반환함
OR(인수1, 인수2, …)	인수 중 하나라도 참이면 참을 반환함

01. 다음 중 시스템의 현재 날짜에서 년도를 구하는 수식으로 옳은 것은?
23.상시, 21.상시, 19.1

① =DAYS(YEAR( ))

② =DAY(YEAR( ))

③ =YEAR(TODAY( ))

④ =YEAR(DATE( ))

> 시스템의 현재 날짜를 나타내는 함수는 TODAY( )이고, 날짜에서 연도만 추출하는 함수는 YEAR( )이므로 시스템의 현재 날짜에서 년도를 구하는 수식은 =YEAR(TODAY( ))입니다.

02. 다음 중 각 수식에 대한 결과가 옳지 않은 것은?
16.2, 15.1

① =MONTH(EDATE("2015-3-20", 2)) → 5

② =EDATE("2015-3-20", 3) → 2015-06-20

③ =EOMONTH("2015-3-20", 2) → 2015-05-20

④ =EDATE("2015-3-20", -3) → 2014-12-20

> ① =MONTH(EDATE("2015-3-20", 2))
>   ①
>   ②
>
> ❶ EDATE("2015-3-20", 2) : EDATE(날짜, 월수) 함수는 지정한 날짜를 기준으로 몇 개월 이전 또는 이후 날짜를 구하므로 2015-3-20의 2개월 이후는 2015-5-20입니다.
> ❷ =MONTH(❶) → =MONTH("2015-5-20") : MONTH(날짜) 함수는 날짜에서 월만 표시하므로, 2015-5-20에서 월만 추출하면 5입니다.
> ② =EDATE("2015-3-20", 3) : EDATE(날짜, 월수) 함수는 지정한 날짜를 기준으로 몇 개월 이전 또는 이후 날짜를 구하므로 2015-3-20의 3개월 이후는 2015-6-20입니다.
> ③ =EOMONTH("2015-3-20", 2) : EOMONTH(날짜, 월수) 함수는 지정한 날짜를 기준으로 몇 개월 이전 또는 이후 달의 마지막 날짜를 구하므로, 2015-3-20의 2개월 이후 달 마지막 날짜는 2015-05-31입니다.
> ④ =EDATE("2015-3-20", -3) : EDATE(날짜, 월수) 함수에서 월수가 음수이면 이전 날짜를 구하므로 2015-3-20의 3개월 전은 2014-12-20입니다.

24.상시, 23.상시, 20.상시, 20.2, 20.1, 19.1, 15.2, 14.3, 14.2, 13.1, 12.3, 12.2, …
4208701

핵심 112 논리 함수
실습 06 ☞ 21쪽

IF(조건, 인수1, 인수2)	조건을 비교하여 '참'이면 인수1, '거짓'이면 인수2를 반환함
IFS(조건1, 인수1, 조건2, 인수2, …)	조건1이 '참'이면 인수1을, 조건2가 '참'이면 인수2를, … 조건n이 '참'이면 인수n을 반환함
IFERROR(인수, 오류 시 표시할 값)	인수로 지정한 수식이나 셀에서 오류가 발생하면 '오류 시 표시할 값'을 반환하고, 그렇지 않으면 결과값을 반환함

01. '성적1' 필드와 '성적2' 필드의 값이 모두 90 이상이면 '진급여부' 필드에 "진급"을, 둘 중 하나만 90 이상이면 "대기", 나머지는 공백으로 표시하는 수식으로 옳은 것은?
24.상시, 23.상시

	A	B	C	D
1	이름	성적1	성적2	진급여부
2	보라미	94	95	
3	미라미	80	97	
4	김은혜	85	82	
5	박한솔	90	83	

① =IF(COUNTIFS(B2:C2, ">=90")=1, "진급", IF(COUNTIFS(B2:C2, ">=90")=2, "대기", " "))

② =IF(COUNTIF(B2:C2, ">=90")=2, "진급", IF(COUNTIF(B2:C2, ">=90")=1, "대기", " "))

③ =IF(COUNTIFS(">=90", B2:C2)>=1, "진급", IF(COUNTIFS((">=90", B2:C2)=1, "대기", " "))

④ =IF(COUNTIF(B2:C2, ">=90")>=1, "진급", IF(COUNTIF(B2:C2, ">=90")=1, "대기", " "))

> =IF(COUNTIF(B2:C2, ")=90")=2, "진급", IF(COUNTIF(B2:C2, ")=90")=1, "대기", " "))
>   ①   ②
> • ❶의 조건에 따라 [B2:C2] 영역에서 90 이상인 셀이 2개이면 ❷("진급")을 반환하고, 아니면 ❸을 수행합니다.
> • ❸ : [B2:C2] 영역에서 90 이상인 셀이 1개이면 "대기"를, 아니면 공백을 반환합니다.

02. 아래 워크시트에서 비고[C2:C8]에 1인면적[B2:B8]이 작은 순으로 순위를 구하여 1~3위까지는 "공간확장"을 표시하고 나머지는 공백으로 표시하려고 한다. [C2] 셀에 입력할 수식으로 옳은 것은?
24.상시

	A	B	C
1	부서	1인면적(m3)	비고
2	기획부	61.52	
3	영업부	58.61	
4	총무부	72.65	
5	관리부	48.25	
6	인사부	55.58	
7	국제부	65.45	
8	국내부	52.45	
9			

① =IF(RANK.EQ(B2, $B$2:$B$8, 0)<=3, "공간확장", " ")

② =IF(B2>=SMALL($B$2:$B$8, 3), "공간확장", " ")

③ =IF(RANK.EQ(B2, $B$2:$B$8, 1)>=3, "공간확장", " ")

④ =IF(B2<=SMALL($B$2:$B$8, 3), "공간확장", " ")

> =IF(B2<=SMALL(B2:B8, 3), "공간확장", " ")
>   ①
>   ②
> • ❶ SMALL(B2:B8, 3) : SMALL(범위, n번째) 함수는 '범위' 중 'n번째'로 작은 값을 반환하므로 [B2:B8] 영역에서 3번째로 작은 값을 반환합니다.

② =IF(B2<=❶, "공간확장", " ") : IF(조건, 인수1, 인수2) 함수는 '조건'이 참이면 '인수1', 거짓이면 '인수2'를 반환하므로 [B2] 셀의 값 ❶ 이하, 즉 세 번째로 작은 값 이하이면 '공간확장'을, 그 외에는 공백을 반환합니다.

※ IF와 RANK.EQ 함수를 이용하여 동일한 결과를 산출하는 수식은 다음과 같습니다.

=IF(RANK.EQ(B2, B2:B8, 1)<=3, "공간확장", " ")
  　　　　❶　　　　　　　　❷

❶ RANK.EQ(B2, B2:B8, 1) : RANK.EQ(인수, 범위, 옵션) 함수는 지정된 '범위'에서 '옵션'에 맞게 '인수'의 순위를 반환합니다. 옵션이 1(TRUE)이므로 [B2:B8] 영역에서 오름차순으로 [B2] 셀의 순위를 반환합니다.

❷ =IF(❶<=3, "공간확장", " ") : ❶이 3 이하, 즉 순위가 3위 이내이면 "공간확장"을, 그 외에는 공백을 반환합니다.

핵심 113　찾기/참조 함수　　실습 07 ☞ 21쪽

- VLOOKUP(찾을값, 범위, 열 번호, 옵션) : 범위의 첫 번째 열에서 옵션에 맞게 찾을값과 같은 데이터를 찾은 후 찾을값이 있는 행에서 지정된 열 번호 위치에 있는 값을 반환함

- HLOOKUP(찾을값, 범위, 행 번호, 옵션) : 범위의 첫 번째 행에서 옵션에 맞게 찾을값과 같은 데이터를 찾은 후 찾을값이 있는 열에서 지정된 행 번호 위치에 있는 값을 반환함

잠깐만요 VLOOKUP과 HLOOKUP 옵션
- TRUE 또는 생략 : 기준값보다 크지 않은 값 중에서 가장 근접한 값을 찾음
- FALSE : 기준값과 정확히 일치하는 값을 찾음

- CHOOSE(인수, 첫 번째, 두 번째, …) : 인수가 1이면 1번째, 인수가 2이면 2번째, … 인수가 n이면 n번째를 반환함

- INDEX(범위, 행 번호, 열 번호) : 지정된 범위에서 행 번호와 열 번호의 위치에 있는 데이터를 반환함

- MATCH(찾을값, 범위, 옵션) : 범위에서 찾을값과 같은 데이터를 찾아 옵션을 적용하여 그 위치를 일련번호로 반환함

잠깐만요 MATCH 옵션
- -1 : 찾을값보다 크거나 같은 값 중 가장 작은 값(내림차순 정렬)
- 0 : 찾을값과 정확하게 일치하는 값
- 1 : 찾을값보다 작거나 같은 값 중에서 가장 큰 값(오름차순 정렬)

- COLUMN(셀) : 주어진 셀의 열 번호를 반환함
- COLUMNS(셀 범위) : 주어진 셀 범위의 열 개수를 반환함
- ROW(셀) : 주어진 셀의 행 번호를 반환함
- ROWS(셀 범위) : 주어진 셀 범위의 행 개수를 반환함

---

01. 다음 중 제품단가[C2:C7]와 수량[D2:D7] 그리고 수량에 따른 택배비[A11:C14]를 이용하여 판매금액[E2:E7]을 계산하되, 계산 시 오류가 발생할 경우 "보류"를 표시하는 수식으로 옳은 것은? (단, '판매금액 = 제품단가 × 수량 + 택배비'임)　24.상시

	A	B	C	D	E
1	제품코드	제품명	제품단가	수량	판매금액
2	A-001	사과	10,500	8	
3	A-002	배	9,500	2	
4	A-003	체리	7,500	미정	
5	A-004	망고	9,500	12	
6	A-005	귤	5,500	미정	
7	A-006	바나나	4,500	13	
8					
9		<택배비>			
10	수량		택배비		
11	0	2	3,500		
12	2	5	2,000		
13	5	10	1,000		
14	10		0		
15					

① =IFERROR(C2*D2+VLOOKUP(D2, $A$11:$C$14, 3, 0), "보류")

② =IFERROR(C2*D2+VLOOKUP(D2, $A$11:$C$14, 3, 1), "보류")

③ =IFERROR("보류", C2*D2+VLOOKUP(D2, $A$11:$C$14, 3, 1))

④ =IFERROR("보류", C2*D2+VLOOKUP(D2, $A$11:$C$14, 3, 0))

=IFERROR(C2*D2+VLOOKUP(D2, $A$11:$C$14, 3, 1), "보류")
　　　　　　　❶
　　　　　　　❷

❶ VLOOKUP(D2, $A$11:$C$14, 3, 1) : VLOOKUP(찾을값, 범위, 열 번호, 옵션) 함수는 '범위'의 첫 번째 열에서 '옵션'에 맞게 '찾을값'과 같은 값을 찾은 후 '찾을값'이 있는 행에서 지정된 '열 번호' 위치에 있는 값을 반환합니다. 옵션이 1(TRUE)이므로 [A11:C14] 영역의 첫 번째 열에서 [D2] 셀의 값 8보다 크지 않은 가장 근삿값 5를 찾은 후 5가 있는 행(13)에서 3번째 열에 있는 1000을 반환합니다.

❷ =IFERROR(C2*D2+❶, "보류") → =IFERROR(10500*8+1000, "보류") : IFERROR(인수, 오류 시 표시 할 값) 함수는 '인수'로 지정한 수식이나 셀에서 오류가 발생했으면 '오류 시 표시할 값'을, 그렇지 않으면 결과값을 반환하므로 '10500*8+1000'의 결과값인 85000을 반환합니다.

02. 아래 워크시트에서 합계에 대한 순위를 구하여 1위는 '대상', 2위는 '금상', 3위는 '은상', 4위는 '동상', 나머지는 공백으로 표시하려고 할 때, [E2] 셀에 입력해야 할 함수식으로 옳은 것은?　24.상시, 23.상시

	A	B	C	D	E
1	성명	이론	실기	합계	수상
2	이신호	47	45	92	은상
3	최준호	38	47	85	동상
4	김봉선	46	48	94	금상
5	이영주	40	42	82	
6	이지연	49	48	97	대상
7	백인호	37	43	80	

① =CHOOSE(RANK.EQ(D2, $D$2:$D$7), "대상", "금상", "은상", "동상", " ", " ")

② =CHOOSE(RANK.EQ(D2, $D$2:$D$7), "대상", "금상", "은상", "동상")

③ =CHOOSE(RANK.EQ($D$2:$D$7, D2), "대상", "금상", "은상", "동상", " ", " ")

④ =CHOOSE(RANK.EQ($D$2:$D$7, D2), "대상", "금상", "은상", "동상")

=CHOOSE(RANK.EQ(D2, $D$2:$D$7), "대상", "금상", "은상", "동상", " ", " ")
　　　　　　　①

① RANK.EQ(D2, $D$2:$D$7) : RANK.EQ(인수, 범위, 옵션) 함수는 지정된 '범위'에서 '인수'의 순위를 반환하므로 [$D$2:$D$7] 영역에서 내림차순(옵션 0)을 기준으로 [D2] 셀의 순위를 반환합니다.
② CHOOSE(①, "대상", "금상", "은상", "동상", " ", " ") : CHOOSE(인수, 첫 번째, 두 번째, …) 함수는 인수가 1이면 1번째, 인수가 2이면 2번째를 반환하므로 ①의 결과가 1이면 "대상", 2이면 "금상", 3이면 "은상", 4이면 "동상", 5와 6이면 공백을 반환합니다.

24.상시, 23.상시, 21.상시, 20.2, 19.1, 18.1, 16.3, 15.3, 15.2, 13.1, 12.2, 12.1, … 　 3360119

핵심 114　데이터베이스 함수　실습 08 ☞ 22쪽

- **DSUM(데이터 범위, 필드 번호, 조건)** : 해당 데이터 범위에서 조건에 맞는 자료를 대상으로 지정된 필드 번호에서 합계값을 반환함
- **DAVERAGE(데이터 범위, 필드 번호, 조건)** : 해당 데이터 범위에서 조건에 맞는 자료를 대상으로 지정된 필드 번호에서 평균값을 반환함
- **DCOUNT(데이터 범위, 필드 번호, 조건)** : 해당 데이터 범위에서 조건에 맞는 자료를 대상으로 지정된 필드 번호에서 숫자가 있는 셀의 개수를 반환함
- **DCOUNTA(데이터 범위, 필드 번호, 조건)** : 해당 데이터 범위에서 조건에 맞는 자료를 대상으로 지정된 필드 번호에서 자료가 있는 셀의 개수를 반환함
- **DMAX(데이터 범위, 필드 번호, 조건)** : 해당 데이터 범위에서 조건에 맞는 자료를 대상으로 지정된 필드 번호에서 가장 큰 값을 반환함
- **DMIN(데이터 범위, 필드 번호, 조건)** : 해당 데이터 범위에서 조건에 맞는 자료를 대상으로 지정된 필드 번호에서 가장 작은 값을 반환함

01. 아래 시트에서 월기본급이 2,000,000 이상인 직원의 월기본급 평균을 구하는 수식으로 옳지 않은 것은? 　24.상시

	A	B	C	D	E
1	순번	이름	직위	월기본급	상여금
2	1	김봉선	부장	3,800,000	380,000
3	2	김태영	과장	2,800,000	280,000
4	3	최복선	대리	1,900,000	190,000
5	4	최명희	사원	1,500,000	150,000
6	5	이준호	대리	2,100,000	210,000
7					
8				월기본급	
9				>=2000000	
10					
11		월기본급 2,000,000 이상 평균			
12					

① =DAVERAGE(B1:E6, 3, D8:D9)

② =DAVERAGE(B1:E6, D1, D8:D9)

③ =DAVERAGE(B1:E6, 월기본급, D8:D9)

④ =AVERAGEIF(D2:D6, ">=2000000", D2:D6)

DAVERAGE(데이터 범위, 필드 번호, 조건) 함수의 '필드 번호'에는 필드 번호(3)나 필드 주소(D1), 필드명("월기본급")을 지정할 수 있는데 필드명을 지정할 때는 필드명을 반드시 큰따옴표(" ")로 묶어야 합니다.

---

02. 아래 워크시트에서 '소속'이 "영업1부"이고 '성별'이 "남자"인 직원들의 수를 구하고자 할 때 [C11] 셀에 입력할 수식으로 옳은 것은? 　24.상시, 23.상시

	A	B	C
1			
2	성명	소속	성별
3	이봉안	영업1부	남자
4	최복선	영업2부	여자
5	김지복	영업3부	남자
6	김장희	영업1부	남자
7	김귀완	영업2부	남자
8	지옥선	영업3부	여자
9	송명자	영업1부	여자
10	김태영	영업2부	여자
11	영업1부 남자수		

① =DCOUNT(A2:C10, A2, B2:C3)

② =DCOUNTA(A2:C10, A2, B2:C3)

③ =COUNTIF(A2:C10, A2, B2:C3)

④ =COUNTFIS(A2:C10, A2, B2:C3)

문제의 조건은 2개이고, 숫자가 아닌 자료의 개수를 구해야 하므로 DCOUNTA 또는 COUNTIFS 함수를 사용해야 하는데, ④번은 COUNTIFS(조건1이 적용될 범위, 조건1, 조건2가 적용될 범위, 조건2, …) 함수의 인수가 잘못 지정되어 오류가 표시됩니다.

24.상시, 22.상시, 21.상시, 20.1, 19.상시, 19.2, 16.3, 16.2, 15.3, 12.3, 12.1, … 　3310401

핵심 115　차트의 개요　실습 09 ☞ 22쪽

- 차트를 이용하면 데이터의 추세나 유형 등을 쉽게 이해할 수 있을 뿐만 아니라, 많은 양의 데이터를 간결하게 요약할 수도 있다.
- 차트를 작성하기 위해서는 반드시 원본 데이터가 있어야 한다.
- 원본 데이터가 바뀌면 차트의 모양도 바뀐다.
- 차트는 2차원과 3차원 차트로 구분된다.
- 차트만 별도로 표시하는 차트(Chart) 시트를 만들 수 있다.
- 기본적으로 만들어지는 차트는 묶은 세로 막대형이지만 다른 차트로 변경할 수 있다.
- 데이터를 범위로 지정한 후 F11을 누르면 별도의 차트 시트에 기본 차트가 작성되고, Alt + F1을 누르면 데이터가 있는 워크시트에 기본 차트가 작성된다.
- 기본적으로 숨겨진 행이나 열에 있는 데이터는 차트에 표시되지 않으며, 빈 셀이 있는 경우 빈 셀만큼 데이터 요소 사이의 간격이 벌어져 표시된다.
- 사용자가 만든 차트를 차트 서식 파일로 등록하면 '차트 삽입' 대화상자의 [모든 차트] 탭 중 [서식 파일]에 표시된다.

---

01. 다음 중 차트에 대한 설명으로 옳지 않은 것은?

24.상시, 22.상시, 21.상시, 16.3

① 기본적으로 워크시트의 행과 열에서 숨겨진 데이터는 차트에 표시되지 않으며 빈 셀은 간격으로 표시된다.

② 표에서 특정 셀 한 개를 선택하여 차트를 생성하면 해당 셀을 직접 둘러싸는 표의 데이터 영역이 모두 차트에 표시된다.

③ 차트를 만들 데이터를 선택한 후 [Alt]+[F1]을 누르면 별도의 차트 시트가 생성된다.

④ 차트에 두 개 이상의 차트 종류를 사용하여 혼합형 차트를 만들 수도 있다.

> 차트를 만들 데이터를 선택한 후 [Alt]+[F1]을 누르면 데이터가 있는 워크시트에 기본 차트(묶은 세로 막대형)가 작성됩니다. 별도의 차트 시트를 생성하려면 차트를 만들 데이터를 선택한 후 [F11]을 누릅니다.

24.상시, 23.상시, 22.상시, 21.상시, 20.상시, 20.2, 20.1, 19.상시, 19.2, …   3310402

핵심 116 차트의 구성 요소 실습 09 ☞ 22쪽

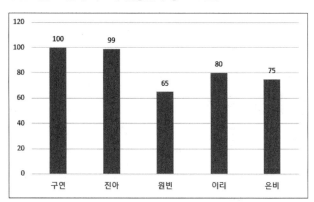

차트 영역	차트 전체를 의미하며, 바탕에 그림이나 배경 무늬를 삽입할 수 있음
그림 영역	가로 축과 세로 축으로 둘러싸인 영역으로, 그림이나 배경 무늬를 삽입할 수 있음
차트 제목	• 차트의 제목을 표시함 • 워크시트의 셀과 차트의 제목을 연결하여 셀의 내용을 차트 제목으로 표시할 수 있음
눈금선	가로 축과 세로 축의 눈금을 그림 영역으로 연장한 선으로, 주 눈금선과 보조 눈금선을 설정할 수 있음
세로(값) 축	데이터 계열의 값을 포함하는 숫자로, 데이터 계열의 값을 가늠할 수 있음
가로(항목) 축	차트를 구성하는 데이터 항목을 표시함

데이터 계열	실질적인 값을 표시하기 위한 선이나 막대로, 각 계열마다 다른 색이나 무늬를 가짐
데이터 레이블	데이터 계열의 값이나 계열 이름, 항목 이름 등을 표시함
데이터 요소	• 데이터 계열의 값을 그림으로 나타냄 • 데이터 계열을 구성하는 하나하나의 항목
범례	데이터 계열을 구분하는 표시와 데이터 계열의 이름을 표시함
데이터 테이블	차트에 사용된 원본 데이터를 표시함
추세선	특정한 데이터 계열의 변화 추세를 파악하기 위해 표시하는 선

01. 다음 그림의 차트에 설정된 구성 요소는? 24.상시, 22.상시, 21.상시

① 범례
② 차트 제목
③ 데이터 레이블
④ 데이터 테이블

> 나머지 보기로 제시된 구성 요소를 차트에 표시하면 다음과 같습니다.

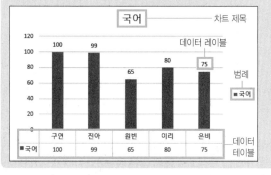

02. 다음 중 아래 차트에 대한 설명으로 옳지 않은 것은?

24.상시, 23.상시

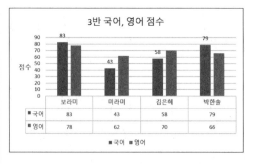

① 차트 위쪽에 차트 제목이 표시되어 있다.

② 세로(값) 축 제목이 가로 방향으로 표시되어 있다.

③ 차트 아래쪽에 범례 표지가 없는 데이터 테이블이 표시되어 있다.

④ 데이터 레이블의 위치가 바깥쪽 끝으로 설정되어 있다.

차트 아래쪽에는 범례 표지가 포함되어 있는 데이터 테이블이 표시되어 있습니다.

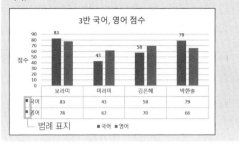

잠깐만요 **오차 막대**
• 데이터 계열의 오차량을 그림으로 나타낸 것입니다.
• **실행** [차트 디자인] → [차트 레이아웃] → [차트 요소 추가] → [오차 막대]에서 적용할 오차 막대를 선택
• 데이터 계열의 각 데이터 표식에 대한 오류 가능성이나 불확실성의 정도를 표시합니다.
• 계열에 있는 데이터 요소와 관련 있는 워크시트 값이나 수식을 변경하면 오차 막대도 조정됩니다.
• 고정값, 백분율, 표준 편차, 표준 및 오차 등으로 표시할 수 있습니다.
• 3차원 차트에는 오차 막대를 표시할 수 없습니다.
• 세로 오차 막대 적용 가능 차트 : 영역형, 세로 막대형, 꺾은선형, 분산형, 거품형 차트 등
• 세로 오차 막대, 가로 오차 막대 적용 가능 차트 : 분산형, 거품형 차트

24.상시, 23.상시, 22.상시, 21.상시, 20.1, 19.상시, 19.1, 18.2, 17.1, 16.2, 16.1, … 1360201

핵심 117 **차트 편집 1** 실습 10 ☞ 24쪽

• 차트 종류 변경 : [차트 디자인] → [종류] → [차트 종류 변경]을 클릭하여 변경함
• 원본 데이터 변경 : [차트 디자인] → [데이터] → [데이터 선택]을 클릭한 후 '데이터 원본 선택' 대화상자에서 지정함
※ 원본 데이터가 변경되면 차트의 모양도 바뀜
• 행/열 전환 : [차트 디자인] → [데이터] → [행/열 전환]을 클릭하여 '범례 항목(계열)'과 '가로(항목) 축 레이블'을 서로 바꿈
• 차트 위치 변경 : [차트 디자인] → [위치] → [차트 이동]을 클릭하여 이동하거나 마우스로 드래그하여 이동함
• 셀에 맞춰 차트 크기 조절 : Alt를 누른 상태에서 차트 영역을 마우스로 드래그
• 데이터 추가 : 기존 데이터의 변경이 아닌 새로운 데이터를 차트에 추가하려면 추가할 데이터 범위를 복사(Ctrl + C)하여 차트 영역을 선택한 후 붙여넣기(Ctrl + V)함
• 추세선 추가
  – 특정한 데이터 계열에 대한 변화 추이를 파악하기 위해 표시하는 선
  – [차트 디자인] → [차트 레이아웃] → [차트 요소 추가] → [추세선]에서 추세선 종류를 선택함
  – 3차원, 방사형, 원형, 도넛형, 표면형 차트에는 추세선을 추가할 수 없음
  – 추세선에 사용된 수식을 추세선과 함께 차트에 표시할 수 있음
• 3차원 회전 : 차트의 바로 가기 메뉴에서 [3차원 회전]을 선택하여 3차원 차트의 높이와 원근감, X · Y 축의 회전 각도 등을 변경함
• 데이터 레이블 추가 : [차트 디자인] → [차트 레이아웃] → [차트 요소 추가] → [데이터 레이블]에서 표시할 위치 선택
• 범례 위치 변경 : 차트를 선택한 후 [차트 디자인] → [차트 레이아웃] → [차트 요소 추가] → [범례]에서 위치를 선택함
※ '차트 디자인' 메뉴를 이용하여 범례의 위치를 변경하면 그림 영역의 크기가 자동으로 조정되지만 마우스로 드래그 하여 이동하면 아무런 변화가 없음

---

01. 다음 중 차트에 대한 설명으로 옳은 것은? 24.상시

① 차트의 원본 데이터가 변경되더라도 차트의 모양은 변경되지 않는다.
② 차트는 데이터가 있는 시트에 만들 수도 있고, 별도의 차트 시트로도 만들 수 있다.
③ 3차원 차트에 추세선을 추가할 수 있다.
④ Ctrl을 누른 상태에서 차트 크기를 조절하면 차트의 크기가 셀에 맞춰 조절된다.

① 차트의 원본 데이터가 변경되면 차트의 모양도 자동으로 변경됩니다.
③ 3차원 차트에는 추세선을 추가할 수 없습니다.
④ Ctrl이 아닌 Alt를 누른 상태에서 차트 크기를 조절해야 차트의 크기가 셀에 맞춰 조절됩니다.

02. 다음 차트에 대한 설명으로 옳지 않은 것은? 23.상시, 22.상시

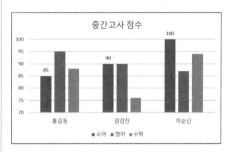

① '계열 겹치기' 값이 음수로 지정되었다.
② 국어 계열에 대해서만 데이터 레이블이 표시되었다.
③ 범례는 아래쪽으로 지정되었다.
④ '행/열 전환'을 수행하면 세로 축과 가로 축이 서로 변경된다.

'행/열 전환'을 수행하면 다음과 같이 가로(항목) 축의 데이터 계열과 범례 항목(계열)이 서로 변경됩니다.

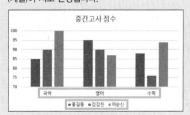

03. 다음 중 차트의 오차 막대에 대한 설명으로 옳지 않은 것은?

24.상시

① 데이터 계열의 각 데이터 표식에 대한 오류 가능성이나 불확실성의 정도를 표시한다.
② 세로형 막대 차트는 가로 오차 막대, 세로 오차 막대 모두 사용 가능하다.
③ 계열에 있는 데이터 요소와 관련 있는 워크시트 값이나 수식을 변경하면 오차 막대도 조정된다.
④ 오차량 계산식으로는 표준 편차, 표준 및 오차, 백분율 등이 있다.

세로형 막대 차트는 세로 오차 막대만 사용 가능합니다.

핵심 118   차트 편집 2   실습 10 ☞ 24쪽

- **차트 제목 서식 변경** : 차트 제목을 더블클릭한 후 '차트 제목 서식' 창에서 변경함
- **축 서식 변경** : 세로(값) 축의 단위를 변경하기 위해 세로(값) 축을 더블클릭한 후 '축 서식' 창에서 변경함
- **눈금선 서식 변경** : 눈금선을 더블클릭한 후 '눈금선 서식' 창에서 변경함
- **데이터 계열 순서 변경** : 차트 영역의 바로 가기 메뉴에서 [데이터 선택]을 선택한 후 '데이터 원본 선택' 대화상자에서 변경함
- **그림 영역 서식 변경** : 그림 영역을 더블클릭한 후 '그림 영역 서식' 창에서 변경함
- **데이터 표식 항목의 간격 너비 및 계열 겹치기 변경**
  - 데이터 계열을 더블클릭한 후 '데이터 계열 서식' 창의 [계열 옵션] → [(계열 옵션)] → [계열 옵션]에서 변경함
  - 계열 겹치기
    ▶ 데이터 계열의 항목들이 겹치도록 지정하는 것
    ▶ 100% ~ 100% 사이의 값을 지정함
    ▶ 양수로 지정하면 데이터 계열이 겹쳐져 표시되고, 음수로 지정하면 데이터 계열 사이가 벌어져 표시됨
  - 간격 너비
    ▶ 막대와 막대 사이의 간격을 지정하는 것
    ▶ 0% ~ 500% 사이의 값을 지정함
    ▶ 수치가 클수록 막대와 막대 사이의 간격은 넓어지고 막대의 너비는 줄어듦
- **데이터 계열을 곡선으로 변경** : 데이터 계열을 더블클릭한 후 '데이터 계열 서식' 창의 [계열 옵션] → [(채우기 및 선)] → [선] → [선]에서 '완만한 선'을 선택함
- **범례 서식 변경** : 범례를 더블클릭한 후 '범례 서식' 창에서 변경함
- **차트 서식 기본값으로 되돌리기** : 기본값으로 되돌릴 요소를 선택한 후 [서식] → [현재 선택 영역] → [스타일에 맞게 다시 설정] 클릭

---

01. 다음 중 아래 차트에 대한 설명으로 옳은 것은?

21.상시, 19.1

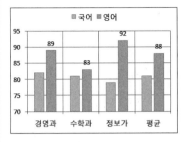

① 세로(값) 축의 축 서식에서 '기본 단위' 간격을 95로 설정하였다.
② 데이터 계열 서식의 '계열 겹치기' 값을 0보다 작은 음수 값으로 설정하였다.
③ '영어'의 데이터 레이블은 안쪽 끝에 표시되고 있다.
④ 가로(항목) 축의 주 눈금선과 보조 눈금선이 함께 표시되고 있다.

① 세로(값) 축의 축 서식에서 기본 단위 간격을 5, 최대값을 95로 설정하였습니다.
③ '영어'의 데이터 레이블은 바깥쪽 끝에 표시되어 있습니다.
④ 가로(항목) 축에는 주 눈금선만 표시되어 있습니다.

02. 다음 차트에 대한 설명으로 틀린 것은?

24.상시

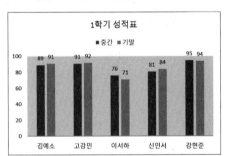

① 데이터 레이블이 '바깥쪽 끝에'로 설정되어 있다.
② 가로(항목) 축에 눈금선이 표시되어 있지 않다.
③ 차트 영역에 채우기 색이 지정되어 있다.
④ 범례가 위쪽에 배치되어 있다.

채우기 색이 지정된 위치는 차트 영역이 아니라 그림 영역입니다.

24.상시, 23.상시, 22.상시, 21.상시, 19.상시, 19.2, 19.1, 18.상시, 18.2, 18.1, … 1360124

핵심 119 용도별 차트의 종류

세로 막대형	• 각 항목 간의 값을 막대의 길이로 비교 · 분석함 • 가로(항목) 축은 수평, 세로(값) 축은 수직으로 나타냄
가로 막대형	• 각 항목 간의 값을 막대의 길이로 비교 · 분석함 • 가로(항목) 축은 수직, 세로(값) 축은 수평으로 나타냄
꺾은선형	일정 기간의 데이터 변화 추이를 확인하는 데 적합함
원형	• 전체 항목의 합에 대한 각 항목의 비율을 나타냄 • 중요한 요소를 강조할 때 사용함 • 항상 한 개의 데이터 계열만 사용하므로 축이 없음
분산형	• XY 좌표로 이루어진 한 계열로 두 개의 숫자 그룹을 나타냄 • 데이터의 불규칙한 간격이나 묶음을 보여줌 • 주로 과학 · 공학용 데이터 분석에 사용됨
거품형	• 계열 간의 항목 비교에 사용함 • 분산형 차트의 한 종류로 데이터 계열값이 세 개인 경우에 사용함 • Z축에 해당하는 값(세 번째 변수값)을 작성하지 않고, 거품의 크기로 표시함
영역형	• 시간에 따른 각 값의 변화량을 비교할 때 사용함 • 전체 영역과 특정 값의 영역을 비교해 전체와 부분 간의 관계를 나타낼 수 있음
도넛형	• 전체에 대한 각 부분의 관계를 비율로 나타내어 각 부분을 비교할 때 사용함 • 원형 차트와는 달리 여러 개의 데이터 계열을 갖음
방사형	• 많은 데이터 계열의 집합적인 값을 나타낼 때 사용함 • 각 계열은 가운데에서 뻗어 나오는 값 축을 갖음
표면형	두 개의 데이터 집합에서 최적의 조합을 찾을 때 사용함
주식형	주식의 거래량과 같은 주가의 흐름을 파악하고자 할 때 사용함
트리맵	• 계층 간의 상대적 크기를 비교할 때 사용함 • 계층 간의 비율을 사각형으로 표시함 • 색과 근접성을 기준으로 각 계층을 분류함
이중 축	• 2개 이상의 데이터 계열을 가진 차트에서 또 하나의 값 축을 추가하여 이중으로 값을 표시하는 차트 • 특정 데이터 계열의 값이 다른 데이터 계열의 값과 현저하게 차이가 나거나, 종류가 다른 2개 이상의 데이터 계열을 가진 차트에 효율적으로 사용됨
혼합형 (콤보)	• 두 개 이상의 데이터 계열을 가진 차트에서 특정 데이터 계열을 강조하기 위해 해당 데이터 계열을 다른 차트로 표시하는 것 • 3차원, 주식형, 거품형, 표면형, 트리맵 차트는 혼합형 차트로 만들 수 없음
스파크라인	• 하나의 셀에 표시되는 미니 차트 • 선택 영역의 각 데이터 행을 표현함

01. 다음 중 각 차트에 대한 설명으로 옳지 않은 것은?

24.상시, 21.상시, 19.2, 06.2

① 꺾은선형 차트 : 일정 간격에 따라 데이터의 추세를 나타내기에 적합하다.

② 원형 차트 : 전체에 대한 각 부분의 관계를 보여주며, 여러 데이터 계열이 각각의 고리로 표시된다.

③ 방사형 차트 : 각 데이터 요소의 중간 지점에 대한 값의 변화를 보여주며, 여러 데이터 계열의 집계 값을 비교하기에도 용이하다.

④ 분산형 차트 : 여러 데이터 계열에 있는 숫자 값 사이의 관계를 보여주거나 두 개의 숫자 그룹을 xy 좌표로 이루어진 하나의 계열로 표시한다.

> 원형 차트는 전체 항목의 합에 대한 각 항목의 비율을 나타내는 차트로, 한 개의 데이터 계열만 사용합니다. 여러 데이터 계열이 각각의 고리로 표시된 것은 도넛형 차트입니다.

02. 다음과 같이 수량과 실적에 따른 점유율을 확인하는데 가장 알맞은 차트는 무엇인가?

23.상시, 22.상시, 21.상시

▲	A	B	C	D
1	순번	수량	실적	점유율
2	1	35	3,500,000	17%
3	2	40	4,000,000	19%
4	3	42	4,200,000	20%
5	4	58	5,800,000	28%
6	5	33	3,300,000	16%

① 도넛형   ② 분산형

③ 거품형   ④ 영역형

> 수량, 실적, 점유율과 같이 데이터 계열 값이 세 개인 경우에 사용되는 차트는 거품형입니다.

03. 다음 중 차트에 대한 설명으로 옳지 않은 것은?

23.상시, 19.2, 18.1, 15.2, 14.1

① 표면형 차트 : 두 개의 데이터 집합에서 최적의 조합을 찾을 때 사용한다.

② 방사형 차트 : 분산형 차트의 한 종류로 데이터 계열 간의 항목 비교에 사용된다.

③ 분산형 차트 : 데이터의 불규칙한 간격이나 묶음을 보여주는 것으로 주로 과학이나 공학용 데이터 분석에 사용된다.

④ 이중 축 차트 : 특정 데이터 계열의 값이 다른 데이터 계열의 값과 현저하게 차이가 날 경우나 두 가지 이상의 데이터 계열을 가진 차트에 사용한다.

> 방사형 차트는 많은 데이터 계열의 집합적인 값을 나타낼 때 사용합니다. ②번은 거품형 차트의 설명입니다.

24.상시, 23.상시, 21.상시, 20.상시, 20.1, 19.상시, 19.1, 18.상시, 18.2, 17.1, … 1360125

핵심 120 틀 고정/창 나누기

틀 고정	• 데이터의 양이 많은 경우, 열이나 행을 고정시켜 셀 포인터의 이동과 상관없이 특정 영역을 항상 표시하기 위해 사용함 • 화면에 표시되는 틀 고정 형태는 인쇄 시 적용되지 않음 • 틀 고정을 수행하면 셀 포인터의 왼쪽과 위쪽으로 고정선이 표시됨 • 틀 고정선의 위치를 마우스로 조정할 수 없음 • 첫 행이나 첫 열을 고정하려면 셀 포인트의 위치에 상관 없이 [보기] → [창] → [틀 고정] → [첫 행 고정]/[첫 열 고정]을 선택함
창 나누기	• 데이터의 양이 많아 필요한 데이터를 한 화면으로 보기 어려운 경우, 창 나누기를 이용하면 서로 떨어져 있는 데이터를 한 화면에 표시할 수 있음 • 창 나누기를 수행하면 셀 포인터의 왼쪽과 위쪽으로 창 구분선이 표시됨 • 하나의 시트를 2개 혹은 4개의 영역으로 나눔 • 셀 포인터의 위치에 따라 수직, 수평, 수직 · 수평 분할이 가능함 • 창 나누기 구분선의 위치를 마우스로 이동시킬 수 있음 • 마우스로 더블클릭하면 창 나누기 구분선이 제거됨 • 창 나누기 구분선은 인쇄 시 적용되지 않음

01. 다음은 '창 나누기'와 '틀 고정'에 대한 설명이다. 잘못된 것은?

23.상시, 02.1

① 창 구분선을 마우스로 드래그하여 위치를 이동할 수 있다.

② 창 나누기는 워크시트를 여러 개의 창으로 분리하는 기능으로 최대 4개로 분할할 수 있다.

③ 틀 고정을 마우스로 끌어서 위치를 변경할 수 있다.

④ 메뉴 [창] → [틀 고정]을 선택하면 현재 셀 포인터의 왼쪽, 위쪽에 틀 고정선이 나타난다.

> 틀 고정선의 위치는 마우스로 조정할 수 없습니다.

02. 다음 중 틀 고정 및 창 나누기에 대한 설명으로 옳지 않은 것은?

23.상시, 17.1

① 화면에 나타나는 창 나누기 형태는 인쇄 시 적용되지 않는다.

② 창 나누기를 수행하면 셀 포인트의 오른쪽과 아래쪽으로 창 구분선이 표시된다.

③ 창 나누기는 셀 포인트의 위치에 따라 수직, 수평, 수직·수평 분할이 가능하다.

④ 첫 행을 고정하려면 셀 포인트의 위치에 상관 없이 [틀 고정] → [첫 행 고정]을 선택한다.

> 창 나누기를 수행하면 셀 포인터의 왼쪽과 위쪽을 기준으로 창 구분선이 표시됩니다.

24.상시, 23.상시, 22.상시, 21.상시, 20.상시, 20.2, 20.1, 19.상시, 19.2, 19.1,   1360126

핵심 121 **'페이지 설정' 대화상자**

실행 [페이지 레이아웃] → [페이지 설정의 📐] 클릭

탭	설명
페이지	• 용지 방향(가로, 세로), 용지 크기, 인쇄 품질(해상도 지정), 시작 페이지 번호 등을 설정함 • 배율 – 확대/축소 배율 : 워크시트 표준 크기의 10~400%까지 확대/축소하여 인쇄함 – 자동 맞춤 : 데이터 양에 관계없이 지정된 페이지 수에 맞게 인쇄되도록 자동으로 축소/확대 배율이 조정됨
여백	• 인쇄 용지의 상·하·좌·우 여백 및 머리글/바닥글의 여백을 조정함 • 페이지 가운데 맞춤 : 데이터가 페이지의 수직/수평 가운데에 출력되도록 설정함
머리글/바닥글	• 문서 제목, 페이지 번호, 사용자 이름, 작성 날짜 등 페이지마다 고정적으로 표시되는 머리글이나 바닥글을 입력함 • 짝수와 홀수 페이지를 다르게 지정 : 짝수와 홀수 페이지의 머리글/바닥글 내용을 다르게 지정함 • 첫 페이지를 다르게 지정 : 첫 페이지의 머리글/바닥글 내용을 다른 페이지와 다르게 지정함 • 문서에 맞게 배율 조정 : 머리글/바닥글 내용을 출력되는 워크시트의 실제 크기의 백분율에 따라 확대·축소함 • 페이지 여백에 맞추기 : 머리글/바닥글의 여백을 워크시트의 왼쪽/오른쪽 여백에 맞춰 머리글/바닥글을 표시하기에 충분한 여백을 확보함 • 머리글/바닥글 편집 도구 모음 · 🄰 : 텍스트 서식 🄳 : 페이지 번호 삽입 🄳 : 전체 페이지 수 삽입 · 🄳 : 날짜 삽입 🄳 : 시간 삽입 🄳 : 파일 경로 삽입 · 🄳 : 파일 이름 삽입 🄳 : 시트 이름 삽입 🄳 : 그림 삽입 · 🄳 : 그림 서식 • 도구 모음을 이용하지 않고 &를 사용하여 원하는 머리글/바닥글 항목을 직접 입력할 수 있음 • 머리글/바닥글 영역에 앰퍼샌드(&)를 표시하려면 앰퍼샌드(&)를 두 번 입력함
시트	• 눈금선 인쇄 여부, 메모, 노트 등의 인쇄 여부 및 위치 지정, 행/열 머리글 인쇄 여부 지정 • 인쇄 영역 : 특정 부분만 인쇄할 경우 범위를 지정하며, 숨겨진 열이나 행은 인쇄되지 않음 • 인쇄 제목 : 모든 페이지마다 제목으로 반복 인쇄할 행이나 열 지정 · 1~4행 반복 : 인쇄 제목의 반복할 행에 $1:$4로 지정 · A~B열 반복 : 인쇄 제목의 반복할 열을 $A:$B로 지정 • 주석 및 메모 : 시트에 포함된 메모와 노트의 인쇄 여부 및 인쇄 위치를 지정함 • 셀 오류 표시 : 오류의 표시 방법을 지정함 • 간단하게 인쇄 : 워크시트에 입력된 차트, 도형, 그림, 워드아트, 괘선 등 모든 그래픽 요소를 제외하고 텍스트만 빠르게 인쇄함

01. 다음 중 [페이지 설정] 대화상자의 [시트] 탭에 대한 설명으로 옳지 않은 것은?

24.상시, 23.상시

① 눈금선을 체크하면 셀 눈금선이 인쇄되지 않는다.

② 인쇄 제목을 이용하면 모든 페이지에 반복 인쇄할 영역을 지정할 수 있다.

③ 워크시트의 행/열 머리글이 인쇄되도록 설정할 수 있다.

④ '간단하게 인쇄'를 체크하면 도형 등의 그래픽 요소가 인쇄되지 않는다.

> 눈금선을 체크하면 셀 눈금선이 인쇄됩니다.

02. 다음 중 [페이지 설정] 대화상자의 [머리글/바닥글] 탭에 대한 설명으로 옳지 않은 것은?

22.상시, 21.상시, 17.2

① 홀수 페이지의 머리글 및 바닥글을 짝수 페이지와 다르게 지정하려면 '짝수와 홀수 페이지를 다르게 지정'을 선택한다.

② 인쇄되는 첫 번째 페이지에서 머리글과 바닥글을 표시하지 않으려면 '첫 페이지를 다르게 지정'을 선택한 후 머리글과 바닥글 편집에서 첫 페이지 머리글과 첫 페이지 바닥글에 아무것도 설정하지 않는다.

③ 인쇄될 워크시트를 워크시트의 실제 크기의 백분율에 따라 확대·축소하려면 '문서에 맞게 배율 조정'을 선택한다.

④ 머리글 또는 바닥글을 표시하기에 충분한 머리글 또는 바닥글 여백을 확보하려면 '페이지 여백에 맞추기'를 선택한다.

> 인쇄될 워크시트가 아닌 머리글/바닥글의 내용을 워크시트의 실제 크기의 백분율에 따라 확대·축소할 때 '문서에 맞게 배율 조정'을 선택합니다.

03. 다음 중 [페이지 설정] 대화상자의 [시트] 탭에 대한 설명으로 옳지 않은 것은? 24.상시, 22.상시, 21.상시

① 셀에 삽입된 메모를 시트 끝에 인쇄되도록 설정할 수 있다.
② 셀 구분선이나 그림 개체 등은 제외하고 셀에 입력된 데이터만 인쇄되도록 설정할 수 있다.
③ 워크시트의 행/열 머리글과 눈금선이 인쇄되도록 설정할 수 있다.
④ 용지 여백과 용지 크기를 설정할 수 있다.

> 용지 여백은 '여백' 탭에서, 용지 크기는 '페이지' 탭에서 설정할 수 있습니다.

24.상시, 23.상시, 22.상시, 21.상시, 20.2, 20.1, 18.2, 16.2, 15.1, 14.3   1309505

핵심 122 페이지 나누기

작성한 문서를 페이지 단위로 나누어 인쇄하기 위해 페이지를 나누는 기능이다.

자동 페이지 나누기	• 인쇄할 데이터가 많아 한 페이지가 넘어가면 자동으로 페이지 구분선이 삽입됨 • 페이지 구분선은 용지 크기, 여백 설정, 설정한 배율 옵션을 기준으로 설정됨
수동 페이지 나누기	• [페이지 레이아웃] → [페이지 설정] → [나누기] → [페이지 나누기 삽입]을 선택함 • 사용자가 강제로 페이지를 나누는 것으로, 셀 포인터의 위치를 기준으로 왼쪽과 위쪽에 페이지 구분선이 삽입됨 • 페이지 나누기가 설정된 셀을 선택하고, [페이지 레이아웃] → [페이지 설정] → [나누기] → [페이지 나누기 제거]를 선택하면 삽입된 페이지 구분선이 제거됨 • 행 높이나 열 너비가 변경되면 '자동 페이지 나누기'로 삽입된 구분선은 자동으로 조절되지만 '수동 페이지 나누기'로 삽입된 구분선은 원래대로 유지됨

01. 다음 중 페이지 나누기에 대한 설명으로 옳지 않은 것은? 24.상시, 22.상시, 21.상시, 20.1

① 페이지 나누기는 워크시트를 인쇄할 수 있도록 페이지 단위로 나누는 구분선이다.
② [페이지 나누기 미리 보기] 상태에서 마우스로 페이지 나누기 구분선을 클릭하여 끌면 페이지를 나눌 위치를 조정할 수 있다.
③ 행 높이와 열 너비를 변경해도 자동 페이지 나누기 구분선의 위치는 변경되지 않는다.
④ [페이지 나누기 미리 보기] 상태에서 파선은 자동 페이지 나누기를 나타내고 실선은 사용자 지정 페이지 나누기를 나타낸다.

> 행 높이와 열 너비를 변경하면 자동 페이지 나누기는 영향을 받아 자동으로 변경되고, 수동 페이지 나누기는 영향을 받지 않고 원래대로 유지됩니다.

24.상시, 23.상시, 22.상시, 21.상시, 20.2, 20.1, 18.2, 16.2, 15.1, 14.3   3310906

핵심 123 페이지 나누기 미리 보기

• 작성한 문서가 출력될 때의 페이지 경계선을 한눈에 볼 수 있는 기능으로, 페이지 구분선, 인쇄 영역, 페이지 번호 등이 표시된다.

실행 [보기] → [통합 문서 보기] → [페이지 나누기 미리 보기] 클릭

• '페이지 나누기 미리 보기' 상태에서는 데이터 입력뿐만 아니라 차트나 그림 등의 개체도 삽입할 수 있다.
• 마우스로 페이지 구분선을 드래그하여 위치를 변경할 수 있으며, 페이지 구분 선을 상·하·좌·우의 맨 끝으로 끌고가면 페이지 구분선이 제거된다.
• '페이지 나누기 미리 보기' 상태에서 자동으로 표시된 페이지 구분선은 점선, 수동으로 삽입한 페이지 구분선은 실선으로 표시된다.
• '페이지 나누기 미리 보기' 상태에서 자동으로 표시된 페이지 구분선을 이동시키면, 수동 페이지 구분선으로 변경되어 실선으로 표시된다.
• 설정된 모든 페이지 나누기 해제 : 바로 가기 메뉴의 [페이지 나누기 모두 원래대로] 선택

01. 다음 중 '페이지 나누기'에 대한 설명으로 옳지 않은 것은? 22.상시, 21.상시, 20.2

① [페이지 나누기 미리 보기]에서 행 높이와 열 너비를 변경하면 '자동 페이지 나누기'의 위치도 변경된다.
② [페이지 나누기 미리 보기]에서 수동으로 삽입된 페이지 나누기는 점선으로 표시된다.
③ 수동으로 삽입한 페이지 나누기를 제거하려면 페이지 나누기 선 아래 셀의 바로 가기 메뉴에서 [페이지 나누기 제거]를 선택한다.
④ 용지 크기, 여백 설정, 배율 옵션 등에 따라 자동 페이지 나누기가 삽입된다.

> '페이지 나누기 미리 보기' 상태에서 자동으로 표시된 페이지 구분선은 점선, 수동으로 삽입한 페이지 구분선은 실선으로 표시됩니다.

02. 다음 중 '페이지 나누기' 기능에 관한 설명으로 옳지 않은 것은? 23.상시, 22.상시, 21.상시, 16.2

① '페이지 나누기 미리 보기' 상태에서는 데이터의 입력이나 편집을 할 수 없다.
② 페이지 구분선을 마우스로 드래그 하여 구분선의 위치를 변경할 수 있다.
③ 수동으로 삽입된 페이지 나누기는 실선으로 표시되고 자동으로 추가된 페이지 나누기는 파선으로 표시된다.
④ 인쇄할 데이터가 많아 한 페이지가 넘어가면 자동으로 페이지 구분선이 삽입된다.

> [페이지 나누기 미리 보기] 상태에서는 데이터 입력이나 편집뿐만 아니라 차트나 그림 등의 개체도 삽입할 수 있습니다.

핵심 124 인쇄

- 프린터 종류, 인쇄 대상(선택 영역 인쇄, 활성 시트 인쇄, 전체 통합 문서 인쇄), 인쇄 매수 등을 설정할 수 있다.
- 파일로 인쇄할 경우 확장자 *.prn인 파일로 저장된다.
- 인쇄 미리 보기
  - 인쇄하기 전 머리글, 바닥글 등을 미리 화면으로 확인하는 기능이다.
  - 실행 방법 : [파일] → [인쇄]를 선택하거나 Ctrl + F2 누름
  - 차트를 선택한 후 [파일] → [인쇄]를 실행하면 차트만 미리 볼 수 있다.
  - ▥(여백 표시) : 마우스를 이용하여 여백의 크기나 열 너비를 조정할 수 있음
  - ▣(페이지 확대/축소) : 전체 페이지가 고정된 비율로 확대/축소됨
  - 인쇄 미리 보기 화면을 종료하려면 Esc를 누른다.
- 차트를 선택한 상태에서 인쇄하면 워크시트의 내용은 인쇄되지 않고 차트만 인쇄된다.
- 인쇄 영역에 포함된 도형을 제외하고 인쇄할 수 있다.

  방법 도형의 바로 가기 메뉴에서 [도형 서식]이나 [크기 및 속성]을 선택한 후 '도형 서식' 창의 [도형 옵션] → [▣(크기 및 속성)] → [속성]에서 '개체 인쇄' 옵션의 선택을 해제함

- 워크시트에 포함된 차트, 그림, 셀 눈금선 등을 제외하고 인쇄하려면 '페이지 설정' 대화상자의 '시트' 탭에서 '간단하게 인쇄'를 선택한 후 인쇄하면 된다.

01. 다음 중 [인쇄 미리 보기 및 인쇄]에 대한 설명으로 옳지 않은 것은? 23.상시, 22.상시

① 인쇄 미리 보기 화면을 종료하려면 Esc를 누르거나 왼쪽 상단의 ▣를 클릭한다.
② 차트를 선택한 후 [파일] → [인쇄]를 실행하면 선택한 차트만 미리 볼 수 있다.
③ 오른쪽 아래의 '페이지 확대/축소(▣)'를 클릭하면 화면에는 적용되지만 실제 인쇄 시에는 적용되지 않는다.
④ 오른쪽 아래의 '여백 표시(▥)'를 클릭하면 '페이지 설정' 대화상자의 '여백' 탭이 표시된다.

[인쇄 미리 보기 및 인쇄] 화면의 오른쪽 아래에 있는 '여백 표시(▥)'를 클릭하면 미리 보기 화면에 여백이 표시될 뿐 '페이지 설정' 대화상자는 표시되지 않습니다.

02. 다음 중 인쇄에 대한 설명으로 옳은 것은? 24.상시, 22.상시, …

① 기본적으로 워크시트에서 숨기기를 실행한 영역도 인쇄된다.
② 인쇄 영역에 포함된 도형들을 함께 인쇄하려면 [파일] → [인쇄]에서 '개체 인쇄'를 선택하여 인쇄한다.
③ 워크시트에 삽입된 차트만 인쇄하려면 차트가 선택된 상태에서 인쇄 명령을 실행한다.
④ 여러 시트를 한 번에 인쇄하려면 [파일] → [인쇄]에서 '여러 시트 인쇄'를 선택하여 인쇄한다.

① 기본적으로 워크시트에서 숨기기를 실행한 영역은 인쇄되지 않습니다.
② 인쇄 영역에 포함된 도형들을 함께 인쇄하려면 '도형 서식' 창의 [도형 옵션] → [▣(크기 및 속성)] → [속성]에서 '개체 인쇄'를 선택한 후 인쇄해야 합니다.
④ 여러 시트를 한 번에 인쇄하려면 인쇄할 시트를 모두 선택한 후 [파일] → [인쇄]에서 '활성 시트 인쇄'를 선택한 후 인쇄해야 합니다.

핵심 125 정렬 실습 12 ☞ 26쪽

- 정렬 기준은 최대 64개까지 지정할 수 있으며, 기본적으로 행 단위로 정렬된다.
- 정렬 방식에는 오름차순, 내림차순, 사용자 지정 목록이 있으며, 셀 값에 따라 정렬이 수행된다.
- 셀 값, 셀 색, 글꼴 색 등을 기준으로 정렬할 수 있다.
- 정렬 기준을 '셀 값'으로 지정하면 오름차순이나 내림차순으로 정렬하지만 '셀 색', '글꼴 색', '조건부 서식 아이콘'으로 지정하면 지정한 색이나 아이콘을 목록의 위나 아래에 표시한다.
- 원칙적으로 숨겨진 행/열에 있는 데이터는 정렬에 포함되지 않는다.
- 데이터 목록에 병합된 셀이 포함되어 있을 경우에는 정렬할 수 없다.
- 영문자 대 · 소문자를 구분하여 정렬할 수 있는 기능을 제공하며, 오름차순으로 정렬하면 소문자가 우선순위를 갖는다.
- 오름차순은 '숫자 〉 문자 〉 논리값 〉 오류값 〉 빈 셀' 순이고, 내림차순은 '오류값 〉 논리값 〉 문자 〉 숫자 〉 빈 셀' 순이다.
- '정렬' 대화상자 : 정렬 기준, 정렬 방식(오름차순, 내림차순, 사용자 지정 목록), 데이터 범위의 첫 행이 머리글인지 여부, 정렬 옵션 등을 지정함
- '정렬 옵션' 대화상자 : 대 · 소문자 구분 여부 지정, 정렬할 방향 지정(위쪽에서 아래쪽, 왼쪽에서 오른쪽)
- 사용자 지정 정렬
  - 사용자가 '사용자 지정 목록'에 등록한 목록을 기준으로 정렬하는 기능이다.
  - '정렬 기준'이 '셀 값'일 때만 사용 가능하다.
  - '정렬' 대화상자의 '정렬'에서 '사용자 지정 목록'을 선택하여 정렬 순서를 추가하거나 삭제할 수 있다.

01. 다음 중 정렬에 대한 설명으로 옳은 것은? 22.상시, 19.2

① 최대 24개의 열을 기준으로 정렬할 수 있다.
② 글꼴 색을 기준으로 정렬할 수 있다.
③ 정렬 대상 범위에 병합된 셀이 포함되어 있어도 정렬할 수 있다.
④ 숨겨진 행은 정렬 결과에 포함되나 숨겨진 열은 정렬 결과에 포함되지 않는다.

① 정렬 기준은 최대 64개의 열을 지정할 수 있습니다.
③ 정렬 대상 범위에 병합된 셀이 포함되어 있을 경우에는 정렬할 수 없습니다.
④ 원칙적으로 숨겨진 행이나 열에 있는 데이터는 정렬에 포함되지 않습니다.

02. 아래 워크시트에서 [A]열을 오름차순 정렬할 경우 올바르게 정렬된 것은?
24.상시, 23.상시, 22.상시

①   ②

③   ④

오름차순은 '숫자 〉 문자(특수문자 〉 영문 〉 한글) 〉 논리값 〉 오류값 〉 빈 셀' 순으로 정렬됩니다.

01. 다음 중 데이터 관리 기능인 자동 필터에 대한 설명으로 옳지 않은 것은?
22.상시, 21.상시

① 자동 필터는 데이터 영역에 표시되는 목록 단추를 이용하여 쉽고 빠르게 데이터를 추출할 수 있다.

② 필터는 필요한 데이터 추출을 위해 조건을 만족하지 않는 데이터를 잠시 숨기는 것이므로 목록 자체의 내용은 변경되지 않는다.

③ 자동 필터를 사용하여 추출한 데이터는 레코드(행) 단위로 표시된다.

④ 여러 필드를 대상으로 조건을 지정할 수 없다.

자동 필터는 여러 필드를 대상으로 조건을 지정할 수 있으며, 지정된 모든 조건을 만족하는 데이터가 표시됩니다.

02. 다음 중 자동 필터에 대한 설명으로 옳지 않은 것은?
24.상시, 23.상시

① 자동 필터에서 여러 필드에 조건을 지정하는 경우 각 조건들은 AND 조건으로 설정된다.

② 정렬 시 영문 대 · 소문자를 구분한다.

③ 자동 필터된 데이터만 선택하여 복사할 수 있다.

④ 필터링된 데이터 그대로 찾기, 편집, 인쇄 등의 작업을 수행할 수 있다.

자동 필터는 영문 대 · 소문자를 구분하지 못합니다.

24.상시, 23.상시, 22.상시, 21.상시, 16.2, 15.2, 15.1, 13.3, 12.3, 09.4, 09.1, …   1360202

핵심 126 자동 필터

- 단순한 비교 조건을 사용하여 간단한 데이터 추출 작업에 사용되는 필터이다.
- 자동 필터 목록 단추를 이용하여 쉽고 빠르게 필터 조건을 설정할 수 있다.
- 자동 필터를 사용하려면 데이터 목록에 반드시 필드명(열 이름표)이 있어야 한다.
- 자동 필터는 영문 대 · 소문자를 구분할 수 없다.
- 필터링된 데이터 그대로 복사, 찾기, 편집, 인쇄 등의 작업을 수행할 수 있다.
- 자동 필터를 적용하면 지정한 조건에 맞지 않는 행은 숨겨진다.
- 두 개 이상의 필드(열)에 조건이 설정된 경우 AND 조건으로 결합된다.
- 필터를 이용하여 추출한 데이터는 원본 목록(데이터 목록) 상에 레코드(행) 단위로 표시된다.

실행 [데이터] → [정렬 및 필터] → [필터] 클릭

잠깐만요 상위 10 자동 필터
- 항목이나 백분율을 기준으로 상위나 하위로 데이터의 범위를 지정하여 해당 범위에 포함된 레코드만 추출하는 기능입니다.
- 상위 10 자동 필터는 문자열 필드에서 사용할 수 없습니다.

24.상시, 23.상시, 22.상시, 21.상시, 20.상시, 20.2, 20.1, 19.상시, 19.2, 18.2, …   1360131

핵심 127 고급 필터   실습 11 ☞ 25쪽

- 기본 조건 지정 방법
  - 조건을 지정할 범위의 첫 행에는 원본 데이터 목록의 필드명을 입력하고, 그 아래 행에 조건을 입력한다.
  - 조건을 지정할 때 '?, *' 등의 만능 문자(와일드 카드)도 사용할 수 있다.

AND 조건	• 지정한 모든 조건을 만족하는 데이터만 출력됨 • 조건을 모두 같은 행에 입력해야 함
OR 조건	• 지정한 조건 중 하나의 조건이라도 만족하는 경우 데이터가 출력됨 • 조건을 모두 다른 행에 입력해야 함
AND와 OR의 결합 조건	AND와 OR 조건이 결합된 형태의 조건 지정 방식

- 고급 조건 지정 방법
  - 함수나 식의 계산값을 고급 필터의 찾을 조건으로 지정하는 방식이다.
  - 조건 지정 범위의 첫 행에 입력하는 조건 필드명은 원본 데이터의 필드명과 다른 필드명을 입력하거나 생략해야 한다.
  - 함수나 식을 사용하여 조건을 입력하면 셀에는 비교되는 현재 대상의 값에 따라 TRUE나 FALSE가 표시된다.

01. 아래 시트에서 고급 필터를 그림과 같이 실행하였다. 다음 중 고급 필터의 실행 결과로 옳은 것은? 22.상시, 13.1

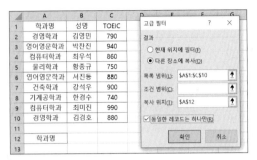

①

12	학과명
13	경영학과
14	영어영문학과
15	컴퓨터학과

②

12	학과명
13	경영학과
14	영어영문학과
15	컴퓨터학과
16	물리학과
17	건축학과
18	기계공학과

③

12	학과명
13	물리학과
14	영어영문학과
15	건축학과
16	기계공학과
17	컴퓨터학과
18	경영학과

④

12	학과명
13	경영학과
14	영어영문학과
15	컴퓨터학과
16	물리학과
17	영어영문학과
18	건축학과
19	기계공학과
20	컴퓨터학과
21	경영학과

'동일한 레코드는 하나만' 옵션을 지정하면 동일한 레코드가 있을 경우 하나만 표시합니다. 또한 실행 결과는 데이터 영역의 레코드 정렬 순서대로 표시됩니다.
※ 고급 필터의 결과로 특정 필드만 추출하려면 결과를 표시할 위치에 추출할 필드명을 미리 입력한 후 '고급 필터' 대화상자의 복사 위치에 입력한 필드명을 범위로 지정하면 됩니다. 이 문제의 경우 [A12] 셀에 '학과명'을 입력한 후 복사 위치를 [A12] 셀로 지정하였기 때문에 고급 필터의 결과로 '학과명'만 추출됩니다.

02. 다음 중 직급이 "사원"이고 급여가 2,500,000 이상이거나 1,500,000 이하인 직원의 데이터를 조회하기 위한 고급 필터의 조건으로 옳은 것은? 24.상시, 23.상시

①

직급	급여
사원	>=2500000
	<=1500000

②

직급	급여
사원	>=2500000
사원	<=1500000

③

직급	급여
	>=2500000
사원	<=1500000

④

직급	급여	급여
사원	>=2500000	<=1500000

• 고급 필터의 조건을 지정할 때는 조건을 지정할 범위의 첫 행에는 원본 데이터 목록의 필드명을 입력하고, 그 아래 행에 조건을 입력합니다.
• 조건을 같은 행에 입력하면 AND 조건, 다른 행에 입력하면 OR 조건으로 연결됩니다.

24.상시, 23.상시, 22.상시, 19.1, 17.1, 14.3, 13.2, 11.2, 07.3, 06.4, 06.3, …   4210001

핵심 128   **텍스트 나누기**

• 워크시트의 한 열에 입력되어 있는 데이터를 구분 기호나 일정한 너비로 분리하여 워크시트의 각 셀에 입력하는 기능이다.
• 데이터를 블록으로 지정한 후 [데이터] → [데이터 도구] → [텍스트 나누기]를 클릭한 후 '텍스트 마법사'를 이용하여 텍스트를 나눈다.
• 텍스트 마법사 실행 순서

1단계	텍스트를 열로 나눌 방법 선택(구분 기호로 분리됨, 너비가 일정함)
2단계	• 구분 기호로 구분된 데이터 　– 탭, 세미콜론, 쉼표, 공백 등의 구분 기호가 제공되며, 사용자가 구분 기호를 정의할 수 있음 　※ 구분 기호는 두 가지 이상 지정할 수 있음 　– 두 가지 이상의 문자 구분 기호를 선택할 수 있음 • 너비가 일정한 데이터 　– 열 구분선을 삽입하거나 삭제할 수 있음
3단계	데이터 서식 지정

01. 다음 중 [텍스트 나누기] 기능에 대한 설명으로 옳지 않은 것은? 24.상시, 23.상시, 22.상시

① 한 셀에 입력되어 있는 데이터를 여러 셀로 분리시킬 수 있다.
② 텍스트 나누기 수행 시 데이터 형식의 변환 및 셀 서식 변경이 가능하다.
③ 열의 데이터 서식을 '일반'으로 지정하면 숫자 값은 숫자로, 날짜 값은 날짜로, 모든 나머지 값은 텍스트로 변환된다.
④ 탭, 세미콜론, 쉼표, 공백 등의 구분 기호가 기본으로 제공되며, 사용자가 원하는 한 가지만 선택할 수 있다.

'텍스트 마법사 2단계'에서 두 가지 이상의 구분 기호를 선택하여 텍스트 나누기를 수행할 수 있습니다.

24.상시, 23.상시, 22.상시, 21.상시, 20.상시, 20.2, 20.1, 19.상시, 19.1, …   1360133

핵심 129   **부분합**

• 많은 양의 데이터 목록을 그룹별로 분류하고, 각 그룹별로 계산을 수행하는 데이터 분석 도구이다.
• 부분합을 작성하려면 기준이 되는 필드가 반드시 오름차순이나 내림차순으로 정렬되어 있어야 한다.
• 작성된 부분합에는 자동으로 개요가 설정되며, 개요 기호를 이용하여 하위 목록 데이터들의 표시 여부를 지정할 수 있다.
• 두 개 이상의 함수를 이용하여 부분합을 작성하려면 함수 종류만큼 반복해서 부분합을 실행해야 한다.
• 사용할 수 있는 함수 : 합계, 개수, 평균, 최대, 최소, 곱, 숫자 개수, 표준 편차, 표본 표준 편차, 표본 분산, 분산
• 중첩 부분합을 작성하려면 중첩할 부분합 그룹의 기준 필드들이 정렬(2차 정렬 기준)되어야 하고, '부분합' 대화상자에서 반드시 '새로운 값으로 대치'를 해제해야 한다.

실행 [데이터] → [개요] → [부분합] 클릭

• '부분합' 대화상자 옵션

그룹화할 항목	값을 구하는 기준이 되는 항목을 선택함
사용할 함수	사용할 함수를 선택함
부분합 계산 항목	함수를 적용할 필드를 선택함
새로운 값으로 대치	이미 작성된 부분합을 지우고, 새 부분합으로 변경할 경우 선택함
그룹 사이에서 페이지 나누기	부분합을 구한 뒤 각 그룹 다음에 페이지 나누기를 자동으로 삽입함
데이터 아래에 요약 표시	선택하면 각 그룹의 아래쪽에 부분합 결과를 표시하고, 선택하지 않으면 그룹의 위쪽에 부분합 결과를 표시함
모두 제거	부분합을 해제하고, 원래 데이터 목록을 표시함

01. 다음 중 이미 부분합이 계산되어 있는 상태에서 새로운 부분합을 추가하고자 할 때 수행해야 할 작업으로 옳은 것은?

22.상시, 21.상시, 19.1, 00.3

① [모두 제거] 단추를 클릭
② '새로운 값으로 대치' 설정을 해제
③ '그룹 사이에서 페이지 나누기'를 설정
④ '데이터 아래에 요약 표시' 설정을 해제

> 이미 부분합이 계산되어 있는 상태에서 새로운 부분합을 추가할 때는 '새로운 값으로 대치' 설정을 해제해야 합니다.

02. 다음 중 부분합에 대한 설명으로 옳지 않은 것은?

23.상시, 22.상시, 21.상시, 20.2

① 부분합을 실행하면 각 부분합에 대한 정보 행을 표시하고 숨길 수 있도록 목록에 개요가 자동으로 설정된다.
② 부분합은 한 번에 한 개의 함수만 계산할 수 있으므로 두 개 이상의 함수를 이용하려면 함수의 개수만큼 부분합을 중첩해서 삽입해야 한다.
③ '새로운 값으로 대치'를 선택하면 이전의 부분합의 결과는 제거되고 새로운 부분합의 결과로 변경한다.
④ 그룹화할 항목으로 선택된 필드는 자동으로 오름차순 정렬하여 부분합이 계산된다.

> 부분합을 작성하려면 먼저 그룹화할 항목을 기준으로 반드시 오름차순이나 내림차순으로 정렬한 후 부분합을 실행해야 합니다.

핵심 130 피벗 테이블 실습 13 ☞ 27쪽

• 많은 양의 데이터를 한눈에 쉽게 파악할 수 있도록 요약·분석해서 보여주는 도구이다.
• 엑셀 목록, 데이터베이스, 외부 데이터, 다른 피벗 테이블 등의 데이터를 사용할 수 있다.
• 각 필드에 다양한 조건을 지정할 수 있으며, 일정한 그룹별로 데이터 집계가 가능하다.
• 문자, 숫자, 날짜, 시간 등 모든 필드에 대해 그룹 지정이 가능하다.
• 피벗 테이블은 현재 작업중인 워크시트나 새로운 워크시트에 작성할 수 있다.
• 원본 데이터가 변경되면 [모두 새로 고침] 기능을 이용하여 피벗 테이블의 데이터도 변경할 수 있다.
• 피벗 테이블을 작성한 후에 사용자가 새로운 수식을 추가하여 표시할 수 있으며, 필터, 행, 열 영역에 배치된 항목을 자유롭게 이동시킬 수 있다.
• 값 영역에 표시된 데이터는 삭제하거나 수정할 수 없다.

실행 [삽입] → [표] → [피벗 테이블] 클릭

• 피벗 테이블의 구성 요소

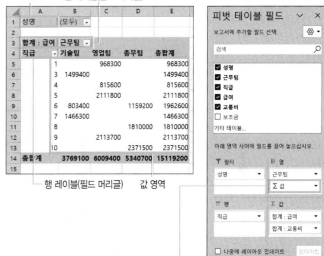

값 필드 : 값 영역에 두 개 이상의 필드를 지정하면 자동으로 표시됨

01. 다음 중 피벗 테이블에 대한 설명으로 옳지 않은 것은?

24.상시, 23.상시, 22.상시, 16.2, 13.3, 13.1, 09.4, 09.3, 08.2, 07.4, 05.3, 03.2, 01.2, 00.1

① 원본 데이터가 변경되면 피벗 테이블의 데이터도 자동으로 변경된다.
② 외부 데이터를 대상으로 피벗 테이블을 작성할 수 있다.
③ 피벗 테이블을 작성한 후에 사용자가 새로운 수식을 추가하여 표시할 수 있다.
④ 많의 양의 자료를 분석하여 다양한 형태로 요약하여 보여주는 기능이다.

> 원본 데이터가 변경된 경우 [데이터] → [연결] → [모두 새로 고침(🔄)]을 눌러 주어야만 피벗 테이블의 데이터도 변경됩니다.

핵심 131   피벗 차트 보고서

• 피벗 테이블의 데이터를 이용하여 작성한 차트이다.

• 피벗 테이블에서 항목이나 필드에 변화를 주면 피벗 차트도 변경된다.

• 피벗 차트는 피벗 테이블을 작성할 때 함께 작성하거나, 이미 작성된 피벗 테이블을 이용하여 작성한다.

• 피벗 차트는 피벗 테이블을 사용하므로 피벗 테이블을 만들지 않고 피벗 차트를 작성할 수 없다.

• 피벗 차트를 추가하면 피벗 테이블이 있는 워크시트에 삽입된다.

• 피벗 테이블을 삭제하면 피벗 차트가 일반 차트로 변경되지만, 피벗 차트를 삭제해도 피벗 테이블에는 아무 변화가 없다.

01. 다음 중 피벗 테이블에 대한 설명으로 옳지 않은 것은?

23.상시, 21.상시, 18.2

① 원본의 자료가 변경되면 [모두 새로 고침] 기능을 이용하여 일괄 피벗 테이블에 반영할 수 있다.

② 작성된 피벗 테이블을 삭제하는 경우 함께 작성한 피벗 차트는 자동으로 삭제된다.

③ 피벗 테이블을 삭제하려면 피벗 테이블 전체를 범위로 지정한 후 Delete 를 누른다.

④ 피벗 테이블의 삽입 위치는 새 워크시트뿐만 아니라 기존 워크시트에서 시작 위치를 선택할 수도 있다.

> 피벗 테이블과 피벗 차트를 함께 만든 후 피벗 테이블을 삭제하면 피벗 차트는 일반 차트로 변경됩니다.

01. 다음 중 아래 그림과 같이 목표값 찾기를 설정했을 때, 이에 대한 의미로 옳은 것은?

24.상시, 23.상시, 22.상시, 20.2, 18.2

	A	B	C	D	E
1			제품별 판매현황		
2					
3	품목	노트북	프린터	스캐너	평균
4	판매량	60	35	15	36.67

목표값 찾기 대화상자:
- 수식 셀(E): $E$4
- 찾는 값(V): 40
- 값을 바꿀 셀(C): $B$4

① 평균이 40이 되려면 노트북 판매량이 얼마가 되어야 하는가?

② 노트북 판매량이 40이 되려면 평균이 얼마가 되어야 하는가?

③ 노트북 판매량을 40으로 변경하였을 때 평균은 얼마가 되어야 하는가?

④ 평균이 40이 되려면 노트북을 제외한 나머지 제품의 판매량이 얼마가 되어야 하는가?

02. 상품 가격이 2,500원짜리 물건에 대하여 총 판매액이 1,500,000원이 되게 하기 위해서는 판매수량이 얼마나 되어야 하는지 알아보기 위해 사용되는 유용한 기능은?

24.상시, 23.상시, 21.상시, 16.3, 10.3, 08.2, 06.3, 05.2, 02.1, 00.2

① 피벗 테이블   ② 목표값 찾기

③ 시나리오   ④ 레코드 관리

> 목표값 찾기는 수식에서 원하는 결과 값(총 판매액 1,500,000)은 알고 있지만 그 결과값을 계산하기 위해 필요한 입력값(판매수량)을 모를 경우 사용하는 도구입니다.

핵심 132   목표값 찾기   실습 14 ☞ 27쪽

• 수식에서 원하는 결과(목표)값은 알고 있지만 그 결과값을 계산하기 위해 필요한 입력값을 모를 경우 사용하는 도구이다.

• 주어진 결과값에 대해 하나의 입력값만 변경할 수 있다.

• 결과값은 입력값을 참조하는 수식으로 작성되어야 한다.

• 찾는 값(목표값)에는 셀 주소를 입력할 수 없으므로 사용자가 원하는 데이터를 직접 입력해야 한다.

실행 [데이터] → [예측] → [가상 분석] → [목표값 찾기] 선택

• '목표값 찾기' 대화상자

수식 셀	결과값이 표시되는 셀 주소로, 해당 셀에는 반드시 수식이 있어야 함
찾는 값	목표로 하는 값을 직접 입력해야 함
값을 바꿀 셀	목표값을 만들기 위해 변경될 값이 들어 있는 셀 주소

핵심 133   시나리오   실습 15 ☞ 28쪽

• 다양한 상황과 변수에 따른 여러 가지 결과값의 변화를 가상의 상황을 통해 예측하여 분석하는 도구이다.

• 결과 셀은 반드시 변경 셀을 참조하는 수식으로 입력되어야 한다.

• 시나리오의 결과는 요약 보고서나 피벗 테이블 보고서로 작성할 수 있다.

• '시나리오 관리자' 대화상자에서 시나리오를 삭제해도 이미 작성된 시나리오 요약 보고서는 삭제되지 않고, 반대로 시나리오 요약 보고서를 삭제해도 시나리오는 삭제되지 않는다.

• 시나리오가 작성된 원본 데이터를 변경해도 이미 작성된 시나리오 요약 보고서에는 반영되지 않는다.

- 이자율, 손익 분기점, 주가 분석 등에 많이 사용된다.
- 하나의 시나리오에는 최대 32개의 변경 셀을 지정할 수 있다.
- 시나리오 이름은 사용자가 직접 입력해야 하며, 설명은 반드시 입력할 필요는 없다.
- 시나리오 병합을 통하여 다른 통합 문서나 워크시트에 저장된 시나리오를 가져올 수 있다.
- '변경 셀'과 '결과 셀'에 이름을 지정한 후 시나리오 요약 보고서를 작성하면 셀 주소 대신 지정한 이름이 표시된다.

실행 [데이터] → [예측] → [가상 분석] → [시나리오 관리자] 선택

---

01. 다음 중 시나리오에 관한 설명으로 옳지 않은 것은?

23.상시, 21.상시, 18.2, 14.1

① 하나의 시나리오에 최대 32개까지 변경 셀을 지정할 수 있다.

② 시나리오의 결과는 요약 보고서나 피벗 테이블 보고서로 작성할 수 있다.

③ 시나리오 병합을 통하여 다른 통합 문서나 다른 워크시트에 저장된 시나리오를 가져올 수 있다.

④ 시나리오는 입력된 자료들을 그룹별로 분류하고 해당 그룹별로 특정한 계산을 수행하는 기능이다.

> 시나리오는 다양한 상황과 변수에 따른 여러 가지 결과값의 변화를 가상의 상황을 통해 예측하여 분석하는 도구입니다. ④번은 부분합에 대한 설명입니다.

---

02. 다음 중 아래 그림의 시나리오 요약 보고서에 대한 설명으로 옳지 않은 것은?

24.상시, 22.상시, 21.상시, 20.1

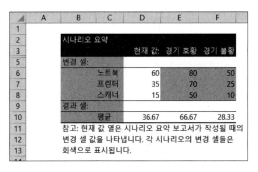

① 노트북, 프린터, 스캐너 값의 변화에 따른 평균 값을 확인할 수 있다.

② '경기 호황'과 '경기 불황' 시나리오에 대한 시나리오 요약 보고서이다.

③ 시나리오의 값을 변경하면 해당 변경 내용이 기존 요약 보고서에 자동으로 다시 계산되어 표시된다.

④ 시나리오 요약 보고서를 실행하기 전에 변경 셀과 결과 셀에 대해 이름을 정의하였다.

> 워크시트에서 시나리오에 반영된 셀의 값을 변경해도 이미 작성된 시나리오 요약 보고서에는 반영되지 않습니다.

핵심 134   **데이터 표**

- 특정 값의 변화에 따른 결과 값의 변화 과정을 표의 형태로 표시해 주는 도구이다.
- 데이터 표는 지정하는 값의 수에 따라 단일 표와 이중 표로 구분한다.
- 데이터 표의 결과 값은 반드시 변화하는 특정 값을 포함한 수식으로 작성되어야 한다.
- 데이터 표 기능을 이용하여 계산된 결과는 참조하고 있는 셀의 데이터가 수정되면 자동으로 갱신된다.
- 데이터 표의 결과는 일부분만 수정 또는 삭제할 수 없다.

실행 [데이터] → [예측] → [가상 분석] → [데이터 표] 선택

- '데이터 테이블' 대화상자

❶ 행 입력 셀 : 변화되는 값이 행에 있을 때 변화되는 셀의 주소를 지정함

❷ 열 입력 셀 : 변화되는 값이 열에 있을 때 변화되는 셀의 주소를 지정함

---

01. 다음 중 가상 분석 도구인 [데이터 표]에 대한 설명으로 옳지 않은 것은?

23.상시, 21.상시, 17.2

① 테스트할 변수의 수에 따라 변수가 한 개이거나 두 개인 데이터 표를 만들 수 있다.

② 데이터 표를 이용하여 입력된 데이터는 부분적으로 수정 또는 는 삭제할 수 있다.

③ 워크시트가 다시 계산될 때마다 데이터 표도 변경 여부에 관계없이 다시 계산된다.

④ 데이터 표의 결과값은 반드시 변화하는 변수를 포함한 수식으로 작성해야 한다.

> 데이터 표의 결과값은 일부분만 수정 또는 삭제할 수 없습니다.

핵심 135 데이터 통합

실습 16 ☞ 29쪽

- 비슷한 형식의 여러 데이터를 하나의 표로 통합 · 요약하여 표시해주는 도구이다.
- 사용할 데이터의 형태가 다르더라도 같은 이름표를 사용하면 항목을 기준으로 통합할 수 있다.
- 사용할 수 있는 함수 : 합계, 개수, 평균, 최대, 최소, 곱, 숫자 개수, 표준 편차, 표본 표준 편차, 표본 분산, 분산
- 통합할 여러 데이터의 순서와 위치가 동일할 경우 위치를 기준으로 통합할 수 있다.
- 여러 시트에 입력되어 있는 데이터 및 다른 통합 문서에 입력되어 있는 데이터도 통합할 수 있다.
- 데이터 통합의 결과는 데이터 통합을 실행한 위치의 셀에 표시된다.

실행 [데이터] → [데이터 도구] → [통합] 클릭

- '통합' 대화상자

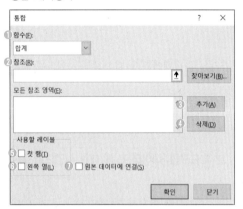

❶ 함수	사용할 함수를 선택함
❷ 참조	통합할 데이터 범위를 지정함
❸ 추가	참조에서 지정한 데이터 범위를 추가함
❹ 삭제	'모든 참조 영역'에 추가된 범위 중 선택하여 삭제함
❺ 첫 행	참조된 데이터 범위의 첫 행을 통합된 데이터의 첫 행(열 이름)으로 사용함
❻ 왼쪽 열	참조된 데이터 범위의 왼쪽 열을 통합된 데이터의 첫 열(행 이름)로 사용함
❼ 원본 데이터에 연결	• 원본 데이터가 변경될 경우 통합된 데이터에도 반영되는 것 • 통합할 데이터가 있는 워크시트와 결과가 작성될 워크시트가 서로 다른 경우에만 적용됨

01. 다음 중 데이터 통합에 관한 설명으로 옳지 않은 것은?

24.상시, 23.상시, 22.상시, 21.상시, 20.1, 16.1, 14.1

① 데이터 통합은 위치를 기준으로 통합할 수도 있고, 영역의 이름을 정의하여 통합할 수도 있다.

② '원본 데이터에 연결' 기능은 통합할 데이터가 있는 워크시트와 통합 결과가 작성될 워크시트가 같은 통합 문서에 있는 경우에만 적용할 수 있다.

③ 다른 원본 영역의 레이블과 일치하지 않는 레이블이 있는 경우에 통합하면 별도의 행이나 열이 만들어진다.

④ 여러 시트에 있는 데이터나 다른 통합 문서에 입력되어 있는 데이터를 통합할 수 있다.

통합할 데이터가 있는 워크시트와 통합 결과가 작성될 워크시트가 서로 다르면 '원본 데이터 연결'을 적용할 수 있으므로, 서로 다른 통합 문서에 있는 워크시트의 경우에도 '원본 데이터에 연결'을 적용할 수 있습니다.

02. 다음 중 [통합] 데이터 도구에 대한 설명으로 옳지 않은 것은?

23.상시, 22.상시, 21.상시, 20.2

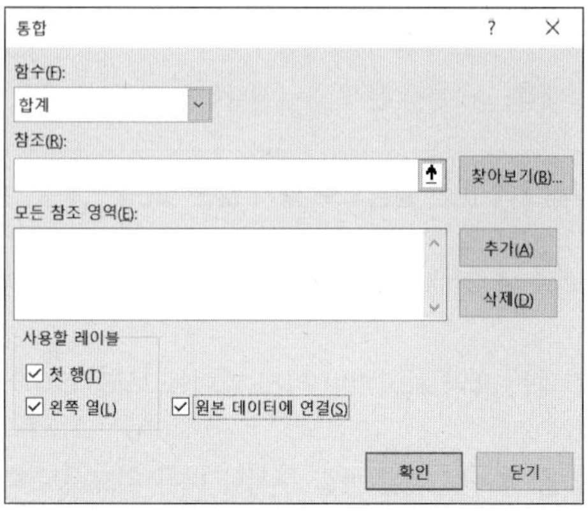

① '모든 참조 영역'에 다른 통합 문서의 워크시트를 추가하여 통합할 수 있다.

② '사용할 레이블'을 모두 선택한 경우 각 참조 영역에 결과 표의 레이블과 일치하지 않은 레이블이 있으면 통합 결과 표에 별도의 행이나 열이 만들어진다.

③ 지정한 영역에 계산될 요약 함수는 '함수'에서 선택하며, 요약 함수로는 합계, 개수, 평균, 최대, 최소 등이 있다.

④ '원본 데이터에 연결' 확인란을 선택하여 통합한 경우 통합에 참조된 영역에서의 행 또는 열이 변경될 때 통합된 데이터 결과도 자동으로 업데이트 된다.

아래 [그림1]의 상반기 판매현황과 하반기 판매현황을 [그림2]와 같이 다른 시트에 통합할 때, '원본 데이터에 연결' 확인란을 선택한 경우 [그림1]의 [B3:C6], [F3:G6] 영역의 데이터가 변경되면 [그림2]의 통합 결과(C5:D14)가 자동으로 업데이트되지만 행과 열(A3:A6, E3:E6, B2:C2, F2:G2)이 변경되면 자동으로 업데이트 되지 않습니다.

[그림1]

	A	B	C	D	E	F	G
1		상반기 판매현황				하반기 판매현황	
2	품목	판매량	판매액		품목	판매량	판매액
3	냉장고	15	14,250		비디오	18	10,080
4	오디오	10	14,000		카메라	35	11,900
5	비디오	15	14,250		냉장고	15	14,250
6	카메라	14	4,760		오디오	20	28,000

이 부분이 변경될 경우 자동으로 업데이트됩니다.

[그림2]

	A	B	C	D
1		한해 판매현황		
2	품목		판매량	판매액
5	냉장고		30	28,500
8	오디오		30	42,000
11	비디오		33	24,330
14	카메라		49	16,660

24.상시, 23.상시, 22.상시, 20.상시, 19.2, 18.상시, 15.3, 15.2, 13.3, 13.2, … 1360139

핵심 136 매크로

- 엑셀에서 사용되는 다양한 명령들을 일련의 순서대로 기록해 두었다가 필요할 때 실행하면 기록해 둔 처리 과정이 순서대로 수행되도록 하는 기능이다.
- 키보드나 마우스로 매크로를 작성했더라도 VBA 언어로 된 코드가 자동으로 생성되고, VBA문을 이용하여 직접 코드를 작성할 수도 있다.
- Visual Basic Editor 실행 방법
  - 방법1 [개발 도구] → [코드] → [Visual Basic] 클릭
  - 방법2 Alt + F11 누름
- 특정 셀이나 범위를 참조할 때는 절대 주소나 상대 주소 모두 가능하다.
- 매크로를 기록, 실행, 편집 등의 작업을 할 수 있는 '개발 도구' 탭을 표시하려면 [파일] → [옵션] → '리본 사용자 지정' 탭에서 '개발 도구' 탭의 체크 표시를 지정한다.
- 매크로 기록 중에 선택된 셀 주소는 기본적으로 절대 참조로 기록되지만 [개발 도구] → [코드] → [상대 참조로 기록]을 선택하여 상대 참조로 변경하여 기록할 수 있다.
- 매크로를 상대 참조로 기록하면 매크로를 실행할 때 셀 포인터의 위치에 따라 매크로가 적용되는 위치가 달라진다.
  - 예 [A1] 셀이 선택된 상태에서 [A2:A5] 영역에 배경색을 '노랑색'으로 지정하는 매크로를 작성한 경우 [C1] 셀을 선택하고 매크로를 실행하면 [A1] 셀에서 [C1] 셀, 즉 오른쪽으로 두 칸 이동한 [C2:C5] 영역에 배경색이 '노랑색'으로 지정됨

---

01. 다음 중 매크로에 관한 설명으로 옳지 않은 것은?

22.상시, 20.상시, 15.2, 13.2, 11.1

① 서로 다른 매크로에 동일한 이름을 부여할 수 없다.

② 매크로는 반복적인 작업을 자동화하여 복잡한 작업을 단순한 명령으로 실행할 수 있도록 한다.

③ 사용자의 마우스 동작은 그대로 기록되지만, 키보드 동작은 그대로 기록되지 않는다.

④ 현재 셀의 위치를 기준으로 실행되게 하려면 상대 셀 참조를 사용하여 매크로를 기록하면 된다.

> 매크로 기록 시 사용자의 마우스 동작은 물론 키보드 작업도 모두 기록됩니다.

24.상시, 23.상시, 22.상시, 21.상시, 20.상시, 20.2, 20.1, 19.상시, 19.2, 19.1, … 1360140

핵심 137 '매크로 기록' 대화상자

매크로 이름 지정하기

- '매크로1, 매크로2, …' 등과 같이 자동으로 부여되는 이름을 지우고 사용자가 임의로 지정할 수 있다.
- 이름 지정 시 첫 글자는 반드시 문자로 지정해야 하고, 두 번째 글자부터 문자, 숫자, 밑줄 문자(_) 등을 사용할 수 있다.
- / ? ' ' . – ※ 등과 같은 문자와 공백은 매크로 이름으로 사용할 수 없다.
- 하나의 통합 문서에는 동일한 이름의 매크로를 작성할 수 없다.
- 매크로 이름은 대 · 소문자를 구분하지 않는다.
- 지정된 매크로의 이름을 변경할 수 있다.

바로 가기 키 지정하기

- 영문자만 사용할 수 있으며, 지정하지 않아도 매크로를 기록할 수 있다.
- 기본적으로 Ctrl과 조합하여 사용하고, 대문자로 지정하면 Shift가 자동으로 덧붙여 지정된다.
- 매크로에 지정된 바로 가기 키가 엑셀의 바로 가기 키보다 우선한다.
- 지정된 바로 가기 키를 수정할 수 있다.

매크로가 저장되는 위치 지정하기

개인용 매크로 통합 문서	• PERSONAL.XLSB는 개인용 매크로 통합 문서로, 이 문서에 저장된 매크로는 모든 통합 문서에서 실행할 수 있음 • 엑셀이 시작될 때 XLSTART 폴더에 있는 모든 문서가 한꺼번에 열리는데, 개인용 매크로 통합 문서는 이 XLSTART 폴더에 있음
새 통합 문서	새 통합 문서를 열어 매크로를 기록하고 적용함
현재 통합 문서	현재 작업중인 통합 문서에 매크로를 기록하고 적용함

설명

- 해당 매크로에 대한 간략한 설명으로, 사용자가 임의로 지정할 수 있다.
- Visual Basic Editor에서 보면 작은따옴표(')로 시작한다.

---

01. 다음 중 매크로에 관한 설명으로 옳지 않은 것은?

24.상시, 23.상시, 22.상시, 19.2

① 같은 통합 문서 내에서 시트가 다르면 동일한 매크로 이름으로 기록할 수 있다.

② [매크로 기록] 대화상자에서 바로 가기 키 지정 시 영문 대문자를 사용하면 Shift가 자동으로 덧붙는다.

③ 엑셀을 실행할 때마다 매크로를 사용할 수 있게 하려면 [매크로 기록] 대화상자에서 매크로 저장 위치를 '개인용 매크로 통합 문서'로 선택한다.

④ 통합 문서를 열 때 어떤 상황에서 어떤 매크로를 실행할지 매크로 보안 설정을 변경하여 제어할 수 있다.

> 하나의 통합 문서에는 동일한 이름의 매크로를 작성할 수 없습니다.

---

02. 다음 중 매크로의 바로 가기 키에 대한 설명으로 옳지 않은 것은?
22.상시, 20.2, 16.3, 07.2

① 매크로 생성 시 설정한 바로 가기 키는 [매크로] 대화상자의 [옵션]에서 변경할 수 있다.

② 기본적으로 바로 가기 키는 [Ctrl]과 조합하여 사용하지만 대문자로 지정하면 [Shift]가 자동으로 덧붙는다.

③ 바로 가기 키의 조합 문자는 영문자만 가능하고, 바로 가기 키를 설정하지 않아도 매크로를 생성할 수 있다.

④ 엑셀에서 기본적으로 지정되어 있는 바로 가기 키는 매크로의 바로 가기 키로 지정할 수 없다.

> 엑셀에서 기본적으로 지정되어 있는 바로 가기 키도 매크로의 바로 가기 키로 지정할 수 있습니다.

03. 다음의 '매크로 기록' 대화상자에 대한 설명으로 옳지 않은 것은?
24.상시, 23.상시

① 설명은 작성하지 않아도 매크로를 기록할 수 있다.

② 매크로 이름에 공백이 포함되면 매크로를 기록할 수 없다.

③ [Ctrl] + [P] 또는 [Shift] + [P]를 눌러 매크로를 실행할 수 있다.

④ 다른 통합 문서에서도 이 매크로를 실행할 수 있다.

> 그림의 매크로를 바로 가기 키로 실행하기 위해서는 [Ctrl] + [Shift] + [P]를 눌러야 합니다.

24.상시, 23.상시, 22.상시, 21.상시, 18.2, 17.2, 14.3, 13.3, 10.2, 09.1, 08.2, … 4210881

핵심 138 매크로 실행

• 다음과 같이 실행한 후 '매크로' 대화상자에서 실행할 매크로 이름을 선택한 후 〈실행〉을 클릭한다.

> **방법 1** [보기] → [매크로] → [매크로()] 클릭
> **방법 2** [개발 도구] → [코드] → [매크로] 클릭
> **방법 3** [Alt] + [F8]을 누름

• 매크로를 기록할 때 지정한 바로 가기 키를 눌러 실행한다.

• 텍스트 상자, 워드아트, 도형을 이용하여 그린 개체에 매크로를 연결하여 실행한다.

• 양식 컨트롤의 매크로 실행 버튼에 매크로를 연결하여 실행한다.

• 빠른 실행 도구 모음에 매크로 아이콘을 추가한 후 이 아이콘을 클릭하여 실행한다.

• Visual Basic Editor에서 [F5]를 눌러 나타나는 '매크로' 대화상자에서 실행할 매크로 이름을 선택한 후 〈실행〉을 클릭한다.

• 매크로 실행 도중 매크로를 중지시키려면 [Esc]를 누른다.

> **잠깐만요** 매크로 보안 설정
> • 알림이 없는 매크로 사용 안 함
> • 알림이 포함된 VBA 매크로 사용 안 함
> • 디지털 서명된 매크로를 제외하고 VBA 매크로 사용 안 함
> • VBA 매크로 사용(권장 안 함, 위험한 코드가 시행될 수 있음)

01. 매크로의 실행 방법에 관한 설명 중 틀린 것은?
23.상시, 21.상시, 18.2, 14.3, 10.2, 09.1, 07.4, 05.4, 03.3, 01.2

① 빠른 실행 도구 모음에 추가한 매크로 아이콘으로 실행할 수 있다.

② 양식 컨트롤에서 버튼을 만든 다음 해당 버튼을 클릭하여 실행되도록 할 수 있다.

③ 바로 가기 키를 이용해서 매크로를 실행할 수 있다.

④ 실행하려는 셀을 선택한 후 마우스 오른쪽 버튼 메뉴를 이용해 실행할 수 있다.

> 셀에서 마우스 오른쪽 버튼을 눌러 매크로를 연결하는 기능은 제공되지 않습니다.

24.상시, 23.상시, 22.상시, 21.상시, 20.1, 18.1, 16.2, 15.3, 13.1, 10.3, 05.3, … 1310631

핵심 139 '매크로' 대화상자

• 실행 : 선택한 매크로를 실행함

• 한 단계씩 코드 실행 : 선택한 매크로를 한 줄씩 실행함(디버깅 용도)

• 편집 : Visual Basic Editor를 이용해 선택한 매크로의 이름이나 키, 명령들을 편집함

• 만들기 : Visual Basic Editor를 이용해 매크로를 작성함

• 삭제 : 선택한 매크로를 삭제함

• 옵션 : 선택한 매크로의 바로 가기 키나 설명을 변경함

01. 다음 중 [매크로] 대화상자에 대한 설명으로 옳지 않은 것은?
23.상시, 21.상시, 20.1, 18.1, 13.1, 05.2

① 매크로 이름을 선택한 후 [실행] 단추를 클릭하면 매크로가 실행된다.

② [한 단계씩 코드 실행] 단추를 클릭하면 Visual Basic Editor에서 매크로 실행 과정을 단계별로 확인할 수 있다.

③ [만들기] 단추를 클릭하면 빠른 실행 도구 모음에 매크로 실행 명령을 추가할 수 있다.

④ [옵션] 단추를 클릭하면 매크로 바로 가기 키를 수정할 수 있다.

> '매크로' 대화상자의 [만들기] 단추를 클릭하면 Visual Basic Editor를 이용해 매크로를 작성할 수 있습니다.

기출문제 &
전문가의 조언

01회 2024년 상시I01 컴퓨터활용능력 2급 필기
02회 2024년 상시I02 컴퓨터활용능력 2급 필기
03회 2024년 상시I03 컴퓨터활용능력 2급 필기
04회 2024년 상시I04 컴퓨터활용능력 2급 필기
05회 2024년 상시I05 컴퓨터활용능력 2급 필기
06회 2023년 상시I01 컴퓨터활용능력 2급 필기
07회 2023년 상시I02 컴퓨터활용능력 2급 필기
08회 2023년 상시I03 컴퓨터활용능력 2급 필기
09회 2023년 상시I04 컴퓨터활용능력 2급 필기
10회 2023년 상시I05 컴퓨터활용능력 2급 필기
11회 2022년 상시I01 컴퓨터활용능력 2급 필기
12회 2022년 상시I02 컴퓨터활용능력 2급 필기
13회 2022년 상시I03 컴퓨터활용능력 2급 필기
14회 2022년 상시I04 컴퓨터활용능력 2급 필기
15회 2022년 상시I05 컴퓨터활용능력 2급 필기

1과목 컴퓨터 일반

01 다음 중 한글 Windows 10의 작업 표시줄 설정에 대한 설명으로 옳지 않은 것은?

① 자주 사용하는 앱을 작업 표시줄에 표시할 수 있다.

② 데스크톱 모드에서 작업 표시줄 자동 숨기기를 설정할 수 있다.

③ 화면에서 작업 표시줄의 위치를 왼쪽, 위쪽, 오른쪽, 아래쪽 중에서 설정할 수 있다.

④ 작업 표시줄이 꽉 차면 같은 앱은 그룹으로 묶어서 하나의 단추로 표시되도록 할 수 있다.

> **전문가의 조언** | '작업 표시줄 설정'을 통해 자주 사용하는 앱을 작업 표시줄에 표시할 수 없습니다.
> • 작업 표시줄에 앱을 추가하려면 앱을 드래그하여 작업 표시줄에 놓거나, [시작] 메뉴에 등록된 앱의 바로 가기 메뉴에서 [자세히] → [작업 표시줄에 고정]을 선택해야 합니다.

02 다음 중 웜(Worm)에 대한 설명으로 옳은 것은?

① 네트워크를 통해 연속적으로 자신을 복제하여 시스템의 부하를 높이는 프로그램이다.

② 정상적인 기능을 하는 프로그램으로 가장하여 프로그램 내에 숨어 있다가 해당 프로그램이 동작할 때 활성화되어 부작용을 일으키는 것으로 자기 복제 능력은 없다.

③ 컴퓨터 시스템에 불법적으로 접근, 침투하여 시스템과 데이터를 파괴하는 행위이다.

④ 네트워크 주변을 지나다니는 패킷을 엿보면서 계정과 패스워드를 알아내는 행위이다.

> **전문가의 조언** | • 웜(Worm)은 연속적으로 자신을 복제하여 시스템의 부하를 높이는 프로그램입니다.
> • ②번은 트로이 목마, ③번은 해킹, ④번은 스니핑에 대한 설명입니다.

03 다음 중 정보 사회에서 발생할 수 있는 문제점으로 적절하지 않은 것은?

① 정보의 편중으로 계층 간의 정보 차이를 줄일 수 있다.

② 중앙 컴퓨터 또는 서버의 장애나 오류로 사회적, 경제적으로 혼란을 초래할 수 있다.

③ 정보기술을 이용한 새로운 범죄가 증가할 수 있다.

④ VDT 증후군이나 테크노스트레스 같은 직업병이 발생할 수 있다.

> **전문가의 조언** | 정보의 과다로 인한 혼란과 정보의 편중으로 인해 계층 간의 정보 차이가 증가할 수 있습니다.

04 다음 중 한글 Windows 10의 인쇄 기능에 대한 설명으로 옳은 것은?

① 기본 프린터를 2대 이상 지정할 수 있다.

② 프린터 속성 창에서 공급 용지의 종류, 공유, 포트 등을 설정할 수 있다.

③ 인쇄 대기 중인 작업은 취소시킬 수 없다.

④ 인쇄 중인 작업은 취소할 수는 없으나 잠시 중단시킬 수 있다.

> **전문가의 조언** | 프린터 속성 창에서 공급 용지의 종류, 공유, 포트 등을 설정할 수 있습니다.
> ① 기본 프린터는 1대만 지정할 수 있습니다.
> ③ 인쇄 대기 중인 작업도 취소시킬 수 있습니다.
> ④ 인쇄 중인 작업도 인쇄를 취소하거나 잠시 중단시킬 수 있습니다.

05 다음 중 인터넷에 대한 설명으로 적절하지 않은 것은?

① URL은 인터넷 상에 있는 각종 자원의 위치를 나타내는 표준 주소 체계이다.

② 인터넷은 TCP/IP 프로토콜을 통해 연결된 상업용 네트워크로 중앙통제기구인 InterNIC에 의해 운영된다.

③ IP 주소는 인터넷에 연결된 모든 컴퓨터 자원을 구분하기 위한 고유의 주소이다.

④ www는 웹 브라우저를 통해 인터넷을 효과적으로 사용할 수 있게 하는 서비스이다.

> **전문가의 조언** | 인터넷은 TCP/IP 프로토콜을 통해 전세계 수많은 컴퓨터와 네트워크들이 연결된 광범위한 컴퓨터 통신망이지만 상업용 네트워크가 아니며, 중앙통제기구도 없습니다.

06 다음 중 웹 브라우저의 기능에 관한 설명으로 옳지 않은 것은?

① 웹 페이지를 사용자 컴퓨터에 저장하거나 인쇄할 수 있다.

② HTML 문서나 PDF 문서를 확인할 수 있다.

③ 자주 방문하는 웹 사이트 주소를 관리할 수 있다.

④ 방문한 웹 사이트를 편집할 수 있다.

> **전문가의 조언** | 웹 브라우저로 방문한 웹 사이트를 편집할 수는 없습니다.

07 다음 중 Shift 키 사용에 대한 설명으로 옳지 않은 것은?

① Shift를 누른 채 파일을 드래그 하면 이동된다.

② Ctrl + Shift + Esc를 누르면 '작업 관리자' 대화상자가 표시된다.

③ Shift + F10을 누르면 바로 가기 메뉴가 표시된다.

④ Shift + Delete를 눌러 삭제한 개체는 휴지통에 보관된다.

전문가의 조언 | Shift + Delete를 눌러 삭제한 개체는 휴지통을 거치지 않고 바로 삭제됩니다.

08 다음 중 정보 통신을 위한 디지털 방식의 통신 선로에서 전송 신호를 증폭하거나 재생하고 전달하는 중계 장치로 옳은 것은?

① 게이트웨이(Gateway)

② 모뎀(Modem)

③ 리피터(Repeater)

④ 라우터(Router)

전문가의 조언 | 통신 선로에서 전송 신호를 증폭하거나 재생하고 전달하는 중계 장치는 리피터(Repeater)입니다.
• 게이트웨이(Gateway) : 주로 LAN에서 다른 네트워크에 데이터를 보내거나 다른 네트워크로부터 데이터를 받아들이는 출입구 역할을 하는 장치
• 모뎀(Modem) : 디지털 신호를 아날로그 신호로 변환하는 변조 과정과 아날로그 신호를 디지털 신호로 변환하는 복조 과정을 수행하는 신호 변환장치
• 라우터(Router) : 데이터 전송 시 최적의 경로를 설정하여 전송하는 장치

09 다음 중 파일이나 폴더를 복사하거나 이동하는 방법으로 옳지 않은 것은?

① 폴더를 마우스로 선택한 후 동일한 드라이브의 다른 폴더로 끌어서 놓으면 이동이 된다.

② USB에 저장되어 있는 파일을 마우스로 선택한 후 바탕 화면으로 끌어서 놓으면 복사가 된다.

③ 파일을 마우스로 선택한 후 Ctrl을 누른 채 같은 드라이브의 다른 폴더로 끌어서 놓으면 복사가 된다.

④ 폴더를 마우스로 선택한 후 Alt를 누른 채 같은 드라이브의 다른 폴더로 끌어서 놓으면 이동이 된다.

전문가의 조언 | • 폴더를 마우스로 선택한 후 Alt를 누른 채 같은 드라이브의 다른 폴더로 끌어서 놓으면 폴더의 바로 가기 아이콘이 생성됩니다.
• 같은 드라이브에서 파일이나 폴더를 이동하려면 키를 누르지 않고 끌어서 놓기만 하면 됩니다.

10 다음 중 운영체제에 대한 설명으로 옳지 않은 것은?

① 운영체제는 제어 프로그램, 감시 프로그램, 응용 프로그램으로 구성된다.

② 자원의 효율적인 관리를 위해 자원의 스케줄링을 제공한다.

③ 시스템과 사용자 간의 편리한 인터페이스를 제공한다.

④ 데이터 및 자원 공유 기능을 제공한다.

전문가의 조언 | 운영체제는 제어 프로그램과 처리 프로그램으로 구성되어 있습니다.

11 다음 중 유틸리티 프로그램에 대한 설명으로 적절하지 않은 것은?

① 다수의 작업이나 목적에 대하여 적용되는 편리한 서비스 프로그램이나 루틴을 말한다.

② 컴퓨터의 동작에 필수적이고, 컴퓨터를 이용하는 주목적에 대한 일부 특정 작업을 수행하는 소프트웨어들을 가리킨다.

③ 컴퓨터 하드웨어, 운영체제, 응용 소프트웨어를 관리하는 데 도움을 주도록 설계된 프로그램을 의미한다.

④ Windows에서 제공하는 유틸리티 프로그램으로는 메모장, 그림판, 계산기 등을 예로 들 수 있다.

전문가의 조언 | 유틸리티 프로그램은 컴퓨터 동작에 필수적이지는 않지만, 컴퓨터를 이용하는 주 목적에 대한 특정 작업을 수행하는 소프트웨어들을 가리킵니다.

12 다음 중 컴퓨터에서 사용하는 캐시 메모리에 관한 설명으로 옳은 것은?

① 보조기억장치의 일부를 주기억장치처럼 사용하는 메모리이다.

② 기억된 정보의 내용 일부를 이용하여 주기억장치에 접근하는 장치이다.

③ EEPROM의 일종으로 비휘발성 메모리이다.

④ 중앙처리장치(CPU)와 주기억장치 사이에 위치하여 컴퓨터 처리 속도를 향상시키는 메모리이다.

전문가의 조언 | • 캐시 메모리에 대한 설명으로 옳은 것은 ④번입니다.
• ①번은 가상 메모리(Virtual Memory), ②번은 연상(연관) 메모리(Associative Memory), ③번은 플래시 메모리(Flash Memory)에 대한 설명입니다.

13 다음 중 그래픽 데이터의 표현에서 벡터(Vector) 방식에 관한 설명으로 옳은 것은?

① 점과 점을 연결하는 직선 또는 곡선을 이용하여 이미지를 표현한다.

② 이미지를 확대하면 테두리에 계단 현상과 같은 앨리어싱이 발생한다.

③ 래스터 방식이라고도 하며 화면 표시 속도가 빠르다.

④ 많은 픽셀로 정교하고 다양한 색상을 표시할 수 있다.

전문가의 조언 | • 벡터 방식에 대한 설명으로 옳은 것은 ①번입니다.
• ②~④번은 비트맵(Bitmap) 방식에 대한 설명입니다.

14 다음 중 컴퓨터의 롬(ROM)에 기록되어 하드웨어를 제어하며, 하드웨어의 성능 향상을 위해 업그레이드 할 수 있는 마이크로프로그램의 집합을 의미하는 것은?

① 프리웨어(Freeware)

② 셰어웨어(Shareware)

③ 미들웨어(Middleware)

④ 펌웨어(Firmware)

전문가의 조언 | 문제에 제시된 내용은 펌웨어(Firmware)에 대한 설명입니다.
• 프리웨어(Freeware) : 무료로 사용 또는 배포가 가능한 소프트웨어
• 셰어웨어(Shareware) : 기능 혹은 사용 기간에 제한을 두어 배포하는 소프트웨어
• 미들웨어(Middle Ware) : 운영체제와 해당 운영체제에 의해 실행되는 응용 프로그램 사이에서 운영체제가 제공하는 서비스 이외에 추가적인 서비스를 제공하는 소프트웨어

15 다음 중 한글 Windows 10에서 사용자 컴퓨터에 설치된 하드웨어의 종류 및 작동 여부를 확인하거나 하드웨어 제거를 수행할 수 있는 항목은?

① 시스템

② 관리 도구

③ 프로그램 및 기능

④ 장치 관리자

전문가의 조언 | 장치 관리자는 컴퓨터에 설치되어 있는 하드웨어의 종류 및 작동 여부를 확인하고, 하드웨어의 제거나 사용 여부, 업데이트 등의 속성을 변경할 때 사용합니다.

16 다음 중 통신 기술의 이용 현황을 올바르게 설명한 것은?

① NFC – 노트북을 핫스팟을 이용하여 연결한다.

② BlueTooth – 출 · 퇴근을 태그를 이용하여 관리한다.

③ WiFi – 헤드폰과 핸드폰을 연결한다.

④ RFID – 도서관에서 도서 대출/반납 시 태그를 이용하여 도서의 출납을 실시간으로 확인한다.

전문가의 조언 | RFID는 사물에 전자 태그를 부착하여 사물 및 주변 정보를 감지하는 기술로, 도서 대출 및 반납, 출입 통제, 모바일 결제 등에 활용됩니다.
① NFC는 RFID 기술의 일종으로 태그를 사용하여 도서 대출 및 반납, 출입 통제, 모바일 결제 등에 활용됩니다.
② BlueTooth는 근거리 무선 통신 기술로, 핸드폰, 헤드폰, 노트북과 같은 휴대 가능한 장치들 간의 양방향 정보 전송을 지원합니다.
③ WiFi는 무선 인터넷을 지원하는 무선랜 기술을 의미합니다. 무선 인터넷을 사용하는 모든 전자기기를 지원하며 중계역할을 수행하는 핫스팟의 원천 기술이기도 합니다.

17 다음 중 한글 Windows 10의 [설정] → [시스템] → [정보]를 선택했을 때 확인할 수 있는 정보에 해당하지 않는 것은?

① 설치된 Windows 운영체제의 버전

② CPU의 종류와 설치된 메모리의 용량

③ Windows의 설치 날짜

④ 컴퓨터 이름과 현재 로그인한 사용자 계정

전문가의 조언 | 현재 로그인한 사용자 계정은 [설정] → [계정]에서 확인할 수 있습니다.

18 다음 중 기억장치의 기억 용량 단위로 가장 큰 것은?

① 1TB   ② 1EB

③ 1GB   ④ 1MB

전문가의 조언 | • 보기 중 기억 용량 단위가 가장 큰 것은 EB입니다.
• 기억 용량의 단위를 작은 것부터 큰 것까지 차례로 나열하면 'Byte 〈 KB 〈 MB 〈 GB 〈 TB 〈 PB 〈 EB' 순입니다

19 해커를 유인하기 위해 의도적으로 취약한 서버를 만들어 이를 모니터링하는 시스템으로 공격자의 공격 경로와 공격 수법을 알아내기 위한 목적으로 사용하는 것은?

① VPN(Virtual Private Network)

② 허니팟(Honeypot)

③ 침입 탐지 시스템(IDS)

④ 방화벽(Firewall)

전문가의 조언 | 문제에 제시된 내용은 허니팟(Honeypot)에 대한 설명입니다.
• VPN(Virtual Private Network) : 인터넷망(공중망)을 사용하여 사설망을 구축하게 해주는 통신망
• 침입 탐지 시스템(IDS) : 컴퓨터 시스템의 비정상적인 사용, 오용, 남용 등을 실시간으로 탐지하는 시스템
• 방화벽(Firewall) : 보안이 필요한 네트워크의 통로를 단일화하여 관리함으로써 외부의 불법 침입으로부터 내부의 정보 자산을 보호하기 위한 시스템

20 다음 중 멀티미디어와 관련된 용어에 대한 설명으로 옳지 않은 것은?

① VR이란 컴퓨터가 만들어 낸 가상세계의 다양한 경험을 체험할 수 있도록 하는 컴퓨터 그래픽 기술과 시뮬레이션 기능 등 관련 기술을 통틀어 말한다.

② LBS란 멀티미디어 기능 강화 실시간 TV와 생활정보, 교육 등의 방송 서비스를 말한다.

③ VCS란 화상회의시스템으로 초고속 정보통신망을 이용하여 멀리 떨어져 있는 사람들과 비디오와 오디오를 통해 회의할 수 있도록 하는 멀티미디어 시스템이다.

④ VOD란 주문형 비디오로 보고 싶은 영화나 스포츠 뉴스, 홈 쇼핑 등 가입자가 원하는 시간에 원하는 프로그램을 선택하여 시청할 수 있도록 하는 멀티미디어 서비스이다.

전문가의 조언 | LBS(Location Based Service, 위치 기반 서비스)는 통신 기술과 GPS, 그리고 컴퓨터에 저장된 데이터베이스를 이용하여 주변의 위치와 부가 서비스를 제공하는 기술로, 현재 위치 정보, 실시간 교통 정보 등 다양한 서비스를 제공합니다.

2과목 스프레드시트 일반

21 다음과 같이 결재란 내용을 그림의 형태로 복사하는 경우 원본의 변경사항이 복사된 그림에도 적용되도록 복사하는 방법으로 옳은 것은?

① 원본 내용을 복사한 후 [삽입] → [일러스트레이션] → [그림]을 선택한다.

② 원본 내용을 복사한 후 [홈] → [클립보드] → [붙여넣기] → [선택하여 붙여넣기] → [연결하여 붙여넣기]를 선택한다.

③ 원본 내용을 복사한 후 [홈] → [클립보드] → [붙여넣기] → [그림]을 선택한다.

④ 원본 내용을 복사한 후 [홈] → [클립보드] → [붙여넣기] → [연결된 그림]을 선택한다.

전문가의 조언 | 내용을 그림의 형태로 복사하고 원본의 변경사항이 복사된 그림에도 적용되도록 하려면, 원본 내용을 복사한 후 [홈] → [클립보드] → [붙여넣기] → [연결된 그림]을 선택하면 됩니다.

22 다음의 '페이지 설정' 대화상자에서 행/열 머리글의 표시 여부를 설정할 수 있는 탭은 무엇인가?

① 페이지   ② 여백

③ 머리글/바닥글   ④ 시트

전문가의 조언 | '행/열 머리글'의 표시 여부는 '페이지 설정' 대화상자의 '시트' 탭에서 설정할 수 있습니다.

23 아래 워크시트에서 [D2:D6] 영역을 블록으로 지정한 후 `Ctrl`+`E`를 눌러 빠른 채우기를 수행한 결과로 옳은 것은?

◢	A	B	C	D
1	사원번호	성명	입사일	년도
2	1	최규대	2015-07-08	2015
3	2	한경선	2017-08-15	
4	3	김희수	2002-06-20	
5	4	최무일	2004-11-18	
6	5	곽양례	2012-09-27	

①

◢	A	B	C	D
1	사원번호	성명	입사일	년도
2	1	최규대	2015-07-08	2015
3	2	한경선	2017-08-15	2015
4	3	김희수	2002-06-20	2015
5	4	최무일	2004-11-18	2015
6	5	곽양례	2012-09-27	2015

②

◢	A	B	C	D
1	사원번호	성명	입사일	년도
2	1	최규대	2015-07-08	2015
3	2	한경선	2017-08-15	2016
4	3	김희수	2002-06-20	2017
5	4	최무일	2004-11-18	2018
6	5	곽양례	2012-09-27	2019

③

◢	A	B	C	D
1	사원번호	성명	입사일	년도
2	1	최규대	2015-07-08	2015
3	2	한경선	2017-08-15	2017
4	3	김희수	2002-06-20	2002
5	4	최무일	2004-11-18	2004
6	5	곽양례	2012-09-27	2012

④

◢	A	B	C	D
1	사원번호	성명	입사일	년도
2	1	최규대	2015-07-08	2015-07-08
3	2	한경선	2017-08-15	2017-08-15
4	3	김희수	2002-06-20	2002-06-20
5	4	최무일	2004-11-18	2004-11-18
6	5	곽양례	2012-09-27	2012-09-27
7				

전문가의 조언 | • '빠른 채우기'는 현재 셀 주변 데이터의 패턴을 분석하여 자동으로 데이터를 입력하는 기능입니다.
• [D2] 셀의 2015는 입사일(C열)의 년도에 해당하므로 [D2:D6] 영역을 블록으로 지정한 후 `Ctrl`+`E`를 눌러 빠른 채우기를 수행하면 아래와 같이 입사일 중 년도만 입력됩니다.

◢	A	B	C	D
1	사원번호	성명	입사일	년도
2	1	최규대	2015-07-08	2015
3	2	한경선	2017-08-15	2017
4	3	김희수	2002-06-20	2002
5	4	최무일	2004-11-18	2004
6	5	곽양례	2012-09-27	2012

24 다음 중 매크로에 대한 설명으로 옳은 것은?

① 매크로의 이름은 문자로 시작하여야 하고, 공백을 포함할 수 있다.

② 모든 통합 문서에서 매크로가 실행될 수 있도록 매크로 저장 위치를 설정할 수 있다.

③ 한 번 작성된 매크로는 삭제할 수 없다.

④ 매크로 작성을 위해 Visual Basic 언어를 따로 설치해야 한다.

전문가의 조언 | 모든 통합 문서에서 매크로가 실행될 수 있도록 하려면 저장 위치를 '개인용 매크로 통합 문서'로 설정하면 됩니다.
① 매크로의 이름에는 공백을 포함할 수 없습니다.
③ [개발 도구] → [코드] → [매크로]를 선택한 후 '매크로' 대화상자에서 원하는 매크로를 선택하여 삭제할 수 있습니다.
④ 매크로를 작성하면 자동으로 VBA(Visual Basic for Applications)에 작성되므로 따로 Visual Basic 언어를 설치할 필요가 없습니다.

25 아래 워크시트에서 [B2:B7] 영역에 텍스트 형식으로 입력된 '생년월일'을 날짜 형식으로 변경하기 위한 방법으로 옳은 것은?

◢	A	B
1	성명	생년월일
2	이경자	2001.11.10
3	최복선	2002.05.15
4	성옥순	2003.06.08
5	마정희	2004.12.24
6	김준영	2005.07.25
7	이영주	2006.08.08

① 텍스트 나누기를 수행한 후 해당 열의 데이터 서식을 '날짜' 서식으로 변경한다.

② 셀 서식 대화상자에서 사용자 지정 표시 형식을 0000-00-00으로 지정한다.

③ '셀 서식' 대화상자에서 표시 형식을 '날짜'로 지정한다.

④ '셀 서식' 대화상자에서 사용자 지정 표시 형식을 yyyy.mm.dd로 지정한다.

전문가의 조언 | 텍스트 형식으로 입력된 '생년월일'을 날짜 형식으로 변경하려면, 다음과 같이 텍스트 나누기를 수행하면 됩니다.
❶ [B2:B7] 영역을 블록으로 지정한 후 [데이터] → [데이터 도구] → [텍스트 나누기]를 클릭한다.
❷ '텍스트 마법사 1단계'에서 '원본 데이터 형식'의 '너비가 일정함'을 선택한 후 〈다음〉을 클릭한다.
❸ '텍스트 마법사 2단계'에서 〈다음〉을 클릭한다.
❹ '텍스트 마법사 3단계'에서 '열 데이터 서식'의 '날짜'를 선택한 후 〈마침〉을 클릭한다.

26 다음 중 조건부 서식에 대한 설명으로 옳지 않은 것은?

① 조건을 수식으로 입력할 경우 수식 앞에 등호(=)를 반드시 입력해야 한다.

② 조건부 서식을 적용한 후에는 셀의 값이 변경되더라도 적용된 서식이 해제되지 않는다.

③ 조건부 서식은 기존의 셀 서식에 우선하여 적용된다.

④ 조건부 서식의 규칙별로 다른 서식을 적용할 수 있다.

> 전문가의 조언 | 조건부 서식을 적용한 후 셀의 값이 변경되어 규칙을 만족하지 않으면 적용된 서식이 해제됩니다.

27 아래 워크시트에서 [B2] 셀은 '=LEFT(A2, 2)' 수식을 적용하여 텍스트 형식으로 입력된 [A2] 셀의 값에서 앞 2자리를 추출한 것이다. [B2] 셀의 수식을 채우기 핸들을 이용하여 [B5] 셀까지 계산한 후 [B6] 셀에 '=SUM(B2:B5)' 수식을 입력할 경우 표시되는 결과로 옳은 것은?

	A	B
1	입력값	추출값
2	35개	35
3	15개	15
4	20개	20
5	35개	35
6	합계	

① 0

② #VALUE!

③ #NAME?

④ 105

> 전문가의 조언 | • 텍스트 함수(LEFT, RIGHT, MID 등)를 이용하여 추출된 값은 숫자 데이터가 아니고 문자 데이터이므로 [B6] 셀에는 0이 표시됩니다.
> • 텍스트 함수의 결과를 숫자 데이터로 표시하려면 수식의 뒤에 *1을 입력해야 합니다. 즉 [B2] 셀에 =LEFT(A2, 2)*1을 입력하고 채우기 핸들을 이용하여 [B5] 셀까지 계산한 후 [B6] 셀에 =SUM(B2:B5)을 입력하면 105가 표시됩니다.

28 다음 그림과 같이 데이터 계열을 그림으로 표시하기 위한 방법으로 옳은 것은?

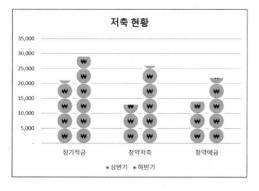

① [데이터 계열 서식] 창에서 [채우기] → [패턴 채우기] → 삽입할 그림 선택 → 다음 배율에 맞게 쌓기

② [데이터 계열 서식] 창에서 [채우기] → [그림 또는 질감 채우기] → 삽입할 그림 선택 → 늘이기

③ [데이터 계열 서식] 창에서 [채우기] → [패턴 채우기] → 삽입할 그림 선택 → 자동

④ [데이터 계열 서식] 창에서 [채우기] → [그림 또는 질감 채우기] → 삽입할 그림 선택 → 쌓기

> 전문가의 조언 | 문제에 제시된 그림처럼 데이터 계열을 그림으로 표시하려면, ④번 작업을 수행하면 됩니다.

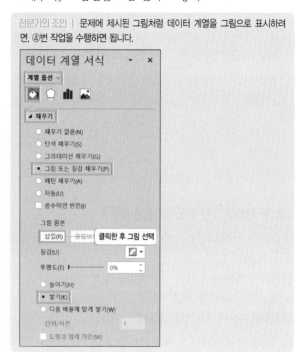

29 다음 중 단일 셀에 미니 차트 형태로 표현이 가능한 차트는 무엇인가?

① 트리맵 차트

② 스파크라인 차트

③ 선버스트 차트

④ 히스토그램 차트

> 전문가의 조언 | 단일 셀에 미니 차트 형태로 표현이 가능한 차트는 스파크라인 차트입니다.
> • 트리맵 차트 : 계층 간의 상대적 크기를 비교할 때 사용하며, 계층 간의 비율을 사각형으로 표시함
> • 선버스트 차트 : 계층 간의 관계를 비교할 때 사용하며, 계층 간의 비율을 고리 또는 원으로 표시함
> • 히스토그램 차트 : 특정 범위를 그룹화하여 그룹별 데이터의 분포를 표시할 때 사용함

30 다음 중 워크시트의 화면 설정에 대한 설명으로 옳지 않은 것은?

① 창 나누기를 이용하면 서로 떨어져 있는 데이터를 한 화면에 표시할 수 있다.

② 여러 개의 통합 문서가 열려 있는 경우 창을 바둑판식, 가로, 세로, 계단식으로 정렬할 수 있다.

③ 하나의 통합 문서만 열려 있는 경우에는 창 숨기기를 수행할 수 없다.

④ 틀 고정을 이용하면 데이터의 양이 많은 경우 열이나 행을 고정시켜 셀 포인터의 이동과 상관없이 특정 영역을 항상 표시할 수 있다.

31 다음 중 차트에 대한 설명으로 옳은 것은?

① 차트의 원본 데이터가 변경되더라도 차트의 모양은 변경되지 않는다.

② 차트는 데이터가 있는 시트에 만들 수도 있고, 별도의 차트 시트로도 만들 수 있다.

③ 3차원 차트에 추세선을 추가할 수 있다.

④ Ctrl을 누른 상태에서 차트 크기를 조절하면 차트의 크기가 셀에 맞춰 조절된다.

32 아래 워크시트의 [D2] 셀에 사원의 실적이 전체 실적의 평균 이상이면 "실적우수", 그렇지 않으면 "실적미달"이라고 표시하고자 한다. [D2] 셀에 수식을 입력한 후 채우기 핸들을 이용하여 [D5] 셀까지 계산하고자 할 때 [D2] 셀에 입력할 수식으로 옳은 것은?

	A	B	C	D
1	번호	사원명	실적	평가
2	1	김봉선	85	
3	2	최재균	75	
4	3	이준호	90	
5	4	이대영	80	
6	5	김명일	70	

① =IF(C2>=AVERAGE(C2:C6), "실적우수", "실적미달")

② =AVERAGEIF(C2, ">=", C2:C6, "실적우수", "실적미달")

③ =IF(C2>=AVERAGE($C$2:$C$6), "실적우수", "실적미달")

④ =AVERAGEIF(C2, ">=", $C$2:$C$6, "실적우수", "실적미달")

33 다음 중 매크로 기록에 관한 설명으로 옳지 않은 것은?

① 매크로는 반복적인 작업을 자동화하여 복잡한 작업을 단순한 명령으로 실행할 수 있도록 한다.

② 매크로 이름에 공백이 포함되면 매크로를 기록할 수 없다.

③ 엑셀에서 이미 사용하는 바로 가기 키는 매크로의 바로 가기 키로 지정할 수 없다.

④ 기본적으로 바로 가기 키는 Ctrl과 조합하여 사용하지만 대문자로 지정하면 Shift가 자동으로 덧붙는다.

34 다음 중 아래와 같이 조건을 설정한 고급 필터의 실행 결과에 대한 설명으로 옳은 것은?

소속	근무경력
<>영업팀	>=30

① 소속이 '영업팀'이 아니면서 근무경력이 30년 이상인 사원 정보

② 소속이 '영업팀'이면서 근무경력이 30년 이상인 사원 정보

③ 소속이 '영업팀'이 아니거나 근무경력이 30년 이상인 사원 정보

④ 소속이 '영업팀'이거나 근무경력이 30년 이상인 사원 정보

35 아래 워크시트에서 시급(D2)을 적용하여 아르바이트 급여를 계산하려고 한다. [D5] 셀에 수식을 입력하고 [D9] 셀까지 채우기 핸들을 이용해 복사하려고 할 때 [D5] 셀에 입력될 수식으로 옳지 않은 것은?

	A	B	C	D
1		아르바이트 급여 정산		
2			시급	11,000
3				
4		성명	시간	급여
5		최명희	45	
6		이인호	32	
7		김수영	55	
8		김명일	53	
9		최재균	48	
10				

① =$D$2*C5   ② =D$2*C5

③ =$D2*C5   ④ =$D$2*$C5

전문가의 조언 | =$D2*C5는 행 방향으로 채우기 핸들을 드래그 할 때 시급의 위치가 변경되어 잘못된 결과가 나타납니다.
• 시급에 해당하는 [D2] 셀은 모든 셀에 동일하게 계산되어야 하므로 행 방향으로 채우기 핸들을 드래그하여도 변하지 않도록 [D$2] 또는 [$D$2] 형태로 입력해야 합니다.
• 시간에 해당하는 [C5] 셀은 채우기 핸들을 드래그할 때 행 번호도 함께 변경되어야 하므로 [C5] 또는 [$C5] 형태로 입력해야 합니다.

36 아래 워크시트에서 합계에 대한 순위를 구하여 1위는 '대상', 2위는 '금상', 3위는 '은상', 4위는 '동상', 나머지는 공백으로 표시하려고 할 때, [E2] 셀에 입력해야 할 함수식으로 옳은 것은?

	A	B	C	D	E
1	성명	이론	실기	합계	수상
2	이신호	47	45	92	은상
3	최준호	38	47	85	동상
4	김봉선	46	48	94	금상
5	이영주	40	42	82	
6	이지연	49	48	97	대상
7	백인호	37	43	80	

① =CHOOSE(RANK.EQ(D2, $D$2:$D$7), "대상", "금상", "은상", "동상", " ", " ")

② =CHOOSE(RANK.EQ(D2, $D$2:$D$7), "대상", "금상", "은상", "동상")

③ =CHOOSE(RANK.EQ($D$2:$D$7, D2), "대상", "금상", "은상", "동상", " ", " ")

④ =CHOOSE(RANK.EQ($D$2:$D$7, D2), "대상", "금상", "은상", "동상")

전문가의 조언 | [E2] 셀에 입력해야 할 함수식으로 옳은 것은 ①번입니다.
=CHOOSE(RANK.EQ(D2, $D$2:$D$7), "대상", "금상", "은상", "동상", " ", " ")
          ①
          ②

❶ RANK.EQ(D2, $D$2:$D$7) : RANK.EQ(인수, 범위, 옵션)은 지정된 '범위'에서 '인수'의 순위를 반환하는 함수이므로 [D2:D7] 영역에서 내림차순(옵션 0)을 기준으로 [D2] 셀의 순위를 반환합니다.
❷ CHOOSE(❶, "대상", "금상", "은상", "동상", " ", " ") : CHOOSE(인수, 첫 번째, 두 번째, …)는 '인수'가 1이면 '첫 번째', '인수'가 2이면 '두 번째'를 반환하는 함수이므로 순위가 1이면 "대상", 2이면 "금상", 3이면 "은상", 4이면 "동상", 5와 6이면 공백을 반환합니다.

37 다음 중 아래 그림과 같이 목표값 찾기를 설정했을 때, 이에 대한 의미로 옳은 것은?

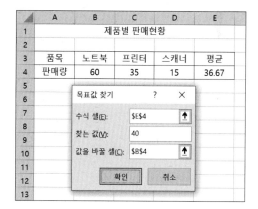

① 평균이 40이 되려면 노트북 판매량이 얼마가 되어야 하는가?

② 노트북 판매량이 40이 되려면 평균이 얼마가 되어야 하는가?

③ 노트북 판매량을 40으로 변경하였을 때 평균은 얼마가 되어야 하는가?

④ 평균이 40이 되려면 노트북을 제외한 나머지 제품의 판매량이 얼마가 되어야 하는가?

전문가의 조언 | 문제에 제시된 목표값 찾기 대화상자는 평균(E4)이 40이 되려면 노트북(B4)의 판매량이 얼마가 되어야 하는지를 찾기 위한 설정입니다.

38 다음 중 [파일] → [인쇄]에 대한 설명으로 옳지 않은 것은?

① 인쇄 미리 보기 화면을 종료하려면 [Esc]를 누르거나 왼쪽 상단의 ⬅를 클릭한다.

② 차트를 선택한 후 [파일] → [인쇄]를 실행하면 선택한 차트만 미리 볼 수 있다.

③ 오른쪽 아래의 '페이지 확대/축소(🔍)'를 클릭하면 화면에는 적용되지만 실제 인쇄 시에는 적용되지 않는다.

④ 오른쪽 아래의 '여백 표시(▦)' 아이콘을 클릭하면 '페이지 설정' 대화상자의 '여백' 탭이 표시된다.

> 전문가의 조언 | [인쇄 미리 보기 및 인쇄] 화면의 오른쪽 아래에 있는 '여백 표시(▦)'를 클릭하면 미리 보기 화면에 여백을 표시하는 경계선이 표시되지만 '페이지 설정' 대화상자가 표시되지는 않습니다.

39 아래 워크시트에서 [A] 열을 오름차순 정렬할 경우 올바르게 정렬된 것은?

	A
1	A
2	FALSE
3	1
4	0
5	TRUE

①

②

③

④

> 전문가의 조언 | • 오름차순으로 올바르게 정렬된 것은 ②번입니다.
> • 오름차순은 '숫자 〉 문자(특수문자 〉 영문 〉 한글) 〉 논리값 〉 오류값 〉 빈 셀' 순으로 정렬됩니다.

40 다음 중 [부분합] 대화상자의 각 항목 설정에 대한 설명으로 옳지 않은 것은?

① '그룹화할 항목'에서 선택할 필드를 기준으로 미리 오름차순 또는 내림차순으로 정렬한 후 부분합을 실행해야 한다.

② 부분합 실행 전 상태로 되돌리려면 부분합 대화상자의 [모두 제거] 단추를 클릭한다.

③ 세부 정보가 있는 행 아래에 요약 행을 지정하려면 '데이터 아래에 요약 표시'를 선택하여 체크 표시한다.

④ 이미 작성된 부분합을 유지하면서 부분합 계산 항목을 추가할 경우에는 '새로운 값으로 대치'를 선택하여 체크한다.

> 전문가의 조언 | 이미 작성된 부분합을 유지하면서 부분합 계산 항목을 추가하려면 '새로운 값으로 대치'를 반드시 해제해야 합니다.

컴퓨터 일반

01 다음 중 폴더의 [속성] 창에 대한 설명으로 옳지 않은 것은?

① 폴더가 포함하고 있는 하위 폴더 및 파일의 개수를 알 수 있다.

② 폴더의 특정 하위 폴더를 삭제할 수 있다.

③ 폴더를 네트워크와 연결되어 있는 다른 컴퓨터에서 접근할 수 있도록 공유시킬 수 있다.

④ 폴더에 '읽기 전용' 속성을 설정하거나 해제할 수 있다.

전문가의 조언 | 폴더의 [속성] 창에서는 그 어떤 폴더도 삭제할 수 없습니다. 폴더 삭제는 파일 탐색기에서 수행할 수 있습니다.

02 다음 중 멀티미디어 기법에 대한 설명으로 옳지 않은 것은?

① 안티앨리어싱(Anti-Aliasing)은 2차원 그래픽에서 개체 색상과 배경 색상을 혼합하여 경계면 픽셀을 표현함으로써 경계면을 부드럽게 보이도록 하는 기법이다.

② 모델링(Modeling)은 컴퓨터 그래픽에서 명암, 색상, 농도의 변화 등과 같은 3차원 질감을 넣음으로써 사실감을 더하는 기법을 말한다.

③ 디더링(Dithering)은 제한된 색을 조합하여 음영이나 색을 나타내는 것으로 여러 컬러의 색을 최대한 나타내는 기법을 말한다.

④ 모핑(Morphing)은 한 이미지가 다른 이미지로 서서히 변화하는 과정을 나타내는 기법이다.

전문가의 조언 | • ②번의 내용은 렌더링(Rendering)에 대한 설명입니다.
• 모델링(Modeling)은 렌더링을 하기 전에 수행되는 작업으로 어떠한 방법으로 렌더링 할 것인지를 정하는 것입니다.

03 다음은 악성코드에 대한 설명이다. 옳지 않은 것은?

① 파일 감염 바이러스는 대부분 메모리에 상주하며, 프로그램 파일을 감염시킨다.

② 웜(Worm)은 자신의 명령어를 다른 프로그램 파일의 일부분에 복사하여 컴퓨터를 오동작하게 하는 종속형 컴퓨터 악성코드이다.

③ 트로이 목마는 겉으로 보기에 정상적인 프로그램인 것 같으나 악성코드를 숨겨두어 시스템을 공격한다.

④ 매크로 바이러스는 프로그램에서 어떤 작업을 자동화하기 위해 정의한 내부 프로그래밍 언어를 사용하여 데이터 파일을 감염시킨다.

전문가의 조언 | 웜(Worm)은 자신의 명령어를 다른 프로그램 파일에 복사하는 것이 아니라, 스스로 자신을 복제하여 시스템의 부하를 높이는 악성코드입니다.

04 다음 중 JPEG 표준에 대한 설명으로 옳지 않은 것은?

① 손실 압축 기법과 무손실 압축 기법이 있지만 특허 문제나 압축률 등의 이유로 무손실 압축 방식은 잘 쓰이지 않는다.

② JPEG 표준을 사용하는 파일 형식에는 jpg, jpeg, jpe 등의 확장자를 사용한다.

③ 파일 크기가 작아 웹 상에서 사진 같은 이미지를 보관하고 전송하는데 사용한다.

④ 문자, 선, 세밀한 격자 등 고주파 성분이 많은 이미지의 변환에서는 GIF나 PNG에 비해 품질이 매우 우수하다.

전문가의 조언 | JPEG는 문자, 선, 세밀한 격자 등 고주파 성분이 많은 이미지의 변환에서는 GIF나 PNG에 비해 품질이 나쁩니다.

05 다음 중 컴퓨터 보안과 관련된 기술에 해당하지 않은 것은?

① 인증(Authentication)

② 암호화(Encryption)

③ 방화벽(Firewall)

④ 브리지(Bridge)

전문가의 조언 | 브리지(Bridge)는 서로 독립적으로 동작하면서 같은 프로토콜을 사용하는 두 LAN을 연결하는 네트워크 장치입니다.
• 인증(Authentication) : 정보를 보내오는 사람의 신원을 확인하는 것으로, 사용자를 식별하고, 사용자의 접근 권한을 검증하는 것
• 암호화(Encryption) : 데이터를 보낼 때 송신자가 지정한 수신자 이외에는 그 내용을 알 수 없도록 평문을 암호문으로 변환하는 것
• 방화벽(Firewall) : 보안이 필요한 네트워크의 통로를 단일화하여 관리함으로써 외부의 불법 침입으로부터 내부의 정보 자산을 보호하기 위한 시스템

06 한글 Windows 10의 작업 표시줄에서 할 수 있는 작업으로 옳지 않은 것은?

① 같은 종류의 작업 표시줄 단추를 그룹으로 표시하도록 설정할 수 있다.

② 아이콘 보기 형식과 정렬을 지정할 수 있다.

③ 작업 표시줄의 이동 및 크기 조절을 못하도록 작업 표시줄 잠금을 설정할 수 있다.

④ 작업 표시줄이 항상 나타나지 않도록 숨기기를 설정할 수 있다.

전문가의 조언 | 아이콘 보기 형식과 정렬은 바탕 화면의 바로 가기 메뉴 중 [보기]와 [정렬 기준]을 이용하여 지정할 수 있습니다.

07 다음 중 사물 인터넷(IoT)에 대한 설명으로 옳지 않은 것은?

① IoT 구성품 가운데 디바이스는 빅데이터를 수집하며, 클라우드와 AI는 수집된 빅데이터를 저장하고 분석한다.

② IoT는 인터넷 기반으로 다양한 사물, 사람, 공간을 긴밀하게 연결하고 상황을 분석, 예측, 판단해서 지능화된 서비스를 자율 제공하는 제반 인프라 및 융복합 기술이다.

③ 현재는 사물을 단순히 연결시켜 주는 단계에서 수집된 데이터를 분석해 스스로 사물에 의사결정을 내리는 단계로 발전하고 있다.

④ IoT 네트워크를 이용할 경우 통신 비용이 절감되는 효과가 있으며, 정보 보안 기술의 적용이 용이해진다.

전문가의 조언 | IoT는 인터넷을 기반으로 하기 때문에 IoT 네트워크를 이용할 경우 통신 비용이 추가로 늘어날 수 있습니다. 그리고 IoT는 정보 보안 기술의 적용에 어려움이 있어 보안에 취약합니다.

08 다음 중 컴퓨터에서 사용하는 각 기억장치의 접근 속도가 빠른 것에서 느린 순서로 옳게 나열된 것은?

① 레지스터 → 캐시 메모리 → 주기억장치 → 보조기억장치

② 캐시 메모리 → 레지스터 → 주기억장치 → 보조기억장치

③ 레지스터 → 캐시 메모리 → 보조기억장치 → 주기억장치

④ 캐시 메모리 → 레지스터 → 보조기억장치 → 주기억장치

전문가의 조언 | 기억장치의 접근 속도는 빠른 것부터 느린 순서로 정렬하면 레지스터(Register), 캐시(SRAM), 램(DRAM), 롬(ROM), 하드디스크(HDD), 집 디스크(Zip Disk), CD-ROM, 플로피 디스크(FDD), 자기 테이프 순입니다.

09 다음 중 컴퓨터의 연산장치에 있는 누산기(Accumulator)에 관한 설명으로 옳은 것은?

① 연산 결과를 일시적으로 기억하는 장치이다.

② 명령의 순서를 기억하는 장치이다.

③ 명령어를 기억하는 장치이다.

④ 명령을 해독하는 장치이다.

전문가의 조언 | • 누산기(AC; Accumulator)는 연산 결과를 일시적으로 기억하는 장치입니다.
• ③번은 명령 레지스터(IR; Instruction Register), ④번은 디코더(Decoder)에 대한 설명입니다.

10 다음 중 인터넷을 이용한 전자우편에 관한 설명으로 옳지 않은 것은?

① 인터넷에 접속하여 사용자들끼리 서로 편지를 주고받을 수 있는 서비스를 말한다.

② 전자우편 주소는 '사용자ID@호스트' 주소의 형식으로 이루어진다.

③ 일반적으로 SMTP는 메일을 수신하는 용도로, MIME는 송신하는 용도로 사용되는 프로토콜이다.

④ POP3를 이용하면 전자메일 클라이언트를 통해 전자 메일을 받아볼 수 있다.

전문가의 조언 | • 메일을 보낼 때(송신) 사용하는 프로토콜은 SMTP이고, 메일을 받을 때(수신) 사용되는 프로토콜은 POP3입니다.
• MIME는 웹 브라우저가 지원하지 않는 각종 멀티미디어 파일의 내용을 확인하고 실행시켜 주는 프로토콜입니다.

11 다음 중 네트워크 장비인 브리지(Bridge)에 대한 설명으로 옳은 것은?

① 서로 독립적으로 동작하면서 같은 프로토콜을 사용하는 두 LAN을 연결하는 네트워크 장치이다.

② 인터넷에 접속할 때 반드시 필요한 장비로, 가장 최적의 경로를 설정하여 전송하는 장치이다.

③ 주로 LAN에서 다른 네트워크에 데이터를 보내거나 다른 네트워크로부터 데이터를 받아들이는 출입구 역할을 하는 장치이다.

④ 네트워크를 구성할 때 한꺼번에 여러 대의 컴퓨터를 연결하는 장치이다.

전문가의 조언 | • 브리지(Bridge)에 대한 설명으로 옳은 것은 ①번입니다.
• ②번은 라우터, ③번은 게이트웨이, ④번은 허브에 대한 설명입니다.

12 다음 중 한글 Windows 10에서 작업 표시줄의 바로 가기 메뉴에서 설정할 수 있는 항목으로 옳지 않은 것은?

① 계단식 창 배열

② 창 가로 정렬 보기

③ 모든 작업 표시줄 잠금

④ 아이콘 자동 정렬

전문가의 조언 | 아이콘 자동 정렬은 바탕 화면의 바로 가기 메뉴 중 [보기]의 하위 메뉴입니다.

13 다음 중 Windows 10의 연결 프로그램에 대한 설명으로 옳지 않은 것은?

① 파일 탐색기에서 특정한 파일을 더블클릭했을 때 실행될 앱을 설정하는 것이다.

② 확장자가 .txt나 .hwp인 파일은 반드시 서로 다른 연결 프로그램이 지정되어야 한다.

③ 동일한 확장자를 가진 다른 파일을 열 때 항상 같은 앱을 사용하도록 연결 프로그램을 설정할 수 있다.

④ 일반적으로 앱을 설치하면 해당 앱에서 사용하는 파일은 연결 프로그램이 자동으로 설정된다.

전문가의 조언 | 확장자가 다른 파일을 수동으로 같은 앱에 연결하여 사용할 수도 있고, 여러 가지 확장자를 사용할 수도 있는 앱도 있습니다.

14 다음 중 네트워크 구성 형태에 관한 설명으로 옳지 않은 것은?

① 망(Mesh)형은 응답 시간이 빠르고 노드의 연결성이 우수하다.

② 성형(중앙 집중형)은 통신망의 처리 능력 및 신뢰성이 중앙 노드의 제어장치에 좌우된다.

③ 버스(Bus)형은 기밀 보장이 우수하고 회선 길이의 제한이 없다.

④ 링(Ring)형은 통신회선 중 어느 하나라도 고장나면 전체 통신망에 영향을 미친다.

전문가의 조언 | 버스(Bus)형은 한 개의 통신 회선에 여러 대의 단말장치가 연결되어 있는 형태로, 기밀 보장이 어렵고, 회선 길이의 제한이 있습니다.

15 하나의 컴퓨터에서 A 사용자가 여러 개의 프로그램을 실행시킨 상태에서 잠시 B 사용자가 사용할 수 있도록 하는 방법으로 옳은 것은? (단, 해당 컴퓨터에 사용자 A와 사용자 B의 계정은 모두 등록되어 있다.)

① 로그오프를 수행한다.

② 사용자 전환을 수행한다.

③ 시스템을 다시 시작한다.

④ 전원을 종료한 후 재부팅한다.

전문가의 조언 | [시작] 메뉴에서 사용자 계정을 클릭한 후 등록된 다른 사용자를 선택하면 기존 사용자가 실행 중인 프로그램이 종료되지 않고 대기 상태에서 다른 사용자로 전환됩니다.

16 다음 중 컴퓨터 바이러스에 대한 설명으로 가장 적절하지 않은 것은?

① 사용자가 인지하지 못한 사이 자가복제를 통해 다른 정상적인 프로그램을 감염시켜 해당 프로그램이나 다른 데이터 파일 등을 파괴한다.

② 보통 소프트웨어 형태로 감염되나 메일이나 첨부 파일은 감염의 확률이 매우 적다.

③ 인터넷의 공개 자료실에 있는 파일을 다운로드하여 설치할 때 감염될 수 있다.

④ 온라인 채팅이나 인스턴트 메신저 프로그램을 통해서 전파되기도 한다.

전문가의 조언 | 컴퓨터 바이러스는 보통 소프트웨어 형태로 감염되며, 메일이나 첨부 파일의 경우 감염 확률이 매우 높습니다. 그러므로 발신자가 불분명한 메일이나 첨부 파일은 바이러스 검사를 수행한 후 열어보는 것이 좋습니다.

17 다음 중 컴퓨터를 관리하는 효율적인 방법으로 옳지 않은 것은?

① 컴퓨터를 이동하거나 부품을 교체할 경우에는 전원을 끄고 작업하는 것이 바람직하다.

② 시스템에 문제가 발생하면 시스템을 재부팅하고 하드디스크의 모든 파티션을 제거한다.

③ 정기적으로 최신 바이러스 백신 프로그램을 사용하여 바이러스 감염을 방지하며, 중요한 데이터는 백업하여 둔다.

④ 가급적 불필요한 프로그램은 설치하지 않도록 하며, 정기적으로 시스템을 점검한다.

전문가의 조언 | 하드디스크의 모든 파티션을 제거하면 하드디스크에 저장된 내용도 모두 삭제되므로 [⊞(시작)] → [⚙(설정)] → [업데이트 및 보안] → [복구]를 통해 문제를 해결하는 것이 좋습니다.

18 다음 중 컴퓨터에서 사용되는 바이트(Byte)에 대한 설명으로 옳지 않은 것은?

① 1바이트는 8비트로 구성된다.

② 일반적으로 영문자나 숫자는 1Byte로 한 글자를 표현하고, 한글 및 한자는 2Byte로 한 글자를 표현한다.

③ 1바이트는 컴퓨터에서 각종 명령을 처리하는 기본 단위이다.

④ 1바이트로는 256가지의 정보를 표현할 수 있다.

전문가의 조언 | 바이트는 문자를 표현하는 최소 단위입니다. 컴퓨터에서 각종 명령을 처리하는 기본 단위는 워드(Word)입니다.

19 다음 중 한글 Windows 10에서 아래 그림의 [오류 검사]에 관한 설명으로 옳지 않은 것은?

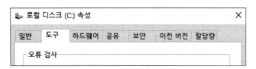

① 폴더와 파일의 오류를 검사하여 발견된 오류를 복구한다.

② 디스크의 물리적 손상 영역인 불량 섹터를 검출한다.

③ 네트워크 드라이브를 선택하여 오류 검사를 할 수 있다.

④ 시스템 성능 향상을 위해 정기적으로 수행하는 것이 좋다.

전문가의 조언 | 네트워크 드라이브, CD-ROM 드라이브는 드라이브 오류 검사를 수행할 수 없습니다.

20 다음 중 주상화, 캡슐화, 상속성, 다형성 등의 특징을 지니고 있으며, 크고 복잡한 프로그램 구축이 어려운 절차형 언어의 문제점을 해결하기 위해 개발된 프로그래밍 기법은?

① 구조적 프로그래밍

② 객체지향 프로그래밍

③ 하향식 프로그래밍

④ 비주얼 프로그래밍

전문가의 조언 | 문제에 제시된 내용은 객체지향 프로그래밍에 대한 설명입니다.

• **구조적 프로그래밍** : 입력과 출력이 각각 하나씩 이루어진 구조로 GOTO문을 사용하지 않으며, 순서, 선택, 반복의 세 가지 논리 구조를 사용하는 기법

• **비주얼 프로그래밍** : 기존 문자 방식의 명령어 전달 방식을 기호화된 아이콘의 형태로 바꿔 사용자가 대화형으로 좀 더 쉽게 프로그래밍 할 수 있는 기법

21 아래의 시트에서 [E2] 셀에는 수식 '=SUM(B2:D2)'가 입력되어 있다. [E2] 셀의 채우기 핸들을 더블클릭 했을 때 자동으로 합계가 계산되는 영역은 무엇인가?

	A	B	C	D	E
1	이름	국어	영어	수학	합계
2	이신호	80	85	90	255
3	최재균	80	87	78	
4	최준호	75	70		
5	김수영				
6	이대영	65	75	80	
7	김선봉	90	82	80	
8					

① E3:E7

② E3

③ E3:E4

④ E6:E7

전문가의 조언 | [A2:D7] 영역에는 한 행 전체에 데이터가 입력되지 않은 빈 행 없이 데이터가 연결되어 있으므로 [A2:D7] 영역을 한 개의 데이터 영역으로 인식합니다. 즉 [E2] 셀의 채우기 핸들을 더블클릭하면 [E3:E7] 영역에 합계가 계산됩니다.

	A	B	C	D	E
1	이름	국어	영어	수학	합계
2	이신호	80	85	90	255
3	최재균	80	87	78	245
4	최준호	75	70		145
5	김수영				0
6	이대영	65	75	80	220
7	김선봉	90	82	80	252
8					

22 아래 시트에서 [B6] 셀에 커서를 놓고 [매크로 기록] 클릭 → 매크로 이름 '합계계산' 지정 → 수식 '=SUM(B2:B5)' 입력 → [기록 중지]를 클릭하였다. 이후 커서를 [C6] 셀에 놓고 "합계계산" 매크로를 수행한 결과로 옳은 것은?

① 80

② 65

③ 145

④ 오류 발생

23 아래 시트에서 월기본급이 2,000,000 이상인 직원의 월기본급 평균을 구하는 수식으로 옳지 않은 것은?

	A	B	C	D	E
1	순번	이름	직위	월기본급	상여금
2	1	김봉선	부장	3,800,000	380,000
3	2	김태영	과장	2,800,000	280,000
4	3	최복선	대리	1,900,000	190,000
5	4	최명희	사원	1,500,000	150,000
6	5	이준호	대리	2,100,000	210,000
7					
8				월기본급	
9				>=2000000	
10					
11		월기본급 2,000,000 이상 평균			

① =DAVERAGE(B1:E6, 3, D8:D9)

② =DAVERAGE(B1:E6, D1, D8:D9)

③ =DAVERAGE(B1:E6, 월기본급, D8:D9)

④ =AVERAGEIF(D2:D6, ">=2000000", D2:D6)

24 아래 워크시트에서 [B2] 셀에 커서를 놓고 [데이터] → [정렬]을 클릭한 후 '순위'를 기준으로 오름차순 정렬을 수행한 결과로 옳은 것은?

	A	B	C	D	E	F
1	학번	성명	이론	실기	합계	순위
2	240402	김춘영	38	47	85	2
3	240401	이영주	47	45	92	1
4	240403	곽인호	46	48	94	3
5						
6	합계		131	140	271	
7						

①

	A	B	C	D	E	F
1	학번	성명	이론	실기	합계	순위
2	240403	곽인호	46	48	94	3
3	240402	김춘영	38	47	85	2
4	240401	이영주	47	45	92	1
5						
6	합계		131	140	271	
7						

②

	A	B	C	D	E	F
1	학번	성명	이론	실기	합계	순위
2	240401	이영주	47	45	92	1
3	240402	김춘영	38	47	85	2
4	240403	곽인호	46	48	94	3
5						
6	합계		131	140	271	
7						

③

	A	B	C	D	E	F
1						
2	합계		131	140	271	
3	학번	성명	이론	실기	합계	순위
4	240403	곽인호	46	48	94	3
5	240402	김춘영	38	47	85	2
6	240401	이영주	47	45	92	1
7						

④

	A	B	C	D	E	F
1						
2	합계		131	140	271	
3	학번	성명	이론	실기	합계	순위
4	240401	이영주	47	45	92	1
5	240402	김춘영	38	47	85	2
6	240403	곽인호	46	48	94	3

25 다음 중 제품단가[C2:C7]와 수량[D2:D7] 그리고 수량에 따른 택배비[A11:C14]를 이용하여 판매금액[E2:E7]을 계산하되, 계산 시 오류가 발생할 경우 "보류"를 표시하는 수식으로 옳은 것은? (단, '판매금액 = 제품단가 × 수량 + 택배비'임)

	A	B	C	D	E
1	제품코드	제품명	제품단가	수량	판매금액
2	A-001	사과	10,500	8	
3	A-002	배	9,500	2	
4	A-003	체리	7,500	미정	
5	A-004	망고	9,500	12	
6	A-005	귤	5,500	미정	
7	A-006	바나나	4,500	13	
8					
9			<택배비>		
10		수량		택배비	
11	0		2	3,500	
12	2		5	2,000	
13	5		10	1,000	
14	10			0	
15					

① =IFERROR(C2*D2+VLOOKUP(D2, $A$11:$C$14, 3, 0), "보류")

② =IFERROR(C2*D2+VLOOKUP(D2, $A$11:$C$14, 3, 1), "보류")

③ =IFERROR("보류", C2*D2+VLOOKUP(D2, $A$11:$C$14, 3, 1))

④ =IFERROR("보류", C2*D2+VLOOKUP(D2, $A$11:$C$14, 3, 0))

---

26 다음 워크시트의 [D6] 셀에 작성한 수식 '=SUM(D2:CHOOSE(2, D3, D4, D5))'의 결과는?

	A	B	C	D
1	구분	남	여	합계
2	1반	23	22	45
3	2반	12	18	30
4	3반	8	7	15
5	4반	9	16	25
6				
7				

① 45　　　　　　　② 15

③ 90　　　　　　　④ 115

---

27 셀에 사용자 서식 코드로 #,###;@"원"을 지정한 후 다음과 같이 입력하였을 때 결과가 잘못 표현된 것은?

① −1234 → 1234원　　　② 1234 → 1,234

③ 0 →　　　　　　　　④ 12,345 → 12

---

28 다음 중 차트에 대한 설명으로 옳지 않은 것은?

① 다른 통합 문서에 있는 시트의 데이터로는 차트를 만들 수 없지만 현재 통합 문서의 다른 시트에 있는 데이터로는 차트를 만들 수 있다.

② 차트에 두 개 이상의 차트 종류를 사용하여 혼합형 차트를 만들 수도 있다.

③ 사용자가 자주 사용하는 차트 종류를 차트 서식 파일로 저장할 수 있다.

④ 차트를 만들 데이터를 선택한 후 F11을 누르면 별도의 차트 시트가 생성된다.

---

29 다음의 데이터 통합에 대한 설명으로 옳지 않은 것은?

	A	B	C	D	E
1	강동지점			강서지점	
2	분기	매출		분기	매출
3	1분기	980		1분기	784
4	2분기	875		2분기	950
5	3분기	684		3분기	674
6	4분기	584		4분기	846
7					
8	강북지점			지점통합	
9	분기	매출		분기	매출
10	1분기	485		1분기	2249
11	2분기	584		2분기	2409
12	3분기	852		3분기	2210
13	4분기	648		4분기	2078
14					

① 사용할 함수로 '합계'를 선택하였다.

② 각 지점의 데이터 영역을 참조 영역에 추가하였다.

③ 사용할 레이블로 '첫 행'을 선택하였다.

④ '원본 데이터에 연결'을 선택하지 않았다.

30 다음 중 날짜 및 시간 데이터에 관한 설명으로 옳지 않은 것은?

① 시간을 12시간제로 표시하려면 '6:25 p'와 같이 시간 뒤에 a나 p를 입력한다.

② 날짜 데이터는 하이픈(−)이나 슬래시(/)를 이용하여 연, 월, 일을 구분한다.

③ 날짜를 년과 월만 입력하면 일은 1이 자동으로 입력된다.

④ 오늘 날짜를 입력하려면 Ctrl + Shift + ; 을 누른다.

> 전문가의 조언 | • 오늘 날짜를 입력하려면 Ctrl + ; 를 눌러야 합니다.
> • Ctrl + Shift + ; 를 누르면 현재 시간이 입력됩니다.

31 다음 시트에서 [A1] 셀에 있는 텍스트를 쉼표(,)를 기준으로 [A1:D1] 영역에 분리하여 표시하려고 할 때 사용할 적합한 기능은?

A1	▾	:	×	✓	fx	서울,1,국어,2008

	A	B	C	D	E
1	서울,1,국어,2008				
2					

① 레코드 관리   ② 텍스트 나누기

③ 유효성 검사   ④ 자동 개요

> 전문가의 조언 | 텍스트 나누기를 실행하면 텍스트 마법사가 실행이 되는데, 텍스트 마법사 2단계에서 '구분 기호'를 '쉼표'로 선택하면 [A1:D1] 영역에 분리되어 표시됩니다.

32 다음 중 조건부 서식을 이용하여 [A2:C5] 영역에 EXCEL과 ACCESS 점수의 합계가 170 이하인 행 전체에 셀 배경색을 지정하기 위한 수식으로 옳은 것은?

	A	B	C
1	이름	EXCEL	ACCESS
2	김경희	75	73
3	원은형	89	88
4	나도향	65	68
5	최은심	98	96
6			

① =B$2+C$2<=170   ② =$B2+$C2<=170

③ =$B$2+$C$2<=170   ④ =B2+C2<=170

> 전문가의 조언 | 조건부 서식의 규칙으로 셀 주소를 이용해 규칙에 맞는 행 전체에 서식이 적용되도록 수식을 작성할 경우 열 문자에만 절대주소 표시($)를 해야 합니다.

33 아래 워크시트에서 [A1:C4] 영역을 원형 차트로 만든 후 데이터 레이블 표시 내용으로 '항목 이름', '값'을 선택했을 때의 결과로 옳은 것은?

	A	B	C
1	분류	매출	비율
2	가정용품	532,000	29%
3	청소용품	845,000	45%
4	위생용품	485,000	26%
5			

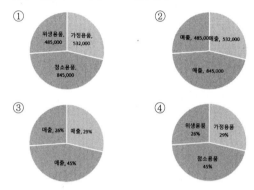

> 전문가의 조언 | 레이블에 표시할 내용으로 '항목 이름'과 '값'을 선택한 차트는 ①번입니다.
> ② '계열 이름'과 '값' 선택
> ③ '계열 이름'과 '백분율' 선택
> ④ '항목 이름'과 '백분율' 선택

34 다음 중 항목 레이블이 월, 분기, 연도와 같이 일정한 간격의 값을 나타내는 경우에 적합한 차트로 일정 간격에 따라 데이터의 추세를 표시하는 데 유용한 것은?

① 분산형 차트

② 원형 차트

③ 꺾은선형 차트

④ 방사형 차트

> 전문가의 조언 | 일정 기간의 데이터 변화 추이를 확인하는 데 적합한 차트는 꺾은선형 차트입니다.
> • 분산형 차트 : X · Y 좌표로 이루어진 한 개의 계열로 두 개의 숫자 그룹을 나타내는 차트로, 데이터의 불규칙한 간격이나 묶음을 보여 주며, 주로 과학 · 공학용 데이터 분석에 사용됨
> • 원형 차트 : 전체 항목의 합에 대한 각 항목의 비율을 나타내는 차트로, 중요한 요소를 강조할 때 사용함
> • 방사형 차트 : 많은 데이터 계열의 집합적인 값을 나타낼 때 사용하며, 각 계열은 가운데서 뻗어 나오는 값 축을 갖음

35 워크시트 출력 시 머리글 또는 바닥글에 페이지 번호가 포함되어 있는 경우, 시작 페이지 번호를 100으로 저장하려고 한다. 다음 중 설명이 옳은 것은?

① [페이지 설정] → [머리글/바닥글] → [바닥글 편집] → [시작 페이지 번호]에 표시될 페이지 번호 100을 입력한다.

② [페이지 설정] → [페이지] → [자동 맞춤] → [용지 번호]에 표시될 페이지 번호 100을 입력한다.

③ [페이지 설정] → [페이지] → [시작 페이지 번호]에 표시될 페이지 번호 100을 입력한다.

④ [페이지 설정] → [설정] → [페이지 번호]에 표시될 페이지 번호 100을 입력한다.

전문가의 조언 | 시작 페이지 번호는 [페이지 설정] → [페이지] → [시작 페이지 번호]에서 지정합니다.

36 다음 중 매크로의 실행 방법에 관한 설명으로 옳지 않은 것은?

① 실행하려는 셀을 선택한 후 마우스 오른쪽 버튼 메뉴에서 [매크로 지정]을 선택하여 매크로를 기록한 후 실행할 수 있다.

② 양식 도구 모음의 '단추' 버튼을 사용하여 매크로 실행 단추를 만들어 매크로를 실행할 수 있다.

③ 바로 가기 키를 이용해서 매크로를 실행할 수 있다.

④ 매크로 이름 상자에서 실행할 매크로 이름을 선택하여 실행할 수 있다.

전문가의 조언 | 셀에서 마우스 오른쪽 버튼을 눌러 매크로를 연결하는 기능은 제공되지 않습니다.

37 다음 중 수식에 잘못된 인수나 피연산자를 사용할 때 표시되는 오류 메시지로 옳은 것은?

① #DIV/0!   ② #NUM!

③ #NAME?   ④ #VALUE!

전문가의 조언 | 수식에 잘못된 인수나 피연산자를 사용할 때 표시되는 오류 메시지는 #VALUE!입니다.
- #DIV/0! : 나누는 수가 빈 셀이나 0이 있는 셀을 참조한 때(피연산자가 빈 셀이면 0으로 간주됨)
- #NUM! : 표현할 수 있는 숫자의 범위를 벗어났을 때
- #NAME? : 인식할 수 없는 텍스트를 수식에 사용했을 때

38 다음 중 페이지 나누기에 대한 설명으로 옳지 않은 것은?

① 페이지 나누기는 워크시트를 인쇄할 수 있도록 페이지 단위로 나누는 구분선이다.

② [페이지 나누기 미리 보기] 상태에서 마우스로 페이지 나누기 구분선을 클릭하여 끌면 페이지를 나눌 위치를 조정할 수 있다.

③ 행 높이와 열 너비를 변경해도 자동 페이지 나누기 구분선의 위치는 변경되지 않는다.

④ [페이지 나누기 미리 보기] 상태에서 파선은 자동 페이지 나누기를 나타내고 실선은 사용자 지정 페이지 나누기를 나타낸다.

전문가의 조언 | 행 높이와 열 너비를 변경하면 자동 페이지 나누기는 영향을 받아 자동으로 변경되고, 수동 페이지 나누기는 영향을 받지 않고 원래대로 유지됩니다.

39 다음 중 창 나누기에 대한 설명으로 옳지 않은 것은?

① 창 나누기를 실행하면 하나의 작업 창은 최대 4개 부분으로 나눌 수 있다.

② 첫 행과 첫 열을 제외한 나머지 셀에서 창 나누기를 수행하면 현재 셀의 위쪽과 왼쪽에 창 분할선이 생긴다.

③ 창 구분선은 틀 고정 구분선처럼 마우스로 드래그하여 위치를 이동할 수 없다.

④ 화면에 표시되는 창 나누기 형태는 인쇄 시 적용되지 않는다.

전문가의 조언 | 창 구분선을 마우스로 드래그하여 위치를 이동할 수 있습니다.

40 다음 중 함수식에 대한 결과가 옳지 않은 것은?

① =MOD(9, 2) → 1

② =COLUMN(C5) → 3

③ =TRUNC(8.73) → 8

④ =POWER(5, 3) → 15

전문가의 조언 | ④번의 결과는 125입니다.
① =MOD(9, 2) : MOD(인수1, 인수2)는 '인수1'을 '인수2'로 나눈 나머지를 구하는 함수로, 9를 2로 나누면 몫은 4이고 나머지는 1이므로 1을 반환합니다.
② =COLUMN(C5) : COLUMN(셀)은 주어진 '셀'의 열 번호를 반환하는 함수이므로 3을 반환합니다.
③ =TRUNC(8.73) : TRUNC(인수, 자릿수)는 '인수'에 대해 지정한 '자릿수' 미만을 버리는 함수로, 자릿수 0은 생략이 가능합니다. 즉 TRUNC(8.73, 0)과 같으므로 소수점 이하는 모두 버린 8을 반환합니다.
④ =POWER(5, 3) : POWER(인수, 제곱값)은 '인수'를 '제곱값'만큼 거듭 곱한 값을 반환하는 함수이므로 5를 3번 곱한 값인 125를 반환합니다.

기출문제 & 전문가의 조언

컴퓨터 일반

01 다음 중 초고속 인터넷을 이용하여 동영상 콘텐츠, 정보 서비스 등 기본 텔레비전 기능에 인터넷 검색이 가능하게 한 서비스는?

① VoIP
② IPTV
③ IPv6
④ TCP/IP

> 전문가의 조언 | 기본 텔레비전 기능에 인터넷 검색이 가능하게 한 서비스는 IPTV입니다.
> • VoIP : 음성 데이터를 인터넷 프로토콜(IP) 데이터 패킷으로 변환하여 인터넷을 통해 음성 통화를 가능하게 하는 기술
> • IPv6 : 현재 사용하고 있는 IP 주소 체계 IPv4의 주소 부족 문제를 해결하기 위해 개발된 것으로, 16비트씩 8부분, 총 128비트로 구성되어 있음
> • TCP/IP : 인터넷에 연결된 서로 다른 기종의 컴퓨터끼리 데이터를 주고받을 수 있도록 하는 인터넷 표준 프로토콜

02 다음 중 데이터 보안 침해 형태 중 하나인 변조에 대한 설명으로 옳은 것은?

① 데이터가 정상적으로 전송되는 것을 방해하는 것이다.
② 데이터가 전송되는 도중에 몰래 엿보거나 정보를 유출하는 것이다.
③ 전송된 데이터를 다른 내용으로 바꾸는 것이다.
④ 데이터를 다른 사람이 송신한 것처럼 꾸미는 것이다.

> 전문가의 조언 | 변조에 대한 설명으로 옳은 것은 ③번입니다.
> • ①번은 가로막기, ②번은 가로채기, ④번은 위조에 대한 설명입니다.

03 다음 중 인터넷을 수동으로 연결하기 위하여 지정해야 할 TCP/IP 구성 요소로 옳지 않은 것은?

① IP 주소
② 서브넷 마스크
③ 어댑터 주소
④ DNS 서버 주소

> 전문가의 조언 | • 어댑터 주소는 수동으로 연결하기 위해 지정해야 할 TCP/IP 구성 요소가 아닙니다.
> • TCP/IP의 구성 요소에는 IP 주소, 서브넷 접두사 길이, 서브넷 마스크, 게이트웨이, DNS 서버 주소 등이 있습니다.

04 다음 중 컴퓨터에서 사용하는 일반 하드디스크에 비하여 속도가 빠르고 기계적 지연이나 에러의 확률 및 발열 소음이 적으며, 소형화, 경량화할 수 있는 하드디스크 대체 저장장치는?

① DVD
② HDD
③ SSD
④ ZIP

> 전문가의 조언 | 컴퓨터에서 사용하는 일반 하드디스크에 비하여 속도가 빠르고 기계적 지연이나 에러의 확률 및 발열 소음이 적으며, 소형화, 경량화할 수 있는 저장장치는 SSD입니다.

05 다음 중 컴퓨터에서 사용하는 유니코드(Unicode)에 관한 설명으로 옳은 것은?

① 표현 가능한 문자수는 최대 256자이다.
② 문자를 2Byte로 표현한다.
③ 영문자를 7bit, 한글이나 한자를 16bit로 처리한다.
④ 한글은 KS 완성형으로 표현한다.

> 전문가의 조언 | 유니코드에 관한 설명으로 옳은 것은 ②번입니다.
> ① 유니코드는 전세계의 모든 문자를 표현하는 국제 표준 코드입니다.
> ③ 유니코드는 모든 문자를 2Byte로 표현합니다.
> ④ 한글은 완성형과 조합형을 동시에 사용할 수 있습니다.

06 다음 중 애니메이션에서의 모핑(Morphing) 기법에 대한 설명으로 옳은 것은?

① 종이에 그린 그림을 셀룰로이드에 그대로 옮긴 뒤 채색하고 촬영하는 기법이다.
② 2개의 이미지나 3차원 모델 간에 부드럽게 연결하여 서서히 변하는 모습을 보여주는 기법이다.
③ 키 프레임을 이용하여 애니메이션을 만드는 기법이다.
④ 점토를 사용하여 애니메이션을 만드는 기법이다.

> 전문가의 조언 | 모핑(Morphing) 기법에 대한 설명으로 옳은 것은 ②번입니다.
> • ①번은 셀 애니메이션, ③번은 키 프레임 애니메이션, ④번은 클레이메이션에 대한 설명입니다.

07 다음 중 버전에 따른 소프트웨어에 대한 설명으로 옳지 않은 것은?

① 트라이얼 버전(Trial Version)은 특정한 하드웨어나 소프트웨어를 구매하였을 때 무료로 주는 프로그램이다.

② 베타 버전(Beta Version)은 소프트웨어의 정식 발표 전 테스트를 위하여 사용자들에게 무료로 배포하는 시험용 프로그램이다.

③ 데모 버전(Demo Version)은 정식 프로그램을 홍보하기 위해 사용기간이나 기능을 제한하여 배포하는 프로그램이다.

④ 패치 버전(Patch Version)은 이미 제작하여 배포된 프로그램의 오류 수정이나 성능 향상을 위해 프로그램의 일부 파일을 변경해 주는 프로그램이다.

전문가의 조언 | • ①번은 번들(Bundle)에 대한 설명입니다.
• 트라이얼 버전은 셰어웨어와 마찬가지로 제품을 구매하기 전에 해당 프로그램을 미리 사용해 볼 수 있도록 제작한 것으로, 셰어웨어는 대부분의 기능을 사용할 수 있고 일부 기능만 제한된 반면 트라이얼 버전은 기본적인 기능이나 일부 기능만 사용할 수 있는 것이 다릅니다.

08 다음 중 한글 Windows 10의 [메모장]에 대한 설명으로 옳지 않은 것은?

① 작성한 문서를 저장할 때 확장자는 기본적으로 .txt가 부여된다.

② 그림, 차트 등의 OLE 개체를 삽입할 수 있다.

③ 현재 시간/날짜를 삽입하는 기능이 있다.

④ 특정한 문자열을 찾을 수 있는 찾기 기능이 있다.

전문가의 조언 | 메모장에서는 그림, 차트 등의 OLE 개체를 삽입할 수 없습니다.

09 다음 중 한글 Windows 10의 [설정] → [시스템] → [디스플레이]에서 해상도 조정 설정에 대한 설명으로 옳지 않은 것은?

① 높은 화면 해상도에서는 텍스트와 이미지가 더 선명하지만 크기는 더 작게 표시된다.

② 해상도를 변경하면 해당 컴퓨터에 로그인한 모든 사용자에게 변경 내용이 적용된다.

③ 여러 디스플레이 옵션은 Windows에서 둘 이상의 모니터가 PC에 연결되어 있음을 인식할 때만 나타난다.

④ 두 대의 모니터가 연결된 경우 좌측 모니터가 주 모니터로 설정되므로 해상도가 높은 모니터를 반드시 좌측에 배치해야 한다.

전문가의 조언 | 주 모니터는 [⚙(설정)] → [시스템] → [디스플레이]에서 자유롭게 변경할 수 있으므로 모니터의 배치를 변경할 필요는 없습니다.

10 다음 중 컴퓨터 소프트웨어 배포와 관련하여 셰어웨어(Shareware)에 관한 설명으로 옳은 것은?

① 정상 대가를 지불하고 사용하는 소프트웨어이다.

② 특정 기능이나 사용 기간에 제한을 두고 무료로 배포하는 소프트웨어이다.

③ 개발자가 소스를 공개한 소프트웨어이다.

④ 배포 이전의 테스트 버전의 소프트웨어이다.

전문가의 조언 | • 셰어웨어에 대한 설명으로 옳은 것은 ②번입니다.
• ①번은 상용 소프트웨어, ③번은 공개 소프트웨어, ④번은 알파 또는 베타 버전에 대한 설명입니다.

11 다음 중 데이터가 발생되는 즉시 처리되어 결과를 바로 확인할 수 있는 시스템으로, 은행이나 여행사의 좌석 예약 조회 서비스 등에 이용되는 것은?

① 실시간 처리 시스템

② 일괄 처리 시스템

③ 분산 처리 시스템

④ 시분할 시스템

전문가의 조언 | 문제에 제시된 내용은 실시간 처리 시스템에 대한 설명입니다.
• 일괄 처리 시스템(Batch Processing System) : 초기의 컴퓨터 시스템에서 사용된 형태로, 일정량 또는 일정 기간 동안 데이터를 모아서 한꺼번에 처리하는 방식
• 분산 처리 시스템(Distributed Processing System) : 여러 대의 컴퓨터들에 의해 작업들을 나누어 처리하여 그 내용이나 결과를 통신망을 이용하여 상호 교환할 수 있도록 연결되어 있는 시스템
• 시분할 시스템(Time Sharing System) : 여러 명의 사용자가 사용하는 시스템에서 컴퓨터가 사용자들의 프로그램을 번갈아 가며 처리해 줌으로써 각 사용자에게 독립된 컴퓨터를 사용하는 느낌을 주는 것이며, 라운드 로빈 방식이라고도 함

12 다음 중 Windows에서 Winkey(⊞)와 함께 사용하는 바로 가기 키에 대한 설명으로 틀린 것은?

① ⊞+Ⅰ : '설정' 창을 표시함

② ⊞+D : 모든 창을 최소화함

③ ⊞+L : 컴퓨터를 잠금

④ ⊞+E : '실행' 창을 표시함

전문가의 조언 | • ⊞+E는 파일 탐색기를 실행하는 바로 가기 키입니다.
• '실행' 창을 표시하는 바로 가기 키는 ⊞+R입니다.

13 다음 중 네트워크 주변을 지나다니는 패킷을 엿보면서 계정 (ID)과 비밀번호를 알아내는 보안 위협 행위는?

① 스니핑(Sniffing)   ② 스푸핑(Spoofing)

③ 백도어(Back Door)   ④ 키로거(Key Logger)

> 전문가의 조언 | 네트워크 주변을 지나다니는 패킷을 엿보면서 계정(ID)과 비밀번호를 알아내는 보안 위협 행위는 스니핑(Sniffing)입니다.
> - **스푸핑(Spoofing)** : 다른 사람의 시스템에 침입할 때 침입자의 정보를 속여 역추적을 어렵게 만드는 방법
> - **백도어(Back Door)** : 서비스 기술자나 유지 보수 프로그래머들의 액세스 편의를 위해 만든 보안이 제거된 비밀통로를 이르는 말로, 시스템에 무단 접근하기 위한 일종의 비상구로 사용
> - **키로거(Key Logger)** : 키보드상의 키 입력 캐치 프로그램을 이용하여 ID나 암호와 같은 개인 정보를 빼내어 악용하는 기법

14 다음 중 실감미디어에 대한 설명으로 옳지 않은 것은?

① 홀로그램 – 기록 매체에 레이저와 같이 간섭성이 있는 광원을 이용하여 간섭 패턴을 기록한 결과물로, 광원을 이용하여 재생하면 3차원 영상으로 표현된다.

② 증강현실 – 가상 세계에서 일상 생활이나 경제적 활동이 가능하며, 사용자를 대신하는 캐릭터에서 가상 세계에서의 사회적 책임과 의무를 요구하고 있다.

③ 가상현실 – 다양한 장치를 통해 컴퓨터가 만들어낸 가상 세계에서 여러 다른 경험을 체험할 수 있도록 한 모든 기술을 말한다.

④ 혼합현실 – 가상현실과 현실 세계를 합쳐, 현실의 물리적인 객체와 가상의 객체가 상호 작용할 수 있는 환경을 구현하는 기술이다.

> 전문가의 조언 | • ②번은 메타버스(Metaverse)에 대한 설명입니다.
> • 증강현실은 실제 촬영한 화면에 가상의 정보를 부가하여 보여주는 기술을 의미합니다.

15 다음은 [설정] → [개인 설정]에 관한 설명이다. 다음 중 옳지 않은 것은?

① 바탕 화면의 배경을 사용자가 임의로 바꿀 수 있게 지원한다.

② 시스템을 켜둔 채 정해진 시간 동안 마우스나 키보드를 사용하지 않으면 모니터를 보호하기 위해 화면 보호기를 작동할지 여부를 설정한다.

③ 창의 색상과 구성 요소의 색상을 설정한다.

④ 모니터의 해상도 및 방향을 설정한다.

> 전문가의 조언 | • [⚙(설정)] → [개인 설정]에서는 모니터의 해상도 및 방향을 설정할 수 없습니다.
> • 모니터의 해상도와 방향은 [⚙(설정)] → [시스템] → [디스플레이]에서 설정할 수 있습니다.

16 다음 중 컴퓨터에서 문자 데이터를 표현하는 방법으로 옳지 않은 것은?

① EBCDIC   ② Unicode

③ ASCII   ④ Hamming Code

> 전문가의 조언 | 해밍 코드(Hamming Code)는 데이터 전송 시 에러 검출 및 교정을 위해 사용하는 코드로, 문자 데이터를 표현하기 위해 사용하는 코드가 아닙니다.

17 다음 중 각종 디지털 데이터에 저작권 정보를 삽입하여 관리하는 기술을 무엇이라고 하는가?

① 디지털 저작권 관리(Digital Right Management)

② 디지털 워터마킹(Digital Watermaking)

③ 디지털 저작권 표현(Digital Right Expression)

④ 디지털 서명(Digital Signature)

> 전문가의 조언 | 문제에 제시된 내용은 디지털 워터마킹의 개념입니다.
> - **디지털 저작권 관리(Digital Right Management)** : 저작권자가 배포한 디지털 콘텐츠가 저작권자가 의도한 용도로만 사용되도록 디지털 콘텐츠의 생성, 유통, 이용까지의 전 과정에 걸쳐 사용되는 디지털 콘텐츠 관리 및 보호 기술
> - **저작권 표현(Right Expression)** : 라이선스의 내용 표현 기술
> - **전자 서명(Digital Signature)** : 전자 문서의 변경 여부를 확인할 수 있도록 작성자의 고유 정보를 암호화하여 문서에 포함하는 기술

18 다음 중 하이퍼텍스트(Hypertext)에 대한 설명으로 옳지 않은 것은?

① 하이퍼텍스트는 텍스트가 링크로 연결되어 있는 문서이다.

② 동영상, 그래픽 등의 정보를 연결해 놓은 멀티미디어 형식이다.

③ 사용자가 하이퍼링크(Hyperlink)를 클릭함으로써 원하는 데이터를 찾을 수 있다.

④ 하이퍼텍스트는 사용자의 의도에 따라 문서를 읽는 순서가 결정되는 비선형 구조이다.

> 전문가의 조언 | 동영상, 그래픽 등의 정보를 연결해 놓은 멀티미디어 형식은 하이퍼미디어(Hypermedia)입니다.

19 다음 중 사물에 전자 태그를 부착하고 무선 통신을 이용하여 사물의 정보 및 주변 상황 정보를 감지하는 센서 기술은?

① 텔레매틱스 　　　　　② DMB

③ W-CDMA 　　　　　④ RFID

20 다음 중 인터넷 서비스를 위한 프로토콜로 웹페이지와 웹 브라우저 사이에서 하이퍼텍스트 문서를 전송하기 위한 것은?

① TCP/IP 　　　　　② HTTP

③ FTP 　　　　　　④ WAP

2과목 　스프레드시트 일반

21 다음의 '상위 10 자동 필터' 대화상자에 대한 설명으로 옳지 않은 것은?

① 숫자가 입력된 셀에 대해서만 적용할 수 있다.

② 백분율을 적용하여 표시할 수 있다.

③ 가장 큰 값과 가장 작은 값을 찾을 수 있다.

④ 필터링된 결과는 자동으로 정렬되어 표시된다.

22 다음 중 부분합 실행 결과에 대한 설명으로 옳지 않은 것은?

	A	B	C	D
1				
2	도서코드	도서명	분류	금액
8			소설 최대	34,200
9			소설 개수	5
14			시/에세이 최대	32,800
15			시/에세이 개수	4
23			인문 최대	35,000
24			인문 개수	7
31			정치/경제 최대	35,400
32			정치/경제 개수	6
33			전체 최대값	35400
34			전체 개수	22
35				

① 개요 기호 '3'을 클릭하여 3수준 상태로 표시되었다.

② 분류별 금액의 최대를 구한 후 개수를 구했다.

③ 데이터 아래에 요약이 표시되었다.

④ 분류를 기준으로 오름차순 정렬하였다.

23 아래 워크시트에서 단가[B4:B8]에 부가세율[B1]을 곱해서 부가세[C4:C8]를 구하려고 한다. [C4] 셀에 수식을 입력한 후 채우기 핸들을 이용하여 [C8] 셀까지 계산하려고 할 때 [C4] 셀에 입력할 수식으로 옳은 것은?

	A	B	C
1	부가세율	10%	
2			
3	부서	단가	부가세
4	A4용지	15,000	
5	볼펜	12,000	
6	종이컵	8,000	
7	마우스	20,000	
8	키보드	25,000	
9			

① =B4*$B1 　　　　　② =$B$4*B$1

③ =B4*B1 　　　　　④ =$B4*$B$1

24 다음 중 매크로에 관한 설명으로 옳지 않은 것은?

① 하나의 통합 문서에는 동일한 이름의 매크로를 작성할 수 없다.

② 매크로 이름의 첫 글자는 반드시 문자로 지정해야 한다.

③ [매크로 기록] 대화상자에서 바로 가기 키 지정 시 영문 대문자를 사용하면 [Alt]가 자동으로 덧붙는다.

④ 매크로 기록 시 사용자의 마우스 동작은 물론 키보드 작업도 모두 기록된다.

전문가의 조언 | 매크로의 바로 가기 키는 기본적으로 [Ctrl]과 영문 소문자를 조합하여 사용하고, 영문 대문자로 지정하면 [Shift]가 자동으로 덧붙여 지정됩니다.

25 다음 차트에 대한 설명으로 틀린 것은?

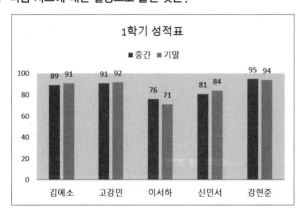

① 데이터 레이블이 '바깥쪽 끝에'로 설정되어 있다.

② 가로(항목) 축에 눈금선이 표시되어 있지 않다.

③ 차트 영역에 채우기 색이 지정되어 있다.

④ 범례가 위쪽에 배치되어 있다.

전문가의 조언 | 채우기 색이 지정된 위치는 차트 영역이 아니라 그림 영역입니다.

26 아래 워크시트에서 비고[C2:C8]에 1인면적[B2:B8]이 작은 순으로 순위를 구하여 1~3위까지는 "공간확장"을 표시하고, 나머지는 공백으로 표시하려고 한다. [C2] 셀에 입력할 수식으로 옳은 것은?

	A	B	C
1	부서	1인면적(m3)	비고
2	기획부	61.52	
3	영업부	58.61	
4	총무부	72.65	
5	관리부	48.25	
6	인사부	55.58	
7	국제부	65.45	
8	국내부	52.45	
9			

① =IF(RANK.EQ(B2, $B$2:$B$8, 0)<=3, "공간확장", " ")

② =IF(B2>=SMALL($B$2:$B$8, 3), "공간확장", " ")

③ =IF(RANK.EQ(B2, $B$2:$B$8, 1)>=3, "공간확장", " ")

④ =IF(B2<=SMALL($B$2:$B$8, 3), "공간확장", " ")

전문가의 조언 | [C2] 셀에 입력할 수식으로 옳은 것은 ④번입니다.
=IF(B2<=SMALL(B2:B8, 3), "공간확장", " ")
①
②

❶ SMALL(B2:B8, 3) : SMALL(범위, n번째)는 '범위' 중 'n번째'로 작은 값을 반환하는 함수이므로 [B2:B8] 영역에서 3번째로 작은 값을 반환합니다.

❷ =IF(B2<=❶, "공간확장", " ") : IF(조건, 인수1, 인수2)는 '조건'이 참이면 '인수1', 거짓이면 '인수2'를 반환하는 함수이므로 [B2] 셀의 값이 ❶ 이하, 즉 세 번째로 작은 값 이하이면 "공간확장"을, 그 외에는 공백을 반환합니다.

※ IF와 RANK.EQ 함수를 이용하여 동일한 결과를 산출하는 수식은 다음과 같습니다.
=IF(RANK.EQ(B2, B2:B8, 1)<=3, "공간확장", " ")
①
②

❶ RANK.EQ(B2, B2:B8, 1) : RANK.EQ(인수, 범위, 옵션)은 지정된 '범위'에서 '옵션'에 맞게 '인수'의 순위를 반환하는 함수입니다. 옵션이 1이므로 [B2:B8] 영역에서 오름차순으로 [B2] 셀의 순위를 반환합니다.

❷ =IF(❶<=3, "공간확장", " ") : ❶이 3 이하, 즉 순위가 3위 이내이면 "공간확장"을, 그 외에는 공백을 반환합니다.

27 다음 중 워크시트 작업 및 관리에 대한 설명으로 옳지 않은 것은?

① 모든 시트를 한 번에 선택할 때는 시트 탭에서 마우스 오른쪽 단추를 눌러 [모든 시트 선택] 메뉴를 선택한다.

② 현재의 워크시트 앞에 새로운 워크시트를 삽입하려면 [Shift] + [F11]을 누른다.

③ 시트 탭에서 시트를 클릭한 후 [Shift]를 누른 채 드래그하면 시트가 복사된다.

④ 비연속된 시트를 선택할 때 [Ctrl]을 사용하면 편리하다.

전문가의 조언 | • 시트 탭에서 시트를 클릭한 후 [Shift]를 누른 채 드래그하면 시트가 이동됩니다.
• 시트를 복사하려면 [Ctrl]을 누른 채 드래그해야 합니다.

28 아래의 [페이지 설정] 대화상자의 [시트] 탭에 대한 설명으로 옳지 않은 것은?

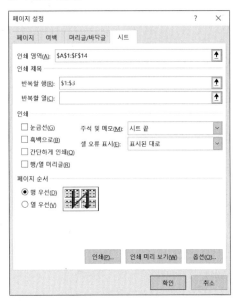

① 매 페이지마다 1~3행이 반복해서 표시된다.

② 메모는 가장 마지막 시트 끝에 모아서 표시된다.

③ 눈금선은 인쇄되지 않는다.

④ 워크시트에 입력된 차트, 도형, 그림 등 모든 그래픽 요소를 제외하고 텍스트만 빠르게 인쇄된다.

> 전문가의 조언 | • '간단하게 인쇄'가 해제된 상태이므로 워크시트에 입력된 차트, 도형, 그림 등 모든 그래픽 요소를 포함하여 인쇄됩니다.
> • '간단하게 인쇄'를 선택해야 모든 그래픽 요소를 제외하고 텍스트만 빠르게 인쇄됩니다.

29 다음 중 조건부 서식에 대한 설명으로 옳지 않은 것은?

① 조건부 서식에서 사용하는 수식은 등호(=)로 시작해야 한다.

② 아이콘 집합을 이용하면 조건 없이 셀의 값에 따라 다양한 모양의 아이콘을 표시할 수 있다.

③ 조건부 서식에 의해 서식이 설정된 셀에서 값이 변경되어 조건에 만족하지 않을 경우 적용된 서식은 바로 해제된다.

④ 동일한 범위에 대해 글꼴 스타일을 '굵게' 지정하는 규칙과 글꼴 색을 '빨강'으로 지정하는 규칙이 모두 만족하는 경우 우선 순위가 높은 한 가지 규칙만 적용된다.

> 전문가의 조언 | 동일한 범위에서 두 개 이상의 조건을 모두 만족하는 경우 규칙에 지정된 서식이 모두 적용되며, 서식이 충돌할 경우에만 우선 순위가 높은 규칙의 서식이 적용됩니다.

30 다음 중 [인쇄 미리 보기 및 인쇄] 상태에서의 [페이지 설정] 대화상자에 대한 설명으로 옳은 것은?

① 눈금선이나 행/열 머리글의 인쇄 여부를 설정할 수 없다.

② 인쇄 영역이나 인쇄 제목으로 반복할 행 또는 반복할 열을 설정할 수 있다.

③ 인쇄 배율을 수동으로 설정할 수 있고, 배율은 워크시트 표준 크기의 '10%'에서 '200%'까지 가능하다.

④ 배율을 '자동 맞춤'으로 선택하고 용지 너비와 용지 높이를 '1'로 지정하는 경우 여러 페이지가 한 페이지에 출력되도록 확대/축소 배율이 자동으로 조정된다.

> 전문가의 조언 | '페이지 설정' 대화상자에 대한 설명으로 옳은 것은 ④번입니다.
> ① 눈금선이나 행/열 머리글의 인쇄 여부를 설정할 수 있습니다.
> ② • [인쇄 미리 보기 및 인쇄] 상태의 '페이지 설정' 대화상자에서는 인쇄 영역이나 인쇄 제목으로 반복할 행 또는 반복할 열을 설정할 수 없습니다.
> • 인쇄 영역이나 인쇄 제목은 시트 작업 상태에서 [페이지 레이아웃] → [페이지 설정]의 ▣을 클릭하면 나타나는 '페이지 설정' 대화상자에서 설정할 수 있습니다.
> ③ 인쇄 배율은 워크시트 표준 크기의 10%에서 400%까지 설정할 수 있습니다.

31 '학부'를 기준으로 정렬된 아래 워크시트에서 '이름'을 기준으로 정렬해도 '번호'가 그대로 유지되도록 입력하려고 한다. '번호'에 입력할 함수식으로 옳은 것은?

	A	B	C
1	번호	이름	학부
2	1	한고은	국어국문과
3	2	김종숙	스포츠지도학과
4	3	차형섭	식품영향학과
5	4	김은수	신학과
6	5	황재윤	실용음악과
7	6	이선미	체육학과
8	7	홍진영	컴퓨터공학과
9			

① =COLUMN( ) − 1　　② =COLUMNS( ) − 1

③ =ROW( ) − 1　　④ =ROWS( ) − 1

> 전문가의 조언 | • '번호'는 2행에 1, 3행에 2, 4행에 3과 같이 행 번호에서 1을 뺀 값이 입력되어 있습니다.
> • ROW(인수)는 인수의 행 번호를 반환하는 함수인데, ROW( )와 같이 함수에 인수를 지정하지 않으면 ROW( ) 함수가 입력된 행을 의미합니다. 그러므로 '번호'에 =ROW( )−1을 입력하면 데이터 정렬에 상관 없이 항상 행 번호에서 1을 뺀 값이 표시됩니다.

32 다음 중 매크로 작성 시 [매크로 기록] 대화상자에서 선택할 수 있는 매크로의 저장 위치로 옳지 않은 것은?

① 새 통합 문서
② 개인용 매크로 통합 문서
③ 현재 통합 문서
④ 현재 열려있는 통합문서

전문가의 조언 | '매크로 기록' 대화상자에서 선택할 수 있는 매크로의 저장 위치에는 '새 통합 문서, 개인용 매크로 통합 문서, 현재 통합 문서'가 있습니다.

33 데이터를 계층 구조로 하여 다른 범주 수준을 비교할 수 있도록 간단히 도식화하여 표현한 차트로, 색과 근접성을 기준으로 범주를 표시하며 다른 차트 유형으로 표시하기 어려운 많은 양의 데이터를 쉽게 표시할 수 있는 차트는?

① 히스토그램
② 콤보
③ 폭포
④ 트리맵

전문가의 조언 | 문제에 제시된 내용은 트리맵 차트에 대한 설명입니다.
• **히스토그램 차트** : 특정 구간에 그룹화된 데이터의 분포를 표시할 때 사용하는 차트
• **폭포 차트** : 데이터의 증감 및 누적 합계를 확인할 때 사용함
• **콤보 차트** : 두 개 이상의 데이터 계열을 가진 차트에서 특정 데이터 계열을 강조하기 위해 해당 데이터 계열을 다른 차트로 표시하는 것

34 다음은 차트의 오차 막대에 관한 설명이다. 옳지 않은 것은?

① 데이터 계열의 오차량을 표시한다.
② 고정값, 백분율, 표준 편차, 표준 오차 등으로 설정할 수 있다.
③ 통계 자료를 차트로 작성할 때 자료의 신뢰 수준을 시각적으로 보이게 하기 위해 사용한다.
④ 3차원 세로 막대형에서 사용 가능하다.

전문가의 조언 | 3차원 차트에는 오차 막대를 표시할 수 없습니다.

35 다음 중 수식의 실행 결과가 옳은 것은?

① =MOD(−7, 4) ⇒ −3
② =POWER(2, 3) ⇒ 9
③ =INT(−7.4) ⇒ −8
④ =TRUNC(−8.6) ⇒ −7

전문가의 조언 | 수식의 수행 결과가 옳은 것은 ③번입니다.
① =MOD(−7, 4) : MOD(인수1, 인수2)는 '인수1'을 '인수2'로 나눈 나머지를 반환하는 함수이므로 −7을 4로 나눈 후 나머지인 1을 반환합니다.
※ 피제수(−7)가 음수이면 제수(4)로부터 채워야할 몫이 있다고 생각하세요. 7을 채우기 위해 4명에게 2개씩 받으면 1이 남으므로 나머지는 1이됩니다.
② =POWER(2, 3) : POWER(인수, 제곱값)은 '인수'를 '제곱값'만큼 거듭 곱한 값을 반환하는 함수이므로 2를 3번 곱한 값인 8(2×2×2)을 반환합니다.
③ =INT(−7.4) : INT(인수)는 '인수'보다 크지 않은 정수값을 반환하는 함수이므로 −7.4보다 크지 않은 정수인 −8을 반환합니다.
④ =TRUNC(−8.6) : TRUNC(인수, 자릿수)는 '인수'에 대해 '자릿수' 미만의 수치를 버린 값을 반환하는 함수로, '자릿수'를 생략하면 정수만 표시하므로 −8.6에서 소수점 이하를 모두 버린 값인 −8을 반환합니다.

36 다음 중 데이터 통합에 관한 설명으로 옳지 않은 것은?

① 데이터 통합은 위치를 기준으로 통합할 수도 있고, 영역의 이름을 정의하여 통합할 수도 있다.
② '원본 데이터에 연결' 기능은 통합할 데이터가 있는 워크시트와 통합 결과가 작성될 워크시트가 같은 통합 문서에 있는 경우에만 적용할 수 있다.
③ 다른 원본 영역의 레이블과 일치하지 않는 레이블이 있는 경우에 통합하면 별도의 행이나 열이 만들어진다.
④ 여러 시트에 있는 데이터나 다른 통합 문서에 입력되어 있는 데이터를 통합할 수 있다.

전문가의 조언 | 통합할 데이터가 있는 워크시트와 통합 결과가 작성될 워크시트가 서로 다를 경우에만 '원본 데이터에 연결'을 적용할 수 있습니다.

37 다음 중 [텍스트 나누기] 기능에 대한 설명으로 옳지 않은 것은?

① 한 셀에 입력되어 있는 데이터를 여러 셀로 분리시킬 수 있다.
② 텍스트 나누기 수행 시 데이터 형식의 변환 및 셀 서식 변경이 가능하다.
③ 열의 데이터 서식을 '일반'으로 지정하면 숫자 값은 숫자로, 날짜 값은 날짜로, 모든 나머지 값은 텍스트로 변환된다.
④ 데이터 필드를 구분하는 기호가 2개인 경우 텍스트 나누기를 수행할 수 없다.

전문가의 조언 | 텍스트 나누기를 실행하면 '텍스트 마법사' 대화상자가 표시되는데, '텍스트 마법사 2단계' 대화상자에서 두 가지 이상의 구분 기호를 선택하여 텍스트 나누기를 수행할 수 있습니다.

38 다음은 표시 형식, 입력 데이터, 결과 순으로 표시한 것이다. 결과가 잘못 표현된 것은?

	표시 형식	입력 데이터	표시 결과
①	[>5]"▲";"▼"	2	▼
②	@"판매량"	5월	5월 판매량
③	?/?	1.25	5/4
④	#.#	12	12.0

39 다음 중 평균 매출량을 초과하는 지점의 개수를 구하는 수식으로 알맞은 것은?

	A	B	C
1	지점	매출량	
2	인천	88	
3	안양	75	
4	안산	82	
5	고양	65	
6	일산	56	
7			
8	평균 매출량 초과 지점수		
9			

① =COUNTIF(">"&AVERAGE(B2:B6))

② =COUNTIF(B2:B6, ">"&AVERAGE(B2:B6))

③ =COUNTIF(">"&AVERAGE(B2:B6), B2:B6)

④ =COUNTIF(B2:B6, ">AVERAGE(B2:B6)")

40 다음 중 아래 그림의 시나리오 요약 보고서에 대한 설명으로 옳지 않은 것은?

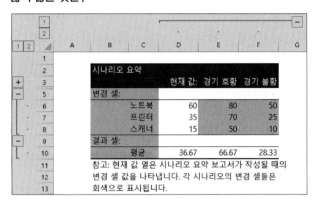

① 노트북, 프린터, 스캐너 값의 변화에 따른 평균 값을 확인할 수 있다.

② '경기 호황'과 '경기 불황' 시나리오에 대한 시나리오 요약 보고서이다.

③ 시나리오의 값을 변경하면 해당 변경 내용이 기존 요약 보고서에 자동으로 다시 계산되어 표시된다.

④ 시나리오 요약 보고서를 실행하기 전에 변경 셀과 결과 셀에 대해 이름을 정의하였다.

1과목 컴퓨터 일반

01 다음 중 컴퓨터의 하드웨어를 업그레이드할 때 수치가 작을수록 좋은 항목은?

① CPU 클럭 속도
② 하드디스크 용량
③ RAM 접근 속도
④ 모뎀 전송 속도

> **전문가의 조언** | RAM의 접근 속도는 수치가 작을수록 좋습니다.

02 다음 중 컴퓨터와 같은 정보기기를 사용하기 위해서 반드시 설치되어야 하는 프로그램으로 가장 대표적인 시스템 소프트웨어는?

① 컴파일러   ② 운영체제
③ 유틸리티   ④ 라이브러리

> **전문가의 조언** | 정보기기를 사용하기 위해서 반드시 설치되어야 하는 대표적인 시스템 소프트웨어는 운영체제입니다.
> • **컴파일러** : FORTRAN, COBOL, C, ALGOL 등의 고급 언어로 작성된 프로그램을 기계어로 번역하는 프로그램
> • **유틸리티** : 컴퓨터 동작에 필수적이지는 않지만, 컴퓨터 시스템에 있는 기존 프로그램을 지원하거나 기능을 향상 또는 확장하기 위해 사용하는 소프트웨어

03 다음 중 한글 Windows 10에서 파일을 선택한 후 Ctrl + Shift 를 누른 채 다른 위치로 끌어다 놓은 결과는?

① 해당 파일의 바로 가기 아이콘이 만들어진다.
② 해당 파일이 복사된다.
③ 해당 파일이 이동된다.
④ 해당 파일이 휴지통을 거치지 않고 영구히 삭제된다.

> **전문가의 조언** | 파일을 선택한 후 Ctrl + Shift 를 누른 채 다른 위치로 끌어다 놓으면 해당 파일의 바로 가기 아이콘이 만들어집니다.

04 다음 중 한글 Windows 10의 [설정] → [접근성]에서 설정할 수 없는 기능은?

① 다중 디스플레이를 설정하여 두 대의 모니터에 화면을 확장하여 표시할 수 있다.
② 돋보기를 사용하여 화면에서 원하는 영역을 확대하여 크게 표시할 수 있다.
③ 내레이터를 사용하여 화면의 모든 텍스트를 소리내어 읽어 주도록 설정할 수 있다.
④ 키보드가 없어도 입력 가능한 화상 키보드를 표시할 수 있다.

> **전문가의 조언** | 다중 디스플레이는 [⊞](시작) → [⚙](설정) → [시스템] → [디스플레이]에서 설정할 수 있습니다.

05 다음 중 전자우편에서 사용하는 POP3 프로토콜에 관한 설명으로 옳은 것은?

① 이메일을 전송할 때 필요로 하는 프로토콜이다.
② 원격 서버에 접속하여 이메일을 사용자 컴퓨터로 가져오기 위한 프로토콜이다.
③ 멀티미디어 이메일을 주고받기 위한 프로토콜이다.
④ 이메일의 회신과 전체 회신을 가능하게 하는 프로토콜이다.

> **전문가의 조언** | POP3 프로토콜에 관한 설명으로 옳은 것은 ②번입니다.
> • ①번은 SMTP, ③번은 MIME에 대한 설명입니다.

06 다음 중 컴퓨터에서 사용하는 레이저 프린터에 관한 설명으로 옳지 않은 것은?

① 회전하는 드럼에 토너를 묻혀서 인쇄하는 방식이다.
② 인쇄 해상도가 높으며 복사기와 같은 원리를 사용한다.
③ 비충격식이라 비교적 인쇄 소음이 적고 인쇄 속도가 빠르다.
④ 인쇄 방식에는 드럼식, 체인식, 밴드식 등이 있다.

> **전문가의 조언** | 드럼식, 체인식, 밴드식은 라인 프린터의 인쇄 방식입니다.

07 컴퓨터 소프트웨어 배포와 관련하여 특정 기능 또는 기간을 제한하여 공개하고, 사용한 후에 사용자의 구매를 유도하는 소프트웨어는?

① 알파(Alpha) 버전

② 패치(Patch) 버전

③ 프리웨어(Freeware)

④ 셰어웨어(Shareware)

전문가의 조언 | 문제에 제시된 내용은 셰어웨어(Shareware)에 대한 설명입니다.
- **알파(Alpha) 버전** : 베타테스트를 하기 전, 제작 회사 내에서 테스트할 목적으로 제작하는 프로그램
- **패치(Patch) 버전** : 이미 제작하여 배포된 프로그램의 오류 수정이나 성능 향상을 위해 프로그램의 일부 파일을 변경해 주는 프로그램
- **프리웨어(Freeware)** : 무료로 사용 또는 배포가 가능한 것으로, 배포는 주로 인터넷을 통해 이루어짐

08 다음 중 영상신호와 음향신호를 압축하지 않고 통합하여 전송하는 고선명 멀티미디어 인터페이스로 S-비디오, 컴포지트 등의 아날로그 케이블보다 고품질의 음향 및 영상을 감상할 수 있는 것은?

① HDMI　　　　　② DVI

③ USB　　　　　④ IEEE-1394

전문가의 조언 | 문제에 제시된 내용은 HDMI의 개념입니다.
- **DVI** : Intel 사가 개발한 동영상 압축 기술로, 디지털 TV를 위한 압축 기술이었지만, Intel 사에 의해 멀티미디어 분야의 동영상 압축 기술로 발전되었음
- **USB** : 기존의 직렬, 병렬, PS/2 포트를 통합한 직렬 포트의 일종으로, 플러그인(Hot Plug In)과 플러그 앤 플레이(Plug & Play) 설치를 지원하고, 주변장치를 최대 127개까지 연결할 수 있음
- **IEEE-1394** : 애플 사에서 매킨토시용으로 개발한 직렬 인터페이스로, 핫 플러그인(Hot Plug In)을 지원하고, 주변장치를 최대 63개까지 연결할 수 있음

09 다음 중 컴퓨터의 연산 속도 단위로 가장 빠른 것은?

① 1ms　　　　　② 1μs

③ 1ns　　　　　④ 1ps

전문가의 조언 | 보기의 연산 속도 단위를 빠른 것부터 차례대로 나열하면, 피코 초(ps, 10^{-12}) 〉 나노 초(ns, 10^{-9}) 〉 마이크로 초(μs, 10^{-6}) 〉 밀리 초(ms, 10^{-3})입니다.

10 다음 중 전자우편과 관련하여 스팸(SPAM)에 관한 설명으로 옳은 것은?

① 바이러스를 유포시키는 행위이다.

② 수신인이 원하지 않는 메시지나 정보를 일방적으로 보내는 행위이다.

③ 다른 사용자의 개인 정보를 허락없이 가져가는 행위이다.

④ 고의로 컴퓨터 파일상의 데이터를 파괴시키는 행위이다.

전문가의 조언 | 스팸(SPAM)이란 수신인이 원하지 않는 메시지나 정보를 일방적으로 보내는 행위입니다.

11 다음 중 디지털 컴퓨터와 아날로그 컴퓨터의 차이점에 관한 설명으로 옳은 것은?

① 디지털 컴퓨터는 전류, 전압, 온도 등 다양한 입력 값을 처리하며, 아날로그 컴퓨터는 숫자 데이터만을 처리한다.

② 디지털 컴퓨터는 증폭 회로로 구성되며, 아날로그 컴퓨터는 논리 회로로 구성된다.

③ 아날로그 컴퓨터는 미분이나 적분 연산을 주로 하며, 디지털 컴퓨터는 산술이나 논리 연산을 주로 한다.

④ 아날로그 컴퓨터는 범용이며, 디지털 컴퓨터는 특수 목적용으로 많이 사용된다.

전문가의 조언 | 디지털 컴퓨터와 아날로그 컴퓨터의 차이점에 대해 올바르게 설명한 것은 ③번입니다.
① 디지털 컴퓨터는 숫자, 문자 데이터를 처리하며, 아날로그 컴퓨터는 전류, 전압, 온도 등 다양한 입력 값을 처리합니다.
② 디지털 컴퓨터는 논리 회로로 구성되며, 아날로그 컴퓨터는 증폭 회로로 구성됩니다.
④ 아날로그 컴퓨터는 특수 목적용이며, 디지털 컴퓨터는 범용으로 많이 사용됩니다.

12 다음 중 이미지의 가장자리가 톱니 모양으로 표현되는 계단 현상을 없애기 위하여 경계선을 부드럽게 해주는 필터링 기술은?

① 디더링(Dithering)

② 안티앨리어싱(Antialiasing)

③ 렌더링(Rendering)

④ 모핑(Morphing)

전문가의 조언 | 문제에 제시된 내용은 안티앨리어싱(Antialiasing)의 개념입니다.
- **디더링(Dithering)** : 제한된 색상을 조합하여 복잡한 색이나 새로운 색을 만드는 작업
- **렌더링(Rendering)** : 3차원 애니메이션을 만드는 과정 중의 하나로 물체의 모형에 명암과 색상을 입혀 사실감을 더해 주는 작업
- **모핑(Morphing)** : 2개의 이미지를 부드럽게 연결하여 변환·통합하는 것으로, 컴퓨터 그래픽, 영화 등에서 많이 응용하고 있음

13 다음 중 하드디스크 용량이 부족할 경우의 해결 방법으로 옳지 않은 것은?

① USB 파일 정리

② 휴지통 파일 정리

③ 디스크 정리 수행

④ Windows 기능 제거

> 전문가의 조언 | • USB 파일을 정리한다고 해서 하드디스크의 용량 부족이 해결되지는 않습니다.
> • 하드디스크의 파일을 USB로 백업한 후 하드디스크의 파일을 삭제해야 하드디스크의 용량 부족이 해결됩니다.

14 다음 중 인터넷 홈페이지 제작 언어로 옳지 않은 것은?

① DHTML   ② ASP

③ JAVA   ④ AIDA

> 전문가의 조언 | AIDA는 홈페이지 제작 언어가 아닙니다. AIDA는 CPU, 메인보드, 램, 그래픽 카드, 사운드카드 등 PC에 설치되어 있는 모든 하드웨어 정보를 확인할 때 사용하는 유틸리티 프로그램입니다.
> • DHTML : 이전 버전의 HTML에 비해 애니메이션이 강화되고 사용자와의 상호 작용에 좀더 민감한 동적인 웹 페이지를 만들 수 있게 해주는 HTML임
> • ASP : 서버 측에서 동적으로 수행되는 페이지를 만들기 위한 언어로, 마이크로소프트 사에서 개발함
> • JAVA : 웹 상에서 멀티미디어 데이터를 효율적으로 처리할 수 있는 객체지향 언어로, 네트워크 환경에서 분산 작업이 가능하도록 설계된 프로그래밍 언어

15 다음 중 오디오 데이터와 관련된 용어에 해당하지 않는 것은?

① 시퀀싱(Sequencing)

② 인터레이싱(Interlacing)

③ PCM(Pulse Code Modulation)

④ 샘플링(Sampling)

> 전문가의 조언 | 인터레이싱(Interlacing)은 이미지의 대략적인 모습을 먼저 보여준 다음 점차 자세한 모습을 보여주는 그래픽 기법입니다.
> • 시퀀싱(Sequencing) : 컴퓨터를 이용하여 음악을 제작, 녹음, 편집하는 것
> • PCM(Pulse Code Modulation) : 가장 대표적인 디지털화 방법으로, 아날로그 파형을 작은 시간 폭으로 연속적으로 나누어 각기 직사각형 형태의 크기로 표시한 후 이의 높이를 숫자화 하는 방식
> • 샘플링(Sampling) : 음성·영상 등의 아날로그 신호를 일정 시간 간격으로 검출하는 단계로 아날로그 신호를 디지털 신호로 변환하는 과정

16 다음 중 주기억장치에 대한 설명으로 가장 옳지 않은 것은?

① 주기억장치는 비휘발성 메모리로 대용량의 데이터와 프로그램을 영구적으로 보관하는데 사용된다.

② ROM에는 주로 기본 입/출력 시스템(BIOS), 글자 폰트, 자가 진단 프로그램(POST) 등이 저장되어 있다.

③ 주기억장치는 CPU가 직접 접근하여 데이터를 처리할 수 있는 기억장치로 현재 수행되는 프로그램과 데이터를 저장하고 있다.

④ RAM(Random Access Memory)은 DRAM과 SRAM으로 구분된다.

> 전문가의 조언 | • 주기억장치의 종류에는 ROM과 RAM이 있는데 이 중 ROM은 비휘발성 메모리, RAM은 휘발성 메모리입니다.
> • 대용량의 데이터와 프로그램을 영구적으로 보관하는데 사용되는 것은 보조기억장치입니다.

17 다음 중 한글 Windows 10의 [설정] → [시스템] → [소리]에서 수행할 수 있는 작업이 아닌 것은?

① 출력 장치를 선택할 수 있다.

② 입력 장치를 선택할 수 있다.

③ 마스터 볼륨을 조절할 수 있다.

④ 내레이터를 설정할 수 있다.

> 전문가의 조언 | • [⚙(설정)] → [시스템] → [소리]에서는 내레이터를 설정할 수 없습니다.
> • 내레이터는 [⚙(설정)] → [접근성] → [내레이터]에서 설정합니다.

18 다음 중 사용자의 기본 설정을 사이트가 인식하도록 하거나, 사용자가 웹 사이트로 이동할 때마다 로그인해야 하는 번거로움을 생략할 수 있도록 사용자 환경을 향상시키는 것은?

① 쿠키(Cookie)

② 즐겨찾기(Favorites)

③ 웹 서비스(Web Service)

④ 히스토리(History)

> 전문가의 조언 | 문제에 제시된 내용은 쿠키(Cookie)에 대한 설명입니다.
> • 즐겨찾기(Favorites) : 자주 방문하는 웹 사이트를 쉽게 찾아갈 수 있도록 해당 웹 사이트 주소를 목록 형태로 저장해 둔 것
> • 히스토리(History) : 웹 브라우저를 처음 실행시킨 후부터 종료할 때까지 사용자가 방문했던 웹사이트 주소들을 순서대로 보관하는 기능

19 다음 중 컴퓨터 바이러스의 예방법으로 가장 거리가 먼 것은?

① 최신 버전의 백신 프로그램을 사용한다.

② 전자우편에 첨부된 파일은 바이러스 검사를 수행한 후 저장하여 사용한다.

③ 네트워크에 공유된 폴더는 쓰기 전용으로 설정한다.

④ 다운로드 받은 파일은 작업에 사용하기 전에 바이러스 검사 후 사용한다.

전문가의 조언 | 네트워크에 공유된 폴더는 폴더 내용을 임의로 수정할 수 없 도록 읽기 전용으로 설정해야 합니다.

20 다음 중 Windows 10에서 실행중인 프로그램 사이의 작업 전환을 위한 바로 가기 키는?

① Alt + Enter

② Alt + F4

③ Alt + Tab

④ Alt + Delete

전문가의 조언 | 실행중인 프로그램 사이의 작업 전환을 위한 바로 가기 키는 Alt + Tab 입니다.
• Alt + Enter : 선택된 항목의 속성 대화상자를 나타냄
• Alt + F4 : 실행중인 창이나 앱을 종료함

2과목   스프레드시트 일반

21 다음 중 [B4:B7]의 데이터를 [B8] 셀의 목록으로 표시하여 입력하기 위한 바로 가기 키로 옳은 것은?

	A	B	C	D
1		부서별 재고 관리		
2				
3		부서	목록	
4		기획부	A	
5		관리부	B	
6		총무부	C	
7		인사부	D	
8				
9		관리부		
10		기획부		
11		인사부		
12		총무부		

① Alt + ↑

② Shift + ↓

③ Alt + ↓

④ Shift + ↑

전문가의 조언 | 같은 열에 입력된 문자열 목록을 표시하는 바로 가기 키는 Alt + ↓입니다.

22 다음 중 차트의 오차 막대에 대한 설명으로 옳지 않은 것은?

① 데이터 계열의 각 데이터 표식에 대한 오류 가능성이나 불확실성의 정도를 표시한다.

② 세로형 막대 차트는 가로 오차 막대, 세로 오차 막대 모두 사용 가능하다.

③ 계열에 있는 데이터 요소와 관련 있는 워크시트 값이나 수식을 변경하면 오차 막대도 조정된다.

④ 오차량 계산식으로는 표준 편차, 표준 및 오차, 백분율 등이 있다.

전문가의 조언 | • 세로형 막대 차트는 세로 오차 막대만 사용 가능합니다.
• 가로 오차 막대와 세로 오차 막대 모두 사용 가능한 차트는 분산형과 거품 형 차트입니다.

23 다음 차트에 표시되지 않은 구성 요소는?

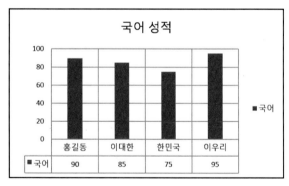

① 데이터 테이블

② 범례

③ 눈금선

④ 데이터 레이블

전문가의 조언 | • 문제에 제시된 차트에는 데이터 레이블이 표시되지 않았습니다.
• 데이터 레이블을 표시하면 아래와 같은 차트가 됩니다.

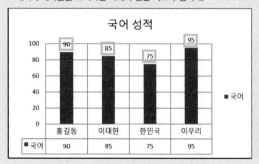

24 다음 중 원본 데이터를 지정된 서식으로 설정하였을 때, 결과가 옳지 않은 것은?

① 원본 데이터 : 5054.2, 서식 : ### → 결과 데이터 : 5054

② 원본 데이터 : 대한민국, 서식 : @"화이팅"→ 결과 데이터 : 대한민국화이팅

③ 원본 데이터 : 15:30:22, 서식 : hh:mm:ss AM/PM → 결과 데이터 : 3:30:22 PM

④ 원본 데이터 : 2024-02-01, 서식 : yyyy-mm-ddd → 결과 데이터 : 2024-02-Fri

> 전문가의 조언 | 15:30:22를 입력한 후 표시 형식을 hh:mm:ss AM/PM으로 지정하면 **03:30:22 PM**으로 표시됩니다.

25 다음 중 환자번호[C2:C5]를 이용하여 성별[D2:D5]을 표시하기 위해 [D2] 셀에 입력할 수식으로 옳지 않은 것은? (단, 환자번호의 4번째 문자가 'M'이면 '남', 'F'이면 '여'임)

	A	B	C	D
1	번호	이름	환자번호	성별
2	1	박상훈	01-M0001	
3	2	서윤희	09-F1002	
4	3	김소민	02-F5111	
5	4	이진	03-M0224	
6				
7	코드	성별		
8	M	남		
9	F	여		
10				

① =IF(MID(C2, 4, 1)="M", "남", "여")

② =INDEX($A$8:$B$9, MATCH(MID(C2, 4, 1), $A$8:$A$9, 0), 2)

③ =VLOOKUP(MID(C2, 4, 1), $A$8:$B$9, 2, FALSE)

④ =IFERROR(IF(SEARCH(C2, "M"), "남"), "여")

> 전문가의 조언 | [D2] 셀에 입력할 수식으로 옳지 않은 것은 ④번입니다.
> ① =IF(MID(C2, 4, 1)="M", "남", "여")
>   ①
>   ②
> ● MID(C2, 4, 1) : MID(텍스트, 시작위치, 개수)는 '텍스트'의 '시작위치'부터 지정한 '개수'만큼 반환하는 함수이므로 [C2] 셀의 4번째 글자를 추출한 "M"을 반환합니다.
> ② =IF(●="M", "남", "여") → =IF("M"="M", "남", "여") : IF(조건, 인수1, 인수2)는 '조건'이 '참'이면 '인수1', '거짓'이면 '인수2'를 반환하므로 "남"을 반환합니다.
> ② =INDEX($A$8:$B$9, MATCH(MID(C2, 4, 1), $A$8: $A$9, 0), 2)
>   ①
>   ②
> ● MATCH(MID(C2, 4, 1), $A$8:$A$9, 0) : MATCH(찾을값, 범위, 옵션)은 '범위'에서 '찾을값'과 같은 값을 찾아 '옵션'을 적용하여 그 위치를 일련번호로 반환하는 함수이므로 [A8:A9] 영역에서 "M"과 정확히 일치(옵션 0)하는 값을 찾은 후 그 위치의 일련번호인 1을 반환합니다.

② =INDEX($A$8:$B$9, ●, 2) → =INDEX($A$8:$B$9, 1, 2) : INDEX(범위, 행번호, 열 번호)는 '범위'에서 '행 번호'와 '열 번호'에 있는 값을 반환하는 함수이므로 [A8:B9] 영역에서 1행 2열에 있는 "남"을 반환합니다.

③ =VLOOKUP(MID(C2, 4, 1), $A$8:$B$9, 2, FALSE) : VLOOKUP(찾을값, 범위, 열 번호, 옵션)은 '범위'의 첫 번째 열에서 '옵션'에 맞게 '찾을값'과 같은 값을 찾은 후 '찾을값'이 있는 행에서 지정한 '열 번호' 위치에 있는 값을 반환하는 함수이므로 [A8:B9] 영역의 첫 번째 열에서 "M"과 정확히 일치하는 값(옵션 0)을 찾은 후 "M"이 있는 행에서 2열에 있는 "남"을 반환합니다.

④ =IFERROR(IF(SEARCH(C2, "M"), "남"), "여") : SEARCH 함수의 인수를 잘못 지정하였기 때문에 결과는 항상 "여"로 표시됩니다. 수식을 옳게 수정하면 다음과 같습니다.

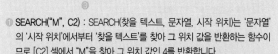

● SEARCH("M", C2) : SEARCH(찾을 텍스트, 문자열, 시작 위치)는 '문자열'의 '시작 위치'에서부터 '찾을 텍스트'를 찾아 그 위치 값을 반환하는 함수이므로 [C2] 셀에서 "M"을 찾아 그 위치 값인 4를 반환합니다.

❷ IF(●, "남") → IF(4, "남") : 컴퓨터는 수치를 논리값으로 표현할 때 0이 아닌 값은 모두 'TRUE', 0은 'FALSE'로 인식하므로 "남"을 반환합니다.

❸ =IFERROR(❷, "여") → =IFERROR("남", "여") : IFERROR(인수, 오류 시 표시 할 값)은 '인수'로 지정한 수식이나 셀에서 오류가 발생하면 '오류 시 표시할 값'을, 그렇지 않으면 결과값을 반환하는 함수이므로 결과값인 "남"을 반환합니다.

26 다음 중 매크로에 관한 설명으로 옳지 않은 것은?

① 같은 통합 문서 내에서 시트가 다르면 동일한 매크로 이름으로 기록할 수 있다.

② [매크로 기록] 대화상자에서 바로 가기 키 지정 시 영문 대문자를 사용하면 [Shift]가 자동으로 덧붙는다.

③ 엑셀을 실행할 때마다 매크로를 사용할 수 있게 하려면 [매크로 기록] 대화상자에서 매크로 저장 위치를 '개인용 매크로 통합 문서'로 선택한다.

④ 통합 문서를 열 때 어떤 상황에서 어떤 매크로를 실행할지 매크로 보안 설정을 변경하여 제어할 수 있다.

> 전문가의 조언 | 하나의 통합 문서에는 시트가 다르더라도 동일한 이름의 매크로를 작성할 수 없습니다.

27 다음과 같이 수식을 입력할 경우 결과로 표시되는 것은?

> =LEFT(MID(LOWER("GOOD MORNING"), 3, 6), 2)

① GO

② GOOD

③ od

④ morn

30 다음 중 [페이지 설정] 대화상자의 [시트] 탭에 대한 설명으로 옳지 않은 것은?

① 셀에 삽입된 노트를 시트 끝에 인쇄되도록 설정할 수 있다.

② 셀 구분선이나 그림 개체 등은 제외하고 셀에 입력된 데이터만 인쇄되도록 설정할 수 있다.

③ 워크시트의 행/열 머리글과 눈금선이 인쇄되도록 설정할 수 있다.

④ 페이지를 기준으로 가운데에 인쇄되도록 '페이지 가운데 맞춤'을 설정할 수 있다.

28 상품 가격이 2500원짜리인 물건에 대하여 총 판매액이 1,500,000원이 되게 하기 위해서는 판매수량이 얼마나 되어야 하는지 알아보기 위해 사용되는 유용한 기능은?

① 피벗 테이블
② 고급 필터
③ 목표값 찾기
④ 레코드 관리

31 다음 중 매크로에 관한 설명으로 옳지 않은 것은?

① 매크로 이름의 첫 글자는 반드시 문자로 지정해야 합니다.

② 서로 다른 매크로에 동일한 이름을 부여할 수 없다.

③ 현재 셀의 위치를 기준으로 매크로가 실행되도록 하려면 별도의 추가 설정없이 '매크로 기록'을 클릭한 후 매크로를 기록한다.

④ 매크로 기록 시 사용자의 마우스 동작은 물론 키보드 작업도 모두 기록된다.

29 다음 중 날짜 및 시간 데이터에 관한 설명으로 옳지 않은 것은?

① 날짜 데이터를 입력할 때 년도와 월만 입력하면 일자는 자동으로 해당 월의 1일로 입력된다.

② 셀에 '4/9'을 입력하고 Enter를 누르면 셀에는 '04월 09일'로 표시된다.

③ 날짜 및 시간 데이터의 텍스트 맞춤은 기본 왼쪽 맞춤으로 표시된다.

④ Ctrl + ;을 누르면 시스템의 오늘 날짜, Ctrl + Shift + ;을 누르면 현재 시간이 입력된다.

32 다음 중 피벗 테이블에 대한 설명으로 옳지 않은 것은?

① 원본 데이터가 변경되면 피벗 테이블의 데이터도 자동으로 변경된다.

② 외부 데이터를 대상으로 피벗 테이블을 작성할 수 있다.

③ 피벗 테이블을 작성한 후에 사용자가 새로운 수식을 추가하여 표시할 수 있다.

④ 많의 양의 자료를 분석하여 다양한 형태로 요약하여 보여주는 기능이다.

33 다음 중 [찾기 및 바꾸기] 대화상자의 각 항목에 대한 설명으로 옳지 않은 것은?

① 찾을 내용 : 검색할 내용을 입력할 곳으로 와일드 카드 문자를 검색 문자열에 사용할 수 있다.

② 서식 : 숫자 셀을 제외한 특정 서식이 있는 텍스트 셀을 찾을 수 있다.

③ 범위 : 현재 워크시트에서만 검색하는 '시트'와 현재 통합 문서의 모든 시트를 검색하는 '통합 문서' 중 선택할 수 있다.

④ 모두 찾기 : 검색 조건에 맞는 모든 항목이 나열된다.

전문가의 조언 | '찾기 및 바꾸기' 대화상자에서 '서식'을 지정하면 특정 서식이 지정된 텍스트나 숫자를 찾을 수 있습니다.

34 다음 중 창 나누기에 대한 설명으로 옳지 않은 것은?

① 창 나누기를 실행하면 하나의 작업 창은 최대 4개 부분으로 나눌 수 있다.

② 첫 행과 첫 열을 제외한 나머지 셀에서 창 나누기를 수행하면 현재 셀의 위쪽과 왼쪽에 창 분할선이 생긴다.

③ 현재의 창 나누기 상태를 유지하면서 추가로 창 나누기를 지정할 수 있다.

④ 화면에 표시되는 창 나누기 형태는 인쇄 시 적용되지 않는다.

전문가의 조언 | 창 나누기 상태에서 [보기] → [창] → [나누기]를 클릭하여 다시 창 나누기를 실행하면 지정되어 있던 창 나누기가 취소되고 새로 선택한 셀 위치를 기준으로 창 나누기가 실행됩니다.

35 다음 중 데이터 정렬에 대한 설명으로 옳지 않은 것은?

① 사용자 지정 목록을 사용하면 사용자가 정의한 순서대로 정렬할 수 있다.

② 색상별 정렬이 가능하여 글꼴 색 또는 셀 색을 기준으로 정렬할 수도 있다.

③ 정렬 옵션을 이용하면 데이터를 열 방향 또는 행 방향으로 선택하여 정렬할 수 있다.

④ 표에 병합된 셀들이 포함되어 있는 경우 병합된 셀들은 맨 아래쪽으로 정렬된다.

전문가의 조언 | 표에 병합된 셀이 포함되어 있을 경우에는 정렬할 수 없습니다.

36 다음 중 채우기 핸들을 이용하여 데이터를 입력하는 방법으로 옳지 않은 것은?

① 인접한 셀의 내용으로 현재 셀을 빠르게 입력할 때 위쪽 셀의 내용은 단축키 Ctrl + D, 왼쪽 셀의 내용은 단축키 Ctrl + R을 누른다.

② 숫자와 문자가 혼합된 문자열이 입력된 셀의 채우기 핸들을 아래쪽으로 끌면 문자는 복사되고 마지막 숫자는 1씩 증가한다.

③ 숫자가 입력된 셀의 채우기 핸들을 Ctrl을 누른 채 아래쪽으로 끌면 똑같은 내용이 복사되어 입력된다.

④ 날짜가 입력된 셀의 채우기 핸들을 아래쪽으로 끌면 기본적으로 1일 단위로 증가하여 입력된다.

전문가의 조언 | 숫자가 입력된 셀의 채우기 핸들을 드래그하면 동일한 데이터가 복사되고, Ctrl을 누른 채 드래그하면 값이 1씩 증가하여 입력됩니다.

37 다음 중 아래의 부분합 대화상자에 대한 설명으로 옳지 않은 것은?

① 부분합을 실행하기 전에 직급 항목으로 정렬되어 있어야 올바른 결과를 얻을 수 있다.

② 부분합의 실행 결과는 직급별로 급여 항목에 대한 합계가 표시된다.

③ 인쇄시 직급별로 다른 페이지에 인쇄된다.

④ 계산 결과는 그룹별로 각 그룹의 위쪽에 표시된다.

전문가의 조언 | '부분합' 대화상자에 '데이터 아래에 요약 표시' 항목이 선택되어 있으므로 부분합의 결과는 각 그룹의 아래쪽에 표시됩니다.

38 다음 중 근무기간이 15년 이상이면서 나이가 50세 이상인 직원의 데이터를 조회하기 위한 고급 필터의 조건으로 옳은 것은?

①

근무기간	나이
>=15	>=50

②

근무기간	나이
>=15	
	>=50

③

근무기간	>=15
나이	>=50

④

근무기간	>=15	
나이		>=50

39 '성적1' 필드와 '성적2' 필드의 값이 모두 90 이상이면 '진급여부' 필드에 "진급"을, 둘 중 하나만 90 이상이면 "대기", 나머지는 공백으로 표시하는 수식으로 옳은 것은?

▲	A	B	C	D
1	이름	성적1	성적2	진급여부
2	보라미	94	95	
3	미라미	80	97	
4	김은혜	85	82	
5	박한솔	90	83	
6				

① =IF(COUNTIFS(B2:C2, ">=90")=1, "진급", IF(COUNTIFS((B2:C2, ">=90")=2, "대기", " "))

② =IF(COUNTIF(B2:C2, ">=90")=2, "진급", IF(COUNTIF(B2:C2, ">=90")=1, "대기", " "))

③ =IF(COUNTIFS(">=90", B2:C2)>=1, "진급", IF(COUNTIFS((">=90", B2:C2)=1, "대기", " "))

④ =IF(COUNTIF(B2:C2, ">=90")>=1, "진급", IF(COUNTIF(B2:C2, ">=90")=1, "대기", " "))

40 다음 중 입력한 수식에서 발생한 오류 메시지와 그 발생 원인으로 옳지 않은 것은?

① #VALUE! : 잘못된 인수나 피연산자를 사용했을 때

② #DIV/0! : 특정 값(셀)을 0 또는 빈 셀로 나누었을 때

③ #NAME? : 함수 이름을 잘못 입력하거나 인식할 수 없는 텍스트를 수식에 사용했을 때

④ #REF! : 숫자 인수가 필요한 함수에 다른 인수를 지정했을 때

1과목

컴퓨터 일반

01 다음 중 정보통신에서 네트워크 관련 장비에 대한 설명으로 옳지 않은 것은?

① 라우터(Router) : 네트워크를 구성하기 위해 반드시 필요한 장비로 정보 전송을 위한 최적의 경로를 찾아 통신망에 연결하는 장치

② 리피터(Repeater) : 네트워크를 구성할 때 한꺼번에 여러 대의 컴퓨터를 연결하는 장치로, 각 회선을 통합적으로 관리하는 장치

③ 브리지(Bridge) : 서로 독립적으로 동작하면서 같은 프로토콜을 사용하는 두 LAN(Local Area Network)을 연결하는 네트워크 장치

④ 게이트웨이(Gateway) : 한 네트워크에서 다른 네트워크로 들어가는 입구 역할을 하는 장치로 근거리통신망(LAN)과 같은 하나의 네트워크를 다른 네트워크와 연결할 때 사용되는 장치

> 전문가의 조언 | • ②번은 허브(Hub)에 대한 설명입니다.
> • 리피터(Repeater)는 디지털 방식의 통신선로에서 전송 신호를 재생시키거나 출력전압을 높여 전송하는 장치입니다.

02 다음 중 1GB(Giga Byte)에 해당하는 것은?

① 1024 Bytes

② 1024 × 1024 Bytes

③ 1024 × 1024 × 1024 Bytes

④ 1024 × 1024 × 1024 × 1024 Bytes

> 전문가의 조언 | 1KB는 1024Bytes, 1MB는 1024KB(1024×1024Bytes), 1GB는 1024MB(1024×1024×1024Bytes), 1TB는 1024 GB(1024×1024×1024×1024Bytes)입니다.

03 다음 중 제어장치에서 사용되는 레지스터로, 다음 번에 실행할 명령어의 번지를 기억하는 것은?

① 프로그램 카운터(PC)

② 누산기(AC)

③ 메모리 주소 레지스터(MAR)

④ 메모리 버퍼 레지스터(MBR)

> 전문가의 조언 | 다음 번에 실행할 명령어의 번지를 기억하는 레지스터는 프로그램 카운터(PC)입니다.
> • 누산기(AC; Accumulator) : 연산된 결과를 일시적으로 저장하는 레지스터
> • 메모리 주소 레지스터(MAR; Memory Address Register) : 기억장치를 출입하는 데이터의 번지를 기억하는 레지스터
> • 메모리 버퍼 레지스터(MBR; Memory Buffer Register) : 기억장치를 출입하는 데이터가 잠시 기억되는 레지스터

04 다음 중 한글 Windows 10의 바로 가기 키에 대한 설명으로 옳지 않은 것은?

① Ctrl + Esc 를 누르면 Windows 시작 메뉴를 열 수 있다.

② 바탕 화면에서 아이콘을 선택한 후 Alt + Enter 를 누르면 선택된 항목의 속성 창을 표시한다.

③ 바탕 화면에서 폴더나 파일을 선택한 후 F2 를 누르면 이름을 변경할 수 있다.

④ 폴더 창에서 Alt + Spacebar 를 누르면 특정 폴더 내의 모든 파일이나 폴더를 선택할 수 있다.

> 전문가의 조언 | • 폴더 창에서 Alt + Spacebar 를 누르면 폴더 창의 바로 가기 메뉴를 표시합니다.
> • 폴더 내의 모든 파일이나 폴더를 선택하는 바로 가기 키는 Ctrl + A 입니다.

05 다음 중 한글 Windows 10의 [키보드 속성] 대화상자에서 설정할 수 있는 내용으로 옳지 않은 것은?

① 문자 반복을 위한 재입력 시간

② 포인터 자국 표시

③ 커서 깜박임 속도

④ 문자 반복을 위한 반복 속도

> 전문가의 조언 | 마우스 포인터의 자국 표시 여부는 '마우스 속성' 대화상자의 [포인터] 탭에서 설정할 수 있습니다.

06 다음 중 컴퓨터에서 그래픽 데이터 표현 방식인 비트맵 (Bitmap) 방식에 관한 설명으로 옳지 않은 것은?

① 점과 점을 연결하는 직선이나 곡선을 이용하여 이미지를 표현한다.

② 이미지를 확대하면 테두리가 거칠어진다.

③ 파일 형식에는 BMP, GIF, JPEG 등이 있다.

④ 다양한 색상을 사용하여 사실적 이미지를 표현할 수 있다.

전문가의 조언 | ①번은 벡터(Vector) 방식에 대한 설명입니다.

07 다음 중 한글 Windows 10에서 유해한 앱이나 불법 사용자가 컴퓨터 설정을 임의로 변경하려는 경우 이를 사용자에게 알려 컴퓨터를 제어할 수 있도록 도와주는 기능은?

① 사용자 계정 컨트롤

② Windows Defender

③ BitLocker

④ 시스템 복원

전문가의 조언 | 유해한 프로그램이나 불법 사용자가 컴퓨터 설정을 임의로 변경하지 못하도록 제어하는 기능은 사용자 계정 컨트롤입니다.
• Windows Defender : 사용자의 컴퓨터를 무단으로 접근하려는 위협 요소로부터 컴퓨터를 보호하는 방어막을 제공하는 앱
• BitLocker : Windows 7부터 지원되기 시작한 Windows 전용의 볼륨 암호화 기능
• 시스템 복원 : 컴퓨터가 최적의 상태일 때를 복원 지점으로 설정하여 기억시켜 놓은 후 컴퓨터 시스템에 문제가 생겼을 경우 복원 지점을 이용하여 정상적인 상태로 만드는 기능

08 다음 중 한글 Windows 10의 시스템 복원 기능에 대한 설명으로 옳지 않은 것은?

① 컴퓨터 시스템에 문제가 생겼을 경우 복원 지점을 이용하여 정상적인 상태로 만드는 기능이다.

② 복원 지점은 사용자가 임의로 설정할 수 있다.

③ 시스템 복원은 개인 파일을 백업하지 않으므로 삭제되었거나 손상된 개인 파일은 복구할 수 없다.

④ 시스템 복원 시 Windows Update에 의한 변경 사항은 복원되지 않는다.

전문가의 조언 | 시스템 복원 기능은 Windows Update에 의한 변경 사항도 복원합니다.

09 다음 중 한글 Windows 10의 작업 표시줄의 점프 목록 사용에 대한 설명으로 옳지 않은 것은?

① 앱의 점프 목록을 보려면 작업 표시줄의 앱 아이콘을 마우스 오른쪽 단추로 클릭한다.

② 점프 목록에서 항목을 열려면 앱의 점프 목록에서 해당 항목을 클릭한다.

③ 점프 목록에 항목을 고정하려면 앱의 점프 목록에서 항목을 가리킨 다음 압정 아이콘을 클릭한다.

④ 점프 목록에서 항목을 제거하려면 앱의 점프 목록에서 항목을 가리킨 다음 Delete 를 누른다.

전문가의 조언 | 점프 목록에서 항목을 제거하려면 해당 항목의 바로 가기 메뉴에서 [이 목록에서 제거를 선택합니다.

10 다음 중 컴퓨터 하드디스크의 연결 방식인 SATA(Serial ATA)에 관한 설명으로 옳지 않은 것은?

① 병렬 인터페이스 방식이다.

② 핫 플러그인 기능을 지원한다.

③ CMOS에서 지정하면 자동으로 Master와 Slave가 지정된다.

④ 데이터 전송 속도가 빠르다.

전문가의 조언 | SATA는 직렬(Serial) 인터페이스 방식입니다.

11 다음 중 자료의 구성 단위에 대한 설명으로 옳지 않은 것은?

① 데이터베이스(Database)는 관련된 데이터 파일들의 집합을 말한다.

② 워드(Word)는 컴퓨터에서 한번에 처리할 수 있는 명령 단위를 나타낸다.

③ 니블(Nibble)은 4개의 비트가 모여 1개의 니블을 구성한다.

④ 비트(Bit)는 정보의 최소 단위이며, 5비트가 모여 1바이트(Byte)가 된다.

전문가의 조언 | 비트(Bit)는 정보의 최소 단위이며, 8비트가 모여 1바이트(Byte)가 됩니다.

12 다음 중 한글 Windows 10 운영체제에서 시스템의 속도가 느려진 경우 문제 해결 방법으로 가장 적절한 것은?

① [장치 관리자] 창에서 중복 설치된 해당 장치를 제거한다.

② '드라이브 조각 모음 및 최적화'를 수행하여 하드디스크의 단편화를 제거한다.

③ [작업 관리자] 대화상자에서 시스템의 속도를 저해하는 Windows 프로세스를 찾아 '작업 끝내기'를 실행한다.

④ [시스템 관리자] 대화상자에서 하드디스크의 파티션을 재설정한다.

전문가의 조언 | 시스템의 속도가 느려진 경우에는 '드라이브 조각 모음 및 최적화'를 수행하여 하드디스크의 단편화를 제거해야 합니다.

13 다음 중 빈 칸의 용어를 올바르게 나열한 것은?

(ⓐ)은(는) 생활에서 관찰이나 측정을 통해 얻을 수 있는 문자나 그림, 숫자 등의 값을 의미한다. 이러한 요소들을 모아서 의미있는 이용 가능한 형태로 바꾸면 (ⓑ)이(가) 된다.
(ⓒ)란 정보통신기술의 혁신을 바탕으로 경제와 사회의 중심이 물질이나 에너지로부터 정보로 이동하여 정보가 사회의 전 분야에 널리 확산되는 것을 말한다.

① ⓐ 자료   ⓑ 지식   ⓒ 정보화

② ⓐ 자료   ⓑ 정보   ⓒ 정보화

③ ⓐ 정보   ⓑ DB   ⓒ 스마트

④ ⓐ 정보   ⓑ 지식   ⓒ 스마트

전문가의 조언 | 문제의 지문 중 빈 칸에 들어갈 용어는 ⓐ는 자료 ⓑ는 정보 ⓒ는 정보화입니다.

14 다음 중 USB 인터페이스에 대한 설명으로 옳지 않은 것은?

① 직렬 포트보다 USB 포트의 데이터 전송 속도가 더 빠르다.

② USB는 컨트롤러 당 최대 127개까지 포트의 확장이 가능하다.

③ 핫 플러그 인(Hot Plug In)과 플러그 앤 플레이(Plug & Play)를 지원한다.

④ USB 커넥터를 색상으로 구분하는 경우 USB 3.0은 빨간색, USB 2.0은 파란색을 사용한다.

전문가의 조언 | USB 커넥터를 색상으로 구분하는 경우 USB 3.0은 파란색, USB 2.0 이하는 검정색 또는 흰색을 사용합니다.

15 다음 중 이기종 단말 간 통신과 호환성 등 모든 네트워크상의 원활한 통신을 위해 최소한의 네트워크 구조를 제공하는 모델로 네트워크 프로토콜 디자인과 통신을 여러 계층으로 나누어 정의한 통신 규약 명칭은?

① ISO 7 계층

② Network 7계층

③ TCP/IP 7 계층

④ OSI 7 계층

전문가의 조언 | 문제에 제시된 내용은 OSI 7계층의 개념입니다.

16 다음 중 소형화, 경량화를 비롯해 음성과 동작 인식 등 다양한 기술이 적용되어 장소에 구애받지 않고 컴퓨터를 활용할 수 있도록 몸에 착용하는 컴퓨터를 의미하는 것은?

① 웨어러블 컴퓨터

② 마이크로 컴퓨터

③ 인공지능 컴퓨터

④ 서버 컴퓨터

전문가의 조언 | 문제에 제시된 내용은 웨어러블 컴퓨터의 개념입니다.

17 다음 중 컴퓨터에서 사용하는 ASCII 코드에 관한 설명으로 옳은 것은?

① 패리티 비트를 이용하여 오류 검출과 오류 교정이 가능하다.

② 표준 ASCII 코드는 3개의 존 비트와 4개의 디지트 비트로 구성되며, 주로 대형 컴퓨터의 범용 코드로 사용된다.

③ 표준 ASCII 코드는 7비트를 사용하여 영문 대소문자, 숫자, 문장 부호, 특수 제어 문자 등을 표현한다.

④ 확장 ASCII 코드는 8비트를 사용하며 멀티미디어 데이터 표현에 적합하도록 확장된 코드표이다.

전문가의 조언 | ASCII 코드에 관한 설명으로 옳은 것은 ③번입니다.
① 해밍 코드에 대한 설명입니다.
② 표준 ASCII 코드는 3개의 존 비트와 4개의 디지트 비트로 구성되며, 주로 데이터 통신 및 개인용 컴퓨터(PC)의 범용 코드로 사용됩니다. 대형 컴퓨터의 범용 코드로 사용되는 것은 EBCDIC 코드입니다.
④ 확장 ASCII 코드는 8비트를 사용하는 문자 표현 코드로, 멀티미디어 데이터 표현에 적합하지 않습니다.

18 다음 중 컴퓨터의 저장 매체 관리 방법으로 옳지 않은 것은?

① 예상치 않은 상황에 대비하여 주기적으로 백업하여 둔다.

② 강한 자성 물체를 외장 하드디스크 주위에 놓지 않는다.

③ 주기적으로 디스크 정리, 검사, 조각 모음을 수행한다.

④ 오랜 기간 동안 저장된 데이터는 재저장한다.

전문가의 조언 | 보조기억장치에 한 번 저장된 자료는 매체가 손상되지 않으면 영구적이므로, 재저장하는 것은 무의미한 행위입니다. 오랜 기간 동안 저장된 데이터라면 매체 손실에 대비하여 백업을 하는 것이 바람직합니다.

19 다음 중 컴퓨터의 CPU에 있는 레지스터(Register)에 관한 설명으로 옳지 않은 것은?

① 프로그램 카운터는 다음에 수행할 명령어의 주소를 저장하는 레지스터이다.

② CPU 내에서 자료를 일시적으로 저장하는 저장장치이다.

③ 주기억장치보다 저장 용량이 적고 속도가 느리다.

④ 계산 결과의 임시 저장, 주소 색인 등 여러 가지 목적으로 사용될 수 있는 레지스터들을 범용 레지스터라고 한다.

20 다음 중 멀티미디어 파일을 다운 받을 때 지연시간을 줄이기 위해 데이터를 다운로드 받으면서 재생할 수 있는 기술로 옳은 것은?

① CSS 기술

② 스트리밍 기술

③ 가상현실 기술

④ 매핑 기술

스프레드시트 일반

21 다음 중 시나리오에 관한 설명으로 옳지 않은 것은?

① 하나의 시나리오에 변경 셀을 최대 32개까지 지정할 수 있다.

② 요약 보고서나 피벗 테이블 보고서로 시나리오 결과를 작성할 수 있다.

③ 시나리오 병합을 통하여 다른 통합 문서나 다른 워크시트에 저장된 시나리오를 가져올 수 있다.

④ 입력된 자료들을 그룹별로 분류하고, 해당 그룹별로 원하는 함수를 이용한 계산 결과를 볼 수 있다.

22 워크시트에 "(tel)"을 입력하면 자동으로 "☎"로 변경되어 입력되도록 하는 기능은?

① 자동 완성 기능

② 자동 고침 기능

③ 맞춤법 검사 기능

④ 자동 교정 기능

23 다음 중 아래 그림과 같이 [A2:D5] 영역을 선택하여 이름을 정의한 경우에 대한 설명으로 옳지 않은 것은?

① [B3:B5] 영역을 선택하면 워크시트의 이름 상자에 '품_명'이라고 표시된다.

② [A3:A5] 영역을 선택하면 워크시트의 이름 상자에 '코드번호'라고 표시된다.

③ [B3:D3] 영역을 선택하면 워크시트의 이름 상자에 'A_002'라고 표시된다.

④ 정의된 이름은 모든 시트에서 사용할 수 있으며, 이름 정의 후 참조 대상을 편집할 수도 있다.

24 [A1] 셀에 '851010-1234567'과 같이 주민등록번호가 입력되어 있을 때, 이 셀의 값을 이용하여 [B1] 셀에 성별을 '남' 또는 '여'로 표시하고자 한다. 다음 중 이를 위한 수식으로 옳은 것은? (단, 주민등록번호의 8번째 글자가 1이면 남자, 2이면 여자임)

① =CHOOSE(MID(A1, 8, 1), "남", "여")

② =HLOOKUP(A1, 8, B1)

③ =INDEX(A1, B1, 8)

④ =IF(RIGHT(A1, 8)="1", "남", "여")

전문가의 조언 | 성별을 '남' 또는 '여'로 표시하기 위한 수식으로 옳은 것은 ①번입니다.

① =CHOOSE(MID(A1, 8, 1), "남", "여")
　　　　　　　❶
　❷

❶ MID(A1, 8, 1) : MID(텍스트, 시작 위치, 개수)는 '텍스트'의 '시작 위치'부터 지정한 '개수'만큼 반환하는 함수이므로 [A1] 셀의 8번째부터 한 글자를 추출한 1을 반환합니다.

❷ =CHOOSE(❶, "남", "여") → =CHOOSE(1, "남", "여") : CHOOSE(인수, 첫 번째, 두 번째, …)는 '인수'가 1이면 '첫 번째'를, '인수'가 2이면 '두 번째'를 반환하는 함수로, '인수'가 1이므로 "남"을 표시합니다.

② =HLOOKUP(A1, 8, B1) : HLOOKUP(기준값, 범위, 행 번호, 옵션)은 두 번째 인수로 '범위', 세 번째 인수로 '행 번호'를 지정해야 하는데, 인수를 잘못 지정하여 '#N/A' 오류가 표시됩니다.

③ =INDEX(A1, B1, 8) : INDEX(범위, 행 번호, 열 번호)는 '범위'에서 '행 번호'와 '열 번호'에 있는 값을 반환하는 함수인데 '열 번호' 8이 범위(A1)를 벗어나므로 '#REF!' 오류가 표시됩니다.

④ =IF(RIGHT(A1, 8)="1", "남", "여")
　　　　　　❶
　❷

❶ RIGHT(A1, 8) : RIGHT(텍스트, 개수)는 '텍스트'의 오른쪽부터 지정한 '개수'만큼 반환하는 함수이므로 [A1] 셀의 오른쪽에서부터 8번째까지 글자를 추출한 "-1234567"을 반환합니다.

❷ =IF(❶="1", "남", "여") → =IF("-1234567"="1", "남", "여") : IF(조건, 인수1, 인수2)는 '조건'이 참이면 '인수1', 거짓이면 '인수2'를 반환하는 함수로, '조건'이 거짓이므로 "여"를 반환합니다.

25 다음 중 참조의 대상 범위로 사용하는 이름에 대한 설명으로 옳은 것은?

① 이름 정의 시 첫 글자는 반드시 숫자로 시작해야 한다.

② 하나의 통합 문서 내에서 시트가 다르면 동일한 이름을 지정할 수 있다.

③ 이름 정의 시 영문자는 대소문자를 구분하므로 주의하여야 한다.

④ 이름은 기본적으로 절대 참조로 대상 범위를 참조한다.

전문가의 조언 | 이름은 기본적으로 절대 참조로 대상 범위를 참조합니다.

① 이름 정의 시 첫 글자는 숫자로 지정할 수 없습니다. 반드시 문자(영문, 한글)나 밑줄(_) 또는 역슬래시(\)로 시작해야 합니다.

② 하나의 통합 문서 내에서는 동일한 이름을 지정할 수 없습니다.

③ 이름 정의 시 영문자는 대소문자를 구분하지 않습니다.

26 다음 중 매크로를 실행하는 방법에 대한 설명으로 옳지 않은 것은?

① [개발 도구] → [코드] 그룹의 [매크로]를 클릭한 후 매크로를 선택하여 실행한다.

② 셀의 바로 가기 메뉴에서 [매크로 지정]을 클릭하여 셀에 매크로를 연결한 후 실행한다.

③ 매크로를 기록할 때 지정한 바로 가기 키를 눌러 실행한다.

④ 빠른 실행 도구 모음에 매크로를 선택하여 아이콘으로 추가한 후 아이콘을 클릭하여 실행한다.

전문가의 조언 | 매크로는 셀에 연결하여 실행할 수 없습니다.

27 다음 중 정렬에 대한 설명으로 옳은 것은?

① 최대 24개의 열을 기준으로 정렬할 수 있다.

② 글꼴 색을 기준으로 정렬할 수 있다.

③ 정렬 대상 범위에 병합된 셀이 포함되어 있어도 정렬할 수 있다.

④ 숨겨진 행은 정렬 결과에 포함되나 숨겨진 열은 정렬 결과에 포함되지 않는다.

전문가의 조언 | 정렬에 대한 옳은 설명으로 옳은 것은 ②번입니다.

① 정렬 기준은 최대 64개의 열을 지정할 수 있습니다.

③ 정렬 대상 범위에 병합된 셀이 포함되어 있을 경우에는 정렬할 수 없습니다.

④ 원칙적으로 숨겨진 행이나 열에 있는 데이터는 정렬에 포함되지 않습니다.

28 [홈] → [편집] → [찾기 및 선택] → [찾기]를 선택하여 표시된 대화상자의 찾을 내용에 다음과 같이 입력하였을 경우 검색되는 대상에 대한 설명으로 옳은 것은?

삼?주식회사

① [전체 셀 내용 일치]를 설정하면 '삼'으로 시작하고 '주식회사'로 끝나는 6글자를 찾는다.

② '삼'으로 시작하고 '주식회사'로 끝나는 모든 글자를 찾는다.

③ '삼'으로 시작하는 모든 데이터를 찾는다.

④ '주식회사'로 끝나는 모든 데이터를 찾는다.

전문가의 조언 | '?'는 문자의 한 자리만을 대신할 수 있는 만능 문자이므로, '전체 셀 내용 일치'를 선택하고 찾을 내용을 '삼?주식회사'로 지정하여 찾기를 수행하면 '삼'으로 시작하여 '주식회사'로 끝나는 여섯 자리 문자를 찾습니다.

※ '전체 셀 내용 일치'는 찾을 데이터와 셀 안의 데이터가 정확히 일치하는 경우에만 찾는 옵션입니다. 예를 들어 '전체 셀 내용 일치'를 선택하면 셀 안의 데이터가 '삼보주식회사', '삼경주식회사' 등의 자료만을 찾지만 '전체 셀 내용 일치'를 선택하지 않으면 셀 안의 데이터가 '김상보주식회사', '삼경주식회사 귀하' 등도 찾습니다.

② '삼'으로 시작하고 '주식회사'로 끝나는 모든 데이터 : 삼*주식회사

③ '삼'으로 시작하는 모든 데이터 : 삼*

④ '주식회사'로 끝나는 모든 데이터 : *주식회사

29 다음 중 원형 차트를 개선한 것으로 여러 개의 계열을 가지는 차트는?

① 3차원 효과의 원형 차트

② 도넛형 차트

③ 원통형 차트

④ 원뿔형 차트

전문가의 조언 | 원형 차트를 개선한 것으로 여러 개의 계열을 가지는 차트는 도넛형 차트입니다.
• 원형 차트 : 전체 항목의 합에 대한 각 항목의 비율을 나타내는 차트로, 중요한 요소를 강조할 때 사용하며, 항상 한 개의 데이터 계열만 사용하므로 축이 없음

30 다음 중 인쇄에 대한 설명으로 옳은 것은?

① 기본적으로 워크시트에서 숨기기를 실행한 영역도 인쇄된다.

② 인쇄 영역에 포함된 도형들을 함께 인쇄하려면 [파일] → [인쇄]에서 '개체 인쇄'를 선택하여 인쇄한다.

③ 워크시트에 삽입된 차트만 인쇄하려면 차트가 선택된 상태에서 인쇄 명령을 실행한다.

④ 여러 시트를 한 번에 인쇄하려면 [파일] → [인쇄]에서 '여러 시트 인쇄'를 선택하여 인쇄한다.

전문가의 조언 | 인쇄에 대한 설명으로 옳은 것은 ③번입니다.
① 기본적으로 워크시트에서 숨기기를 실행한 영역은 인쇄되지 않습니다.
② 인쇄 영역에 포함된 도형들을 함께 인쇄하려면 '도형 서식' 창의 [도형 옵션] → [███(크기 및 속성)] → [속성]에서 '개체 인쇄'를 선택한 후 인쇄해야 합니다.
④ 여러 시트를 한 번에 인쇄하려면 인쇄할 시트를 모두 선택한 후 [파일] → [인쇄]에서 '활성 시트 인쇄'를 선택한 후 인쇄해야 합니다.

31 다음 중 [시트 보호] 기능에 대한 설명으로 옳지 않은 것은?

① 새 워크시트의 모든 셀은 기본적으로 '잠금' 속성이 설정되어 있다.

② 워크시트에 있는 셀을 보호하기 위해서는 먼저 셀의 '잠금' 속성을 해제해야 한다.

③ 시트 보호를 설정하면 셀에 데이터를 입력하거나 수정하려고 했을 때 경고 메시지가 나타난다.

④ 셀의 '잠금' 속성과 '숨김' 속성은 시트를 보호하기 전까지는 아무런 효과를 내지 못한다.

전문가의 조언 | 워크시트에 있는 셀을 보호하려면 '셀 서식' 대화상자의 '보호' 탭에서 '잠금'을 설정한 후 [검토] → [변경 내용] → [시트 보호]를 클릭해야 합니다.

32 고급 필터에서 다음과 같은 조건을 적용하였을 때 선택되는 데이터로 올바른 것은?

	A	B	C
1	제품명	금액	수량
2	냉장고	<650000	
3			>5
4			

① 제품명이 냉장고이고 금액이 650000 미만인 제품과 수량이 6 이상인 제품

② 금액이 650000 미만이고 수량이 5 이상인 제품

③ 제품명이 냉장고이거나 금액이 650000 미만인 제품이면서 수량은 6 이상인 제품

④ 수량은 5 이상이며 제품명이 냉장고이거나 금액이 650000 이상인 제품

전문가의 조언 | • 문제의 고급 필터 조건은 '제품명이 냉장고이고 금액이 650000 미만인 제품과 수량이 5보다 큰(6 이상) 제품'입니다.
• 고급 필터에서 OR 조건은 각 조건을 서로 다른 행에 입력하고, AND 조건은 서로 같은 행에 입력합니다.

33 다음 중 [시나리오 추가] 대화상자에 대한 설명으로 옳지 않은 것은?

① [데이터] → [예측] → [가상 분석] → [시나리오 관리자] 대화상자에서 [추가] 단추를 클릭하면 표시되는 대화상자이다.

② '변경 셀'은 변경 요소가 되는 값의 그룹이며, 하나의 시나리오에 최대 32개까지 지정할 수 있다.

③ '설명'은 시나리오에 대한 추가적인 설명으로 반드시 입력해야 한다.

④ '보호'의 체크 박스들은 [검토] → [보호] → [시트 보호]를 설정한 경우에만 적용되는 항목들이다.

전문가의 조언 | '설명'은 시나리오에 대한 추가적인 설명으로 반드시 입력할 필요는 없습니다.

34 다음 중 '페이지 나누기' 기능에 관한 설명으로 옳지 않은 것은?

① '페이지 나누기 미리 보기' 상태에서는 데이터의 입력이나 편집을 할 수 없다.

② 페이지 구분선을 마우스로 드래그 하여 구분선의 위치를 변경할 수 있다.

③ 수동으로 삽입된 페이지 나누기는 실선으로 표시되고 자동으로 추가된 페이지 나누기는 파선으로 표시된다.

④ 인쇄할 데이터가 많아 한 페이지가 넘어가면 자동으로 페이지 구분선이 삽입된다.

> 전문가의 조언 | [페이지 나누기 미리 보기] 상태에서는 데이터 입력이나 편집 뿐만 아니라 차트나 그림 등의 개체도 삽입할 수 있습니다.

35 다음 중 부분합에 대한 설명으로 옳지 않은 것은?

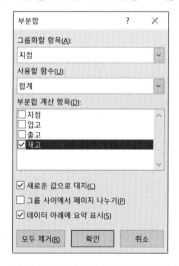

① 부분합을 실행하면 각 부분합에 대한 정보 행을 표시하고 숨길 수 있도록 목록에 개요가 자동으로 설정된다.

② 부분합은 한번에 한 개의 함수만 계산할 수 있으므로 두 개 이상의 함수를 이용하려면 함수의 개수만큼 부분합을 중첩해서 삽입해야 한다.

③ '새로운 값으로 대치'를 선택하면 이전의 부분합의 결과는 제거되고 새로운 부분합의 결과로 변경한다.

④ 그룹화할 항목으로 선택된 필드는 자동으로 오름차순 정렬하여 부분합이 계산된다.

> 전문가의 조언 | 부분합을 작성하려면 먼저 그룹화할 항목을 기준으로 반드시 오름차순이나 내림차순으로 정렬한 후 부분합을 실행해야 합니다.

36 다음 중 원본 데이터에 사용자 지정 서식을 적용하였을 때의 표시 결과가 옳은 것은?

① 원본 데이터 : 6000000

　사용자 지정 서식 : #,###,"백만원"

　표시 데이터 : 6백만원

② 원본 데이터 : kim

　사용자 지정 서식 : @"daehan.go.kr"

　표시 데이터 : kim@daehan.go.kr

③ 원본 데이터 : 2024/03/25

　사용자 지정 서식 : dddd, mmm dd yyyy

　표시 데이터 : Monday, Mar 25 2024

④ 원본 데이터 : 16:08:15

　사용자 지정 서식 : h:m:s AM/PM

　표시 데이터 : 4:08:15 PM

> 전문가의 조언 | 사용자 지정 서식이 올바르게 적용된 것은 ③번입니다.

입력 자료	표시 형식	결과
① 6000000	#,###,"백만원"	6,000백만원
② kim	@"daehan.go.kr"	kimdaehan.go.kr
③ 2024/03/25	dddd, mmm dd yyyy	Monday, Mar 25 2024
④ 16:08:15	h:m:s AM/PM	4:8:15 PM

37 다음 중 차트에 대한 설명으로 옳지 않은 것은?

① 기본적으로 워크시트의 행과 열에서 숨겨진 데이터는 차트에 표시되지 않으며 빈 셀은 간격으로 표시된다.

② 표에서 특정 셀 한 개를 선택하여 차트를 생성하면 해당 셀을 직접 둘러싸는 표의 데이터 영역이 모두 차트에 표시된다.

③ 차트를 만들 데이터를 선택한 후 Alt + F1 을 누르면 별도의 차트 시트가 생성된다.

④ 차트에 두 개 이상의 차트 종류를 사용하여 혼합형 차트를 만들 수도 있다.

> 전문가의 조언 | • 차트를 만들 데이터를 선택한 후 Alt + F1 을 누르면 데이터가 있는 워크시트에 기본 차트(묶은 세로 막대형)가 작성됩니다.
> • 별도의 차트 시트를 생성하려면 차트를 만들 데이터를 선택한 후 F11 을 눌러야 합니다.

38 다음 중 아래와 같이 설정된 [매크로 기록] 대화상자에 대한 설명으로 옳지 않은 것은?

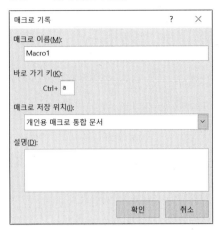

① 매크로 이름은 Macro1이며, 변경하고자 할 경우 [매크로] 대화상자에서만 변경할 수 있다.

② 작성된 'Macro1' 매크로는 'Personal.xlsb'에 저장된다.

③ 설명은 일종의 주석으로 반드시 지정해 주지 않아도 된다.

④ 작성된 'Macro1' 매크로는 Ctrl + A 를 눌러 실행할 수 있다.

전문가의 조언 | 매크로 이름은 [개발 도구] → [코드] → [매크로]를 클릭하면 나타나는 '매크로' 대화상자에서 〈편집〉 단추를 클릭하거나 [개발 도구] → [코드] → [Visual Basic]을 클릭하면 나타나는 'Visual Basic Editor' 창에서 변경할 수 있습니다.

39 다음 중 아래의 워크시트를 참조하여 작성한 수식 '=VLOOKUP(LARGE(A2:A9, 4), A2:F9, 5, 0)'의 결과로 옳은 것은?

	A	B	C	D	E	F
1	번호	이름	국어	영어	수학	합계
2	1	이대한	90	88	77	255
3	2	한민국	50	60	80	190
4	3	이효리	10	50	90	150
5	4	김애리	88	74	95	257
6	5	한공주	78	80	88	246
7	6	박초아	33	45	35	113
8	7	박예원	84	57	96	237
9	8	김윤이	64	90	68	222
10						

① 90   ② 95

③ 88   ④ 74

전문가의 조언 | 문제에 제시된 수식의 결과는 88입니다.
=VLOOKUP(LARGE(A2:A9, 4), A2:F9, 5, 0)
                    ❶
              ❷

❶ LARGE(A2:A9, 4) : LARGE(범위, n번째)는 '범위' 중 'n번째'로 큰 값을 구하는 함수이므로 [A2:A9] 영역에서 네 번째로 큰 값인 5를 반환합니다.

❷ VLOOKUP(❶, A2:F9, 5, 0) → VLOOKUP(5, A2:F9, 5, 0) : VLOOKUP(찾을값, 범위, 열 번호, 옵션)은 '범위'의 첫 번째 열에서 '옵션'에 맞게 '찾을값'과 같은 값을 찾은 후 '찾을값'이 있는 행에서 지정된 '열 번호' 위치에 있는 값을 반환하는 함수이므로 5와 정확히 일치(옵션 0)하는 값을 [A2:F9] 영역의 첫 번째 열에서 찾은 후 찾은 값이 있는 행(6)의 다섯 번째 열에 있는 값인 88을 반환합니다.

40 북부/남부의 제품 판매 현황에서 금액은 단가×수량으로 산출한 것이다. 다음 중 남부의 금액[D7:F7]을 구하는 방법으로 옳은 것은 무엇인가? (단, 북부의 금액[D5:F5]은 [D5] 셀의 수식(=D$3*D4)을 [F5] 셀까지 채우기 핸들을 드래그하여 구한 것이다.)

	A	B	C	D	E	F
1		북부/남부 제품 판매 현황				
2				OLED TV	냉장고	세탁기
3		단가		1,500,000	1,200,000	800,000
4		북부	수량	5	15	8
5			금액	7,500,000	18,000,000	6,400,000
6		남부	수량	10	8	12
7			금액			
8						

① [D5] 셀을 복사하여 [D7:F7] 영역에 붙여넣기 한다.

② [D7] 셀에 '=D$3*D4'를 입력한 후 채우기 핸들을 [F7] 셀까지 드래그한다.

③ [D5] 셀을 복사하여 [D7:F7] 영역에 '값'으로 붙여넣기 한다.

④ [D7:F7] 영역을 선택한 상태에서 '=D$3*D4'를 입력한다.

전문가의 조언 | 남부의 금액을 구하는 방법으로 옳은 것은 ①번입니다.
• [D5] 셀의 수식 'D$3 * D4'중 [D3] 셀의 행 번호에만 절대 참조($)가 지정되어 있으므로, 이를 복사하여 [D7:F7] 영역을 블록으로 지정한 후 붙여넣기하면 [D3] 셀의 열 문자와 [D4] 셀의 열 문자, 행 번호가 다음과 같이 변경되어 입력됩니다.
• [D7] : =D$3*D6, [E7] : =E$3*E6, [F7] : =F$3*F6

1과목 컴퓨터 일반

01 다음 중 인터넷을 이용한 전자우편에 관한 설명으로 옳지 않은 것은?

① 인터넷에 접속하여 사용자들끼리 서로 편지를 주고받을 수 있는 서비스를 말한다.

② 전자우편 주소는 '사용자ID@호스트' 주소의 형식으로 이루어진다.

③ 일반적으로 SMTP는 메일을 수신하는 용도로, MIME는 송신하는 용도로 사용되는 프로토콜이다.

④ POP3를 이용하면 전자메일 클라이언트를 통해 전자 메일을 받아 볼 수 있다.

전문가의 조언 | • 메일을 보낼 때(송신) 사용하는 프로토콜은 SMTP이고, 메일을 받을 때(수신) 사용되는 프로토콜은 POP3입니다.
• MIME는 웹 브라우저가 지원하지 않는 각종 멀티미디어 파일의 내용을 확인하고 실행시켜 주는 프로토콜입니다.

02 다음 중 컴퓨터에서 사용되는 바이트(Byte)에 대한 설명으로 옳지 않은 것은?

① 1바이트는 8비트로 구성된다.

② 일반적으로 영문자나 숫자는 1Byte로 한 글자를 표현하고, 한글 및 한자는 2Byte로 한 글자를 표현한다.

③ 1바이트는 컴퓨터에서 각종 명령을 처리하는 기본 단위이다.

④ 1바이트로는 256가지의 정보를 표현할 수 있다.

전문가의 조언 | • 바이트는 문자를 표현하는 최소 단위입니다.
• 컴퓨터에서 각종 명령을 처리하는 기본 단위는 워드(Word)입니다.

03 다음 중 연속적 소리 신호인 아날로그 신호를 일정한 간격으로 측정하여 그 값을 디지털화시키는 작업으로 옳은 것은?

① 시퀀싱   ② 샘플링

③ 멀티플렉싱   ④ 디더링

전문가의 조언 | 아날로그 신호를 일정한 간격으로 측정하여 그 값을 디지털화시키는 작업은 샘플링입니다.

04 다음 중 프로그래밍 언어가 아닌 것은?

① SPSS   ② UNIX

③ LISP   ④ COBOL

전문가의 조언 | • UNIX는 운영체제(OS)의 한 종류입니다.
• SPSS와 LISP는 프로그래밍 언어 중 문제 중심 언어에 속하며, COBOL은 절차 중심 언어에 속합니다.

05 다음 중 Windows 10의 [설정] → [앱]에서 설정할 수 없는 기능은?

① 선택적 기능을 설치하거나 제거할 수 있다.

② 시작 프로그램을 확인할 수 있다.

③ 업데이트 현황을 확인하거나 설정할 수 있다.

④ 설치된 앱을 변경하거나 제거할 수 있다.

전문가의 조언 | Windows 10의 업데이트 현황의 확인 및 설정은 [⚙(설정)] → [업데이트 및 보안]에서 수행할 수 있습니다.

06 다음 중 정보 통신 장비와 관련하여 리피터(Repeater)에 관한 설명으로 옳은 것은?

① 적절한 전송 경로를 선택하여 데이터를 전달하는 장비이다.

② 프로토콜이 다른 네트워크를 결합하는 장비이다.

③ 감쇠된 전송 신호를 증폭하여 다음 구간으로 전달하는 장비이다.

④ 같은 프로토콜을 사용하는 독립적인 2개의 근거리 통신망에 상호 접속하는 장비이다.

전문가의 조언 | 리피터(Repeater)에 대한 설명으로 옳은 것은 ③번입니다.
• ①번은 라우터(Router), ②번은 게이트웨이(Gateway), ④번은 브리지(Bridge)에 대한 설명입니다.

07 다음 중 컴퓨터에서 사용하는 일반 하드디스크에 비하여 속도가 빠르고 기계적 지연이나 에러의 확률 및 발열 소음이 적으며, 소형화, 경량화할 수 있는 하드디스크 대체 저장장치는?

① DVD   ② HDD

③ SSD   ④ ZIP

전문가의 조언 | 문제에 제시된 내용은 SSD(Solid State Drive)에 대한 설명입니다.

08 다음 중 Windows 10의 [설정] → [개인 설정]에 관한 설명으로 옳지 않은 것은?

① 화면 보호기를 설정할 수 있다.

② 원하는 사진으로 배경 화면을 설정할 수 있다.

③ 알림을 받거나 받지 않을 시간을 제어할 수 있다.

④ 테마를 설정할 수 있다.

09 다음 중 한글 Windows 10의 [설정] → [시스템] → [소리]에서 수행할 수 있는 작업이 아닌 것은?

① 소리 출력 장치를 선택할 수 있다.

② 소리 입력 장치를 선택할 수 있다.

③ 마스터 볼륨을 조정할 수 있다.

④ 내레이터를 설정할 수 있다.

10 다음 중 정보 보안을 위협하는 형태에 대한 설명으로 옳은 것은?

① 스니핑(Sniffing) : 검증된 사람이 네트워크를 통해 데이터를 보낸 것처럼 데이터를 변조하여 접속을 시도한다.

② 피싱(Phishing) : 적절한 사용자 동의 없이 사용자 정보를 수집하는 프로그램을 설치하여 사생활을 침해한다.

③ 스푸핑(Spoofing) : 실제로는 악성 코드로 행동하지 않으면서 겉으로는 악성 코드인 것처럼 가장한다.

④ 키로거(Key Logger) : 키보드 상의 키 입력 캐치 프로그램을 이용하여 개인 정보를 빼낸다.

11 다음 중 IPv6 주소체계에 대한 설명으로 옳지 않은 것은?

① 총 128 비트로 구성되어 있다.

② 각 부분은 세미콜론으로 구분한다.

③ 각 부분은 16 진수로 표현한다.

④ 8개 부분으로 구성되어 있다.

12 다음 중 컴퓨터 소프트웨어 배포와 관련하여 셰어웨어(Shareware)에 관한 설명으로 옳은 것은?

① 정상 대가를 지불하고 사용하는 소프트웨어이다.

② 특정 기능이나 사용 기간에 제한을 두고 무료로 배포하는 소프트웨어이다.

③ 개발자가 소스를 공개한 소프트웨어이다.

④ 배포 이전의 테스트 버전의 소프트웨어이다.

13 다음 중 플래시 메모리(Flash Memory)에 관한 설명으로 옳지 않은 것은?

① 정보의 입출력이 자유롭고, 전송 속도가 빠르다.

② 비휘발성 기억장치이다.

③ 트랙 단위로 저장된다.

④ 전력 소모가 적다.

14 다음 중 컴퓨터 범죄에 해당하지 않는 것은?

① 전자문서의 불법 복사

② 전산망을 이용한 개인 정보 유출

③ 컴퓨터 시스템 해킹을 통한 중요 정보의 위조 또는 변조

④ 인터넷 쇼핑몰 상품 가격 비교표 작성

15 다음 중 하이퍼텍스트(Hypertext)에 대한 설명으로 옳지 않은 것은?

① 하이퍼텍스트는 텍스트가 링크로 연결되어 있는 문서이다.

② 동영상, 그래픽 등의 정보를 연결해 놓은 멀티미디어 형식이다.

③ 사용자가 하이퍼링크(Hyperlink)를 클릭함으로써 원하는 데이터를 찾을 수 있다.

④ 하이퍼텍스트는 사용자의 의도에 따라 문서를 읽는 순서가 결정되는 비선형 구조이다.

> 전문가의 조언 | 동영상, 그래픽 등의 정보를 연결해 놓은 멀티미디어 형식은 하이퍼미디어(Hypermedia)입니다.

16 다음 중 멀티미디어 파일 형식 중에서 형식이 다른 것은?

① jpg   ② png

③ wmv   ④ gif

> 전문가의 조언 | ①, ②, ④번은 그래픽 파일 형식이고, ③번은 동영상 파일 형식입니다.

17 다음 중 Windows 10에서 실행중인 프로그램 사이의 작업 전환을 위한 바로 가기 키는?

① Alt + Enter   ② Alt + F4

③ Alt + Tab   ④ Alt + Delete

> 전문가의 조언 | 작업 전환을 위한 바로 가기 키는 Alt + Tab 입니다.
> - Alt + Enter : 선택된 항목의 속성 대화상자를 나타냄
> - Alt + F4 : 실행중인 창이나 앱을 종료함

18 다음 중 컴퓨터의 연산 속도 단위로 가장 빠른 것은?

① 1ms   ② 1μs

③ 1ns   ④ 1ps

> 전문가의 조언 | 보기의 연산 속도 단위를 빠른 것부터 차례대로 나열하면, 피코 초(ps, 10^{-12}) 〉 나노 초(ns, 10^{-9}) 〉 마이크로 초(μs, 10^{-6}) 〉 밀리 초(ms, 10^{-3}) 입니다.

19 입·출력 장치나 보조기억장치와 같은 주변장치에 데이터를 보내거나 가져오는 작업을 담당하는 장치로 주변 장치와 주기억장치 사이에 데이터를 전송하는 제어 기능을 가진 장치는?

① 모뎀(Modem)   ② 채널(Channel)

③ 캐시(Cache)   ④ 버퍼(Buffer)

> 전문가의 조언 | 문제에 제시된 내용은 채널(Channel)에 대한 설명입니다.

20 다음 중 한글 Windows 10에서 프린터 설치에 관한 설명으로 옳지 않은 것은?

① 네트워크 프린터를 선택한 경우에는 연결할 프린터의 포트를 지정한다.

② [설정] → [장치] → [프린터 및 스캐너]에서 '프린터 또는 스캐너 추가'를 클릭하여 프린터를 추가한다.

③ 설치할 프린터 유형은 로컬 프린터와 Bluetooth, 무선 또는 네트워크 검색 가능 프린터 등에서 하나를 선택할 수 있다.

④ 컴퓨터에 설치된 여러 대의 프린터 중에 현재 설치 중인 프린터를 기본 프린터로 설정할 것인지 선택한다.

> 전문가의 조언 | 네트워크 프린터를 선택한 경우에는 연결할 프린터의 포트가 자동으로 지정됩니다.

> **2과목**   # 스프레드시트 일반

21 북부/남부의 제품 판매 현황에서 금액은 단가×수량으로 산출한 것이다. 다음 중 남부의 금액[D7:F7]을 구하는 방법으로 옳은 것은 무엇인가? (단, 북부의 금액[D5:F5]은 [D5] 셀의 수식 (=D$3*D4)을 [F5] 셀까지 채우기 핸들을 드래그하여 구한 것이다.)

	B	C	D	E	F
1		북부/남부 제품 판매 현황			
2			OLED TV	냉장고	세탁기
3	단가		1,500,000	1,200,000	800,000
4	북부	수량	5	15	8
5		금액	7,500,000	18,000,000	6,400,000
6	남부	수량	10	8	12
7		금액			

① [D5] 셀을 복사하여 [D7:F7] 영역에 붙여넣기 한다.

② [D7] 셀에 '=D$3*D4'를 입력한 후 채우기 핸들을 [F7] 셀까지 드래그한다.

③ [D5] 셀을 복사하여 [D7:F7] 영역에 '값'으로 붙여넣기 한다.

④ [D7:F7] 영역을 선택한 상태에서 '=D$3*D4'를 입력한다.

> 전문가의 조언 | 남부의 금액을 구하는 방법으로 옳은 것은 ①번입니다.
> - [D5] 셀의 수식 'D$3*D4'중 [D3] 셀의 행 번호에만 절대 참조($)가 지정되어 있으므로, 이를 복사하여 [D7:F7] 영역을 블록으로 지정한 후 붙여넣기하면 [D3] 셀의 열 문자와 [D4] 셀의 열 문자, 행 번호가 다음과 같이 변경되어 입력됩니다.
> - [D7] : =D$3*D6, [E7] : =E$3*E6, [F7] : =F$3*F6

22 다음 중 아래 그림과 같이 목표값 찾기를 설정했을 때, 이에 대한 의미로 옳은 것은?

	A	B	C	D	E
1	제품별 판매현황				
3	품목	노트북	프린터	스캐너	평균
4	판매량	60	35	15	36.67

목표값 찾기   ?   ✕

수식 셀(E): $E$4 ↕

찾는 값(V):   40

값을 바꿀 셀(C): $B$4 ↕

확인   취소

① 평균이 40이 되려면 노트북 판매량이 얼마가 되어야 하는가?

② 노트북 판매량이 40이 되려면 평균이 얼마가 되어야 하는가?

③ 노트북 판매량을 40으로 변경하였을 때 평균은 얼마가 되어야 하는가?

④ 평균이 40이 되려면 노트북을 제외한 나머지 제품의 판매량이 얼마가 되어야 하는가?

> 전문가의 조언 | 문제에 제시된 목표값 찾기 대화상자는 평균(E4)이 40이 되려면 노트북(B4)의 판매량이 얼마가 되어야 하는지를 찾기 위한 설정입니다.

23 엑셀에서 사용하는 바로 가기 키와 동일한 키로 매크로의 바로 가기 키를 설정한 후 해당 바로 가기 키를 눌렀을 때의 상황으로 옳은 것은?

① 오류 메시지가 표시된 대화상자가 나타난다.

② 엑셀의 바로 가기 키가 동작한다.

③ 매크로의 바로 가기 키가 동작한다.

④ 아무런 동작도 수행되지 않는다.

> 전문가의 조언 | 매크로에서 지정한 바로 가기 키와 엑셀의 바로 가기 키가 동일한 경우 매크로에서 지정한 바로 가기 키가 적용됩니다.

24 셀에 데이터를 입력하던 중 [Alt]+[Enter]를 누르면 어떻게 되는가?

① 다음 입력할 셀로 이동된다.

② 데이터가 삭제된다.

③ 같을 셀 내에서 줄 바꿈이 된다.

④ 아무 일도 일어나지 않는다.

> 전문가의 조언 | 셀에 데이터를 입력하던 중 [Alt]+[Enter]를 누르면 같을 셀 내에서 줄 바꿈이 수행됩니다.

25 다음 중 학점[B3:B10]을 이용하여 [E3:E7] 영역에 학점별 학생수를 표시하고자 할 때, [E3] 셀에 입력해야 할 수식으로 옳은 것은?

	A	B	C	D	E
1	엑셀 성적 분포				
2	이름	학점		학점	학생수
3	김현미	A		A	1
4	조미림	B		B	4
5	심기훈	F		C	1
6	박원석	C		D	0
7	이영준	B		F	2
8	최세종	F			
9	김수현	B			
10	이미도	B			

① =COUNTIF(D3, B3:B10)

② =COUNTIF($D3, $B$3:$B10)

③ =COUNTIF($B$3:$B$10, D3)

④ =COUNTIF($B$3:$B$10, D$3)

> 전문가의 조언 | 학점별 학생수를 구하는 수식으로 옳은 것은 ③번입니다. COUNTIF(범위, 조건)는 지정된 '범위'에서 '조건'에 맞는 셀의 개수를 반환하는 함수로, [E3] 셀에 수식을 입력한 후 채우기 핸들을 이용하여 [E7] 셀까지 수식을 입력하려면 '범위'는 절대 참조($B$3:$B$10)로 지정해야 하고, '조건'은 상대 참조(D3)로 지정해야 합니다.

26 다음 차트에 대한 설명으로 옳지 않은 것은?

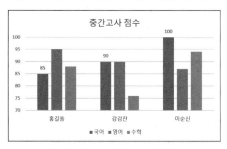

① '계열 겹치기' 값이 음수로 지정되었다.

② 국어 계열에 대해서만 데이터 레이블이 표시되었다.

③ 범례는 아래쪽으로 지정되었다.

④ '행/열 전환'을 수행하면 세로(값) 축과 가로(항목) 축이 서로 변경된다.

> 전문가의 조언 | '행/열 전환'을 수행하면 다음과 같이 가로(항목) 축 레이블과 범례 항목(계열)이 서로 변경됩니다.
>
>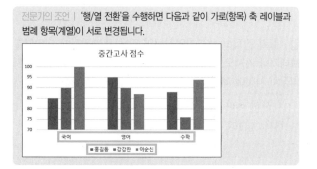

27 다음 중 아래의 워크시트를 참조하여 작성한 수식 '=INDEX(B2:D9, 2, 3)'의 결과는?

	A	B	C	D
1	코드	정가	판매수량	판매가격
2	L-001	25,400	503	12,776,000
3	D-001	23,200	1,000	23,200,000
4	D-002	19,500	805	15,698,000
5	C-001	28,000	3,500	98,000,000
6	C-002	20,000	6,000	96,000,000
7	L-002	24,000	750	18,000,000
8	L-003	26,500	935	24,778,000
9	D-003	22,000	850	18,700,000

① 19,500　　　　　　② 23,200,000

③ 1,000　　　　　　④ 805

전문가의 조언 | 문제에 제시된 수식의 결과는 23,200,000입니다.
• INDEX(범위, 행 번호, 열 번호) 함수는 지정된 '범위'에서 '행 번호'와 '열 번호'의 위치에 있는 데이터를 반환합니다.
• =INDEX(B2:D9, 2, 3) : [B2:D9] 영역에서 2행, 3열에 있는 [D3] 셀의 값인 23,200,000을 반환합니다.

28 다음 중 피벗 테이블에 대한 설명으로 옳지 않은 것은?

① 원본 데이터가 변경되면 피벗 테이블의 데이터도 자동으로 변경된다.

② 외부 데이터를 대상으로 피벗 테이블을 작성할 수 있다.

③ 피벗 테이블을 작성한 후에 사용자가 새로운 수식을 추가하여 표시할 수 있다.

④ 많의 양의 자료를 분석하여 다양한 형태로 요약하여 보여주는 기능이다.

전문가의 조언 | • 피벗 테이블의 원본 데이터가 변경된 경우 피벗 테이블에 자동으로 반영되지 않습니다.
• 원본 데이터의 변경사항을 피벗 테이블에 반영하려면 [피벗 테이블 분석] → [데이터] → [새로 고침]을 눌러야 합니다.

29 다음 중 아래의 워크시트를 참조하여 작성한 수식 '=VLOOKUP(B3, $B$2:$D$5, 3, FALSE)'의 결과는?

	A	B	C	D
1	사원번호	생년월일	급여	전화번호
2	K-0001	1985-05-21	2500000	1234-5678
3	K-0002	1975-01-29	3500000	2345-6789
4	K-0003	1976-05-18	3000000	3456-7890
5	K-0004	1987-12-24	2000000	4567-8901

① 1975-01-29　　　　② 35000000

③ 2345-6789　　　　④ K-0002

전문가의 조언 | 문제에 제시된 수식의 결과는 2345-6789입니다.
• VLOOKUP(찾을값, 범위, 열 번호, 옵션) 함수는 '범위'의 첫 번째 열에서 '옵션'에 맞게 '찾을값'과 같은 데이터를 찾은 후 '찾을값'이 있는 행에서 지정된 '열 번호' 위치에 있는 값을 반환합니다.
• =VLOOKUP(B3, $B$2:$D$5, 3, FALSE) : 찾을값(B3) 값인 '1975-01-29'와 정확히 일치(FALSE)하는 값을 범위(B2:D5)의 첫 번째 열에서 찾은 후 찾은 값이 있는 행의 세 번째 열에 있는 값 '2345-6789'를 반환합니다.

30 다음 중 콤보 형태로 표현할 수 있는 차트 묶음이 아닌 것은?

① 표면형, 세로 막대형

② 가로 막대형, 원형

③ 원형, 도넛형

④ 꺾은선형, 가로 막대형

전문가의 조언 | 표면형은 콤보(혼합) 형태로 차트를 작성할 수 없습니다.

31 '행/열 숨기기' 기능에 대한 설명으로 잘못된 것은?

① 숨겨진 행이나 열이 포함되도록 범위를 지정한 후 행 높이나 열 너비를 조절해도 숨겨진 행이나 열은 화면에 표시되지 않는다.

② [A1] 셀의 행이 숨겨진 경우 이름 상자에 'A1'을 입력하고 Enter를 누른 후 [홈] → [셀] → [서식] → [숨기기 및 숨기기 취소] → [행 숨기기 취소]를 선택하면 [A1] 셀이 화면에 표시된다.

③ 숨겨진 행이나 열은 인쇄 시 출력되지 않는다.

④ 숨겨진 열이나 행은 정렬 시 이동되지 않는다.

전문가의 조언 | 숨겨진 행이나 열이 포함되도록 범위를 지정한 후 행 높이나 열 너비를 조절하면 숨겨진 행이나 열이 화면에 표시되고, 행 높이나 열 너비도 동일하게 조절됩니다.

32 도넛형 차트의 도넛 구멍 크기를 줄이는 방법으로 옳은 것은?

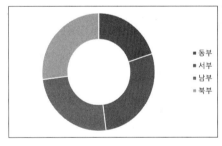

① 그림 영역 서식의 '테두리 옵션'에서 조절한다.

② 데이터 계열 서식의 '계열 옵션'에서 조절한다.

③ 차트 영역 서식의 '테두리 옵션'에서 조절한다.

④ 범례 서식의 '계열 옵션'에서 조절한다.

전문가의 조언 | 도넛형 차트의 도넛 구멍 크기는 데이터 계열을 더블클릭한 후 '데이터 계열 서식' 창의 '계열 옵션'에서 지정할 수 있습니다.

33 다음 중 [매크로] 대화상자에 대한 설명으로 옳지 않은 것은?

① 매크로 이름을 선택한 후 [실행] 단추를 클릭하면 매크로가 실행된다.

② [한 단계씩 코드 실행] 단추를 클릭하면 Visual Basic Editor에서 매크로 실행과정을 단계별로 확인할 수 있다.

③ [만들기] 단추를 클릭하면 빠른 실행 도구 모음에 매크로 실행 명령을 추가할 수 있다.

④ [옵션] 단추를 클릭하면 매크로 바로 가기 키를 수정할 수 있다.

34 다음 중 [페이지 설정] 대화상자의 [시트] 탭에 대한 설명으로 옳지 않은 것은?

① [행/열 머리글]을 선택하면 틀 고정으로 지정된 영역의 왼쪽 열과 위쪽 행이 페이지마다 반복하여 인쇄된다.

② 모든 페이지에 반복 인쇄할 인쇄 제목을 지정할 수 있다.

③ 메모 인쇄 위치를 '시트 끝'으로 지정하면 가장 마지막 시트 끝에 모아서 인쇄된다.

④ 시트에 표시된 셀 눈금선의 인쇄 여부를 지정할 수 있다.

35 다음 중 데이터 통합에 대한 설명으로 옳지 않은 것은?

① 참조 영역은 최대 3개까지만 추가가 가능하다.

② 지정한 영역에 계산될 요약 함수는 '함수'에서 선택하며, 요약 함수로는 합계, 개수, 평균, 최대, 최소 등이 있다.

③ 통합할 여러 데이터의 순서와 위치가 동일할 경우 위치를 기준으로 통합할 수 있다.

④ 사용할 데이터의 형태가 다르더라도 같은 이름표를 사용하면 항목을 기준으로 통합할 수 있다.

36 다음 중 사용자 지정 목록에 대한 설명으로 옳지 않은 것은?

① 정렬 기준이 셀 색, 조건부 서식 아이콘, 글꼴 색인 경우 사용자 지정 목록을 적용할 수 있다.

② 사용자 지정 목록을 만들면 다른 통합 문서에서 사용할 수 있도록 컴퓨터 레지스트리에 추가된다.

③ 엑셀에서 기본적으로 제공되는 목록은 수정하여 사용할 수 없다.

④ 사용자 지정 목록에는 텍스트 또는 텍스트와 숫자의 조합 등이 포함될 수 있다.

37 아래 그림과 같이 '총점' 필드를 이용하여 순위[E2:E4]를 계산하였다. 다음 중 [E4] 셀의 수식으로 옳은 것은?

	A	B	C	D	E
1	이름	평가자1	평가자2	총점	순위
2	최선길	85	75	160	3
3	이미경	80	82	162	2
4	김예중	95	88	183	1

① =RANK.EQ($D$4, $D$2:$D$4)

② =RANK.EQ($D$2:$D$4, D4)

③ =RANK.EQ(D4, D2:D4)

④ =RANK.EQ(D4, $D$2:$D$4)

38 다음 수치에 각종 사용자 지정 형식을 지정하였다. 틀리게 짝지어진 것은?

$$-1,234,567$$

① 0.00% → −123456700.00%

② #,##0, → −1,234

③ 0 → −1234567

④ #.## → −1234567.

39 다음 중 [페이지 설정] 대화상자를 이용한 머리글/바닥글 편집에 대한 설명으로 옳지 않은 것은?

① 서식을 지정할 텍스트를 블록 설정하고 🗛 단추를 클릭하여 글꼴 서식을 지정할 수 있다.

② 그림이 있는 구역에 커서를 넣고 🖾 단추를 클릭하여 그림 서식을 지정할 수 있다.

③ 페이지 번호를 '– 1 –'처럼 표시하려면 '– &[페이지 번호] –'를 입력한다.

④ 머리글 또는 바닥글 내용에 '&' 문자를 포함시키려면 '^&'를 사용해야 한다.

> 전문가의 조언 | 머리글 또는 바닥글 내용에 '&' 문자를 포함시키려면 '&&'를 사용해야 합니다.

40 [홈] → [편집] → [찾기 및 선택] → [찾기]를 선택하여 표시된 대화상자의 찾을 내용에 다음과 같이 입력하였을 경우 검색되는 대상에 대한 설명으로 옳은 것은?

> 삼?주식회사

① [전체 셀 내용 일치]를 설정하면 '삼'으로 시작하고 '주식회사'로 끝나는 6글자를 찾는다.

② '삼'으로 시작하고 '주식회사'로 끝나는 모든 글자를 찾는다.

③ '삼'으로 시작하는 모든 데이터를 찾는다.

④ '주식회사'로 끝나는 모든 데이터를 찾는다.

> 전문가의 조언 | '?'는 문자의 한 자리만을 대신할 수 있는 만능 문자이므로, '전체 셀 내용 일치'를 선택하고 찾을 내용을 '삼?주식회사'로 지정하여 찾기를 수행하면 '삼'으로 시작하여 '주식회사'로 끝나는 여섯 자리 문자를 찾습니다.
> ※ '전체 셀 내용 일치'는 찾을 데이터와 셀 안의 데이터가 정확히 일치하는 경우에만 찾는 옵션입니다. 예를 들어 '전체 셀 내용 일치'를 선택하면 셀 안의 데이터가 '삼보주식회사', '삼경주식회사' 등의 자료만을 찾지만 '전체 셀 내용 일치'를 선택하지 않으면 셀 안의 데이터가 '김삼보주식회사', '삼경주식회사 귀하' 등도 찾습니다.
> ② '삼'으로 시작하고 '주식회사'로 끝나는 모든 데이터 : 삼*주식회사
> ③ '삼'으로 시작하는 모든 데이터 : 삼*
> ④ '주식회사'로 끝나는 모든 데이터 : *주식회사

컴퓨터 일반

01 다음 중 컴퓨터 바이러스의 예방법으로 가장 거리가 먼 것은?

① 최신 버전의 백신 프로그램을 사용한다.

② 다운로드 받은 파일은 작업에 사용하기 전에 바이러스 검사 후 사용한다.

③ 전자우편에 첨부된 파일은 열어서 확인한 후 사용한다.

④ 네트워크 공유 폴더에 있는 파일은 읽기 전용으로 지정한다.

전문가의 조언 | 전자우편에 첨부된 파일은 바이러스 검사를 수행한 후 저장하여 사용해야 합니다.

02 다음 중 컴퓨터에서 사용하는 캐시 메모리에 관한 설명으로 옳은 것은?

① 보조기억장치의 일부를 주기억장치처럼 사용하는 메모리이다.

② 기억된 정보의 내용 일부를 이용하여 주기억장치에 접근하는 장치이다.

③ EEPROM의 일종으로 비휘발성 메모리이다.

④ 중앙처리장치(CPU)와 주기억장치 사이에 위치하여 컴퓨터 처리 속도를 향상시키는 메모리이다.

전문가의 조언 | 캐시 메모리에 관한 설명으로 옳은 것은 ④번입니다.
• ①번은 가상 메모리(Virtual Memory), ②번은 연상(연관) 메모리(Associative Memory), ③번은 플래시 메모리(Flash Memory)에 대한 설명입니다.

03 다음 중 인터넷 웹 브라우저에 대한 설명으로 가장 적절하지 않은 것은?

① 자주 방문하는 웹 사이트 주소를 관리할 수 있다.

② 웹 페이지를 사용자 컴퓨터에 저장하거나 인쇄할 수 있다.

③ 플러그 인 프로그램을 설치하여 동영상이나 소리 등의 다양한 멀티미디어 데이터를 처리하거나 편집할 수 있다.

④ '설정'에서 멀티미디어 편집기를 선택할 수 있다.

전문가의 조언 | 웹 브라우저의 '설정'에 멀티미디어 편집기를 선택할 수 있는 메뉴는 없습니다.

04 다음 중 컴퓨터를 관리하는 효율적인 방법으로 옳지 않은 것은?

① 컴퓨터를 이동하거나 부품을 교체할 경우에는 전원을 끄고 작업하는 것이 바람직하다.

② 시스템에 문제가 발생하면 시스템을 재부팅하고 하드디스크의 모든 파티션을 제거한다.

③ 정기적으로 최신 바이러스 백신 프로그램을 사용하여 바이러스 감염을 방지하며, 중요한 데이터는 백업하여 둔다.

④ 가급적 불필요한 프로그램은 설치하지 않도록 하며, 정기적으로 시스템을 점검한다.

전문가의 조언 | 하드디스크의 모든 파티션을 제거하면 하드디스크에 저장된 내용도 모두 삭제되므로 [⊞](시작) → [⚙](설정) → [업데이트 및 보안] → [복구]를 통해 문제를 해결하는 것이 좋습니다.

05 해커를 유인하기 위해 의도적으로 취약한 서버를 만들어 이를 모니터링하는 시스템으로 공격자의 공격 경로와 공격 수법을 알아내기 위한 목적으로 사용하는 것은?

① VPN(Virtual Private Network)

② 허니팟(Honeypot)

③ 침입 탐지 시스템(IDS)

④ 방화벽(Firewall)

전문가의 조언 | 문제에 제시된 내용은 허니팟(Honeypot)에 대한 설명입니다.
• **VPN(Virtual Private Network)** : 인터넷망(공중망)을 사용하여 사설망을 구축하게 해주는 통신망
• **침입 탐지 시스템(IDS)** : 컴퓨터 시스템의 비정상적인 사용, 오용, 남용 등을 실시간으로 탐지하는 시스템
• **방화벽(Firewall)** : 보안이 필요한 네트워크의 통로를 단일화하여 관리함으로써 외부의 불법 침입으로부터 내부의 정보 자산을 보호하기 위한 시스템

06 다음 중 초고속 인터넷을 이용하여 동영상 콘텐츠, 정보 서비스 등 기본 텔레비전 기능에 인터넷 검색이 가능하게 한 서비스는?

① VoIP   ② IPTV

③ IPv6   ④ TCP/IP

전문가의 조언 | 기본 텔레비전 기능에 인터넷 검색이 가능하게 한 서비스는 IPTV입니다.

07 다음 중 플래시 메모리에 대한 설명으로 옳은 것은?

① 중앙처리장치와 주기억장치 사이에 위치하여 컴퓨터의 처리 속도를 향상시키는 역할을 한다.

② 보조기억장치의 일부를 주기억장치처럼 사용하는 메모리 관리 기법으로 주기억장치보다 큰 프로그램을 불러와 실행해야 할 때 유용하다

③ 주기억장치에 저장된 정보에 접근할 때 주소 대신 기억된 정보의 내용의 일부를 이용하여 직접 접근하는 장치이다.

④ 전기적인 방법으로 수정이 가능한 EEPROM을 개선한 메모리 칩으로, MP3 플레이어, 휴대전화, 디지털 카메라 등에 널리 사용된다.

> 전문가의 조언 | 플래시 메모리에 대한 설명으로 옳은 것은 ④번입니다.
> • ①번은 캐시 메모리(Cache Memory), ②번은 가상 메모리(Virtual Memory), ③번은 연상(연관) 메모리(Associative Memory)에 대한 설명입니다.

08 다음 중 유틸리티 프로그램에 대한 설명으로 적절하지 않은 것은?

① 다수의 작업이나 목적에 대하여 적용되는 편리한 서비스 프로그램이나 루틴을 말한다.

② 컴퓨터의 동작에 필수적이고, 컴퓨터를 이용하는 주목적에 대한 일부 특정 작업을 수행하는 소프트웨어들을 가리킨다.

③ 컴퓨터 하드웨어, 운영체제, 응용 소프트웨어를 관리하는 데 도움을 주도록 설계된 프로그램을 의미한다.

④ Windows에서 제공하는 유틸리티 프로그램으로는 메모장, 그림판, 계산기 등을 예로 들 수 있다.

> 전문가의 조언 | 유틸리티 프로그램은 컴퓨터 동작에 필수적이지는 않지만, 컴퓨터를 이용하는 주 목적에 대한 특정 작업을 수행하는 소프트웨어들을 가리킵니다.

09 다음 중 인터넷에서 사용하는 도메인 네임에 대한 설명으로 옳지 않은 것은?

① 숫자로 구성된 IP 주소를 사람들이 기억하고 이해하기 쉽도록 문자열로 만든 주소이다.

② 우리나라에서 도메인 네임을 관리하는 기관은 KISA 이다.

③ 인터넷의 모든 도메인 네임은 전 세계적으로 유일하게 존재해야 한다.

④ 도메인 네임을 사용자가 컴퓨터에서 임의로 설정하여 사용할 수 있다.

> 전문가의 조언 | 도메인 네임은 전 세계를 통틀어 중복되지 않는 고유한 주소로, 사용자가 임의로 설정할 수 없습니다.

10 다음 중 한글 Windows 10의 [설정] → [시스템] → [정보]를 선택했을 때 확인할 수 있는 정보에 해당하지 않는 것은?

① 설치된 Windows 운영체제의 버전

② CPU의 종류와 설치된 메모리의 용량

③ Windows의 설치 날짜

④ 컴퓨터 이름과 현재 로그인한 사용자 계정

> 전문가의 조언 | 현재 로그인한 사용자 계정은 [⚙(설정)] → [계정]에서 확인할 수 있습니다.

11 다음 중 한글 Windows 10에서 작업 표시줄의 [검색 상자]에 대한 설명으로 옳지 않은 것은?

① 검색 항목은 모두, 앱, 문서, 웹, 동영상, 설정, 전자 메일, 폴더 등이다.

② 작업 표시줄의 바로 가기 메뉴에서 [검색]을 선택하여 검색 상자를 표시하거나 숨길 수 있다.

③ 검색된 앱을 선택하여 바로 실행할 수 있다.

④ ⊞ + F 를 누르면 검색 상자로 포커스가 옮겨진다.

> 전문가의 조언 | • ⊞+F 를 누르면 피드백 허브 앱이 실행됩니다.
> • 작업 표시줄의 '검색 상자'로 이동하는 바로 가기 키는 ⊞+S 입니다.

12 다음 중 한글 Windows 10에서 프린터 설치에 관한 설명으로 옳지 않은 것은?

① 설치할 프린터 유형은 로컬 프린터와 Bluetooth, 무선 또는 네트워크 검색 가능 프린터 등에서 하나를 선택할 수 있다.

② 표준 사용자 계정으로는 네트워크 프린터를 설치할 수 없고 로컬 프린터만 설치할 수 있다.

③ 컴퓨터에 설치된 여러 대의 프린터 중에 현재 설치 중인 프린터를 기본 프린터로 설정할 것인지 선택한다.

④ [설정] → [장치] → [프린터 및 스캐너]에서 '프린터 또는 스캐너 추가'를 클릭하여 프린터를 추가한다.

> 전문가의 조언 | • 표준 사용자 계정으로는 로컬과 네트워크에 관계없이 프린터 등의 외부 장치를 설치할 수 없습니다.
> • 프린터 등의 외부 장치는 관리자 계정으로만 설치할 수 있습니다.

13 다음 중 한글 Windows 10의 [설정] → [시스템] → [디스플레이] 에서 해상도 조정 설정에 대한 설명으로 옳지 않은 것은?

① 높은 화면 해상도에서는 텍스트와 이미지가 더 선명하지만 크기는 더 작게 표시된다.

② 해상도를 변경하면 해당 컴퓨터에 로그인한 모든 사용자에게 변경 내용이 적용된다.

③ 여러 디스플레이 옵션은 Windows에서 둘 이상의 모니터가 PC에 연결되어 있음을 인식할 때만 나타난다.

④ 두 대의 모니터가 연결된 경우 좌측 모니터가 주 모니터로 설정되므로 해상도가 높은 모니터를 반드시 좌측에 배치해야 한다.

전문가의 조언 | 주 모니터는 [⚙(설정)] → [시스템] → [디스플레이]에서 자유롭게 변경할 수 있으므로 모니터의 배치를 변경할 필요는 없습니다.

14 다음 중 자료의 구성 단위에 대한 설명으로 옳지 않은 것은?

① 워드(Word)는 명령 처리 단위이며, 전워드(Full Word)는 8Byte이다.

② 필드(Field)는 파일 구성의 최소 단위이다.

③ 니블(Nibble)은 4개의 비트로 16가지를 표현할 수 있다.

④ 여러 개의 파일이 모여 데이터베이스가 된다.

전문가의 조언 | • 전워드(Full Word)는 4Byte입니다.
• 8Byte의 크기를 갖는 워드는 더블워드(Double Word)입니다.

15 다음 중 추상화, 캡슐화, 상속성, 다형성 등의 특징을 지니고 있으며, 크고 복잡한 프로그램 구축이 어려운 절차형 언어의 문제점을 해결하기 위해 개발된 프로그래밍 기법은?

① 구조적 프로그래밍

② 객체지향 프로그래밍

③ 하향식 프로그래밍

④ 비주얼 프로그래밍

전문가의 조언 | 문제에 제시된 내용은 객체지향 프로그래밍에 대한 설명입니다.
• **구조적 프로그래밍** : 입력과 출력이 각각 하나씩 이루어진 구조로 GOTO문을 사용하지 않으며, 순서, 선택, 반복의 세 가지 논리 구조를 사용하는 기법
• **비주얼 프로그래밍** : 기존 문자 방식의 명령어 전달 방식을 기호화된 아이콘의 형태로 바꿔 사용자가 대화형으로 좀 더 쉽게 프로그래밍 할 수 있는 기법

16 다음 중 네트워크 장비인 브리지(Bridge)에 대한 설명으로 옳지 않은 것은?

① 서로 독립적으로 동작하면서 같은 프로토콜을 사용하는 두 LAN을 연결하는 네트워크 장치이다.

② IP 주소를 이용한 최적의 경로를 설정하여 전송한다.

③ 네트워크 분할을 통해 트래픽을 감소시키는 역할을 수행한다.

④ OSI 7계층 중 데이터 링크 계층의 장비이다.

전문가의 조언 | IP 주소를 이용한 최적의 경로를 설정하여 전송하는 장비는 라우터(Router)입니다.

17 다음 중 차세대 웹 표준으로 텍스트와 하이퍼링크를 이용한 문서 작성 중심으로 구성된 기존 표준에 비디오, 오디오 등의 다양한 부가기능을 추가하여 최신 멀티미디어 콘텐츠를 ActiveX 없이도 웹 서비스로 제공할 수 있는 언어는?

① XML

② VRML

③ HTML5

④ JSP

전문가의 조언 | 문제에 제시된 내용은 HTML5에 대한 설명입니다.
• **XML** : 확장성 생성 언어라는 뜻으로 기존 HTML의 단점을 보완하여 웹에서 구조화된 폭넓고 다양한 문서들을 상호 교환할 수 있도록 설계된 언어
• **VRML** : 가상현실 모델링 언어라는 뜻으로, 웹에서 3차원 가상공간을 표현하고 조작할 수 있게 하는 언어
• **JSP** : 자바로 만들어진 서버 스크립트로, LINUX, UNIX, Windows 등 다양한 운영체제에서 사용이 가능함

18 다음 중 컴퓨터의 연산장치에 있는 누산기(Accumulator)에 관한 설명으로 옳은 것은?

① 연산 결과를 일시적으로 기억하는 장치이다.

② 명령의 순서를 기억하는 장치이다.

③ 명령어를 기억하는 장치이다.

④ 명령을 해독하는 장치이다.

전문가의 조언 | 누산기(AC; Accumulator)는 연산 결과를 일시적으로 기억하는 장치입니다.
• ③번은 명령 레지스터(IR; Instruction Register), ④번은 디코더(Decoder)에 대한 설명입니다.

19 다음 중 인터넷 주소 체계인 IPv6에 대한 설명으로 옳은 것은?

① 주소는 8비트씩 16개 부분으로 총 128비트로 구성되어 있다.

② 주소를 네트워크 부분의 길이에 따라 A클래스에서 E클래스까지 총 5단계로 구분한다.

③ IPv4와의 호환성은 낮으나 IPv4에 비해 품질 보장은 용이하다.

④ 주소의 한 부분이 0으로만 연속되는 경우 연속된 0은 '::'으로 생략하여 표시할 수 있다.

> 전문가의 조언 | IPv6에서는 주소의 한 부분이 0으로만 연속되는 경우 연속된 0은 '::'으로 생략하여 표시할 수 있습니다.
> ① IPv6은 16비트씩 8부분으로 총 128비트로 구성되어 있습니다.
> ② 주소를 네트워크 부분의 길이에 따라 A클래스에서 E클래스까지 총 5단계로 구분하는 것은 IPv4입니다. IPv6는 유니캐스트, 애니캐스트, 멀티캐스트 3종류의 형태로 구분합니다.
> ③ IPv6은 IPv4와의 호환성 및 주소의 확장성, 융통성, 연동성이 뛰어납니다.

20 다음 중 버전에 따른 소프트웨어에 대한 설명으로 옳지 않은 것은?

① 트라이얼 버전(Trial Version)은 특정한 하드웨어나 소프트웨어를 구매하였을 때 무료로 주는 프로그램이다.

② 베타 버전(Beta Version)은 소프트웨어의 정식 발표 전 테스트를 위하여 사용자들에게 무료로 배포하는 시험용 프로그램이다.

③ 데모 버전(Demo Version)은 정식 프로그램을 홍보하기 위해 사용기간이나 기능을 제한하여 배포하는 프로그램이다.

④ 패치 버전(Patch Version)은 이미 제작하여 배포된 프로그램의 오류 수정이나 성능 향상을 위해 프로그램의 일부 파일을 변경해 주는 프로그램이다.

> 전문가의 조언 | ·①번은 번들(Bundle)에 대한 설명입니다.
> · 트라이얼 버전은 셰어웨어와 마찬가지로 제품을 구매하기 전에 해당 프로그램을 미리 사용해 볼 수 있도록 제작한 소프트웨어입니다.

2과목 **스프레드시트 일반**

21 아래 그림은 '총점' 필드를 이용하여 [E2] 셀에 순위를 계산한 후 채우기 핸들을 [E4] 셀까지 드래그한 결과이다. 다음 중 [E2] 셀의 수식으로 옳은 것은? (단 순위는 낮은 총점을 1위로 한다.)

	A	B	C	D	E
1	이름	A	B	총점	순위
2	김길순	85	75	160	1
3	박용섭	80	82	162	2
4	최순일	95	88	183	3

① =RANK.EQ(D2, D2:D4, 1)

② =RANK.EQ(D2, $D$2:$D$4, 1)

③ =RANK.EQ(D2, D2:D4, 0)

④ =RANK.EQ(D2, $D$2:$D$4, 0)

> 전문가의 조언 | 총점에 대한 순위를 구하는 수식으로 옳은 것은 ②번입니다.
> · =RANK.EQ(D2, $D$2:$D$4, 1) : RANK.EQ(인수, 범위, 옵션)은 지정된 '범위' 안에서 '인수'의 순위를 반환하는 함수로, 각각의 인수를 살펴보면 다음과 같습니다.
> · 인수 : 총점이 있는 D2 셀을 지정합니다.
> · 범위 : 전체 총점이 있는 D2:D4 영역을 지정하되, 여러 셀에 결과값을 구해야 하므로 절대 참조로 지정합니다($D$2:$D$4).
> · 옵션 : 총점이 가장 낮은 것이 1위이므로 오름차순(1)으로 지정합니다.

22 아래 그림의 시나리오 요약 보고서에 대한 설명으로 옳지 않은 것은?

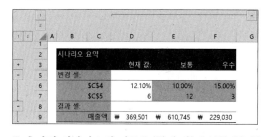

① 추가된 시나리오의 이름은 '현재 값', '보통', '우수'이다.

② 결과 셀은 "매출액"으로 이름이 정의되어 있다.

③ 결과 셀에는 [C4] 셀과 [C5] 셀을 참조하는 수식이 입력되어 있다.

④ 시나리오 요약 보고서가 있는 위 그림의 시트를 삭제해도 작성된 시나리오는 삭제되지 않는다.

> 전문가의 조언 | · 추가된 시나리오의 이름은 '보통'과 '우수'입니다.
> · '현재 값'은 변경 셀로 지정한 셀이나 영역에 대한 필드명으로 항상 '현재 값'으로 표시됩니다.

23 다음 중 노트에 대한 설명으로 옳지 않은 것은?

① 노트를 삽입하려면 Shift + F2 를 누른다.

② 셀에 입력된 데이터를 지워도 노트는 삭제되지 않는다.

③ 노트가 삽입된 셀을 정렬하면 노트는 고정되어 이동되지 않는다.

④ 노트는 셀에 입력된 데이터에 대한 보충 설명을 하는 곳이다.

24 다음 중 조건부 서식에 대한 설명으로 옳지 않은 것은?

① 조건부 서식에서 사용하는 수식은 등호(=)로 시작해야 한다.

② 규칙에 맞는 셀 범위는 해당 규칙에 따라 서식이 지정되고 규칙에 맞지 않는 셀 범위는 서식이 지정되지 않는다.

③ 조건부 서식이 적용된 후 셀 값이 바뀌어 규칙과 일치하지 않아도 셀 서식 설정은 해제되지 않는다.

④ 고유 또는 중복 값에 대해서만 서식을 지정할 수도 있다.

25 다음 중 데이터 통합에 관한 설명으로 옳지 않은 것은?

① 통합은 비슷한 형식의 여러 데이터를 하나의 표로 통합, 요약해 주는 도구이다.

② 통합할 데이터가 있는 워크시트와 통합 결과가 작성될 워크시트가 같은 경우 '원본 데이터에 연결' 기능을 적용할 수 있다.

③ 사용할 데이터의 형태가 다르더라도 같은 이름표를 사용하면 통합할 수 있다.

④ 다른 원본 영역의 레이블과 일치하지 않는 레이블이 있는 경우에 통합하면 별도의 행이나 열이 만들어진다.

26 다음 중 수식에 잘못된 인수나 피연산자를 사용할 때 표시되는 오류 메시지로 옳은 것은?

① #DIV/0!　　　　　② #NUM!

③ #NAME?　　　　　④ #VALUE!

27 다음 표에서 "중학생"의 봉사시간 평균을 구하려고 한다. 다음 중 옳은 함수식은?

	A	B	C	D	E	F
1	순번	날짜	성별	구분	접수	봉사시간
2	1	2022-10-03	여	중학생	단체	5
3	2	2022-10-10	남	고등학생	개인	8
4	3	2022-10-05	남	성인	개인	10
5	4	2022-10-02	여	중학생	단체	5
6	5	2022-10-12	남	중학생	단체	20
7	6	2022-10-08	남	고등학생	개인	19
8	7	2022-10-01	남	성인	단체	15
9	8	2022-10-09	여	단체	단체	35
10	9	2022-10-13	여	고등학생	단체	8
11	10	2022-10-15	남	고등학생	개인	10

① =AVERAGEIF(F2:F11, D2, D2:D11)

② =DAVERAGE(A2:F11, 6, D2:D11)

③ =AVERAGEIFS(F2:F11, D2:D11, D2)

④ =DAVERAGE(A2:F11, D2, D2:D11)

28 다음 중 자동 필터에 대한 설명으로 옳지 않은 것은?

① 자동 필터에서 여러 필드에 조건을 지정하는 경우 각 조건들은 AND 조건으로 설정된다.

② 정렬 시 영문 대·소문자를 구분한다.

③ 자동 필터된 데이터만 선택하여 복사할 수 있다.

④ 필터링된 데이터 그대로 복사, 찾기, 편집, 인쇄 등의 작업을 수행할 수 있다.

전문가의 조언 | 자동 필터는 영문 대·소문자를 구분하지 못합니다.

29 다음 중 '지점'이 서울이면서 급여가 2,500,000원 이상이거나, 급여가 3,500,000 이하인 직원의 데이터를 조회하기 위한 고급 필터의 조건으로 옳은 것은?

①

지점	급여
서울	>=2,500,000
	<=3,500,000

②

지점	급여
서울	>2,500,000
	<3,500,000

③

지점	급여
	>=2,500,000
서울	<=3,500,000

④

지점	급여
	>2,500,000
서울	<3,500,000

전문가의 조언 | • 고급 필터의 조건으로 옳은 것은 ①번입니다.
• 고급 필터의 조건을 지정할 때는 조건을 지정할 범위의 첫 행에는 원본 데이터 목록의 필드명을 입력하고, 그 아래 행에 조건을 입력합니다.
• 조건을 같은 행에 입력하면 AND 조건, 다른 행에 입력하면 OR 조건으로 연결됩니다.

30 다음 중 매크로에 관한 설명으로 옳지 않은 것은?

① 같은 통합 문서 내에서 시트가 다르면 동일한 매크로 이름으로 기록할 수 있다.

② [매크로 기록] 대화상자에서 바로 가기 키 지정 시 영문 대문자를 사용하면 Shift 가 자동으로 덧붙는다.

③ 엑셀을 실행할 때마다 매크로를 사용할 수 있게 하려면 [매크로 기록] 대화상자에서 매크로 저장 위치를 '개인용 매크로 통합 문서'로 선택한다.

④ 통합 문서를 열 때 어떤 상황에서 어떤 매크로를 실행할지 매크로 보안 설정을 변경하여 제어할 수 있다.

전문가의 조언 | 하나의 통합 문서에는 동일한 이름의 매크로를 작성할 수 없습니다.

31 다음 중 작성된 매크로를 실행하는 방법으로 옳지 않은 것은?

① 매크로를 지정한 도형을 클릭하여 실행한다.

② '매크로' 대화상자에서 매크로를 선택하여 실행한다.

③ 매크로를 기록할 때 지정한 바로 가기 키를 이용하여 실행한다.

④ 매크로를 지정한 워크시트의 셀 자체를 클릭하여 실행한다.

전문가의 조언 | 워크시트의 셀에 매크로를 지정하여 실행할 수 있는 기능은 없습니다.

32 다음 중 차트의 범례 설정에 대한 설명으로 옳지 않은 것은?

① 범례 위치는 [범례 서식] 대화상자나 [차트 디자인] 탭 [차트 레이아웃] 그룹에서 쉽게 변경할 수 있다.

② 차트에서 범례 또는 범례 항목을 클릭한 후 Delete 를 누르면 범례를 쉽게 제거할 수 있다.

③ 기본적으로 범례의 위치는 차트의 다른 구성 요소와 겹치지 않게 표시된다.

④ 마우스로 범례를 이동하거나 크기를 변경하면 그림 영역의 크기 및 위치는 자동으로 조정된다.

전문가의 조언 | 범례를 이동하거나 크기를 변경해도 그림 영역에는 아무런 변화가 없습니다.

33 데이터를 계층 구조로 하여 다른 범주 수준을 비교할 수 있도록 간단히 도식화하여 표현한 차트로, 색과 근접성을 기준으로 범주를 표시하며 다른 차트 유형으로 표시하기 어려운 많은 양의 데이터를 쉽게 표시할 수 있는 차트는?

① 히스토그램
② 콤보
③ 폭포
④ 트리맵

> 전문가의 조언 | 문제에 제시된 내용은 트리맵 차트에 대한 설명입니다.
> • **히스토그램 차트** : 특정 구간에 그룹화된 데이터의 분포를 표시할 때 사용하는 차트
> • **폭포 차트** : 데이터의 증감 및 누적 합계를 확인할 때 사용함
> • **콤보 차트** : 두 개 이상의 데이터 계열을 가진 차트에서 특정 데이터 계열을 강조하기 위해 해당 데이터 계열을 다른 차트로 표시하는 것

34 다음 중 [페이지 설정] 대화상자에서 실행 가능한 작업이 아닌 것은?

① [페이지] 탭에서 '자동 맞춤' 옵션을 이용하여 한 장에 모아서 인쇄할 수 있다.
② [여백] 탭에서 '페이지 나누기' 옵션을 이용하여 새 페이지가 시작되는 위치를 설정할 수 있다.
③ [머리글/바닥글] 탭에서 머리말과 꼬리말이 짝수와 홀수 페이지에 다르게 표시되도록 설정할 수 있다.
④ [시트] 탭에서 '간단하게 인쇄' 옵션을 이용하여 워크시트에 삽입된 차트나 일러스트레이션 개체 등이 인쇄되지 않도록 설정할 수 있다.

> 전문가의 조언 | '페이지 설정' 대화상자에는 '페이지 나누기'라는 옵션은 없습니다.

35 다음 중 작업 시트의 인쇄와 관련해서 옳지 않은 것은?

① 행 머리글을 함께 인쇄할 수 있다.
② 페이지마다 인쇄 부수를 다르게 설정할 수 있다.
③ 인쇄 페이지마다 똑같은 열 또는 행을 인쇄할 수 있다.
④ 셀 구분선을 함께 인쇄할 수 있다.

> 전문가의 조언 | • 페이지마다 인쇄 부수를 다르게 설정할 수 없습니다.
> • 인쇄 시 인쇄 부수를 지정하면 모든 페이지가 동일한 부수로 인쇄됩니다.

36 다음 차트에 대한 설명으로 옳지 않은 것은?

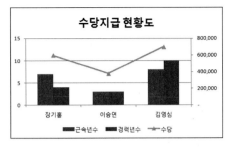

① 데이터 레이블로 값이 표시되어 있다.
② 두 개의 차트 종류가 혼합되어 있으며, 값 축이 두 개로 설정된 이중 축 혼합형 차트이다.
③ 막대 그래프 계열 옵션의 계열 겹치기는 '0%'로 설정되었다.
④ 기본 가로(항목) 축 제목이 표시되어 있지 않은 차트이다.

> 전문가의 조언 | 차트에 데이터 레이블 '값'이 표시되면 다음 그림과 같습니다.
>
>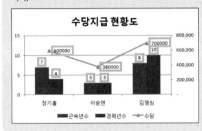

37 다음 중 입력 데이터에 주어진 표시 형식으로 지정한 경우 그 결과가 옳지 않은 것은?

	표시 형식	입력 데이터	표시 결과
①	?.?	123.45	123.45
②	#,	2501	3
③	00-00	1001	10-01
④	#"명"	0	명

> 전문가의 조언 | ?는 유효하지 않은 자릿수에 0 대신 공백을 표시하는 숫자 서식 코드로, 123.45에 ?.?로 표시 형식을 지정하면 소수점 이하 첫째 자리까지 표시하되, 소수점 이하 둘째 자리에서 반올림하므로 **123.5**로 표시됩니다.

38 '학부'를 기준으로 정렬된 아래 워크시트에서 '이름'을 기준으로 정렬해도 '번호'가 그대로 유지되도록 입력하려고 한다. '번호'에 입력할 함수식으로 옳은 것은?

⬚	A	B	C
1	번호	이름	학부
2	1	한고은	국어국문과
3	2	김종숙	스포츠지도학과
4	3	차형섭	식품영양학과
5	4	김은수	신학과
6	5	황재윤	실용음악과
7	6	이선미	체육학과
8	7	홍진영	컴퓨터공학과

① =COLUMN( ) – 1

② =COLUMNS( ) – 1

③ =ROW( ) – 1

④ =ROWS( ) – 1

전문가의 조언 | • '번호'는 2행에 1, 3행에 2, 4행에 3과 같이 행 번호에서 1을 뺀 값이 입력되어 있습니다.
• ROW(인수)는 인수의 행 번호를 반환하는 함수인데, ROW( )와 같이 함수에 인수를 지정하지 않으면 ROW( ) 함수가 입력된 행을 의미합니다. 그러므로 '번호'에 =ROW( )–1을 입력하면 데이터 정렬에 상관 없이 항상 행 번호에서 1을 뺀 값이 표시됩니다.

39 "=A1"이 입력되어 있는 [A2] 셀을 복사한 후 [A3] 셀에 다음과 같이 선택하여 붙여넣기를 수행할 경우 [A3] 셀에 표시되는 값은?

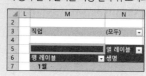

① 0

② 200

③ 100

④ 150

전문가의 조언 | '선택하여 붙여넣기' 대화상자에서 붙여넣기를 '모두', 연산을 '없음'으로 지정하면 데이터를 단순히 복사하여 붙여넣기 한 것과 동일하므로 =A1이 입력된 [A2] 셀을 복사한 후 [A3] 셀에 그림과 같이 선택하여 붙여넣기를 수행하면 [A3] 셀에는 =A2가 입력되고 화면에는 100이 표시됩니다.

40 다음 중 아래와 같은 피벗 테이블을 작성하기 위한 작업으로 옳지 않은 것은?

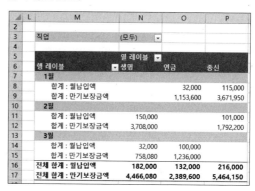

① 피벗 테이블 보고서를 넣을 위치로 기존 워크시트의 [M3] 셀을 선택하였다.

② '직업' 필드를 필터 영역에 설정하였다.

③ 총합계는 열의 총합계만 표시되도록 설정하였다.

④ 행 레이블의 필드에 그룹화를 설정하였다.

전문가의 조언 | 피벗 테이블의 삽입 위치는 필터 영역을 제외한 피벗 테이블의 행과 열이 만나는 가장 왼쪽 위 모서리로 여기서는 [M5] 셀입니다.

⬚	L	M	N
2			
3	직업		(모두) ▾
4			
5			열 레이블 ▾
6	행 레이블 ▾		생명
7		1월	

1과목 컴퓨터 일반

01 다음 중 컴퓨터 바이러스에 대한 설명으로 가장 적절하지 않은 것은?

① 사용자가 인지하지 못한 사이 자가복제를 통해 다른 정상적인 프로그램을 감염시켜 해당 프로그램이나 다른 데이터 파일 등을 파괴한다.

② 보통 소프트웨어 형태로 감염되나 메일이나 첨부 파일은 감염의 확률이 매우 적다.

③ 인터넷의 공개 자료실에 있는 파일을 다운로드하여 설치할 때 감염될 수 있다.

④ 온라인 채팅이나 인스턴트 메신저 프로그램을 통해서 전파되기도 한다.

> 전문가의 조언 | 컴퓨터 바이러스는 보통 소프트웨어 형태로 감염되며, 메일이나 첨부 파일의 경우 감염 확률이 매우 높습니다. 그러므로 발신자가 불분명한 메일이나 첨부 파일은 바이러스 검사를 수행한 후 열어보는 것이 좋습니다.

02 다음 중 운영체제에 대한 설명으로 옳지 않은 것은?

① 운영체제는 제어 프로그램, 감시 프로그램, 응용 프로그램으로 구성된다.

② 자원의 효율적인 관리를 위해 자원의 스케줄링을 제공한다.

③ 시스템과 사용자간의 편리한 인터페이스를 제공한다.

④ 데이터 및 자원 공유 기능을 제공한다.

> 전문가의 조언 | 운영체제는 제어 프로그램과 처리 프로그램으로 구성되어 있습니다.

03 다음 중 인터넷에서 웹 서버와 사용자의 인터넷 브라우저 사이에 하이퍼텍스트 문서를 전송하기 위해 사용되는 통신 규약은?

① TCP   ② HTTP
③ FTP   ④ SMTP

> 전문가의 조언 | 웹 서버와 사용자의 인터넷 브라우저 사이에 하이퍼텍스트 문서를 전송하기 위해 사용되는 통신 규약은 HTTP입니다.

04 다음 중 웹 프로그래밍 언어에 대한 설명으로 옳지 않은 것은?

① ASP는 Windows 계열에서만 사용할 있지만 JSP와 PHP는 다양한 운영체제에서 사용할 수 있다.

② XML은 HTML의 단점을 보완하여 웹에서 구조화된 폭넓고 다양한 문서들을 상호 교환할 수 있도록 설계된 언어이다.

③ SGML은 멀티미디어 전자 문서들을 다른 기종의 시스템들과 효율적으로 전송, 저장 및 자동 처리하기 위한 언어이다.

④ DHTML은 가상현실 모델링 언어라는 뜻으로, 웹에서 3차원 가상공간을 표현하고 조작할 수 있게 하는 언어이다.

> 전문가의 조언 | • ④번은 VRML에 대한 설명입니다.
> • DHTML은 HTML에 비해 애니메이션이 강화되고 사용자와의 상호작용에 좀 더 민감한 동적인 웹 페이지를 만들 수 있는 언어입니다.

05 다음 중 한글 Windows 10에서 하드디스크를 포맷하기 위한 [포맷] 창에서 설정 가능한 항목으로 옳지 않은 것은?

① 볼륨 레이블 입력

② 파티션 제거

③ 파일 시스템 선택

④ 빠른 포맷 선택

> 전문가의 조언 | • '포맷' 대화상자에서 '파티션 제거'는 수행할 수 없습니다.
> • '포맷' 대화상자에서 설정할 수 있는 항목에는 용량, 파일 시스템, 할당 단위 크기, 볼륨 레이블, 빠른 포맷 등이 있습니다.

06 다음 중 사용자의 기본 설정을 사이트가 인식하도록 하거나, 사용자가 웹 사이트로 이동할 때마다 로그인해야 하는 번거로움을 생략할 수 있도록 사용자 환경을 향상시키는 것은?

① 쿠키(Cookie)

② 즐겨찾기(Favorites)

③ 웹 서비스(Web Service)

④ 히스토리(History)

> 전문가의 조언 | 문제에 제시된 내용은 쿠키(Cookie)에 대한 설명입니다.
> • 즐겨찾기(Favorites) : 자주 방문하는 웹 사이트를 쉽게 찾아갈 수 있도록 해당 웹 사이트 주소를 목록 형태로 저장해 둔 것
> • 히스토리(History) : 웹 브라우저를 처음 실행시킨 후부터 종료할 때까지 사용자가 방문했던 웹사이트 주소들을 순서대로 보관하는 기능

07 다음 중 멀티미디어와 관련하여 동영상 전문가 그룹에 의해서 제안된 비디오 또는 오디오 압축에 관한 일련의 표준으로 옳은 것은?

① XML
② SVG
③ JPEG
④ MPEG

전문가의 조언 | 문제에 제시된 내용은 MPEG에 대한 설명입니다.
• XML : 확장성 생성 언어라는 뜻으로 기존 HTML의 단점을 보완하여 웹에서 구조화된 폭넓고 다양한 문서들을 상호 교환할 수 있도록 설계된 언어
• JPEG : 사진과 같은 선명한 정지영상을 표현하기 위한 국제 표준 압축 방식

08 다음 중 컴퓨터에서 문자 데이터를 표현하는 방법으로 옳지 않은 것은?

① EBCDIC
② Unicode
③ ASCII
④ Hamming Code

전문가의 조언 | 해밍 코드(Hamming Code)는 데이터 전송 시 에러 검출 및 교정을 위해 사용하는 코드로, 문자 데이터를 표현하기 위해 사용하는 코드가 아닙니다.

09 다음 중 주기억장치에 대한 설명으로 가장 옳지 않은 것은?

① 주기억장치는 비휘발성 메모리로 대용량의 데이터와 프로그램을 영구적으로 보관하는데 사용된다.
② ROM에는 주로 기본 입/출력 시스템(BIOS), 글자 폰트, 자가 진단 프로그램(POST) 등이 저장되어 있다.
③ 주기억장치는 CPU가 직접 접근하여 데이터를 처리할 수 있는 기억장치로 현재 수행되는 프로그램과 데이터를 저장하고 있다.
④ RAM(Random Access Memory)은 자유롭게 읽기/쓰기가 가능한 기억장치이다.

전문가의 조언 | • 주기억장치의 종류에는 ROM과 RAM이 있는데 이 중 ROM은 비휘발성 메모리, RAM은 휘발성 메모리입니다.
• 대용량의 데이터와 프로그램을 영구적으로 보관하는데 사용되는 것은 보조기억장치입니다.

10 다음 중 Windows에서 Winkey(⊞)와 함께 사용하는 바로 가기 키에 대한 설명으로 틀린 것은?

① ⊞+Ⅰ : '설정' 창을 표시함
② ⊞+D : 모든 창을 최소화함
③ ⊞+L : 컴퓨터를 잠금
④ ⊞+E : '검색 상자' 창을 표시함

전문가의 조언 | • ⊞+E는 파일 탐색기를 실행하는 바로 가기 키입니다.
• '검색 상자' 창을 표시하는 바로 가기 키는 ⊞+S입니다.

11 다음 중 랜섬웨어에 대한 설명으로 옳지 않은 것은?

① 최근에 사용하던 파일들이 갑자기 보이지 않는다.
② 시스템 복원이 불가능하고 금전을 요구하는 문구가 화면에 표시된다.
③ 파일의 확장자가 변경된다.
④ 개인 파일이 암호화 된다.

전문가의 조언 | 랜섬웨어는 파일은 그대로 있지만 암호화하여 확장자를 변경시킨 후 사용자가 열지 못하게 하여 돈을 요구하는 악성 프로그램입니다.

12 다음 중 컴퓨터를 이용한 가상 현실(Virtual Reality)에 관한 설명으로 옳은 것은?

① 고화질 영상을 제작하여 텔레비전에 나타내는 기술이다.
② 고도의 컴퓨터 그래픽 기술과 3차원 기법을 통하여 현실의 세계처럼 구현하는 기술이다.
③ 여러 영상을 통합하여 2차원 그래픽으로 표현하는 기술이다.
④ 복잡한 데이터를 단순화시켜 컴퓨터 화면에 나타내는 기술이다.

전문가의 조언 | 컴퓨터 그래픽 기술과 3차원 기법을 통해 만들어낸 가상 세계에서 여러 다른 경험을 체험할 수 있도록 하는 모든 기술을 가상 현실(Virtual Reality)이라고 합니다.

13 다음 중 디지털 컴퓨터와 아날로그 컴퓨터의 차이점에 관한 설명으로 옳은 것은?

① 디지털 컴퓨터는 전류, 전압, 온도 등 다양한 입력 값을 처리하며, 아날로그 컴퓨터는 숫자 데이터만을 처리한다.
② 디지털 컴퓨터는 증폭 회로로 구성되며, 아날로그 컴퓨터는 논리 회로로 구성된다.
③ 아날로그 컴퓨터는 미분이나 적분 연산을 주로 하며, 디지털 컴퓨터는 산술이나 논리 연산을 주로 한다.
④ 아날로그 컴퓨터는 범용이며, 디지털 컴퓨터는 특수 목적용으로 많이 사용된다.

전문가의 조언 | 디지털 컴퓨터와 아날로그 컴퓨터의 차이점에 대한 옳은 설명은 ③번입니다.
① 디지털 컴퓨터는 숫자, 문자 데이터를 처리하며, 아날로그 컴퓨터는 전류, 전압, 온도 등 다양한 입력 값을 처리합니다.
② 디지털 컴퓨터는 논리 회로로 구성되며, 아날로그 컴퓨터는 증폭 회로로 구성됩니다.
④ 아날로그 컴퓨터는 특수 목적용이며, 디지털 컴퓨터는 범용으로 많이 사용됩니다.

14 다음 중 [설정] → [마우스]에서 설정할 수 있는 기능으로 옳지 않은 것은?

① 왼손잡이와 오른손잡이의 마우스 단추 기능을 설정할 수 있다.

② 활성창/비활성창 구분 없이 마우스 포인터가 가리키는 창이 스크롤 되도록 설정할 수 있다.

③ 휠을 한 번 돌리면 여러 줄(10~50) 또는 한 화면이 스크롤 되도록 설정할 수 있다.

④ 마우스 커서의 속도를 설정할 수 있다.

전문가의 조언 | 휠을 한 번 돌리면 1~100줄, 또는 한 화면이 스크롤되도록 설정할 수 있습니다.

15 다음 중 멀티미디어에 관련된 설명으로 옳지 않은 것은?

① 다중(Multi)과 매체(Media)의 합성어로 그래픽, 이미지, 텍스트, 오디오, 비디오 등의 매체들이 통합된 것을 의미한다.

② 멀티미디어는 매체 정보를 디지털화하고, 대용량으로 생성되므로 이를 저장할 수 있는 저장장치를 사용해야 한다.

③ 대용량의 멀티미디어 정보를 효율적으로 저장하기 위해 다양한 압축 기술이 개발되었으나 아직 동영상 압축 기술의 개발은 미비하다.

④ 초고속 통신망의 기술이 발달되어 대용량의 멀티미디어 정보를 통신망을 통해 전송할 수 있다.

전문가의 조언 | 대용량의 멀티미디어 정보를 효율적으로 저장하기 위해 MPEG과 같은 동영상 압축 기술이 개발되었습니다.

16 다음 중 컴퓨터에서 사용하는 USB 장치에 관한 설명으로 옳지 않은 것은?

① 주변장치를 127개까지 연결할 수 있다.

② 컴퓨터의 전원이 켜진 상태에서도 장치를 연결하거나 제거할 수 있다.

③ 기존의 직렬, 병렬, PS/2 포트 등을 하나의 포트로 대체하기 위한 범용 직렬 버스이다.

④ 한번에 8비트의 데이터가 동시에 전송되는 방식을 사용한다.

전문가의 조언 | • USB 포트는 직렬 포트로서 한번에 1비트씩 데이터를 전송합니다.
• 한 번에 8비트의 데이터를 동시에 전송하는 것은 병렬 포트입니다.

17 다음 중 정보통신에서 네트워크 관련 장비에 대한 설명으로 옳지 않은 것은?

① 라우터(Router) : 네트워크를 구성하기 위해 반드시 필요한 장비로 정보 전송을 위한 최적의 경로를 찾아 통신망에 연결하는 장치

② 허브(Hub) : 네트워크를 구성할 때 여러 대의 컴퓨터를 연결하고, 각 회선들을 통합 관리하는 장치

③ 브리지(Bridge) : 네트워크를 구성할 때 디지털 신호를 아날로그 신호로 변환하여 전송하고 다시 수신된 신호를 원래대로 변환하기 위한 전송 장치

④ 게이트웨이(Gateway) : 한 네트워크에서 다른 네트워크로 들어가는 입구 역할을 하는 장치로 근거리통신망(LAN)과 같은 하나의 네트워크를 다른 네트워크와 연결할 때 사용되는 장치

전문가의 조언 | • ③번은 모뎀(MODEM)에 대한 설명입니다.
• 브리지(Bridge)는 서로 독립적으로 동작하면서 같은 프로토콜을 사용하는 두 LAN을 연결하는 네트워크 장치입니다.

18 다음 중 Windows의 [설정] → [앱]에서 설정할 수 없는 기능은?

① 선택적 기능을 설치하거나 제거할 수 있다.

② 시작 프로그램을 확인할 수 있다.

③ 업데이트 현황을 확인하거나 설정할 수 있다.

④ 설치된 앱을 변경하거나 제거할 수 있다.

전문가의 조언 | Windows 10의 업데이트 현황은 [설정] → [업데이트 및 보안]에서 확인 및 설정할 수 있습니다.

19 다음 중 파일 삭제 시 파일이 [휴지통]에 임시 보관되어 복원이 가능한 경우는?

① 바탕 화면에 있는 파일을 [휴지통]으로 드래그 앤 드롭하여 삭제한 경우

② USB 메모리에 저장되어 있는 파일을 Delete로 삭제한 경우

③ 네트워크 드라이브의 파일을 바로 가기 메뉴의 [삭제]를 클릭하여 삭제한 경우

④ [휴지통]의 크기를 0%로 설정한 후 파일 탐색기 안의 파일을 삭제한 경우

전문가의 조언 | 바탕 화면에 있는 파일을 [휴지통]으로 드래그 앤 드롭하여 삭제한 파일은 복원할 수 있습니다.

20 다음 중 한글 Windows 10에서 외부로부터의 불법적인 해킹 등의 위협 요소로부터 컴퓨터를 보호하는 역할을 하는 것은 무엇인가?

① Windows Update

② Windows Defender 방화벽

③ BitLocker

④ Malware

전문가의 조언 | 문제에 제시된 내용은 Windows Defender 방화벽에 대한 설명입니다.

---

① =CHOOSE(RANK.EQ(D2, $D$2:$D$7), "대상", "금상", "은상", "동상", "", "")

② =CHOOSE(RANK.EQ(D2, $D$2:$D$7), "대상", "금상", "은상", "동상")

③ =CHOOSE(RANK.EQ($D$2:$D$7, D2), "대상", "금상", "은상", "동상", "", "")

④ =CHOOSE(RANK.EQ($D$2:$D$7, D2), "대상", "금상", "은상", "동상")

전문가의 조언 | [E2] 셀에 입력해야 할 함수식으로 옳은 것은 ①번입니다.
=CHOOSE(RANK.EQ(D2, $D$2:$D$7), "대상", "금상", "은상", "동상", "", "")
❶
❷

❶ RANK.EQ(D2, $D$2:$D$7) : RANK.EQ(인수, 범위, 옵션)은 지정된 '범위'에서 '인수'의 순위를 반환하는 함수이므로 [$D$2:$D$7] 영역에서 내림차순(옵션 0)을 기준으로 [D2] 셀의 순위를 반환합니다.

❷ CHOOSE(❶, "대상", "금상", "은상", "동상", "", "") : CHOOSE(인수, 첫 번째, 두 번째, …)는 인수가 1이면 1번째, 인수가 2이면 2번째를 반환하는 함수이므로 값이 1이면 "대상", 2이면 "금상", 3이면 "은상", 4이면 "동상", 5와 6이면 공백을 반환합니다.

2과목 스프레드시트 일반

21 다음 중 '페이지 나누기 미리 보기'에 대한 설명으로 옳지 않은 것은?

① [페이지 나누기 미리 보기] 상태에서 파선은 자동 페이지 나누기를 나타내고 실선은 사용자 지정 페이지 나누기를 나타낸다.

② [페이지 나누기 미리 보기] 상태에서는 셀에 내용을 입력하거나 편집할 수 없다.

③ [페이지 나누기 미리 보기] 상태에서 마우스로 페이지 나누기 구분선을 클릭하여 끌면 페이지를 나눌 위치를 조정할 수 있다.

④ 페이지 나누기는 워크시트를 인쇄할 수 있도록 페이지 단위로 나누는 구분선이다.

전문가의 조언 | [페이지 나누기 미리 보기] 상태에서도 셀에 내용을 입력하거나 자유롭게 편집할 수 있습니다.

22 아래 워크시트에서 합계에 대한 순위를 구하여 1위는 '대상', 2위는 '금상', 3위는 '은상', 4위는 '동상', 나머지는 공백으로 표시하려고 할 때, [E2] 셀에 입력해야 할 함수식으로 옳은 것은?

	A	B	C	D	E
1	성명	이론	실기	합계	수상
2	이신호	47	45	92	은상
3	최준호	38	47	85	동상
4	김봉선	46	48	94	금상
5	이영주	40	42	82	
6	이지연	49	48	97	대상
7	백인호	37	43	80	
8					

23 아래 워크시트에서 [A3:C6] 영역을 원형 차트로 만든 후 데이터 레이블 표시 내용으로 '항목 이름', '값'을 선택했을 때의 결과로 옳은 것은?

	A	B	C
3	분류	매출	비율
4	가정용품	532,000	29%
5	청소용품	845,000	45%
6	위생용품	485,000	26%
7			

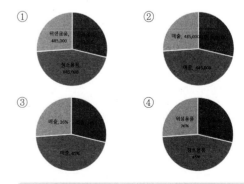

전문가의 조언 | 레이블에 표시할 내용으로 '항목 이름'과 '값'을 선택한 차트는 ①번입니다.
② '계열 이름'과 '값' 선택
③ '계열 이름'과 '백분율' 선택
④ '항목 이름'과 '백분율' 선택

24 조건부 서식에 대한 설명으로 틀린 것은?

① 조건에 맞지 않을 경우에 대한 서식도 함께 지정할 수 있다.

② 조건부 서식은 기존의 셀 서식에 우선하여 적용된다.

③ 조건을 수식으로 입력할 경우 수식 앞에 등호(=)를 반드시 입력해야 한다.

④ 조건부 서식에 의해 서식이 설정된 셀에서 값이 변경되어 조건에 만족하지 않을 경우 적용된 서식은 바로 해제된다.

전문가의 조언 | 조건부 서식의 규칙별로 다른 서식을 지정할 수 있지만 조건에 맞지 않을 경우에 대한 서식은 지정할 수 없습니다.

25 매크로 실행을 위한 바로 가기 키를 X로 지정하기 위해 사용되는 키가 아닌 것은?

① Alt
② Ctrl
③ Shift
④ X

전문가의 조언 | 매크로 바로 가기 키는 기본적으로 Ctrl과 조합하여 지정할 수 있고, 대문자 X를 지정해야 하므로 Shift가 자동으로 추가됩니다.

26 다음 중 하나의 계열만 표시할 수 있는 차트는?

① 세로 막대형
② 원형
③ 방사형
④ 영역형

전문가의 조언 | 항상 한 개의 데이터 계열만 사용하는 차트는 원형 차트입니다.

27 다음 중 머리글 또는 바닥글에 인쇄할 '현재 페이지 번호'를 표시하려고 할 때 사용하는 것으로 옳은 것은?

① 🗔
② 🗋
③ 🕐
④ 🗎

전문가의 조언 | 현재 페이지 번호를 삽입하는 편집 도구는 🗎입니다.
• 🗔 : 파일 이름 삽입
• 🗋 : 전체 페이지 수 삽입
• 🕐 : 시간 삽입

28 아래 워크시트에서 [C3] 셀에 =LEFT(B3, 2)를 입력하고 [C6] 셀까지 채우기 핸들을 드래그한 후 [C7] 셀에 =SUM(C3:C6)을 입력한 결과로 옳은 것은?

	A	B	C
1			
2	품목	개수	판매
3	A4용지	25개	25
4	볼펜	32개	32
5	포스트잇	23개	23
6	노트	25개	25
7	합계		

① 0
② #VALUE
③ 105
④ #N/A

전문가의 조언 | [C7] 셀에 =SUM(C3:C6)을 입력한 결과는 0입니다.
• LEFT(텍스트, 개수)는 텍스트의 왼쪽부터 지정한 개수만큼 반환하는 함수로, 결과로 텍스트를 반환하기 때문에 그림의 [C3:C6] 범위의 값은 숫자로 보이지만 실제로는 숫자로 된 텍스트입니다.
• SUM(인수1, 인수2, …)는 인수의 합을 구하는 함수로, 숫자로 표시된 텍스트는 인식하지 못하므로 0을 반환합니다.

29 다음 중 매크로 작성 시 [매크로 기록] 대화상자에서 선택할 수 있는 매크로의 저장 위치로 옳지 않은 것은?

① 새 통합 문서

② 개인용 매크로 통합 문서

③ 현재 통합 문서

④ 현재 열려있는 통합문서

전문가의 조언 | '매크로 기록' 대화상자에서 선택할 수 있는 매크로의 저장 위치에는 '새 통합 문서, 개인용 매크로 통합 문서, 현재 통합 문서'가 있습니다.

30 다음 중 가상 분석 도구인 [데이터 표]에 대한 설명으로 옳지 않은 것은?

① 테스트할 변수의 수에 따라 변수가 한 개이거나 두 개인 데이터 표를 만들 수 있다.

② 데이터 표를 이용하여 입력된 데이터는 부분적으로 수정 또는 삭제할 수 있다.

③ 워크시트가 다시 계산될 때마다 데이터 표도 변경 여부에 관계없이 다시 계산된다.

④ 데이터 표의 결과값은 반드시 변화하는 변수를 포함한 수식으로 작성해야 한다.

전문가의 조언 | 데이터 표를 이용하여 입력된 데이터는 부분적으로 수정 또는 삭제할 수 없습니다.

31 아래 워크시트에서 [A]열을 오름차순 정렬할 경우 올바르게 정렬된 것은?

①   ②

③   ④

32 아래 워크시트에서 '소속'이 "영업1부"이고 '성별'이 "남자"인 직원들의 수를 구하고자 할 때 [C11] 셀에 입력할 수식으로 옳은 것은?

	A	B	C
1			
2	성명	소속	성별
3	이봉안	영업1부	남자
4	최복선	영업2부	여자
5	김지복	영업3부	남자
6	김창희	영업1부	남자
7	김귀완	영업2부	남자
8	지옥선	영업3부	여자
9	송명자	영업1부	여자
10	김태영	영업2부	여자
11	영업1부 남자수		

① =DCOUNT(A2:C10, A2, B2:C3)

② =DCOUNTA(A2:C10, A2, B2:C3)

③ =COUNTIF(A2:C10, A2, B2:C3)

④ =COUNTFIS(A2:C10, A2, B2:C3)

33 다음 중 시스템의 현재 날짜에서 년도를 구하는 수식으로 가장 올바른 것은?

① =YEAR(DAYS( )) ② =YEAR(DAY( ))

③ =YEAR(TODAY( )) ④ =YEAR(DATE( ))

34 [A1] 셀에서 '연속 데이터' 대화상자의 설정 값을 다음과 같이 지정했을 때의 결과로 옳은 것은?

① C1 → 4 ② C1 → 5

③ A3 → 4 ④ A3 → 5

35 아래 워크시트에서 시급(D2)을 적용하여 아르바이트 급여를 계산하려고 한다. [D5] 셀에 수식을 입력하고 [E9] 셀까지 채우기 핸들을 이용해 복사하려고 할 때 [D5] 셀에 입력될 수식으로 옳지 않은 것은?

① =$D$2*C5 ② =D$2*$C5

③ =$D2*C5 ④ =$D$2*$C5

36 다음 중 [페이지 설정] 대화상자에서 워크시트에 포함된 노트의 인쇄 여부 및 인쇄 위치를 지정하기 위해 선택해야 할 탭은?

① [페이지] 탭

② [여백] 탭

③ [머리글/바닥글] 탭

④ [시트] 탭

37 상품 가격이 2,500원짜리인 물건에 대하여 총 판매액이 1,500,000원이 되게 하기 위해서는 판매수량이 얼마나 되어야 하는지 알아보기 위해 사용되는 유용한 기능은?

① 피벗 테이블 ② 고급 필터

③ 목표값 찾기 ④ 시나리오

38 다음 중 시나리오에 관한 설명으로 옳지 않은 것은?

① 하나의 시나리오에 변경 셀을 최대 32개까지 지정할 수 있다.

② 요약 보고서나 피벗 테이블 보고서로 시나리오 결과를 작성할 수 있다.

③ 시나리오 병합을 통하여 다른 통합 문서나 다른 워크시트에 저장된 시나리오를 가져올 수 있다.

④ 입력된 자료들을 그룹별로 분류하고, 해당 그룹별로 원하는 함수를 이용한 계산 결과를 볼 수 있다.

39 다음 중 참조의 대상 범위로 사용하는 이름에 대한 설명으로 옳은 것은?

① 이름 정의 시 첫 글자는 반드시 숫자로 시작해야 한다.

② 하나의 통합 문서 내에서 시트가 다르면 동일한 이름을 지정할 수 있다.

③ 이름 정의 시 영문자는 대소문자를 구분하므로 주의하여야 한다.

④ 이름은 기본적으로 절대 참조로 대상 범위를 참조한다.

40 다음 중 워크시트 작업 및 관리에 대한 설명으로 옳지 않은 것은?

① 시트 삭제 작업은 실행을 취소할 수 없다.

② 열 너비를 기본값으로 되돌리려면 열 머리글 경계선을 마우스로 더블클릭한다.

③ 그룹화된 시트에서 데이터 입력 및 편집 등의 작업을 실행하면 그룹 내 시트에 동일한 작업이 실행된다.

④ 연속된 시트의 선택은 Shift를 사용하면 편리하다.

1과목   컴퓨터 일반

01 다음 중 컴퓨터에서 사용하는 캐시(Cache) 메모리에 대한 설명으로 옳은 것은?

① 중앙처리장치와 주기억장치 사이에서 컴퓨터의 처리 속도를 향상시키는 역할을 한다.

② 주기억장치와 하드디스크의 속도 차이를 극복하기 위하여 사용한다.

③ 주기억장치보다 큰 프로그램을 불러와 실행할 때 유용하다.

④ 캐시 메모리는 접근 속도가 빠른 동적 램(DRAM)을 사용한다.

전문가의 조언 | 캐시(Cache) 메모리는 중앙처리장치와 주기억장치 사이에서 컴퓨터의 처리 속도를 향상시키는 역할을 수행합니다.
② 캐시 메모리는 중앙처리장치와 주기억장치의 속도 차이를 극복하기 위하여 사용합니다.
③ 주기억장치보다 큰 프로그램을 불러와 실행할 때 유용한 메모리는 가상 메모리입니다.
④ 캐시 메모리는 접근 속도가 빠른 정적 램(SRAM)을 사용합니다.

02 다음 중 한글 Windows 10의 작업 표시줄 설정에 대한 설명으로 옳지 않은 것은?

① 자주 사용하는 앱을 작업 표시줄에 표시할 수 있다.

② 데스크톱 모드에서 작업 표시줄 자동 숨기기를 설정할 수 있다.

③ 화면에서 작업 표시줄의 위치를 왼쪽, 위쪽, 오른쪽, 아래쪽 중에서 설정할 수 있다.

④ 작업 표시줄이 꽉 차면 같은 앱은 그룹으로 묶어서 하나의 단추로 표시되도록 할 수 있다.

전문가의 조언 | • '작업 표시줄 설정'을 통해 자주 사용하는 앱을 작업 표시줄에 표시할 수 없습니다.
• 작업 표시줄에 앱을 추가하려면 앱을 드래그하여 작업 표시줄에 놓거나, [시작] 메뉴에 등록된 앱의 바로 가기 메뉴에서 [자세히] → [작업 표시줄에 고정]을 선택해야 합니다.

03 다음 중 파일이나 폴더를 복사하거나 이동하는 방법으로 옳지 않은 것은?

① 폴더를 마우스로 선택한 후 동일한 드라이브의 다른 폴더로 끌어서 놓으면 이동이 된다.

② USB에 저장되어 있는 파일을 마우스로 선택한 후 바탕 화면으로 끌어서 놓으면 복사가 된다.

③ 파일을 마우스로 선택한 후 Ctrl을 누른 채 같은 드라이브의 다른 폴더로 끌어서 놓으면 복사가 된다.

④ 폴더를 마우스로 선택한 후 Alt를 누른 채 같은 드라이브의 다른 폴더로 끌어서 놓으면 이동이 된다.

전문가의 조언 | • 폴더를 마우스로 선택한 후 Alt를 누른 채 같은 드라이브의 다른 폴더로 끌어서 놓으면 폴더의 바로 가기 아이콘이 생성됩니다.
• 같은 드라이브 내에서 파일이나 폴더를 이동시키려면 누르는 키 없이 드래그만 하면 됩니다.

04 다음 중 웹 브라우저의 기능에 관한 설명으로 옳지 않은 것은?

① 웹 페이지를 사용자 컴퓨터에 저장하거나 인쇄할 수 있다.

② HTML 문서나 PDF 문서를 확인할 수 있다.

③ 자주 방문하는 웹 사이트 주소를 관리할 수 있다.

④ 방문한 웹 사이트를 편집할 수 있다.

전문가의 조언 | 웹 브라우저로 방문한 웹 사이트를 편집할 수는 없습니다.

05 다음 중 한글 Windows 10에서 사용자 컴퓨터에 설치된 하드웨어의 종류 및 작동 여부를 확인하거나 하드웨어 제거를 수행할 수 있는 항목은?

① [제어판] → [시스템]

② [제어판] → [관리 도구]

③ [제어판] → [프로그램 및 기능]

④ [제어판] → [장치 관리자]

전문가의 조언 | 장치 관리자는 컴퓨터에 설치되어 있는 하드웨어의 종류 및 작동 여부를 확인하고, 하드웨어의 제거나 사용 여부, 업데이트 등의 속성을 변경할 때 사용합니다.

06 하나의 컴퓨터에서 A 사용자가 여러 개의 프로그램을 실행시킨 상태에서 잠시 B 사용자가 사용할 수 있도록 하는 방법으로 옳은 것은? (단, 해당 컴퓨터에 사용자 A와 사용자 B의 계정은 모두 등록되어 있다.)

① 로그오프를 수행한다.

② 사용자 전환을 수행한다.

③ 시스템을 다시 시작한다.

④ 전원을 종료한 후 재부팅 한다.

전문가의 조언 | [시작] 메뉴에서 사용자 계정을 클릭한 후 등록된 다른 사용자를 선택하면 기존 사용자가 실행 중인 프로그램이 종료되지 않고 대기 상태에서 다른 사용자로 전환됩니다.

07 다음 중 한글 Windows 10의 인쇄 기능에 대한 설명으로 옳은 것은?

① 기본 프린터를 2대 이상 지정할 수 있다.

② 프린터 속성 창에서 공급 용지의 종류, 공유, 포트 등을 설정할 수 있다.

③ 인쇄 대기 중인 작업은 취소시킬 수 없다.

④ 인쇄 중인 작업은 취소할 수는 없으나 잠시 중단시킬 수 있다.

> 전문가의 조언 | 프린터 속성 창에서 공급 용지의 종류, 공유, 포트 등을 설정할 수 있습니다.
> ① 기본 프린터는 1대만 지정할 수 있습니다.
> ③ 인쇄 대기 중인 작업도 취소시킬 수 있습니다.
> ④ 인쇄 중인 작업도 인쇄를 취소하거나 잠시 중단시킬 수 있습니다.

08 다음 중 컴퓨터 사용 시 발생할 수 있는 바이러스 감염에 대한 예방법으로 적절하지 않은 것은?

① 방화벽을 설정하여 사용한다.

② 의심이 가는 메일은 열지 않고 삭제한다.

③ 백신 프로그램을 최신 버전으로 업데이트하여 실행한다.

④ 정기적으로 Windows 10의 [디스크 정리]를 실행한다.

> 전문가의 조언 | 디스크 정리는 디스크의 여유 공간을 확보하기 위해 필요 없는 파일을 삭제하는 기능으로 바이러스 예방과는 관계가 없습니다.

09 다음 중 컴퓨터의 롬(ROM)에 기록되어 하드웨어를 제어하며, 하드웨어의 성능 향상을 위해 업그레이드 할 수 있는 마이크로프로그램의 집합을 의미하는 것은?

① 프리웨어(Freeware)

② 셰어웨어(Shareware)

③ 미들웨어(Middleware)

④ 펌웨어(Firmware)

> 전문가의 조언 | 문제에 제시된 내용은 펌웨어(Firmware)에 대한 설명입니다.

10 다음 중 컴퓨터 시스템에서 사용하는 채널(Channel)에 관한 설명으로 옳은 것은?

① CPU와 주기억장치의 속도 차이를 해결하기 위해 사용한다.

② CPU와 입출력장치 사이의 속도 차이로 인한 문제를 해결하기 위해 사용한다.

③ CPU의 참여 없이 입·출력장치와 메모리가 직접 데이터를 주고받기 위해 사용한다.

④ PC의 전원이 켜져 있는 상태에서도 장치의 설치/제거가 가능하도록 지원한다.

> 전문가의 조언 | CPU와 입출력장치 사이의 속도 차이로 인한 문제를 해결하기 위해 사용하는 것은 채널(Channel)입니다.
> • ①번은 캐시 메모리, ③번은 DMA, ④번은 핫 스와핑 또는 핫 플러그인에 대한 설명입니다.

11 다음 중 인터넷을 이용한 전자우편에 관한 설명으로 옳지 않은 것은?

① 인터넷에 접속하여 사용자들끼리 서로 편지를 주고받을 수 있는 서비스를 말한다.

② 전자우편 주소는 '사용자ID@호스트' 주소의 형식으로 이루어진다.

③ 일반적으로 SMTP는 메일을 수신하는 용도로, MIME는 송신하는 용도로 사용되는 프로토콜이다.

④ POP3를 이용하면 전자메일 클라이언트를 통해 전자 메일을 받아 볼 수 있다.

> 전문가의 조언 | • 메일을 보낼 때(송신) 사용하는 프로토콜은 SMTP이고, 메일을 받을 때(수신) 사용되는 프로토콜은 POP3입니다.
> • MIME는 웹 브라우저가 지원하지 않는 각종 멀티미디어 파일의 내용을 확인하고 실행시켜 주는 프로토콜입니다.

12 다음 중 통신 기술의 이용 현황을 올바르게 설명한 것은?

① NFC – 노트북을 핫스팟을 이용하여 연결한다.

② BlueTooth – 출·퇴근을 태그를 이용하여 관리한다.

③ WiFi – 헤드폰과 핸드폰을 연결한다.

④ RFID – 도서관에서 도서 대출/반납 시 태그를 이용하여 도서의 출납을 실시간으로 확인한다.

> 전문가의 조언 | RFID는 사물에 전자 태그를 부착하여 사물 및 주변 정보를 감지하는 기술로, 도서 대출 및 반납, 출입 통제, 모바일 결제 등에 활용됩니다.
> ① NFC는 RFID 기술의 일종으로 태그를 사용하여 도서 대출 및 반납, 출입 통제, 모바일 결제 등에 활용됩니다.
> ② BlueTooth는 근거리 무선 통신 기술로, 핸드폰, 헤드폰, 노트북과 같은 휴대 가능한 장치들 간의 양방향 정보 전송을 지원합니다.
> ③ WiFi는 무선 인터넷을 지원하는 무선랜 기술을 의미합니다. 무선 인터넷을 사용하는 모든 전자기기를 지원하며 중계역할을 수행하는 핫스팟의 원천 기술이기도 합니다.

13 다음 중 그래픽 데이터의 표현에서 벡터(Vector) 방식에 관한 설명으로 옳은 것은?

① 점과 점을 연결하는 직선 또는 곡선을 이용하여 이미지를 표현한다.

② 이미지를 확대하면 테두리에 계단 현상과 같은 앨리어싱이 발생한다.

③ 래스터 방식이라고도 하며 화면 표시 속도가 빠르다.

④ 많은 픽셀로 정교하고 다양한 색상을 표시할 수 있다.

> 전문가의 조언 | 벡터(Vector) 방식은 점과 점을 연결하는 직선 또는 곡선을 이용하여 이미지를 표현합니다.
> • ②, ③, ④번은 비트맵(Bitmap) 방식에 대한 설명입니다.

14 다음 중 정보 통신을 위한 디지털 방식의 통신 선로에서 전송 신호를 증폭하거나 재생하고 전달하는 중계 장치로 옳은 것은?

① 게이트웨이(Gateway)

② 모뎀(Modem)

③ 리피터(Repeater)

④ 라우터(Router)

> 전문가의 조언 | 통신 선로에서 전송 신호를 증폭하거나 재생하고 전달하는 중계 장치는 리피터(Repeater)입니다.
> • 게이트웨이(Gateway) : 주로 LAN에서 다른 네트워크에 데이터를 보내거나 다른 네트워크로부터 데이터를 받아들이는 출입구 역할을 하는 장치
> • 모뎀(Modem) : 디지털 신호를 아날로그 신호로 변환하는 변조 과정과 아날로그 신호를 디지털 신호로 변환하는 복조 과정을 수행하는 신호 변환장치
> • 라우터(Router) : 데이터 전송 시 최적의 경로를 설정하여 전송하는 장치

15 다음 중 기억장치의 기억 용량 단위로 가장 큰 것은?

① 1TB
② 1EB
③ 1GB
④ 1MB

> 전문가의 조언 | • 보기 중 가장 기억 용량 단위가 큰 것은 EB입니다.
> • 기억 용량의 단위를 작은 것부터 큰 것까지 차례대로 나열하면 'Byte 〈 KB 〈 MB 〈 GB 〈 TB 〈 PB 〈 EB' 순입니다.

16 다음 중 모든 사물을 네트워크로 연결하여 인간과 사물, 사물과 사물간에 언제 어디서나 서로 소통할 수 있게 하는 새로운 정보 통신 환경을 의미하는 것은?

① 클라우드 컴퓨팅(Cloud Computing)

② RSS(Rich Site Summary)

③ IoT(Internet of Things)

④ 빅 데이터(Big Data)

> 전문가의 조언 | 문제에 제시된 내용은 사물 인터넷(IoT)에 대한 설명입니다.
> • 클라우드 컴퓨팅(Cloud Computing) : 하드웨어 · 소프트웨어 등의 컴퓨팅 자원을 자신이 필요한 만큼 빌려 쓰고 사용 요금을 지불하는 방식의 컴퓨팅 서비스
> • RSS(Rich Site Summary) : 뉴스나 블로그 등과 같이 콘텐츠가 자주 업데이트 되는 사이트들의 정보를 자동적으로 사용자들에게 알려주기 위해 사용하는 웹 서비스 기술
> • 빅 데이터(Big Data) : 기존의 관리 방법이나 분석 체계로는 처리하기 어려운 막대한 양의 데이터 집합으로, 스마트 단말의 빠른 확산, 소셜 네트워크 서비스의 활성화, 사물 네트워크의 확대로 데이터 폭발이 더욱 가속화되고 있음

17 다음 중 감염대상을 갖고 있지는 않으나 연속으로 자신을 복제하여 시스템의 부하를 높이는 악성 프로그램은?

① 웜(Worm)
② 해킹(Hacking)
③ 스푸핑(Spoofing)
④ 스파이웨어(Spyware)

> 전문가의 조언 | 자신을 복제하여 시스템에 부하를 주는 악성 프로그램은 웜(Warm)입니다.
> • 해킹(Hacking) : 컴퓨터 시스템에 불법적으로 접근, 침투하여 시스템과 데이터를 파괴하는 행위
> • 스푸핑(Spoofing) : 다른 사람의 시스템에 침입할 때 침입자의 정보를 속여 역추적을 어렵게 만드는 방법으로 IP 스푸핑, ARP 스푸핑, 이메일 스푸핑, DNS 스푸핑 등이 있음
> • 스파이웨어(Spyware) : 적절한 사용자 동의 없이 사용자 정보를 수집하는 프로그램 또는 적절한 사용자 동의 없이 설치되어 불편을 야기하거나 사생활을 침해할 수 있는 프로그램

18 다음 중 한글 Windows 10의 [설정] → [시스템] → [소리]에서 수행할 수 있는 작업이 아닌 것은?

① 출력 장치를 선택할 수 있다.

② 입력 장치를 선택할 수 있다.

③ 마스터 볼륨을 조절할 수 있다.

④ 내레이터를 설정할 수 있다.

> 전문가의 조언 | • [⚙(설정)] → [시스템] → [소리]에서는 내레이터를 설정할 수 없습니다.
> • 내레이터는 [⚙(설정)] → [접근성] → [내레이터]에서 설정합니다.

19 다음은 [설정] → [개인 설정]에 관한 설명이다. 다음 중 옳지 않은 것은?

① 바탕 화면의 배경을 사용자가 임의로 바꿀 수 있게 지원한다.

② 시스템을 켜둔 채 정해진 시간 동안 마우스나 키보드를 사용하지 않으면 모니터를 보호하기 위해 화면 보호기를 작동할지 여부를 설정한다.

③ 창의 색상과 구성 요소의 색상을 설정한다.

④ 모니터의 해상도 및 방향을 설정한다.

> 전문가의 조언 | • [⚙(설정)] → [개인 설정]에서는 모니터의 해상도 및 방향을 설정할 수 없습니다.
> • 모니터의 해상도와 방향은 [⚙(설정)] → [시스템] → [디스플레이]에서 설정할 수 있습니다.

20 다음 중 Windows의 연결 프로그램에 대한 설명으로 옳지 않은 것은?

① 파일 탐색기에서 특정한 파일을 더블클릭했을 때 실행될 앱을 설정하는 것이다.

② 확장자가 .txt나 .hwp인 파일은 반드시 서로 다른 연결 프로그램이 지정되어야 한다.

③ 동일한 확장자를 가진 다른 파일을 열 때 항상 같은 앱을 사용하도록 연결 프로그램을 설정할 수 있다.

④ 일반적으로 앱을 설치하면 해당 앱에서 사용하는 파일은 연결 프로그램이 자동으로 설정된다.

> 전문가의 조언 | 확장자가 다른 파일을 수동으로 같은 앱에 연결하여 사용할 수도 있고, 여러 가지 확장자를 사용할 수 있는 앱도 있습니다.

2과목   스프레드시트 일반

21 다음에서 설명하고 있는 차트는?

> • 많은 데이터 계열의 집합적인 값을 나타낼 때 사용한다.
> • 각 계열은 가운데서 뻗어 나오는 값 축을 갖는다.

① 도넛형   ② 분산형

③ 방사형   ④ 거품형

> 전문가의 조언 | 문제의 지문에 제시된 내용은 방사형 차트에 대한 설명입니다.
> • 도넛형 : 전체에 대한 각 부분의 관계를 비율로 나타내어 각 부분을 비교할 때 사용됨
> • 분산형 : 데이터 요소 수가 많아 데이터 요소 간의 차이점보다는 큰 데이터 집합 간의 유사점을 표시하기 위해 사용됨
> • 거품형 : 분산형 차트의 한 종류로 데이터 계열값이 세 개인 경우에 사용됨

22 아래 워크시트와 같이 홀수 행 전체에만 서식을 설정하는 조건부 서식을 지정하고자 한다. 다음 중 이를 위해 아래의 [새 서식 규칙] 대화상자에 입력할 수식으로 옳은 것은?

	A	B	C	D
1	이름	국어	영어	합계
2	보라미	83	78	161
3	미라미	43	62	105
4	김은혜	58	70	128
5	박한솔	79	66	145

① =MOD(ROW( ), 2)=1

② =MOD(ROW( ), 2)=0

③ =MOD(COLUMN( ), 2)=1

④ =MOD(COLUMN( ), 2)=0

> 전문가의 조언 | '새 서식 규칙' 대화상자에 입력할 수식으로 옳은 것은 ①번입니다.
> • MOD(인수1, 인수2)는 '인수1'을 '인수2'로 나눈 나머지를 반환하고, ROW(셀)은 주어진 셀의 행 번호를 반환하는 함수인데, ROW( )와 같이 인수를 지정하지 않으면 수식이 입력된 행을 의미합니다.
> • 수식을 =MOD(ROW( ), 2)=1로 지정하면 행 번호를 2로 나눈 나머지가 1인 경우, 즉 행 번호가 홀수인 행 전체에 서식이 지정됩니다.

23 "2020년 매출 실적" 파일의 "상품 재고" 시트 [B2] 셀을 참조하려고 한다. 다음 중 옳은 것은?

① "2020년 매출 실적"상품 재고!B2

② '[2020년 매출 실적]상품 재고'!B2

③ [2020년 매출 실적]상품 재고/B2

④ "2020년 매출 실적!상품 재고"B2

> 전문가의 조언 | • 다른 통합 문서(파일)에 있는 셀의 데이터를 참조할 경우 통합 문서의 이름을 대괄호([ ])로 묶어주고, 시트 이름과 셀 주소는 느낌표(!)로 구분합니다.
> • 시트 이름에 공백 또는 한글, 영문 외의 다른 문자가 있을 경우에는 작은따옴표(' ')로 묶어줘야 합니다.

24 다음 중 함수식에 대한 결과가 옳지 않은 것은?

① =MOD(9, 2) → 1

② =COLUMN(C5) → 3

③ =TRUNC(8.73) → 8

④ =POWER(5, 3) → 15

> 전문가의 조언 | ④번의 결과는 125입니다.
> ① =MOD(9, 2) : MOD(인수1, 인수2)는 '인수1'을 '인수2'로 나눈 나머지를 반환하는 함수이므로 9를 2로 나눈 후 나머지인 1을 반환합니다.
> ② =COLUMN(C5) : COLUMN(셀)은 주어진 '셀'의 열 번호를 반환하는 함수이므로 [C3] 셀의 열 번호인 3을 반환합니다.
> ③ =TRUNC(8.73) : TRUNC(인수, 자릿수)는 '인수'에 대해 '자릿수' 미만의 수치를 버린 값을 반환하는 함수로, '자릿수'를 생략하면 정수만 표시하므로 8.73에서 소수점 이하를 모두 버린 값인 8을 반환합니다.
> ④ =POWER(5, 3) : POWER(인수, 제곱값)는 '인수'를 '제곱값'만큼 거듭 곱한 값을 반환하는 함수이므로 5를 3번 곱한 값(5×5×5)인 125를 반환합니다.

25 다음의 '매크로 기록' 대화상자에 대한 설명으로 옳지 않은 것은?

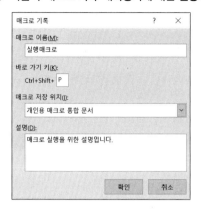

① 설명은 작성하지 않아도 매크로를 기록할 수 있다.

② 매크로 이름에 공백이 포함되면 매크로를 기록할 수 없다.

③ Ctrl + P 또는 Shift + P를 눌러 매크로를 실행할 수 있다.

④ 다른 통합 문서에서도 이 매크로를 실행할 수 있다.

26 다음 중 입력 데이터에 주어진 표시 형식으로 지정한 경우 그 결과가 옳지 않은 것은?

	표시 형식	입력 데이터	표시 결과
①	@ "귀중"	강광희	강광희 귀중
②	#.00	7.5	7.50
③	#"Kg"	0	0Kg
④	?/?	1.25	5/4

27 다음 중 아래 차트에 대한 설명으로 옳지 않은 것은?

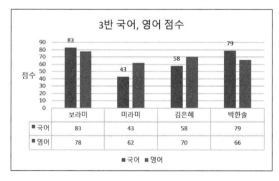

① 차트 위쪽에 차트 제목이 표시되어 있다.

② 세로(값) 축 제목이 가로 방향으로 표시되어 있다.

③ 차트 아래쪽에 범례 표지가 없는 데이터 테이블이 표시되어 있다.

④ 데이터 레이블의 위치가 바깥쪽 끝으로 설정되어 있다.

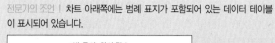
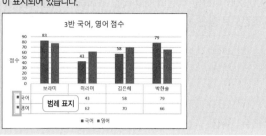

28 다음 중 매크로의 실행 방법에 관한 설명으로 옳지 않은 것은?

① Visual Basic Editor에서 매크로 코드에 커서가 있는 경우 [표준] 도구 모음의 ▶을 클릭하여 매크로를 실행할 수 있다.

② [개발 도구] → [코드] → [매크로]를 클릭하고 '매크로' 대화상자에서 실행할 매크로를 선택한 후 〈실행〉을 클릭하여 매크로를 실행할 수 있다.

③ [개발 도구] → [컨트롤] → [삽입] → 단추(양식 컨트롤)를 클릭하여 단추를 생성한 후 실행할 매크로를 지정하여 실행할 수 있다.

④ 도형을 삽입한 후 삽입된 도형에 매크로를 지정하여 매크로를 실행할 수 있다.

29 다음과 같이 수량과 실적에 따른 점유율을 확인하는데 가장 알맞은 차트는 무엇인가?

	A	B	C	D
1	순번	수량	실적	점유율
2	1	35	3,500,000	17%
3	2	40	4,000,000	19%
4	3	42	4,200,000	20%
5	4	58	5,800,000	28%
6	5	33	3,300,000	16%

① 도넛형　　② 분산형

③ 거품형　　④ 영역형

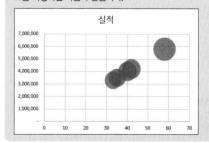

30 다음 중 직급이 "사원"이고 급여가 2,500,000 이상이거나 1,500,000 이하인 직원의 데이터를 조회하기 위한 고급 필터의 조건으로 옳은 것은?

①
직급	급여
사원	>=2500000
	<=1500000

②
직급	급여
사원	>=2500000
사원	<=1500000

③
직급	급여
	>=2500000
사원	<=1500000

④
직급	급여	급여
사원	>=2500000	<=1500000

31 다음 중 [텍스트 나누기] 기능에 대한 설명으로 옳지 않은 것은?

① 한 셀에 입력되어 있는 데이터를 여러 셀로 분리시킬 수 있다.

② 텍스트 나누기 수행 시 데이터 형식의 변환 및 셀 서식 변경이 가능하다.

③ 열의 데이터 서식을 '일반'으로 지정하면 숫자 값은 숫자로, 날짜 값은 날짜로, 모든 나머지 값은 텍스트로 변환된다.

④ 구분 기호가 2개 이상인 경우는 텍스트 나누기를 수행할 수 없다.

32 다음 중 아래 그림의 시나리오 요약 보고서에 대한 설명으로 옳지 않은 것은?

시나리오 요약			
	현재 값:	초과	미만
변경 셀:			
달성률	110.00%	150.00%	75.00%
계약금	3,500,000	4,300,000	2,700,000
결과 셀:			
지불금액	5,850,000	8,450,000	4,025,000

① '초과'와 '미만' 시나리오에 대한 시나리오 요약 보고서이다.

② '달성률'과 '계약금'의 변화에 따른 '지불금액'의 값을 확인할 수 있다.

③ '달성률'과 '계약금'이 이름 정의 되었음을 알 수 있다.

④ '지불금액'은 '달성률'과 '계약금'을 참조하는 수식으로 작성되지 않아야 한다.

33 다음 중 틀 고정 및 창 나누기에 대한 설명으로 옳지 않은 것은?

① 창 나누기는 셀 포인트의 위치에 따라 수직, 수평, 수직·수평 분할이 가능하다.

② 화면에 나타나는 창 나누기 형태는 인쇄 시 적용되지 않는다.

③ 창 나누기 구분선을 제거하려면 [보기] → [창] → [숨기기]를 선택한다.

④ 첫 행을 고정하려면 셀 포인트의 위치에 상관 없이 [틀 고정] → [첫 행 고정]을 선택한다.

34 다음 중 참조의 대상 범위로 사용하는 이름 정의 시 이름의 지정 방법에 대한 설명으로 옳지 않은 것은?

① 첫 문자는 반드시 문자나 밑줄(_)로 시작해야 한다.

② 이름에 공백을 포함할 수 없다.

③ 시트가 다르면 동일한 이름을 사용할 수 있다.

④ 대/소문자는 구분하지 않는다.

35 다음 중 [인쇄 미리 보기 및 인쇄]에 대한 설명으로 옳지 않은 것은?

① 인쇄 미리 보기 화면을 종료하려면 [Esc]를 누르거나 왼쪽 상단의 ⬅를 클릭한다.

② 차트를 선택한 후 [파일] → [인쇄]를 실행하면 선택한 차트만 미리 볼 수 있다.

③ 오른쪽 아래의 '페이지 확대/축소(⊡)'를 클릭하면 화면에는 적용되지만 실제 인쇄 시에는 적용되지 않는다.

④ 오른쪽 아래의 '여백 표시(⊞)'를 클릭하면 '페이지 설정' 대화상자의 '여백' 탭이 표시된다.

전문가의 조언 | [인쇄 미리 보기 및 인쇄] 화면의 오른쪽 아래에 있는 '여백 표시(⊞)'를 클릭하면 미리 보기 화면에 여백을 표시하는 경계선이 표시되지만 '페이지 설정' 대화상자는 표시되지는 않습니다.

36 다음 중 부분합에 대한 설명으로 옳지 않은 것은?

① 부분합을 실행하면 각 부분합에 대한 정보 행을 표시하고 숨길 수 있도록 목록에 개요가 자동으로 설정된다.

② 부분합은 한번에 한 개의 함수만 계산할 수 있으므로 두 개 이상의 함수를 이용하려면 함수의 개수만큼 부분합을 중첩해서 삽입해야 한다.

③ '새로운 값으로 대치'를 선택하면 이전의 부분합의 결과는 제거되고 새로운 부분합의 결과로 변경한다.

④ 그룹화할 항목으로 선택된 필드는 자동으로 오름차순 정렬하여 부분합이 계산된다.

전문가의 조언 | 부분합을 작성하려면 먼저 그룹화할 항목을 기준으로 반드시 오름차순이나 내림차순으로 정렬한 후 부분합을 실행해야 합니다.

37 다음 중 [A4] 셀의 노트가 지워지는 작업에 해당하는 것은?

	A	B	C	D
1		성적 관리		
2	성명	영어	국어	총점
3	배순용	장학생 89	170
4	이길순	88	98	186
5	하길주	87	88	175
6	이선호	67	78	145
7				

① [A3] 셀의 채우기 핸들을 아래쪽으로 드래그하였다.

② [A4] 셀의 바로 가기 메뉴에서 [메모 표시/숨기기]를 선택하였다.

③ [A4] 셀을 선택하고, [홈] 탭 [편집] 그룹의 [지우기]에서 [모두 지우기]를 선택하였다.

④ [A4] 셀을 선택하고, 키보드의 [Backspace]를 눌렀다.

전문가의 조언 | [A4] 셀을 선택하고, [홈] 탭 [편집] 그룹의 [지우기]에서 [모두 지우기]를 선택하면 셀에 입력된 데이터, 서식, 노트 등이 모두 삭제됩니다.
① [A3] 셀의 채우기 핸들을 아래쪽으로 드래그하면 [A4] 셀의 노트는 그대로 있는 상태에서 [A3] 셀의 데이터만 복사됩니다.
② [A4] 셀의 바로 가기 메뉴에서 [메모 표시/숨기기]를 선택하면 노트가 지워지는게 아니라 화면에서 숨겨지기만 합니다.
④ [A4] 셀을 선택하고, 키보드의 [Backspace]를 누르면 [A4] 셀의 데이터만 삭제됩니다.

38 다음 중 데이터 관리 기능인 자동 필터에 대한 설명으로 옳지 않은 것은?

① 자동 필터는 데이터 영역에 표시되는 목록 단추를 이용하여 쉽고 빠르게 데이터를 추출할 수 있다.

② 필터는 필요한 데이터 추출을 위해 조건을 만족하지 않는 데이터를 잠시 숨기는 것이므로 목록 자체의 내용은 변경되지 않는다.

③ 자동 필터를 사용하여 추출한 데이터는 레코드(행) 단위로 표시된다.

④ 여러 필드를 대상으로 조건을 지정할 수 없다.

전문가의 조언 | 자동 필터는 여러 필드를 대상으로 조건을 지정할 수 있으며, 지정된 모든 조건을 만족하는 데이터가 표시됩니다.

39 아래 워크시트에서 '부서'가 "기획부"이고 '경력여부'가 "신입" 인 직원들의 면접 점수 합계를 구하고자 할 때 [D11] 셀에 입력할 수식으로 옳은 것은?

	A	B	C	D
1				
2	사번	부서	경력여부	면접
3	K-0001	기획부	경력	85
4	K-0002	인사부	신입	79
5	K-0003	기획부	경력	93
6	K-0004	인사부	신입	82
7	K-0005	기획부	경력	84
8	K-0006	경리부	신입	78
9	K-0007	기획부	신입	90
10	K-0008	경리부	경력	88
11	기획부 신입 면접 점수 합계			

① =SUMIF(B3:B10, "기획부", C3:C10, "신입", D3:D10)

② =SUMIFS(D3:D10, B3:B10, "기획부", C3:C10, "신입")

③ =SUMIF(B3:B10, C3:C10, "기획부", "신입", D3:D10)

④ =SUMIFS(B3:B10, "기획부", C3:C10, "신입", D3:D10)

40 다음 중 워크시트 사용 방법에 대한 설명으로 옳은 것은?

① 숫자는 기본적으로 오른쪽으로 정렬되지만 문자로 취급하도록 하려면 숫자 앞에 "를 입력한다.

② 시트를 삭제한 경우 Ctrl + Z를 누르면 복원할 수 있다.

③ Alt + Enter를 누르면 셀 안에서 줄 바꿈이 수행된다.

④ Ctrl + Shift + ;를 누르면 시스템의 오늘 날짜가 입력된다.

기출문제 & 전문가의 조언

컴퓨터 일반

01 다음 중 소형화, 경량화를 비롯해 음성과 동작 인식 등 다양한 기술이 적용되어 장소에 구애받지 않고 컴퓨터를 활용할 수 있도록 몸에 착용하는 컴퓨터를 의미하는 것은?

① 웨어러블 컴퓨터
② 마이크로 컴퓨터
③ 인공지능 컴퓨터
④ 서버 컴퓨터

> **전문가의 조언** | 문제에 제시된 내용은 웨어러블 컴퓨터의 개념입니다.

02 다음 중 정보통신에서 네트워크 관련 장비에 대한 설명으로 옳지 않은 것은?

① 라우터(Router) : 네트워크를 구성하기 위해 반드시 필요한 장비로 정보 전송을 위한 최적의 경로를 찾아 통신망에 연결하는 장치
② 허브(Hub) : 네트워크를 구성할 때 여러 대의 컴퓨터를 연결하고, 각 회선들을 통합 관리하는 장치
③ 브리지(Bridge) : 네트워크를 구성할 때 디지털 신호를 아날로그 신호로 변환하여 전송하고 다시 수신된 신호를 원래대로 변환하기 위한 전송 장치
④ 게이트웨이(Gateway) : 한 네트워크에서 다른 네트워크로 들어가는 입구 역할을 하는 장치로 근거리통신망(LAN)과 같은 하나의 네트워크를 다른 네트워크와 연결할 때 사용되는 장치

> **전문가의 조언** | • ③번은 모뎀(MODEM)에 대한 설명입니다.
> • 브리지(Bridge)는 서로 독립적으로 동작하면서 같은 프로토콜을 사용하는 두 LAN을 연결하는 네트워크 장치입니다.

03 다음 중 네트워크 구성 형태에 관한 설명으로 옳지 않은 것은?

① 망(Mesh)형은 응답 시간이 빠르고 노드의 연결성이 우수하다.
② 성형(중앙 집중형)은 통신망의 처리 능력 및 신뢰성이 중앙 노드의 제어장치에 좌우된다.
③ 버스(Bus)형은 기밀 보장이 우수하고 회선 길이의 제한이 없다.
④ 링(Ring)형은 통신회선 중 어느 하나라도 고장나면 전체 통신망에 영향을 미친다.

> **전문가의 조언** | 버스(Bus)형은 한 개의 통신 회선에 여러 대의 단말장치가 연결되어 있는 형태로, 기밀 보장이 어렵고, 회선 길이에 제한이 있습니다.

04 다음 중 실감미디어에 대한 설명으로 옳지 않은 것은?

① 홀로그램 - 기록 매체에 레이저와 같이 간섭성이 있는 광원을 이용하여 간섭 패턴을 기록한 결과물로, 광원을 이용하여 재생하면 3차원 영상으로 표현된다.
② 증강현실 - 가상 세계에서 일상 생활이나 경제적 활동이 가능하며, 사용자를 대신하는 캐릭터에서 가상 세계에서의 사회적 책임과 의무를 요구하고 있다.
③ 가상현실 - 다양한 장치를 통해 컴퓨터가 만들어낸 가상 세계에서 여러 다른 경험을 체험할 수 있도록 한 모든 기술을 말한다.
④ 혼합현실 - 가상현실과 현실 세계를 합쳐, 현실의 물리적인 객체와 가상의 객체가 상호 작용할 수 있는 환경을 구현하는 기술이다.

> **전문가의 조언** | • ②번은 메타버스(Metaverse)에 대한 설명입니다.
> • 증강현실은 실제 촬영한 화면에 가상의 정보를 부가하여 보여주는 기술을 의미합니다.

05 다음 중 전자우편과 관련하여 스팸(SPAM)에 관한 설명으로 옳은 것은?

① 바이러스를 유포시키는 행위이다.
② 수신인이 원하지 않는 메시지나 정보를 일방적으로 보내는 행위이다.
③ 다른 사용자의 개인 정보를 허락없이 가져가는 행위이다.
④ 고의로 컴퓨터 파일상의 데이터를 파괴시키는 행위이다.

> **전문가의 조언** | 스팸(SPAM)이란 수신인이 원하지 않는 메시지나 정보를 일방적으로 보내는 행위입니다.

06 다음 중 컴퓨터 바이러스의 예방법으로 가장 거리가 먼 것은?

① 최신 버전의 백신 프로그램을 사용한다.
② 전자우편에 첨부된 파일은 다른 이름으로 저장한 후 확인한다.
③ 네트워크 공유 폴더에 있는 파일은 읽기 전용으로 지정한다.
④ 다운로드 받은 파일은 작업에 사용하기 전에 바이러스 검사 후 사용한다.

> **전문가의 조언** | 전자우편에 첨부된 파일은 바이러스 검사를 수행한 후 저장하여 사용해야 합니다.

07 다음 중 한글 Windows 10에 포함되어 있는 백신 앱으로, 스파이웨어 및 그 밖의 원치 않는 소프트웨어로부터 컴퓨터를 보호할 수 있는 것은?

① Windows Defender 방화벽

② BitLocker

③ Archive

④ Malware

전문가의 조언 | 문제에 제시된 내용은 Windows Defender 방화벽에 대한 설명입니다.

08 다음 중 한글 Windows 10의 [폴더 옵션] 창에서 설정할 수 있는 것으로 옳지 않은 것은?

① 숨김 속성이 설정된 파일의 표시 여부를 설정할 수 있다.

② 아이콘을 한 번 클릭해서 실행할지 두 번 클릭해서 실행할지를 선택할 수 있다.

③ 보호된 운영체제 파일을 숨길 수 있다.

④ 파일 형식을 확인하거나 새로운 파일 형식을 등록할 수 있다.

전문가의 조언 | [폴더 옵션] 창에서는 파일 형식을 확인하거나 새로운 파일 형식을 등록할 수 없습니다.

09 다음 중 한글 Windows 10의 [메모장]에 대한 설명으로 옳지 않은 것은?

① F5 를 눌러 시간과 날짜를 입력할 수 있다.

② 문단 정렬과 문단 여백을 설정할 수 있다.

③ 자동 줄 바꿈 기능을 사용할 수 있다.

④ 머리글과 바닥글을 설정할 수 있다.

전문가의 조언 | 메모장은 문단 정렬 및 문단 여백을 설정할 수 없습니다.

10 다음 중 멀티미디어의 특징에 대한 설명으로 옳지 않은 것은?

① 다양한 아날로그 데이터를 디지털 데이터로 변환하여 통합 처리한다.

② 정보 제공자와 사용자 간의 상호 작용에 의해 데이터가 전달된다.

③ 미디어별 파일 형식이 획일화되어 멀티미디어의 제작이 용이해진다.

④ 텍스트, 그래픽, 사운드, 동영상 등의 여러 미디어를 통합 처리한다.

전문가의 조언 | 멀티미디어는 그래픽, 비디오, 오디오 등 각 미디어별로 다양한 파일 형식이 있어 용도에 맞는 멀티미디어의 제작이 용이합니다.

11 다음 중 컴퓨터에서 문자 데이터를 표현하는 방법으로 옳지 않은 것은?

① EBCDIC

② Unicode

③ ASCII

④ Hamming Code

전문가의 조언 | 해밍 코드(Hamming Code)는 문자 데이터를 표현하기 위해 사용하는 코드가 아닙니다.
• 해밍코드는 데이터 전송 시 에러 검출 및 교정을 위해 사용하는 코드입니다.

12 다음 중 아래의 ㉠, ㉡, ㉢에 해당하는 소프트웨어의 종류를 올바르게 짝지어 나열한 것은?

> 홍길동은 어떤 프로그램이 좋은지 알아보기 위해 ㉠ 누구나 임의의 용도로 사용할 수 있는 프로그램과 ㉡ 주로 일정 기간 동안 일부 기능을 제한한 상태로 사용하는 프로그램을 먼저 사용해 보고, 가장 적합한 ㉢ 프로그램을 구입하여 사용하려고 한다.

① ㉠ 프리웨어, ㉡ 셰어웨어, ㉢ 상용 소프트웨어

② ㉠ 셰어웨어, ㉡ 프리웨어, ㉢ 상용 소프트웨어

③ ㉠ 상용 소프트웨어, ㉡ 셰어웨어, ㉢ 프리웨어

④ ㉠ 셰어웨어, ㉡ 상용 소프트웨어, ㉢ 프리웨어

전문가의 조언 | 누구나 임의의 용도로 사용할 수 있는 프로그램은 **프리웨어**, 일정 기간 동안 일부 기능을 제한한 상태로 사용하는 프로그램은 **셰어웨어**, 정식으로 대가를 지불하고 사용해야 하는 프로그램은 **상용 소프트웨어**입니다.

13 다음 중 전자우편에서 사용하는 POP3 프로토콜에 관한 설명으로 옳은 것은?

① 이메일을 전송할 때 필요로 하는 프로토콜이다.

② 원격 서버에 접속하여 이메일을 사용자 컴퓨터로 가져오기 위한 프로토콜이다.

③ 멀티미디어 이메일을 주고 받기 위한 프로토콜이다.

④ 이메일의 회신과 전체 회신을 가능하게 하는 프로토콜이다.

전문가의 조언 | POP3 프로토콜에 관한 설명으로 옳은 것은 ②번입니다.
• ①번은 SMTP, ③번은 MIME에 대한 설명입니다.

14 다음 중 주기억장치에 대한 설명으로 가장 옳지 않은 것은?

① 주기억장치는 비휘발성 메모리로 대용량의 데이터와 프로그램을 영구적으로 보관하는데 사용된다.

② ROM에는 주로 기본 입/출력 시스템(BIOS), 글자 폰트, 자가 진단 프로그램(POST) 등이 저장되어 있다.

③ 주기억장치는 CPU가 직접 접근하여 데이터를 처리할 수 있는 기억장치로 현재 수행되는 프로그램과 데이터를 저장하고 있다.

④ RAM(Random Access Memory)은 DRAM과 SRAM으로 구분된다.

전문가의 조언 | • 주기억장치의 종류에는 ROM과 RAM이 있는데 이 중 ROM은 비휘발성 메모리, RAM은 휘발성 메모리입니다.
• 대용량의 데이터와 프로그램을 영구적으로 보관하는데 사용되는 것은 보조기억장치입니다.

15 다음 중 한글 Windows 10의 [설정] → [접근성]에서 설정할 수 없는 기능은?

① 다중 디스플레이를 설정하여 두 대의 모니터에 화면을 확장하여 표시할 수 있다.

② 돋보기를 사용하여 화면에서 원하는 영역을 확대하여 크게 표시할 수 있다.

③ 내레이터를 사용하여 화면의 모든 텍스트를 소리내어 읽어 주도록 설정할 수 있다.

④ 키보드가 없어도 입력 가능한 화상 키보드를 표시할 수 있다.

전문가의 조언 | 다중 디스플레이는 [■(시작)] → [◎(설정)] → [시스템] → [디스플레이]에서 설정할 수 있습니다.

16 다음 중 한글 Windows 10에서 '컴퓨터 이름'을 변경하는 방법으로 옳은 것은?

① [제어판] – [장치 관리자]에서 '시스템 설정'을 더블클릭

② [제어판] – [사용자 계정]에서 '계정 관리'를 더블클릭

③ [제어판] – [시스템 및 보안] – [시스템]을 클릭

④ [제어판] – [시스템 및 보안] – [관리 도구]를 클릭

전문가의 조언 | 컴퓨터 이름은 [제어판] – [시스템 및 보안] – [시스템] 또는 [설정] – [시스템] – [정보]에서 수정할 수 있습니다.

17 다음 중 정보 보안을 위협하는 유형에서 가로채기에 해당하는 것은?

① 데이터의 전달을 가로막아 수신자측으로 정보가 전달되는 것을 방해하는 행위

② 전송되는 데이터를 전송 도중에 도청 및 몰래 보는 행위

③ 전송된 원래의 데이터를 다른 내용으로 수정하여 변조하는 행위

④ 다른 송신자로부터 데이터가 송신된 것처럼 꾸미는 행위

전문가의 조언 | 가로채기에 대한 옳은 설명은 ②번입니다.
• ①번은 가로막기(Interruption, 흐름차단), ③번은 수정(Modification), ④번은 위조(Fabrication)에 해당합니다.

18 다음 중 아래에서 설명하는 그래픽 기법은?

컴퓨터 프로그램을 이용하여 3차원 애니메이션을 만드는 과정으로 사물 모형에 명암과 색상을 추가하여 사실감을 더해주는 작업이다.

① 안티앨리어싱(Anti-Aliasing)

② 렌더링(Rendering)

③ 인터레이싱(Interlacing)

④ 메조틴트(Mezzotint)

전문가의 조언 | 문제의 지문으로 제시된 내용은 렌더링(Rendering)의 개념입니다.
• 안티앨리어싱(Antialiasing) : 2차원 그래픽에서 개체의 경계면 픽셀을 개체의 색상과 배경의 색상을 혼합해서 표현함으로써 경계면을 부드럽게 보이도록 하는 기법
• 인터레이싱(Interlacing) : 그림 파일을 표시하는데 있어서 이미지의 대략적인 모습을 먼저 보여준 다음 점차 자세한 모습을 보여주는 기법
• 메조틴트(Mezzotint) : 무수히 많은 점과 선으로 이미지를 만드는 것

19 다음 중 한글 Windows 10의 드라이브 조각 모음 및 최적화 기능에 관한 설명으로 옳지 않은 것은?

① 하드디스크에 단편화되어 조각난 파일들을 모아준다.

② USB 플래시 드라이브와 같은 이동식 저장장치도 드라이브 조각 모음을 수행할 수 있다.

③ 수행 후에는 디스크 공간의 최적화가 이루어져 디스크의 용량이 증가한다.

④ 일정을 구성하여 드라이브 조각 모음 및 최적화를 예약 실행할 수 있다.

전문가의 조언 | '드라이브 조각 모음 및 최적화'는 디스크의 접근 속도를 향상시키기 위한 것으로, 디스크의 용량 증가와는 관계가 없습니다.

20 다음 중 근거리 통신망(LAN)에 관한 설명으로 옳지 않은 것은?

① 비교적 전송 거리가 짧아 에러 발생률이 낮다.

② 반이중 방식의 통신을 한다.

③ 자원 공유를 목적으로 컴퓨터들을 상호 연결한다.

④ 프린터, 보조기억장치 등 주변장치들을 쉽게 공유할 수 있다.

> 전문가의 조언 | 근거리 통신망(LAN)은 전이중 방식의 통신을 합니다.

2과목 스프레드시트 일반

21 다음과 같이 [B3:J11] 영역에 구구단을 입력하기 위해 [B3] 셀에 입력될 수식으로 올바른 것은?

▲	A	B	C	D	E	F	G	H	I	J
1	구구단									
2			1	2	3	4	5	6	7	8	9
3	1	1	2	3	4	5	6	7	8	9
4	2	2	4	6	8	10	12	14	16	18
5	3	3	6	9	12	15	18	21	24	27
6	4	4	8	12	16	20	24	28	32	36
7	5	5	10	15	20	25	30	35	40	45
8	6	6	12	18	24	30	36	42	48	54
9	7	7	14	21	28	35	42	49	56	63
10	8	8	16	24	32	40	48	56	64	72
11	9	9	18	27	36	45	54	63	72	81

① =$A$3*$B$2   ② =$A3*B$2

③ =A3*B2   ④ =A$3*$B2

> 전문가의 조언 | • 구구단을 입력하기 위해 [B3] 셀에 입력할 수식은 =$A3*B$2입니다.
> • [B3] 셀에 수식을 입력한 후 채우기 핸들을 이용하여 [J11] 셀까지 결과를 표시할 때 A열과 2행은 고정되어야 하므로 $A3과 B$2로 지정해야 합니다.

22 다음 중 새 워크시트에서 보기의 내용을 그대로 입력하였을 때, 입력한 내용이 텍스트로 인식되지 않는 것은?

① 01:02AM   ② 0 1/4

③ '1234   ④ 1월30일

> 전문가의 조언 | 0을 입력하고, 한 칸 띄운 다음에 1/4를 입력하면 분수 1/4로 입력됩니다.

---

23 다음의 [매크로 기록] 대화상자에 대한 설명으로 옳지 않은 것은?

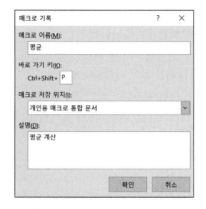

① 다른 통합 문서에서도 매크로가 실행된다.

② Ctrl + Shift + P 를 누르면 '평균 계산' 매크로가 실행된다.

③ Visual Basic Editor에 'sub 평균( )'으로 코드가 작성된다.

④ 설명에 작성한 내용은 코드에 주석으로 삽입된다.

> 전문가의 조언 | 매크로의 이름은 '평균'이므로 Ctrl + Shift + P 를 누르면 '평균' 매크로가 실행됩니다.

24 다음 중 수식의 실행 결과가 옳은 것은?

① =MOD(−7, 4) ⟹ −3

② =POWER(2, 3) ⟹ 9

③ =INT(−7.4) ⟹ −8

④ =TRUNC(−8.6) ⟹ −7

> 전문가의 조언 | 수식의 수행 결과가 옳은 것은 ③번입니다.
> ① =MOD(−7,4) : MOD(인수1, 인수2)는 '인수1'을 '인수2'로 나눈 나머지를 반환하는 함수이므로 −7을 4로 나눈 후 나머지인 1을 반환합니다.
> ※ 피제수(−7)가 음수이면 제수(4)로부터 채워야할 몫이 있다고 생각하세요. 7을 채우기 위해 4명에게 2개씩 받으면 1이 남으므로 나머지는 1이됩니다.
> ② =POWER(2,3) : POWER(인수, 제곱값)는 '인수'를 '제곱값'만큼 거듭 곱한 값을 반환하는 함수이므로 2를 3번 곱한 값인 8(2×2×2)을 반환합니다.
> ③ =INT(−7.4) : INT(인수)는 '인수'보다 크지 않은 정수값을 반환하는 함수이므로 −7.4보다 크지 않은 정수인 −8을 반환합니다.
> ④ =TRUNC(−8.6) : TRUNC(인수, 자릿수)는 '인수'에 대해 '자릿수' 미만의 수치를 버린 값을 반환하는 함수로, '자릿수'를 생략하면 정수만 표시하므로 −8.6에서 소수점 이하를 모두 버린 값인 −8을 반환합니다.

25 아래 워크시트에서 '생일' 필드와 같이 표시되도록 하는 사용자 지정 서식으로 올바른 것은?

	A	B	C	D
1				
2	학번	성명	학과	생일
3	A-2001	고아라	경영	2003-04-03 (목)
4	A-2002	나영희	경제	2004-01-02 (금)
5	A-2003	박철수	전산	2002-07-22 (월)
6	A-2004	안도해	전산	2003-09-24 (수)
7	A-2005	최순이	컴공	2002-12-16 (월)

① yyyy-mm-dd (aaaa)

② yyyy-mm-dd (dddd)

③ yyyy-mm-dd (aaa)

④ yyyy-mm-dd (ddd)

> 전문가의 조언 | 요일을 '월~일'로 표시하는 날짜 서식 코드는 aaa입니다.
> 다른 보기의 서식이 적용된 결과는 다음과 같습니다.
> ① 2003-04-03 (목요일)
> ② 2003-04-03 (Thursday)
> ④ 2003-04-03 (Thu)

26 다음 중 아래 워크시트의 부분합 실행 결과에 대한 설명으로 옳지 않은 것은?

1 2 3 4		A	B	C
	1	지점	부서	수시고과
	4		개발팀 요약	30
	7		디자인팀 요약	27
	10		지원팀 요약	35
	11	본사 최대		19
	13		개발팀 요약	13
	16		디자인팀 요약	29
	18		지원팀 요약	14
	19	지사 최대		15
	20		총합계	148
	21	전체 최대값		19

① 개요 기호 3번이 클릭된 상태이다.

② 합계를 먼저 계산한 후 최대를 계산하였다.

③ '정렬' 대화상자에서 첫 번째 기준을 '지점'으로 두 번째 기준을 '부서'로 하여 정렬을 수행하였다.

④ 각 그룹의 아래쪽에 부분합 결과가 표시되어 있다.

> 전문가의 조언 | 중첩 부분합을 작성할 경우 먼저 작성한 부분은 아래쪽에, 나중에 작성한 부분합은 위쪽에 표시되므로 문제의 부분합은 최대를 계산한 후 합계(요약)를 계산하였습니다.

27 다음은 '창 나누기'와 '틀 고정'에 대한 설명이다. 잘못된 것은?

① 창 구분선을 마우스로 드래그하여 위치를 이동할 수 있다.

② 창 나누기는 워크시트를 여러 개의 창으로 분리하는 기능으로 최대 4개로 분할할 수 있다.

③ 틀 고정을 마우스로 끌어서 위치를 변경할 수 있다.

④ 메뉴 [창]-[틀 고정]을 선택하면 현재 셀 포인터의 왼쪽, 위쪽에 틀 고정선이 나타난다.

> 전문가의 조언 | • 틀 고정선의 위치는 마우스로 조정할 수 없습니다.
> • 틀 고정선을 조정하려면 기존의 틀 고정을 취소한 후 새롭게 틀 고정을 설정해야 합니다.

28 다음 중 [페이지 설정] 대화상자의 [시트] 탭에 대한 설명으로 옳지 않은 것은?

① 눈금선을 체크하면 셀 눈금선이 인쇄되지 않는다.

② 인쇄 제목을 이용하면 모든 페이지에 반복 인쇄할 영역을 지정할 수 있다.

③ 워크시트의 행/열 머리글이 인쇄되도록 설정할 수 있다.

④ '간단하게 인쇄'를 체크하면 도형 등의 그래픽 요소가 인쇄되지 않는다.

> 전문가의 조언 | • 눈금선을 체크하면 셀 눈금선이 인쇄됩니다.
> • 셀 눈금선을 인쇄하지 않으려면 눈금선을 체크 해제해야 합니다.

29 다음 중 [시나리오 추가] 대화상자에 대한 설명으로 옳지 않은 것은?

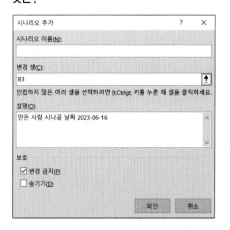

① [데이터] → [예측] → [가상 분석] → [시나리오 관리자] 대화상자에서 [추가] 단추를 클릭하면 표시되는 대화상자이다.

② 변경 셀을 미리 선택한 후 [시나리오 추가] 대화상자를 열면 셀 주소가 자동으로 입력된다.

③ '설명'은 시나리오에 대한 추가적인 설명으로 반드시 입력할 필요는 없다.

④ 시트 보호가 지정된 경우 시나리오가 표시되지 않도록 하려면 '변경 금지'를 선택한다.

30 '성적1' 필드와 '성적2' 필드의 값이 모두 90 이상이면 '진급여부' 필드에 "진급"을, 둘 중 하나만 90 이상이면 "대기", 나머지는 공백으로 표시하는 수식으로 옳은 것은?

	A	B	C	D
1	이름	성적1	성적2	진급여부
2	보라미	94	95	
3	미라미	80	97	
4	김은혜	85	82	
5	박한솔	90	83	

① =IF(COUNTIFS(B2:C2, ">=90")=1, "진급", IF(COUNTIFS((B2:C2, ">=90")=2, "대기", ""))

② =IF(COUNTIF(B2:C2, ">=90")=2, "진급", IF(COUNTIF(B2:C2, ">=90")=1, "대기", ""))

③ =IF(COUNTIFS(">=90", B2:C2)>=1, "진급", IF(COUNTIFS((">=90", B2:C2)=1, "대기", ""))

④ =IF(COUNTIF(B2:C2, ">=90")>=1, "진급", IF(COUNTIF(B2:C2, ">=90")=1, "대기", ""))

31 아래 시트에서 고급 필터를 실행했을 때 그 결과가 다른 것은?

	A	B	C	D
1				
2	등급	주소지	이름	성별
3	프리미엄	서울	김용갑	남
4	골드	서울	김종일	남
5	일반	경기	김우경	여
6	골드	인천	최재균	남
7	일반	부산	박진호	남
8	프리미엄	인천	이재성	남
9	프리미엄	서울	최복선	여
10	일반	대구	마정희	여
11				
12			이름	
13			김*	
14	등급			

32 다음 중 [매크로] 대화상자에 대한 설명으로 옳지 않은 것은?

① 매크로 이름을 선택한 후 [실행] 단추를 클릭하면 매크로가 실행된다.

② [한 단계씩 코드 실행] 단추를 클릭하면 Visual Basic Editor에서 매크로 실행 과정을 단계별로 확인할 수 있다.

③ [만들기] 단추를 클릭하면 빠른 실행 도구 모음에 매크로 실행 명령을 추가할 수 있다.

④ [옵션] 단추를 클릭하면 매크로 바로 가기 키를 수정할 수 있다.

33 아래 워크시트에서의 작업에 대한 설명으로 옳지 않은 것은?

① [B2] 셀에 데이터를 입력하고 Shift + Enter를 누르면 셀 포인터가 [B3] 셀로 이동된다.

② [B2] 셀에서 Enter를 5번 누르면 셀 포인터가 [C2] 셀로 이동된다.

③ [B2] 셀에 데이터를 입력하고 Ctrl + Enter를 누르면 [B2:C6] 영역에 동일한 데이터가 입력된다.

④ [B2] 셀에 데이터를 입력하고 Alt + Enter를 누르면 셀 안에서 줄 나누기가 수행된다.

전문가의 조언 | • [B2] 셀에 데이터를 입력하고 Shift + Enter를 누르면 셀 포인터가 [C6] 셀로 이동됩니다.
• [B2] 셀에 데이터를 입력하고 [B3] 셀로 이동하려면 Enter를 눌러야 합니다.

34 다음 중 조건부 서식에 대한 설명으로 옳지 않은 것은?

① 조건을 수식으로 입력할 경우 수식 앞에 등호(=)를 반드시 입력해야 한다.

② 두 개의 조건을 만족하는 경우 우선순위가 높은 것만 적용된다.

③ 아이콘 집합을 이용하면 조건 없이 셀의 값에 따라 다양한 모양의 아이콘을 표시할 수 있다.

④ 조건부 서식에 의해 서식이 설정된 셀에서 값이 변경되어 조건에 만족하지 않을 경우 적용된 서식은 바로 해제된다.

전문가의 조언 | 두 개의 조건을 만족하는 경우 두 규칙에 지정된 서식이 모두 적용되며, 서식이 충돌할 경우에만 우선순위가 높은 규칙의 서식이 적용됩니다.

35 다음 중 피벗 테이블에 대한 설명으로 옳지 않은 것은?

① 값 영역의 특정 항목을 마우스로 더블클릭하면 해당 데이터에 대한 세부적인 데이터가 새로운 시트에 표시된다.

② 데이터 그룹 수준을 확장하거나 축소해서 요약 정보만 표시할 수도 있고 요약된 내용의 세부 데이터를 표시할 수도 있다.

③ 행을 열로 또는 열을 행으로 이동하여 원본 데이터를 다양한 방식으로 요약하여 표시할 수 있다.

④ 피벗 테이블과 피벗 차트를 함께 만든 후에 피벗 테이블을 삭제하면 피벗 차트도 자동으로 삭제된다.

전문가의 조언 | 피벗 테이블과 피벗 차트를 함께 만든 후에 피벗 테이블을 삭제하면 피벗 차트는 일반 차트로 변경됩니다.

36 다음 중 차트에 대한 설명으로 옳지 않은 것은?

① 표면형 차트는 두 개의 데이터 집합에서 최적의 조합을 찾을 때 사용한다.

② 방사형 차트는 분산형 차트의 한 종류로 데이터 계열 간의 항목 비교에 사용된다.

③ 분산형 차트는 데이터의 불규칙한 간격이나 묶음을 보여주는 것으로 주로 과학이나 공학용 데이터 분석에 사용된다.

④ 이중 축 차트는 특정 데이터 계열의 값이 다른 데이터 계열의 값과 현저하게 차이가 나거나 데이터의 단위가 다른 경우 주로 사용한다.

전문가의 조언 | • 방사형 차트는 많은 데이터 계열의 집합적인 값을 나타낼 때 사용됩니다.
• ②번은 거품형 차트에 대한 설명입니다.

37 다음이 설명하는 차트는 무엇인가?

• 전체 항목의 합에 대한 각 항목의 비율을 나타내는 차트로, 중요한 요소를 강조할 때 사용한다.
• 항상 한 개의 데이터 계열만 사용하므로 축이 없다.

① 세로 막대형 차트　　② 도넛형 차트

③ 원형 차트　　④ 분산형 차트

전문가의 조언 | 문제의 지문에서 설명하고 있는 차트는 원형 차트입니다.
• 세로 막대형 차트 : 각 항목 간의 값을 막대의 길이로 비교·분석하는데 적합한 차트
• 도넛형 차트 : 전체에 대한 각 부분의 관계를 비율로 나타내어 각 부분을 비교할 때 사용되는 차트로, 원형 차트와는 달리 여러 개의 데이터 계열을 갖음
• 분산형 차트 : X·Y 좌표로 이루어진 한 개의 계열로 두 개의 숫자 그룹을 나타내는 차트로, 주로 과학·공학용 데이터 분석에 사용됨

38 다음 중 인쇄 작업을 위한 페이지 설정 사항에 대한 설명으로 옳지 않은 것은?

① 인쇄할 페이지 순서를 위해서 행 우선/열 우선을 지정하여 인쇄할 수 있다.

② 워크시트에 노트가 삽입되어 있으면 인쇄를 할 때 기본적으로 노트가 같이 인쇄된다.

③ 각 페이지에 제목으로 반복되는 행이 있으면 인쇄 제목을 설정할 수 있다.

④ 인쇄를 하기 전에 미리 보기를 실행하여 여백을 확인할 수 있다.

39 다음 중 입력한 수식에서 발생한 오류 메시지와 그 발생 원인으로 옳지 않은 것은?

① #VALUE! : 잘못된 인수나 피연산자를 사용했을 때

② #DIV/0! : 특정 값(셀)을 0 또는 빈 셀로 나누었을 때

③ #NAME? : 함수 이름을 잘못 입력하거나 인식할 수 없는 텍스트를 수식에 사용했을 때

④ #REF! : 숫자 인수가 필요한 함수에 다른 인수를 지정했을 때

40 다음 중 한자와 특수문자 입력에 대한 설명으로 옳지 않은 것은?

① 한자로 변환할 한글을 입력한 후 [한자]를 누른다.

② 두 글자 이상의 단어를 한자로 변환할 때는 단어를 입력하고, 커서를 단어 앞이나 뒤에 놓은 다음 [한자]를 누른다.

③ 한글 입력 상태에서 한글 자음을 입력히고 [한자]를 누른다.

④ 한글 입력 상태에서 한글 모음을 입력하고 [한자]를 누른다.

1과목 컴퓨터 일반

01 다음 중 한글 Windows 10에서 '명령 프롬프트' 창을 표시하기 위해 '실행' 창에 입력해야 하는 것은?

① cmd
② command
③ ping
④ tracert

> 전문가의 조언 | '명령 프롬프트' 창은 [⊞(시작)] → [Windows 시스템] → [명령 프롬프트]를 선택하거나 '실행(⊞+R)' 창에 **cmd**를 입력한 후 〈확인〉을 클릭하면 실행됩니다.
> • **Ping** : 원격 컴퓨터가 현재 네트워크에 연결되어 정상적으로 작동하고 있는지 알아보는 서비스
> • **Tracert** : 인터넷 서버까지의 경로를 추적하는 명령어로, IP 주소, 목적지까지 거치는 경로(장비)의 수, 각 구간 데이터 왕복 속도를 확인할 수 있음

02 핸드폰, PDA, 노트북과 같은 휴대 가능한 장치들 간의 근거리 무선 통신을 가능하게 해주는 통신 방식은?

① WiFi
② BlueTooth
③ LAN
④ VAN

> 전문가의 조언 | 문제에 제시된 내용은 BlueTooth의 개념입니다.
> • **WiFi(Wireless Fidelity)** : 2.4GHz대를 사용하는 무선 랜(WLAN) 규격에서 정한 제반 규정에 적합한 제품에 주어지는 인증 마크로, 유선 랜을 무선화 했기 때문에 사용 거리에 제한이 있지만 3G 이동통신에 비해 전송 속도가 빠르고 전송 비용이 저렴함
> • **LAN(Local Area Network, 근거리 통신망)** : 자원 공유를 목적으로 회사, 학교, 연구소 등의 구내에서 사용하는 통신망
> • **VAN(Value Added Network, 부가가치 통신망)** : 기간 통신 사업자로부터 통신 회선을 빌려 기존의 정보에 새로운 가치를 더해 다수의 이용자에게 판매하는 통신망

03 다음 중 Windows 10의 연결 프로그램에 대한 설명으로 옳지 않은 것은?

① 파일 탐색기에서 특정한 파일을 더블클릭했을 때 실행될 앱을 설정하는 것이다.
② 확장자가 .txt나 .hwp인 파일은 반드시 서로 다른 연결 프로그램이 지정되어야 한다.
③ 동일한 확장자를 가진 다른 파일을 열 때 항상 같은 앱을 사용하도록 연결 프로그램을 설정할 수 있다.
④ 일반적으로 앱을 설치하면 해당 앱에서 사용하는 파일은 연결 프로그램이 자동으로 설정된다.

> 전문가의 조언 | 확장자가 다른 파일을 수동으로 같은 앱에 연결하여 사용할 수도 있고, 여러 가지 확장자를 사용할 수도 있는 앱도 있습니다.

04 다음 중 한글 Windows 10에서 외부로부터의 불법적인 해킹 등 위협 요소로부터 컴퓨터를 보호하는 역할을 하는 것은 무엇인가?

① Windows Update
② Windows Defender 방화벽
③ BitLocker
④ Malware

> 전문가의 조언 | 문제에 제시된 내용은 Windows Defender 방화벽에 대한 설명입니다.

05 다음 중 플래시 메모리(Flash Memory)에 관한 설명으로 옳지 않은 것은?

① 정보의 입출력이 자유롭고, 전송 속도가 빠르다.
② 비휘발성 기억장치이다.
③ 트랙 단위로 저장된다.
④ 전력 소모가 적다.

> 전문가의 조언 | 플래시 메모리는 트랙 단위가 아닌 블록 단위로 저장됩니다.

06 다음 중 폴더의 [속성] 창에 대한 설명으로 옳지 않은 것은?

① 폴더의 저장 위치를 변경할 수 있다.
② 폴더가 포함하고 있는 하위 폴더 및 파일의 개수를 알 수 있다.
③ 폴더에 '읽기 전용' 속성을 설정하거나 해제할 수 있다.
④ 해당 폴더의 만든 날짜를 알 수 있다.

> 전문가의 조언 | 폴더의 [속성] 창에서는 폴더의 저장 위치를 확인할 수는 있지만 변경할 수는 없습니다.

07 다음 중 네트워크 주변을 지나다니는 패킷을 엿보면서 계정(ID)과 비밀번호를 알아내는 보안 위협 행위는?

① 스니핑(Sniffing)
② 스푸핑(Spoofing)
③ 백도어(Back Door)
④ 키로거(Key Logger)

> 전문가의 조언 | 문제에 제시된 내용은 스니핑(Sniffing)의 개념입니다.
> • **스푸핑(Spoofing)** : 눈속임에서 파생된 것으로, 검증된 사람이 네트워크를 통해 데이터를 보낸 것처럼 데이터를 변조하여 접속을 시도하는 침입 형태
> • **백도어(Back Door)** : 인가받은 서비스 기술자나 유지보수 프로그래머들의 액세스 편의를 위해 보안을 제거하여 만든 비밀통로를 이르는 말로, 시스템에 무단 접근하기 위한 일종의 비상구로 사용됨
> • **키로거(Key Logger)** : 키보드상의 키 입력 캐치 프로그램을 이용하여 ID나 암호와 같은 개인 정보를 빼내는 기법

08 다음 중 Windows 10 작업 표시줄의 점프 목록 사용에 대한 설명으로 옳지 않은 것은?

① 프로그램의 점프 목록을 보려면 작업 표시줄의 프로그램 아이콘을 마우스 오른쪽 단추로 클릭한다.

② 점프 목록에서 항목을 열려면 프로그램의 점프 목록에서 해당 항목을 클릭한다.

③ 점프 목록에 항목을 고정하려면 프로그램의 점프 목록에서 항목을 가리킨 다음 압정 아이콘을 클릭한다.

④ 점프 목록에서 항목을 제거하려면 프로그램의 점프 목록에서 항목을 가리킨 다음 Delete 를 누른다.

전문가의 조언 | 점프 목록에서 항목을 제거하려면 해당 항목의 바로 가기 메뉴에서 [이 목록에서 제거]를 선택하면 됩니다.

09 다음 중 사물 인터넷(IoT)에 대한 설명으로 옳지 않은 것은?

① IoT 구성품 가운데 디바이스는 빅데이터를 수집하며, 클라우드와 AI는 수집된 빅데이터를 저장하고 분석한다.

② IoT는 인터넷 기반으로 다양한 사물, 사람, 공간을 긴밀하게 연결하고 상황을 분석, 예측, 판단해서 지능화된 서비스를 자율 제공하는 제반 인프라 및 융복합 기술이다.

③ 현재는 사물을 단순히 연결시켜 주는 단계에서 수집된 데이터를 분석해 스스로 사물에 의사결정을 내리는 단계로 발전하고 있다.

④ IoT 네트워크를 이용할 경우 통신 비용이 절감되는 효과가 있으며, 정보 보안 기술의 적용이 용이해진다.

전문가의 조언 | IoT는 인터넷을 기반으로 하기 때문에 IoT 네트워크를 이용할 경우 통신 비용이 발생할 수 있습니다. 그리고 IoT는 정보 보안 기술의 적용에 어려움이 있어 보안에 취약합니다.

10 바탕 화면에 있는 아이콘의 바로 가기 메뉴를 선택하여 수행할 수 없는 작업은?

① 아이콘의 바로 가기 만들기

② 아이콘 삭제하기

③ 아이콘 이름 바꾸기

④ 아이콘의 정렬 기준 변경하기

전문가의 조언 | 바탕 화면에 있는 아이콘의 정렬 기준은 바탕 화면의 바로 가기 메뉴에서 [정렬 기준]을 이용하여 지정할 수 있습니다.

11 다음 중 프로그램이 실행될 때 발생하는 메인 메모리 부족 문제를 보완하기 위해 하드디스크의 일부를 메인 메모리처럼 사용하게 하는 메모리 관리 기법을 의미하는 것은?

① 캐시 메모리

② 디스크 캐시

③ 연관 메모리

④ 가상 메모리

전문가의 조언 | 문제에 제시된 내용은 가상 메모리의 개념입니다.
• 캐시 메모리(Cache Memory) : CPU(중앙처리장치)와 주기억장치 사이에서 컴퓨터의 처리 속도를 향상시키는 역할을 함
• 연관 메모리(Associative Memory) : 기억장치에 저장된 정보에 접근할 때 주소 대신 기억된 내용의 일부를 이용하여 접근하는 장치로, 정보 검색이 신속함

12 다음 중 컴퓨터에서 사용하는 유니코드(Unicode)에 관한 설명으로 옳은 것은?

① 표현 가능한 문자수는 최대 256자이다.

② 문자를 2Byte로 표현한다.

③ 영문자를 7bit, 한글이나 한자를 16bit로 처리한다.

④ 한글은 KS 완성형으로 표현한다.

전문가의 조언 | 유니코드는 데이터의 교환을 원활하게 하기 위하여 문자 1개에 부여되는 값을 2Byte(16Bit)로 통일한 국제 표준 코드입니다.

13 다음 중 유틸리티 프로그램에 대한 설명으로 적절하지 않은 것은?

① 다수의 작업이나 목적에 대하여 적용되는 편리한 서비스 프로그램이나 루틴을 말한다.

② 컴퓨터의 동작에 필수적이고, 컴퓨터를 이용하는 주목적에 대한 일부 특정 작업을 수행하는 소프트웨어들을 가리킨다.

③ 컴퓨터 하드웨어, 운영체제, 응용 소프트웨어를 관리하는 데 도움을 주도록 설계된 프로그램을 의미한다.

④ Windows에서 제공하는 유틸리티 프로그램으로는 메모장, 그림판, 계산기 등을 예로 들 수 있다.

전문가의 조언 | 유틸리티 프로그램은 컴퓨터 동작에 필수적이지는 않지만, 컴퓨터를 이용하는 주 목적에 대한 특정 작업을 수행하는 소프트웨어들을 가리킵니다.

14 다음 중 인터넷 주소 체계에 대한 설명으로 옳지 않은 것은?

① 인터넷 연결을 위해서는 IP 주소 또는 도메인 네임 중 하나를 배정받아야 하며, 인터넷에 연결된 컴퓨터의 고유 주소는 도메인 네임으로 이는 IP 주소와 동일하다.

② 국제 인터넷 주소 관리기구는 ICANN이며, 한국에서는 한국인터넷진흥원(KISA)에서 관리하고 있다.

③ 현재는 인터넷 주소 체계인 IPv4 주소와 IPv6 주소가 함께 사용되고 있으며, IPv6 주소가 점차 확대되고 있다.

④ IPv6는 IPv4와의 호환성이 뛰어나고, 128비트의 주소를 사용하여 주소 부족 문제 및 보안문제를 해결할 수 있다.

전문가의 조언 | • 인터넷 연결을 위해서는 IP 주소를 배정받아야 하며, IP 주소는 인터넷에 연결된 컴퓨터들의 고유 주소입니다.
• 도메인 네임(Domain Name)은 특정 IP 주소를 사람이 이해하기 쉽게 문자로 표현한 것입니다.

15 WWW(World Wide Web)에 대한 설명으로 잘못된 것은?

① 멀티미디어 형식의 정보를 제공한다.

② HTTP 프로토콜을 사용하는 하이퍼텍스트 기반으로 되어 있다.

③ 웹 페이지는 서버에서 정보를 제공하고 클라이언트에서 웹 브라우저를 통해 정보를 검색하고 제공받는다.

④ HTML은 웹 페이지와 웹 브라우저 사이에서 하이퍼텍스트 문서를 전송하기 위해 사용하는 프로토콜이다.

전문가의 조언 | • ④번은 HTTP(Hyper Text Transfer Protocol)에 대한 설명입니다.
• HTML(Hyper Text Markup Language)은 인터넷의 표준 문서인 하이퍼텍스트 문서를 만들기 위해 사용하는 언어입니다.

16 다음 중 컴퓨터 범죄에 해당하지 않는 것은?

① 전자문서의 불법 복사

② 전산망을 이용한 개인 정보 유출

③ 컴퓨터 시스템 해킹을 통한 중요 정보의 위조 또는 변조

④ 인터넷 쇼핑몰 상품 가격 비교표 작성

전문가의 조언 | • 인터넷 쇼핑몰 상품 가격 비교표 작성 행위는 컴퓨터 범죄에 해당하지 않습니다.
• 컴퓨터 범죄는 컴퓨터 및 통신 기술을 이용하여 저지르는 불법적·비윤리적인 범죄로, ①, ②, ③번이 컴퓨터 범죄에 해당합니다.

17 다음 중 디지털 컴퓨터와 아날로그 컴퓨터의 차이점에 관한 설명으로 옳은 것은?

① 디지털 컴퓨터는 전류, 전압, 온도 등 다양한 입력 값을 처리하며, 아날로그 컴퓨터는 숫자 데이터만을 처리한다.

② 디지털 컴퓨터는 증폭 회로로 구성되며, 아날로그 컴퓨터는 논리 회로로 구성된다.

③ 아날로그 컴퓨터는 미분이나 적분 연산을 주로 하며, 디지털 컴퓨터는 산술이나 논리 연산을 주로 한다.

④ 아날로그 컴퓨터는 범용이며, 디지털 컴퓨터는 특수 목적용으로 많이 사용된다.

전문가의 조언 | 디지털 컴퓨터와 아날로그 컴퓨터의 차이점에 대해 올바르게 설명한 것은 ③번입니다.
① 디지털 컴퓨터는 숫자, 문자 데이터를 처리하며, 아날로그 컴퓨터는 전류, 전압, 온도 등 다양한 입력 값을 처리합니다.
② 디지털 컴퓨터는 논리 회로로 구성되며, 아날로그 컴퓨터는 증폭 회로로 구성됩니다.
④ 아날로그 컴퓨터는 특수 목적용이며, 디지털 컴퓨터는 범용으로 많이 사용됩니다.

18 다음 중 오디오 데이터와 관련된 용어에 해당하지 않는 것은?

① 시퀀싱(Sequencing)

② 인터레이싱(Interlacing)

③ PCM(Pulse Code Modulation)

④ 샘플링(Sampling)

전문가의 조언 | • 인터레이싱(Interlacing)은 오디오 데이터 관련 용어가 아닙니다. 인터레이싱은 이미지의 대략적인 모습을 먼저 보여준 다음 점차 자세한 모습을 보여주는 그래픽 기법입니다.
• 시퀀싱(Sequencing) : 컴퓨터를 이용하여 음악을 제작, 녹음, 편집하는 것
• PCM(Pulse Code Modulation) : 가장 대표적인 디지털화 방법으로, 아날로그 파형을 작은 시간 폭으로 연속적으로 나누어 각기 직사각형 형태의 크기로 표시한 후 이의 높이를 숫자화 하는 방식
• 샘플링(Sampling) : 음성·영상 등의 아날로그 신호를 일정 시간 간격으로 검출하는 단계로 아날로그 신호를 디지털 신호로 변환하는 과정

19 다음 중 애니메이션에서의 모핑(Morphing) 기법에 대한 설명으로 옳은 것은?

① 종이에 그린 그림을 셀룰로이드에 그대로 옮긴 뒤 채색하고 촬영하는 기법이다.

② 2개의 이미지나 3차원 모델 간에 부드럽게 연결하여 서서히 변하는 모습을 보여주는 기법이다.

③ 키 프레임을 이용하여 애니메이션을 만드는 기법이다.

④ 점토를 사용하여 애니메이션을 만드는 기법이다.

전문가의 조언 | • 모핑(Morphing) 기법에 대해 올바르게 설명한 것은 ②번입니다.
• ①번은 셀 애니메이션, ③번은 키 프레임 애니메이션, ④번은 클레이메이션에 대한 설명입니다.

20 다음 중 컴퓨터를 관리하는 효율적인 방법으로 옳지 않은 것은?

① 컴퓨터를 이동하거나 부품을 교체할 경우에는 전원을 끄고 작업하는 것이 바람직하다.

② 시스템에 문제가 발생하면 시스템을 재부팅하고 하드디스크의 모든 파티션을 제거한다.

③ 정기적으로 최신 바이러스 백신 프로그램을 사용하여 바이러스 감염을 방지하며, 중요한 데이터는 백업하여 둔다.

④ 가급적 불필요한 프로그램은 설치하지 않도록 하며, 정기적으로 시스템을 점검한다.

전문가의 조언 | 하드디스크의 모든 파티션을 제거하면 하드디스크에 저장된 내용도 모두 삭제되므로 [⊞(시작)] → [⚙(설정)] → [업데이트 및 보안] → [복구]를 통해 문제를 해결하는 것이 좋습니다.

2과목 스프레드시트 일반

21 다음 중 채우기 핸들에 대한 설명으로 옳은 것은?

① 문자와 숫자가 혼합된 셀의 채우기 핸들을 Ctrl을 누른 채 드래그하면 동일한 내용으로 복사된다.

② 숫자가 입력된 첫 번째 셀과 두 번째 셀을 범위로 설정한 후 채우기 핸들을 드래그하면 두 번째 셀의 값이 복사된다.

③ 숫자가 입력된 셀에서 Ctrl을 누른 채 채우기 핸들을 오른쪽으로 드래그하면 숫자가 1씩 감소한다.

④ 사용자 지정 목록에 지정된 목록 데이터의 첫 번째 항목을 입력하고 Ctrl을 누른 채 채우기 핸들을 드래그하면 목록 데이터가 입력된다.

전문가의 조언 | 채우기 핸들에 대한 설명으로 옳은 것은 ①번입니다.
② 숫자가 입력된 첫 번째 셀과 두 번째 셀을 범위로 설정한 후 채우기 핸들을 드래그하면 첫 번째 셀과 두 번째 셀의 값 차이만큼 값이 증가하거나 감소합니다.
③ 숫자가 입력된 셀에서 Ctrl을 누른 채 채우기 핸들을 오른쪽으로 드래그하면 숫자가 1씩 증가합니다.
④ 사용자 지정 목록에 지정된 목록 데이터의 첫 번째 항목을 입력하고 Ctrl을 누른 채 채우기 핸들을 드래그하면 입력한 내용이 복사됩니다. 목록 데이터를 입력하려면 아무것도 누르지 않은 채 채우기 핸들을 드래그해야 합니다.

---

22 다음 중 페이지 나누기에 대한 설명으로 옳지 않은 것은?

① 페이지 나누기는 워크시트를 인쇄할 수 있도록 페이지 단위로 나누는 구분선이다.

② [페이지 나누기 미리 보기] 상태에서 마우스로 페이지 나누기 구분선을 클릭하여 끌면 페이지를 나눌 위치를 조정할 수 있다.

③ 행 높이와 열 너비를 변경해도 자동 페이지 나누기 구분선의 위치는 변경되지 않는다.

④ [페이지 나누기 미리 보기] 상태에서 파선은 자동 페이지 나누기를 나타내고 실선은 사용자 지정 페이지 나누기를 나타낸다.

전문가의 조언 | 행 높이와 열 너비를 변경하면 자동 페이지 나누기는 영향을 받아 자동으로 변경되고, 수동 페이지 나누기는 영향을 받지 않고 원래대로 유지됩니다.

---

23 아래 워크시트는 수량과 상품코드별 단가를 이용하여 금액을 산출한 것이다. 다음 중 [D2] 셀에 사용된 수식으로 옳은 것은? (단, 금액 = 수량 × 단가)

▲	A	B	C	D
1	매장명	상품코드	수량	금액
2	강북	AA-10	15	45,000
3	강남	BB-20	25	125,000
4	강서	AA-10	30	90,000
5	강동	CC-30	35	245,000
6				
7		상품코드	단가	
8		AA-10	3000	
9		CC-30	7000	
10		BB-20	5000	

① =C2 * VLOOKUP(B2, $B$8:$C$10, 2)

② =C2 * VLOOKUP($B$8:$C$10, 2, B2, FALSE)

③ =C2 * VLOOKUP(B2, $B$8:$C$10, 2, FALSE)

④ =C2 * VLOOKUP($B$8:$C$10, 2, B2)

전문가의 조언 | [D2] 셀에 사용된 수식으로 옳은 것은 ③번입니다.
• =C2 * VLOOKUP(B2, $B$8:$C$10, 2, FALSE) : VLOOKUP(찾을값, 범위, 열 번호, 옵션)은 '범위'의 첫 번째 열에서 '옵션'에 맞게 '찾을값'과 같은 데이터를 찾은 후 '찾을값'이 있는 행에서 지정된 '열 번호' 위치에 있는 값을 반환하는 함수로, 각각의 인수를 살펴보면 다음과 같습니다.
• 찾을값 : '상품코드'에 따라 '단가'를 찾아와야 하므로 '상품코드'가 있는 [B2] 셀을 입력합니다.
• 범위 : '상품코드'와 '단가'가 있는 [B8:C10] 영역을 지정하며, [D2] 셀에 수식을 입력한 후 채우기 핸들을 드래그하여 [D3:D5] 영역에도 값을 구해야 하므로 절대 참조($B$8:$C$10)로 지정해야 합니다.
• 열 번호 : '단가'가 범위의 두 번째 열에 있으므로 2를 입력합니다.
• 옵션 : 범위의 첫 번째 열에서 찾을 값인 '상품코드'와 정확히 일치하는 값을 찾아야 하므로, 'FALSE' 또는 0을 입력합니다.

24 다음 중 데이터 입력에 대한 설명으로 옳지 않은 것은?

① 데이터를 입력하는 도중에 입력을 취소하려면 Esc를 누른다.

② 셀 안에서 줄을 바꾸어 데이터를 입력하려면 Alt + Enter를 누른다.

③ 텍스트, 텍스트/숫자 조합, 날짜, 시간 데이터는 셀에 입력하는 처음 몇 자가 해당 열의 기존 내용과 일치하면 자동으로 입력된다.

④ 여러 셀에 동일한 데이터를 입력하려면 해당 셀을 범위로 지정하여 데이터를 입력한 후 Ctrl + Enter를 누른다.

> 전문가의 조언 | 텍스트와 텍스트/숫자 조합 데이터는 셀에 입력하는 처음 몇 자가 해당 열의 기존 내용과 일치하면 자동으로 입력되지만 숫자, 날짜, 시간 데이터는 자동으로 입력되지 않습니다.

25 아래 워크시트에서 평균에 대한 내림차순 순위를 구하고자 한다. [E2] 셀에 함수식을 입력한 후 채우기 핸들을 이용하여 [E3:E6] 영역에 복사하려고 할 때, 입력해야 할 함수식으로 옳은 것은?

▲	A	B	C	D	E
1	이름	국어	수학	평균	순위
2	구연	100	94	97	
3	진아	99	88	93.5	
4	원빈	65	66	65.5	
5	이리	80	83	81.5	
6	은비	75	77	76	

① =RANK.EQ(D2, $D2:$D6, 0)

② =RANK.EQ(D2, $D2:$D6, 1)

③ =RANK.EQ(D2, D$2:D$6, 0)

④ =RANK.EQ(D2, D$2:D$6, 1)

> 전문가의 조언 | 평균에 대한 내림차순 순위를 구하는 수식으로 옳은 것은 ③번입니다.
> • =RANK.EQ(D2, D$2:D$6, 0) : RANK.EQ(인수, 범위, 옵션)은 지정된 '범위' 안에서 '인수'의 순위를 반환하는 함수로, 각각의 인수를 살펴보면 다음과 같습니다.
> • 인수 : 평균이 있는 D2 셀을 지정합니다.
> • 범위 : 전체 평균이 있는 D2:D6 영역을 지정하되, 여러 셀에 결과값을 구해야 하므로 절대 참조로 지정합니다($D$2:$D$6).
> • 옵션 : 내림차순으로 지정해야 하므로 0을 지정하거나 생략합니다.

26 다음 중 아래 그림의 시나리오 요약 보고서에 대한 설명으로 옳지 않은 것은?

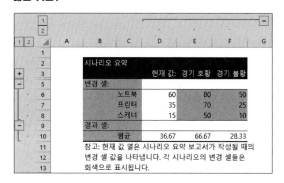

① 노트북, 프린터, 스캐너 값의 변화에 따른 평균 값을 확인할 수 있다.

② '경기 호황'과 '경기 불황' 시나리오에 대한 시나리오 요약 보고서이다.

③ 시나리오의 값을 변경하면 해당 변경 내용이 기존 요약 보고서에 자동으로 다시 계산되어 표시된다.

④ 시나리오 요약 보고서를 실행하기 전에 변경 셀과 결과 셀에 대해 이름을 정의하였다.

> 전문가의 조언 | 워크시트에서 시나리오에 반영된 셀의 값을 변경해도 이미 작성된 시나리오 요약 보고서에 반영되지는 않습니다.

27 다음 중 부분합에 대한 설명으로 옳지 않은 것은?

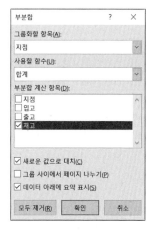

① 부분합을 실행하면 각 부분합에 대한 정보 행을 표시하고 숨길 수 있도록 목록에 개요가 자동으로 설정된다.

② 부분합은 한번에 한 개의 함수만 계산할 수 있으므로 두 개 이상의 함수를 이용하려면 함수의 개수만큼 부분합을 중첩해서 삽입해야 한다.

③ '새로운 값으로 대치'를 선택하면 이전의 부분합의 결과는 제거되고 새로운 부분합의 결과로 변경한다.

④ 그룹화할 항목으로 선택된 필드는 자동으로 오름차순 정렬하여 부분합이 계산된다.

> 전문가의 조언 | 부분합을 작성하려면 먼저 그룹화할 항목을 기준으로 반드시 오름차순이나 내림차순으로 정렬한 후 부분합을 실행해야 합니다.

28 다음 중 [통합] 데이터 도구에 대한 설명으로 옳지 않은 것은?

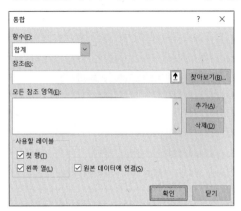

① '모든 참조 영역'에 다른 통합 문서의 워크시트를 추가하여 통합할 수 있다.

② '사용할 레이블'을 모두 선택한 경우 각 참조 영역에 결과 표의 레이블과 일치하지 않은 레이블이 있으면 통합 결과 표에 별도의 행이나 열이 만들어진다.

③ 지정한 영역에 계산될 요약 함수는 '함수'에서 선택하며, 요약 함수로는 합계, 개수, 평균, 최대, 최소 등이 있다.

④ '원본 데이터에 연결' 확인란을 선택하여 통합한 경우 통합에 참조된 영역에서의 행 또는 열이 변경될 때 통합된 데이터 결과도 자동으로 업데이트 된다.

전문가의 조언 | 아래 [그림1]의 상반기 판매현황과 하반기 판매현황을 [그림2]와 같이 다른 시트에 통합할 때, '원본 데이터에 연결' 확인란을 선택한 경우 [그림1]의 [B3:C6], [F3:G6] 영역의 데이터가 변경되면 [그림2]의 통합 결과 (C5:D14)가 자동으로 업데이트되지만 행과 열(A3:A6, E3:E6, B2:C2, F2:G2)이 변경되면 자동으로 업데이트 되지 않습니다.

[그림1]

	A	B	C	D	E	F	G
1	상반기 판매현황				하반기 판매현황		
2	품목	판매량	판매액		품목	판매량	판매액
3	냉장고	15	14,250		비디오	18	10,080
4	오디오	10	14,000		카메라	35	11,900
5	비디오	15	14,250		냉장고	15	14,250
6	카메라	14	4,760		오디오	20	28,000

[그림2]

	A	B	C	D
1	한해 판매현황			
2	품목		판매량	판매액
5	냉장고		30	28,500
8	오디오		30	42,000
11	비디오		33	24,330
14	카메라		49	16,660

29 고급 필터에서 다음과 같은 조건을 적용하였을 때 선택되는 데이터로 올바른 것은?

	A	B	C
1	제품명	금액	수량
2	냉장고	<650000	
3			>5

① 제품명이 냉장고이고 금액이 650000 미만인 제품과 수량이 6 이상인 제품

② 금액이 650000 미만이고 수량이 5 이상인 제품

③ 제품명이 냉장고이거나 금액이 650000 미만인 제품이면서 수량은 6 이상인 제품

④ 수량은 5 이상이며 제품명이 냉장고이거나 금액이 650000 이상인 제품

전문가의 조언 | • 고급 필터에서 OR 조건은 각 조건을 서로 다른 행에 입력하고, AND 조건은 서로 같은 행에 입력합니다.
• 문제의 고급 필터 조건은 '제품명이 냉장고이고 금액이 650000 미만인 제품과 수량이 5보다 큰(6 이상) 제품'입니다.

30 다음과 같이 수량과 실적에 따른 점유율을 확인하는데 가장 알맞은 차트는 무엇인가?

	A	B	C	D
1	순번	수량	실적	점유율
2	1	35	3,500,000	17%
3	2	40	4,000,000	19%
4	3	42	4,200,000	20%
5	4	58	5,800,000	28%
6	5	33	3,300,000	16%

① 도넛형   ② 분산형

③ 거품형   ④ 영역형

전문가의 조언 | 수량, 실적, 점유율과 같이 데이터 계열 값이 세 개인 경우에 사용되는 차트는 거품형입니다. 문제에 제시된 데이터를 이용하여 거품형 차트를 작성하면 다음과 같습니다.

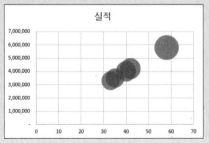

실적

31 다음 그림의 차트에 설정된 구성 요소는?

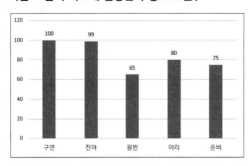

① 범례
② 차트 제목
③ 데이터 레이블
④ 데이터 테이블

그림의 차트에 설정된 구성 요소는 '데이터 레이블'입니다.
• 나머지 보기로 제시된 구성 요소를 차트에 표시하면 다음과 같습니다.

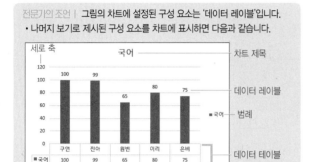

32 다음 중 [페이지 설정] 대화상자의 [시트] 탭에 대한 설명으로 옳지 않은 것은?

① 셀에 삽입된 노트를 시트 끝에 인쇄되도록 설정할 수 있다.
② 셀 구분선이나 그림 개체 등은 제외하고 셀에 입력된 데이터만 인쇄되도록 설정할 수 있다.
③ 워크시트의 행/열 머리글과 눈금선이 인쇄되도록 설정할 수 있다.
④ 용지 여백과 용지 크기를 설정할 수 있다.

용지 여백은 '여백' 탭에서, 용지 크기는 '페이지' 탭에서 설정할 수 있습니다.

33 다음 중 찾기 및 바꾸기에 대한 설명으로 옳지 않은 것은?

① 찾을 내용에 물음표(?)를 사용하면 찾고자 하는 단어의 길이를 제한할 수 있고, 별표(*)를 사용하면 단어의 길이에 상관없이 모든 단어를 검색할 수 있다.
② 서식을 사용하면 서식 조건에 맞는 셀을 검색할 수 있다.
③ 범위 항목에서 현재 워크시트에서만 검색하려면 '시트'를 선택하고 현재 통합 문서의 모든 시트를 검색하려면 '통합 문서'를 선택한다.
④ 찾는 위치 항목에서 '수식'으로 입력하면 수식이 계산된 결과에서 찾을 문자열을 검색한다.

• 찾는 위치를 '수식'으로 지정하면 수식이 계산된 결과가 아닌 수식에서 해당 찾을 문자를 검색합니다.
• 수식의 결과값에서 해당 찾을 문자를 검색하려면 찾는 위치를 '값'으로 지정해야 합니다.
• 예를 들어, =5+3, 5, =2+3을 각각의 셀에 입력하면 화면에 8, 5, 5가 표시됩니다. 이때 찾을 문자열을 5로 지정하고 찾는 위치를 '수식'으로 지정한 다음 검색하면 8(=5+3)과 5가 검색되지만 찾는 위치를 '값'으로 지정하고 검색하면 5와 5(=2+3)가 검색됩니다.

34 [D1] 셀에 입력된 수식 '=A$1+$B1'을 복사하여 [D3] 셀에 붙여넣을 경우 결과로 옳은 것은?

	A	B	C	D
1	80	60	70	
2	70	90	75	
3	85	70	75	
4	75	77	85	

① 140
② 170
③ 150
④ 157

[D1] 셀에 입력된 수식 '=A$1+$B1'을 [D3] 셀로 복사하면 수식이 '=A$1+$B3'으로 변경되므로 결과는 150입니다.

35 다음 수식의 결과가 나머지와 다른 것은?

① =LEFT(123.654, 6)
② =ROUND(123.654, 2)
③ =ROUNDUP(123.654, 2)
④ =ROUNDDOWN(123.654, 2)

③번의 결과는 123.66이고, 나머지의 결과는 123.65입니다.
① =LEFT(123.654, 6) : LEFT(텍스트, 개수)는 '텍스트'의 왼쪽부터 지정한 '개수'만큼 반환하는 함수이므로 123.654에서 왼쪽부터 6글자를 추출한 **123.65**를 반환합니다.
② =ROUND(123.654, 2) : ROUND(인수, 반올림 자릿수)는 '인수'에 대하여 지정한 '반올림 자릿수'로 반올림하는 함수이므로 123.654를 소수점 이하 둘째 자리로 반올림한 값인 **123.65**를 반환합니다.
③ =ROUNDUP(123.654, 2) : ROUNDUP(인수, 올림 자릿수)는 '인수'에 대하여 지정한 '올림 자릿수'로 올림하는 함수이므로 123.654를 소수점 이하 둘째 자리로 올림한 값인 **123.66**를 반환합니다.
④ =ROUNDDOWN(123.654, 2) : ROUNDDOWN(인수, 내림 자릿수)는 '인수'에 대하여 지정한 '내림 자릿수'로 내림하는 함수이므로 123.654를 소수점 이하 둘째 자리로 내림한 값인 **123.65**를 반환합니다.

36 다음 중 선택 가능한 매크로 보안 설정으로 옳지 않은 것은?

① 알림이 없는 매크로 사용 안 함

② 알림이 포함된 VBA 매크로 사용 안 함

③ 디지털 서명된 매크로를 제외하고 VBA 매크로 사용 안 함

④ VBA 매크로 사용(권장)

전문가의 조언 | [개발 도구] → [코드] → [매크로 보안]에서 설정할 수 있는 항목은 다음과 같습니다.

매크로 설정
○ 알림이 없는 매크로 사용 안 함(M)
○ 알림이 포함된 VBA 매크로 사용 안 함(A)
○ 디지털 서명된 매크로를 제외하고 VBA 매크로 사용 안 함(G)
● VBA 매크로 사용(권장 안 함, 위험한 코드가 시행될 수 있음)(N)

37 다음 중 매크로 기록에 관한 설명으로 옳지 않은 것은?

① 바로 가기 키는 소문자, 대문자를 모두 사용할 수 있다.

② 매크로 이름에는 공백 문자는 사용할 수 없다.

③ 바로 가기 키는 Ctrl과 함께 사용한다.

④ 매크로 이름의 첫 글자는 문자나 숫자를 사용한다.

전문가의 조언 | 매크로 이름의 첫 글자는 반드시 문자로 지정해야 합니다.

38 다음 중 하나의 계열만 표시할 수 있는 차트는?

① 세로 막대형   ② 원형

③ 방사형   ④ 영역

전문가의 조언 | 항상 한 개의 데이터 계열만 사용하는 차트는 원형 차트입니다.

39 다음 중 '셀 항목 자동 완성' 기능에 대한 설명으로 옳지 않은 것은?

① 숫자 또는 날짜만으로 구성된 내용에는 적용되지 않는다.

② [파일] → [옵션] → [고급] 탭의 '편집 옵션' 항목에서 '셀 내용을 자동 완성'이 설정되어 있어야 실행된다.

③ 나머지 글자가 자동으로 채워진 항목을 그대로 입력하려면 Enter를 입력한다.

④ 한글이나 영어로만 구성된 항목에 적용되는 기능이다.

전문가의 조언 | 셀 내용 자동 완성 기능은 한글이나 영어가 포함된 문자열 데이터에 적용됩니다.

40 조건부 서식에 대한 설명으로 틀린 것은?

① 조건에 맞지 않을 경우에 대한 서식도 함께 지정할 수 있다.

② 조건부 서식은 기존의 셀 서식에 우선하여 적용된다.

③ 조건을 수식으로 입력할 경우 수식 앞에 등호(=)를 반드시 입력해야 하나.

④ 조건부 서식에 의해 서식이 설정된 셀에서 값이 변경되어 조건에 만족하지 않을 경우 적용된 서식은 바로 해제된다.

전문가의 조언 | 조건부 서식의 규칙별로 다른 서식은 지정할 수 있지만 조건에 맞지 않을 경우에 대한 서식은 지정할 수 없습니다.

01 다음 중 Windows에서 Winkey(⊞)와 함께 사용하는 바로 가기 키에 대한 설명으로 틀린 것은?

① ⊞+Ⅰ : '설정' 창을 표시함

② ⊞+D : 모든 창을 최소화함

③ ⊞+L : 컴퓨터를 잠금

④ ⊞+E : '실행' 창을 표시함

전문가의 조언 | • ⊞+E는 파일 탐색기를 실행하는 바로 가기 키입니다.
• '실행' 창을 표시하는 바로 가기 키는 ⊞+R입니다.

02 다음 중 인터넷 주소 체계인 IPv6에 대한 설명으로 옳지 않은 것은?

① 주소는 16비트씩 8개 부분으로 총 128비트로 구성되어 있다.

② IPv6의 주소는 유니캐스트, 애니캐스트, 멀티캐스트 3종 류의 형태로 분류한다.

③ IPv4와의 호환성은 낮으나 IPv4에 비해 품질 보장은 용이하다.

④ 주소에 0이 연속되는 경우 0을 생략하고 '::' 형태로 표시할 수 있다.

전문가의 조언 | IPv6은 IPv4와의 호환성 및 주소의 확장성, 융통성, 연동성이 뛰어납니다.

03 다음 중 한글 Windows 10의 [메모장]에 대한 설명으로 옳지 않은 것은?

① 작성한 문서를 저장할 때 확장자는 기본적으로 .txt가 부여된다.

② 그림, 차트 등의 OLE 개체를 삽입할 수 있다.

③ 현재 시간/날짜를 삽입하는 기능이 있다.

④ 특정한 문자열을 찾을 수 있는 찾기 기능이 있다.

전문가의 조언 | 메모장에서는 그림, 차트 등의 OLE 개체를 삽입할 수 없습니다.

04 다음 중 한글 Windows 10에서 하드디스크를 포맷하기 위한 [포맷] 창에서 설정 가능한 항목으로 옳지 않은 것은?

① 볼륨 레이블 입력

② 파티션 제거

③ 파일 시스템 선택

④ 빠른 포맷 선택

전문가의 조언 | • '포맷' 대화상자에서 '파티션 제거'는 수행할 수 없습니다.
• '포맷' 대화상자에서 설정할 수 있는 항목에는 용량, 파일 시스템, 할당 단위 크기, 볼륨 레이블, 빠른 포맷 등이 있습니다.

05 다음 중 컴퓨터에서 문자 데이터를 표현하는 방법으로 옳지 않은 것은?

① EBCDIC   ② Unicode

③ ASCII   ④ Hamming Code

전문가의 조언 | • 해밍 코드(Hamming Code)는 문자 데이터를 표현하기 위해 사용하는 코드가 아닙니다.
• 해밍코드는 에러 검출 및 교정이 가능한 코드입니다.

06 다음 중 컴퓨터에서 사용하는 일반 하드디스크에 비하여 속도가 빠르고 기계적 지연이나 에러의 확률 및 발열 소음이 적으며, 소형화, 경량화할 수 있는 하드디스크 대체 저장장치는?

① DVD   ② HDD

③ SSD   ④ ZIP

전문가의 조언 | 문제에 제시된 내용은 SSD(Solid State Drive)에 대한 설명입니다.

07 다음 중 프로그램이 실행될 때 발생하는 메인 메모리 부족 문제를 보완하기 위해 하드디스크의 일부를 메인 메모리처럼 사용하게 하는 메모리 관리 기법을 의미하는 것은?

① 캐시 메모리   ② 디스크 캐시

③ 연관 메모리   ④ 가상 메모리

전문가의 조언 | 보조기억장치의 일부를 주기억장치처럼 사용하는 메모리 기법을 가상 메모리라고 합니다.
• 캐시 메모리(Cache Memory) : CPU(중앙처리장치)와 주기억장치 사이에서 컴퓨터의 처리 속도를 향상시키는 역할을 함
• 연관 메모리(Associative Memory) : 기억장치에 저장된 정보에 접근할 때 주소 대신 기억된 내용의 일부를 이용하여 접근하는 장치로, 정보 검색이 신속함

08 다음 중 멀티미디어와 관련하여 동영상 전문가 그룹에 의해서 제안된 비디오 또는 오디오 압축에 관한 일련의 표준으로 옳은 것은?

① XML　　　　　　② SVG
③ JPEG　　　　　④ MPEG

전문가의 조언 | 문제에 제시된 내용은 MPEG의 개념입니다.

09 다음 중 컴퓨터 바이러스의 예방법으로 가장 거리가 먼 것은?

① 최신 버전의 백신 프로그램을 사용한다.
② 다운로드 받은 파일은 작업에 사용하기 전에 바이러스 검사 후 사용한다.
③ 전자우편에 첨부된 파일은 열어서 확인한 후 사용한다.
④ 네트워크 공유 폴더에 있는 파일은 읽기 전용으로 지정한다.

전문가의 조언 | 전자우편에 첨부된 파일은 우선 바이러스 검사를 수행한 후 저장하여 사용해야 합니다.

10 다음 중 컴퓨터를 이용한 가상 현실(Virtual Reality)에 관한 설명으로 옳은 것은?

① 고화질 영상을 제작하여 텔레비전에 나타내는 기술이다.
② 고도의 컴퓨터 그래픽 기술과 3차원 기법을 통하여 현실의 세계처럼 구현하는 기술이다.
③ 여러 영상을 통합하여 2차원 그래픽으로 표현하는 기술이다.
④ 복잡한 데이터를 단순화시켜 컴퓨터 화면에 나타내는 기술이다.

전문가의 조언 | 컴퓨터 그래픽 기술과 3차원 기법을 통해 만들어낸 가상 세계에서 여러 다른 경험을 체험할 수 있도록 하는 모든 기술을 가상현실(Virtual Reality)라고 합니다.

11 USB 포트에 대한 설명으로 옳지 않은 것은?

① 주변장치를 127개까지 연결할 수 있다.
② 컴퓨터의 전원이 켜진 상태에서도 장치를 연결하거나 제거할 수 있다.
③ 기존의 직렬, 병렬, PS/2 포트 등을 하나의 포트로 대체하기 위한 범용 직렬 버스이다.
④ 한번에 8비트의 데이터가 동시에 전송되는 방식을 사용한다.

전문가의 조언 | • USB 포트는 직렬 포트로서 한 번에 1비트씩 데이터를 전송합니다.
• 한 번에 8비트의 데이터를 동시에 전송하는 것은 병렬 포트입니다.

12 다음 중 인터넷에서 웹 서버와 사용자의 인터넷 브라우저 사이에 하이퍼텍스트 문서를 전송하기 위해 사용되는 통신 규약은?

① TCP　　　　　　② HTTP
③ FTP　　　　　　④ SMTP

전문가의 조언 | 문제에 제시된 내용은 HTTP의 개념입니다.
• TCP(Transmission Control Protocol) : 메시지를 송·수신자의 주소와 정보로 묶어 패킷 단위로 나누며, 전송 데이터의 흐름을 제어하고, 데이터의 에러 유무를 검사함
• FTP(File Transfer Protocol) : 컴퓨터와 컴퓨터 또는 컴퓨터와 인터넷 사이에서 파일을 주고받을 수 있도록 하는 원격 파일 전송 프로토콜
• SMTP(Simple Mail Transfer Protocol) : 사용자의 컴퓨터에서 작성한 메일을 다른 사람의 계정이 있는 곳으로 전송해 주는 역할을 함

13 다음 중 사용자의 기본 설정을 사이트가 인식하도록 하거나, 사용자가 웹 사이트로 이동할 때마다 로그인해야 하는 번거로움을 생략할 수 있도록 사용자 환경을 향상시키는 것은?

① 쿠키(Cookie)
② 즐겨찾기(Favorites)
③ 웹 서비스(Web Service)
④ 히스토리(History)

전문가의 조언 | 문제에 제시된 내용은 쿠키(Cookie)에 대한 설명입니다.
• 즐겨찾기(Favorites) : 자주 방문하는 웹 사이트를 쉽게 찾아갈 수 있도록 해당 웹 사이트 주소를 목록 형태로 저장해 둔 것
• 히스토리(History) : 웹 브라우저를 처음 실행시킨 후부터 종료할 때까지 사용자가 방문했던 웹사이트 주소들을 순서대로 보관하는 기능

14 다음 중 컴퓨터 범죄 예방에 대한 설명으로 옳지 않은 것은?

① 해킹 방지를 위해 패스워드는 가급적 변경하지 않는다.
② 정보 누출이나 해킹 방지를 위해 방화벽 체제를 정비한다.
③ 암호는 가급적이면 알파벳과 숫자, 특수문자 등을 섞어서 만든다.
④ 지속적인 해킹 감시 및 접근 통제 도구를 개발한다.

전문가의 조언 | 패스워드는 해킹 당할 수 있으므로 정기적으로 변경하는 것이 좋습니다.

15 다음 중 멀티미디어의 특징에 대한 설명으로 옳지 않은 것은?

① 다양한 아날로그 데이터를 디지털 데이터로 변환하여 통합 처리한다.

② 정보 제공자와 사용자 간의 상호 작용에 의해 데이터가 전달된다.

③ 미디어별 파일 형식이 획일화되어 멀티미디어의 제작이 용이해진다.

④ 텍스트, 그래픽, 사운드, 동영상 등의 여러 미디어를 통합 처리한다.

전문가의 조언 | 멀티미디어는 그래픽, 비디오, 오디오 등 각 미디어별로 다양한 파일 형식이 있어 용도에 맞는 멀티미디어의 제작이 용이합니다.

16 다음 중 인터넷 홈페이지 제작 언어로 옳지 않은 것은?

① DHTML　　　　② ASP

③ JAVA　　　　④ AIDA

전문가의 조언 | AIDA는 홈페이지 제작 언어가 아닙니다. AIDA는 CPU, 메인보드, 램, 그래픽 카드, 사운드카드 등 PC에 설치되어 있는 모든 하드웨어 정보를 확인할 때 사용하는 유틸리티 프로그램입니다.
• DHTML : 이전 버전의 HTML에 비해 애니메이션이 강화되고 사용자와의 상호 작용에 좀더 민감한 동적인 웹 페이지를 만들 수 있게 해주는 HTML임
• ASP : 서버 측에서 동적으로 수행되는 페이지를 만들기 위한 언어로, 마이크로소프트 사에서 개발함
• JAVA : 웹 상에서 멀티미디어 데이터를 효율적으로 처리할 수 있는 객체지향 언어로, 네트워크 환경에서 분산 작업이 가능하도록 설계된 프로그래밍 언어

17 다음 중 컴퓨터에서 사용하는 하드디스크의 파티션에 대한 설명으로 옳지 않은 것은?

① 하나의 물리적인 하드디스크를 여러 개의 파티션으로 나눌 수 있다.

② 파티션을 나눈 후에 하드디스크를 사용하기 위해서는 포맷을 해야 한다.

③ 하나의 하드디스크 내의 모든 파티션에는 동일한 운영체제만 설치할 수 있다.

④ 하나의 파티션에는 한 가지 파일 시스템만을 설치할 수 있다.

전문가의 조언 | 각각의 파티션에는 서로 다른 운영체제를 설치할 수 있습니다.

18 다음 중 한글 Windows 10에서 프린터 설치에 관한 설명으로 옳지 않은 것은?

① 네트워크 프린터를 선택한 경우에는 연결할 프린터의 포트를 지정한다.

② [설정] → [장치] → [프린터 및 스캐너]에서 '프린터 또는 스캐너 추가'를 클릭하여 프린터를 추가한다.

③ 설치할 프린터 유형은 로컬 프린터와 Bluetooth, 무선 또는 네트워크 검색 가능 프린터 등에서 하나를 선택할 수 있다.

④ 컴퓨터에 설치된 여러 대의 프린터 중에 현재 설치 중인 프린터를 기본 프린터로 설정할 것인지 선택한다.

전문가의 조언 | 네트워크 프린터를 선택한 경우에는 연결할 프린터의 포트가 자동으로 지정됩니다.

19 다음의 보기가 의미하는 분산 시스템 모델로 옳은 것은?

• 시스템에 소속된 컴퓨터들은 누구든지 서버가 될 수 있으며, 클라이언트도 될 수 있다.
• 워크스테이션 혹인 개인용 컴퓨터를 단말기로 사용한다.
• 고속 LAN을 기반으로 한다.

① 주/종속 시스템(Master/Slave System)

② 동배간 처리 시스템(Peer to Peer System)

③ 호스트 기반(Host Based) 시스템

④ 클라이언트/서버 시스템(Client/Server System)

전문가의 조언 | 시스템에 소속된 컴퓨터들은 어느 것이든 서버가 될 수 있으며, 동시에 클라이언트도 될 수 있는 네트워크 운영 방식은 '동배간 처리 방식'입니다.

20 네트워크 구성 시 반드시 필요한 장비로 정보 전송을 위한 최적의 경로를 찾아 통신망에 연결하는 장치는?

① 리피터　　　　② 게이트웨이

③ 라우터　　　　④ 브리지

전문가의 조언 | 문제에 제시된 내용은 라우터(Rounter)의 기능입니다.
• 리피터 : 디지털 방식의 통신선로에서 전송 신호를 재생시키거나 출력전압을 높여 전송하는 장치
• 게이트웨이 : 주로 LAN에서 프로토콜이 다른 네트워크에 데이터를 보내거나 프로토콜이 다른 네트워크로부터 데이터를 받아들이는 출입구 역할을 함
• 브리지 : 서로 독립적으로 동작하면서 같은 프로토콜을 사용하는 두 LAN(Local Area Network)을 연결하는 네트워크 장치

21 다음 중 데이터 입력에 대한 설명으로 옳지 않은 것은?

① 데이터를 입력하는 도중에 입력을 취소하려면 Esc를 누른다.

② 셀 안에서 줄을 바꾸어 데이터를 입력하려면 Alt + Enter를 누른다.

③ 텍스트, 텍스트/숫자 조합, 날짜, 시간 데이터는 셀에 입력하는 처음 몇 자가 해당 열의 기존 내용과 일치하면 자동으로 입력된다.

④ 여러 셀에 동일한 데이터를 입력하려면 해당 셀을 범위로 지정하여 데이터를 입력한 후 Ctrl + Enter를 누른다.

전문가의 조언 | 텍스트와 텍스트/숫자 조합 데이터는 셀에 입력하는 처음 몇 자가 해당 열의 기존 내용과 일치하면 자동으로 입력되지만 숫자, 날짜, 시간 데이터는 자동으로 입력되지 않습니다.

22 다음 중 노트에 관한 설명으로 옳지 않은 것은?

① 노트를 삭제하려면 노트가 삽입된 셀을 선택한 후 [검토] 탭 [노트] 그룹의 [삭제]를 선택한다.

② [서식 지우기] 기능을 이용하여 셀의 서식을 지우면 설정된 노트도 함께 삭제된다.

③ 노트가 삽입된 셀을 이동하면 노트의 위치도 셀과 함께 변경된다.

④ 작성된 노트의 내용을 수정하려면 노트가 삽입된 셀의 바로 가기 메뉴에서 [노트 편집]을 선택한다.

전문가의 조언 | • [서식 지우기]를 실행하면 셀의 서식만 지워지고 노트는 삭제되지 않습니다.
• 노트를 삭제하려면 노트가 삽입된 셀의 바로 가기 메뉴에서 [메모 삭제]를 선택하거나 [홈] → [편집] → [지우기] → [설명 및 메모 지우기]를 선택해야 합니다.

23 다음 중 조건부 서식을 이용하여 [A2:C5] 영역에 EXCEL과 ACCESS 점수의 합계가 170 이하인 행 전체에 셀 배경색을 지정하기 위한 수식으로 옳은 것은?

	A	B	C
1	이름	EXCEL	ACCESS
2	김경희	75	73
3	원은형	89	88
4	나도향	65	68
5	최은심	98	96

① =B$2+C$2<=170

② =$B2+$C2<=170

③ =$B$2+$C$2<=170

④ =B2+C2<=170

전문가의 조언 | 조건부 서식의 규칙으로 셀 주소를 이용해 규칙에 맞는 행 전체에 서식이 적용되도록 수식을 작성할 경우 열 번호에만 절대 주소 표시($)를 해야 합니다.

24 아래 그림과 같이 '기록(초)' 필드를 이용하여 순위[C2:C5]를 계산하였다. 다음 중 [C2] 셀의 수식으로 옳은 것은?

	A	B	C
1	선수명	기록(초)	순위
2	홍길동	12	3
3	이기자	15	4
4	금나래	10	1
5	나도국	11	2

① =RANK.EQ(B1, $C$2:$C$5)

② =RANK.EQ(B2, $A$2:$A$5)

③ =RANK.EQ(B2, $B$2:$B$5, 1)

④ =RANK.EQ(B2, $B$2:$B$5, 0)

전문가의 조언 | '기록(초)'에 대한 오름차순 순위를 구하려면 [C2] 셀에 =RANK.EQ(B2, $B$2:$B$5, 1)을 입력해야 합니다. [B2:B5]는 비교 대상이므로 행 방향으로 드래그 해도 항상 변하지 않도록 [$B$2:$B$5] 형태로 입력해야 하고, 1은 순위를 오름차순으로 구하기 위해 지정한 것입니다.

25 다음 중 차트에 대한 설명으로 옳지 않은 것은?

① 기본적으로 워크시트의 행과 열에서 숨겨진 데이터는 차트에 표시되지 않으며 빈 셀은 간격으로 표시된다.

② 표에서 특정 셀 한 개를 선택하여 차트를 생성하면 해당 셀을 직접 둘러싸는 표의 데이터 영역이 모두 차트에 표시된다.

③ 차트를 만들 데이터를 선택한 후 Alt + F1을 누르면 별도의 차트 시트가 생성된다.

④ 차트에 두 개 이상의 차트 종류를 사용하여 혼합형 차트를 만들 수도 있다.

전문가의 조언 | • 차트를 만들 데이터를 선택한 후 Alt + F1을 누르면 데이터가 있는 워크시트에 기본 차트(묶은 세로 막대형)가 작성됩니다.
• 별도의 차트 시트를 생성하려면 차트를 만들 데이터를 선택한 후 F11을 눌러야 합니다.

26 다음 중 항목 레이블이 월, 분기, 연도와 같이 일정한 간격의 값을 나타내는 경우에 적합한 차트로 일정 간격에 따라 데이터의 추세를 표시하는 데 유용한 것은?

① 분산형 차트

② 원형 차트

③ 꺾은선형 차트

④ 방사형 차트

전문가의 조언 | 일정 기간의 데이터 변화 추이를 확인하는 데 적합한 차트는 꺾은선형 차트입니다.

27 워크시트 출력 시 머리글 또는 바닥글에 페이지 번호가 포함되어 있는 경우, 시작 페이지 번호를 100으로 저장하려고 한다. 다음 중 설명이 옳은 것은?

① [페이지 설정] → [머리글/바닥글] → [바닥글 편집] → [시작 페이지 번호]에 표시될 페이지 번호 1000을 입력한다.

② [페이지 설정] → [페이지] → [자동 맞춤] → [용지 번호]에 표시될 페이지 번호 100을 입력한다.

③ [페이지 설정] → [페이지] → [시작 페이지 번호]에 표시될 페이지 번호 100을 입력한다.

④ [페이지 설정] → [설정] → [페이지 번호]에 표시될 페이지 번호 100을 입력한다.

> 전문가의 조언 | 시작 페이지 번호는 [페이지 설정] → [페이지] → [시작 페이지 번호]에서 지정합니다.

28 아래 시트에서 고급 필터를 그림과 같이 실행하였다. 다음 중 고급 필터의 실행 결과로 옳은 것은?

	A	B	C
1	학과명	성명	TOEIC
2	경영학과	김영민	790
3	영어영문학과	박찬진	940
4	컴퓨터학과	최우석	860
5	물리학과	황종규	750
6	영어영문학과	서진동	880
7	건축학과	강석우	900
8	기계공학과	한경수	740
9	컴퓨터학과	최미진	990
10	경영학과	김경호	880
11			
12	학과명		
13			

고급 필터

결과
○ 현재 위치에 필터(F)
● 다른 장소에 복사(O)
목록 범위(L): $A$1:$C$10
조건 범위(C):
복사 위치(T): $A$12
☑ 동일한 레코드는 하나만(R)

[확인] [취소]

①

12	학과명
13	경영학과
14	영어영문학과
15	컴퓨터학과

②

12	학과명
13	경영학과
14	영어영문학과
15	컴퓨터학과
16	물리학과
17	건축학과
18	기계공학과

③

12	학과명
13	물리학과
14	영어영문학과
15	건축학과
16	기계공학과
17	컴퓨터학과
18	경영학과

④

12	학과명
13	경영학과
14	영어영문학과
15	컴퓨터학과
16	물리학과
17	영어영문학과
18	건축학과
19	기계공학과
20	컴퓨터학과
21	경영학과

> 전문가의 조언 | 고급 필터 대화상자에서 '동일한 레코드는 하나만' 옵션을 지정하면 동일한 레코드가 있을 경우 하나만 표시합니다.
> ※ 고급 필터의 결과로 특정 필드만 추출하려면 결과를 표시할 위치에 추출할 필드명을 미리 입력한 후 '고급 필터' 대화상자의 '복사 위치'에 입력한 필드명을 범위로 지정하면 됩니다. 이 문제의 경우 [A12] 셀에 '학과명'을 입력한 후 복사 위치를 [A12] 셀로 지정하였기 때문에 고급 필터의 결과로 '학과명'만 추출되었습니다.

29 다음 중 이미 부분합이 계산되어 있는 상태에서 새로운 부분합을 추가하고자 할 때 수행해야 할 작업으로 옳은 것은?

① [모두 제거] 단추를 클릭

② '새로운 값으로 대치' 설정을 해제

③ '그룹 사이에 페이지 나누기'를 설정

④ '데이터 아래에 요약 표시' 설정을 해제

> 전문가의 조언 | 이미 부분합이 계산되어 있는 상태에서 새로운 부분합을 추가할 때는 '새로운 값으로 대치' 설정을 해제해야 합니다.

30 다음 중 매크로의 바로 가기 키에 대한 설명으로 옳지 않은 것은?

① 매크로 생성 시 설정한 바로 가기 키는 [매크로] 대화상자의 [옵션]에서 변경할 수 있다.

② 기본적으로 바로 가기 키는 Ctrl과 조합하여 사용하지만 대문자로 지정하면 Shift가 자동으로 덧붙는다.

③ 바로 가기 키의 조합 문자는 영문자만 가능하고, 바로 가기 키를 설정하지 않아도 매크로를 생성할 수 있다.

④ 엑셀에서 기본적으로 지정되어 있는 바로 가기 키는 매크로의 바로 가기 키로 지정할 수 없다.

> 전문가의 조언 | 엑셀에서 기본적으로 지정되어 있는 바로 가기 키도 매크로의 바로 가기 키로 지정할 수 있습니다.

31 다음 중 매크로에 관한 설명으로 옳지 않은 것은?

① 서로 다른 매크로에 동일한 이름을 부여할 수 없다.

② 매크로는 반복적인 작업을 자동화하여 복잡한 작업을 단순한 명령으로 실행할 수 있도록 한다.

③ 매크로 기록 시 사용자의 마우스 동작은 기록되지만 키보드 작업은 기록되지 않는다.

④ 현재 셀의 위치를 기준으로 매크로가 실행되도록 하려면 '상대 참조로 기록'을 설정한 후 매크로를 기록한다.

> 전문가의 조언 | 매크로 기록 시 사용자의 마우스 동작은 물론 키보드 작업도 모두 기록됩니다.

32 다음 시트에서 [A1] 셀에 있는 텍스트를 쉼표(,)를 기준으로 [A1:D1] 영역에 분리하여 표시하려고 할 때 사용할 적합한 기능은?

| A1 | ▼ | : | × | ✓ | fx | 서울,1,국어,2008 |

▲	A	B	C	D	E
1	서울,1,국어,2008				
2					

① 레코드 관리   ② 텍스트 나누기

③ 유효성 검사   ④ 자동 개요

> 전문가의 조언 | 텍스트 나누기를 실행하면 텍스트 마법사가 실행이 되는데, 텍스트 마법사 2단계에서 '구분 기호'를 '쉼표'로 선택하면 [A1:D1] 영역에 분리되어 표시됩니다.

33 다음 중 아래 그림의 표에서 조건 범위로 [A9:B11] 영역을 선택하여 고급 필터를 실행한 결과의 레코드 수는 얼마인가?

▲	A	B	C	D
1	성명	이론	실기	합계
2	김진아	47	45	92
3	이은경	38	47	85
4	장영주	46	48	94
5	김시내	35	30	65
6	홍길동	49	48	97
7	박승수	37	43	80
8				
9	합계	합계		
10	<96	>90		
11		<70		

① 0   ② 3

③ 4   ④ 6

> 전문가의 조언 | • 고급 필터의 조건을 지정할 때는 조건을 지정할 범위의 첫 행에는 원본 데이터 목록의 필드명을 입력하고, 그 아래 행에 조건을 입력합니다. 조건을 같은 행에 입력하면 AND 조건, 다른 행에 입력하면 OR 조건으로 연결됩니다.
> • 합계가 96 미만 90 초과이거나 합계가 70 미만인 데이터를 추출합니다.
> 〈고급 필터 실행 결과〉
>
> | 성명 | 이론 | 실기 | 합계 |
> |---|---|---|---|
> | 김진아 | 47 | 45 | 92 |
> | 장영주 | 46 | 48 | 94 |
> | 김시내 | 40 | 42 | 65 |

34 다음 중 '페이지 나누기' 기능에 관한 설명으로 옳지 않은 것은?

① '페이지 나누기 미리 보기' 상태에서는 데이터의 입력이나 편집을 할 수 없다.

② 페이지 구분선을 마우스로 드래그 하여 구분선의 위치를 변경할 수 있다.

③ 수동으로 삽입된 페이지 나누기는 실선으로 표시되고 자동으로 추가된 페이지 나누기는 파선으로 표시된다.

④ 인쇄할 데이터가 많아 한 페이지가 넘어가면 자동으로 페이지 구분선이 삽입된다.

> 전문가의 조언 | [페이지 나누기 미리 보기] 상태에서는 데이터 입력이나 편집 뿐만 아니라 차트나 그림 등의 개체도 삽입할 수 있습니다.

35 다음 중 한자와 특수문자 입력에 대한 설명으로 옳지 않은 것은?

① 한자로 변환할 한글을 입력한 후 [한자]를 누른다.

② 두 글자 이상의 단어를 한자로 변환할 때는 단어를 입력하고, 커서를 단어 앞이나 뒤에 놓은 다음 [한자]를 누른다.

③ 한글 입력 상태에서 한글 자음을 입력하고 [한자]를 누른다.

④ 한글 입력 상태에서 한글 모음을 입력하고 [한자]를 누른다.

> 전문가의 조언 | • 한글 모음을 입력한 후 [한자]를 누르면 아무것도 표시되지 않습니다.
> • 한글 자음을 입력한 후 [한자]를 누르면 특수문자 목록 상자가 나타납니다.

36 다음 중 데이터 통합에 관한 설명으로 옳지 않은 것은?

① 데이터 통합은 위치를 기준으로 통합할 수도 있고, 영역의 이름을 정의하여 통합할 수도 있다.

② '원본 데이터에 연결' 기능은 통합할 데이터가 있는 워크시트와 통합 결과가 작성될 워크시트가 같은 통합 문서에 있는 경우에만 적용할 수 있다.

③ 다른 원본 영역의 레이블과 일치하지 않는 레이블이 있는 경우에 통합하면 별도의 행이나 열이 만들어진다.

④ 여러 시트에 있는 데이터나 다른 통합 문서에 입력되어 있는 데이터를 통합할 수 있다.

> 전문가의 조언 | 통합할 데이터가 있는 워크시트와 통합 결과가 작성될 워크시트가 서로 다를 경우에만 '원본 데이터에 연결'을 적용할 수 있습니다.

37 다음 중 정렬에 대한 설명으로 옳은 것은?

① 최대 24개의 열을 기준으로 정렬할 수 있다.

② 글꼴 색을 기준으로 정렬할 수 있다.

③ 정렬 대상 범위에 병합된 셀이 포함되어 있어도 정렬할 수 있다.

④ 숨겨진 행은 정렬 결과에 포함되나 숨겨진 열은 정렬 결과에 포함되지 않는다.

> 전문가의 조언 | 정렬에 대한 옳은 설명으로 옳은 것은 ②번입니다.
> ① 정렬 기준은 최대 64개의 열을 지정할 수 있습니다.
> ③ 정렬 대상 범위에 병합된 셀이 포함되어 있을 경우에는 정렬할 수 없습니다.
> ④ 원칙적으로 숨겨진 행이나 열에 있는 데이터는 정렬에 포함되지 않습니다.

38 다음 중 [찾기 및 바꾸기] 대화상자의 각 항목에 대한 설명으로 옳지 않은 것은?

① 찾을 내용 : 검색할 내용을 입력할 곳으로 와일드 카드 문자를 검색 문자열에 사용할 수 있다.

② 서식 : 숫자 셀을 제외한 특정 서식이 있는 텍스트 셀을 찾을 수 있다.

③ 범위 : 현재 워크시트에서만 검색하는 '시트'와 현재 통합 문서의 모든 시트를 검색하는 '통합 문서' 중 선택할 수 있다.

④ 모두 찾기 : 검색 조건에 맞는 모든 항목이 나열된다.

전문가의 조언 | '찾기 및 바꾸기' 대화상자에서 '서식'을 지정하면 특정 서식이 지정된 텍스트나 숫자를 찾을 수 있습니다.

39 다음 중 [페이지 설정] 대화상자의 [머리글/바닥글] 탭에 대한 설명으로 옳지 않은 것은?

① 홀수 페이지의 머리글 및 바닥글을 짝수 페이지와 다르게 지정하려면 '짝수와 홀수 페이지를 다르게 지정'을 선택한다.

② 인쇄되는 첫 번째 페이지에서 머리글과 바닥글을 표시하지 않으려면 '첫 페이지를 다르게 지정'을 선택한 후 머리글과 바닥글 편집에서 첫 페이지 머리글과 첫 페이지 바닥글에 아무것도 설정하지 않는다.

③ 인쇄될 워크시트를 워크시트의 실제 크기의 백분율에 따라 확대·축소하려면 '문서에 맞게 배율 조정'을 선택한다.

④ 머리글 또는 바닥글을 표시하기에 충분한 머리글 또는 바닥글 여백을 확보하려면 '페이지 여백에 맞추기'를 선택한다.

전문가의 조언 | 인쇄될 워크시트가 아닌 머리글/바닥글의 내용을 워크시트의 실제 크기의 백분율에 따라 확대·축소할 때 '문서에 맞게 배율 조정'을 선택합니다.

40 다음 중 [C10] 셀에 판매량이 판매량 평균 이상인 지점의 개수를 구하는 수식으로 올바른 것은?

	A	B	C
1	지점	대표자	판매량
2	마포	고아라	125
3	서대문	나영희	85
4	을지로	박철수	94
5	강남	안도혜	108
6	강서	최순이	75
7	강북	최하늘	12
8	강동	김수창	98
9			
10	판매량 평균 이상		4

① =COUNTIF(C2:C8, ">="&AVERAGE($C$2:$C$8))

② =COUNTIF(">="&AVERAGE($C$2:$C$8))

③ =COUNTIF(C2:C8, ">=AVERAGE($C$2:$C$8)")

④ =COUNTIF(">="&AVERAGE($C$2:$C$8), C2:C8)

전문가의 조언 | [C10] 셀에 입력된 수식으로 올바른 것은 ①번입니다.

=COUNTIF(C2:C8, ">="&AVERAGE($C$2:$C$8))
            ❷   ❶

❶ AVERAGE($C$2:$C$8) : [C2:C8] 영역의 평균인 85.28을 반환합니다.

❷ =COUNTIF(C2:C8, ">="&❶) → =COUNTIF(C2:C8, ">="&85.28) : [C2:C8] 영역에서 85.28보다 크거나 같은 값(125, 94, 108, 98)의 개수인 4를 반환합니다.

※ &는 두 문자열을 연결하여 하나의 문자열로 만드는 연산자입니다.

01 다음 중 한글 Windows 10에서 작업 표시줄의 바로 가기 메뉴에서 설정할 수 있는 항목으로 옳지 않은 것은?

① 계단식 창 배열

② 창 가로 정렬 보기

③ 모든 작업 표시줄 잠금

④ 아이콘 자동 정렬

전문가의 조언 | 아이콘 자동 정렬은 바탕 화면의 바로 가기 메뉴 중 [보기]의 하위 메뉴입니다.

02 다음 중 한글 Windows 10의 [폴더 옵션]에서 설정할 수 있는 작업에 해당되지 않는 것은?

① 숨김 파일 및 폴더를 표시할 수 있다.

② 색인된 위치에서는 파일 이름 뿐만 아니라 내용도 검색하도록 설정할 수 있다.

③ 숨긴 파일 및 폴더의 숨김 속성을 일괄 해제할 수 있다.

④ 파일이나 폴더를 한 번 클릭해서 열 것인지, 두 번 클릭해서 열 것인지를 설정할 수 있다.

전문가의 조언 | • 폴더 옵션의 '숨김 파일, 폴더 및 드라이브 표시'는 단순히 숨김 속성이 지정된 폴더/파일을 보이도록 하는 것 뿐입니다.
• 숨김 폴더/파일의 숨김 속성을 해제하려면 해당 폴더/파일의 속성 대화상자에서 '숨김'의 체크를 해제해야 합니다.

03 다음 중 파일이나 폴더를 복사하거나 이동하는 방법으로 옳지 않은 것은?

① 폴더를 마우스로 선택한 후 동일한 드라이브의 다른 폴더로 끌어서 놓으면 이동이 된다.

② USB에 저장되어 있는 파일을 마우스로 선택한 후 바탕 화면으로 끌어서 놓으면 복사가 된다.

③ 파일을 마우스로 선택한 후 Ctrl 을 누른 채 같은 드라이브의 다른 폴더로 끌어서 놓으면 복사가 된다.

④ 폴더를 마우스로 선택한 후 Alt 를 누른 채 같은 드라이브의 다른 폴더로 끌어서 놓으면 이동이 된다.

전문가의 조언 | • 폴더를 마우스로 선택한 후 Alt 를 누른 채 같은 드라이브의 다른 폴더로 끌어 놓으면 폴더의 바로 가기 아이콘이 생성됩니다.
• 같은 드라이브에서 파일이나 폴더를 이동하려면 키를 누르지 않고 끌어서 놓기만 하면 됩니다.

04 다음 중 한글 Windows 10의 인쇄 기능에 대한 설명으로 옳지 않은 것은?

① 기본 프린터란 인쇄 시 특정 프린터를 지정하지 않아도 자동으로 인쇄되는 프린터를 말한다.

② 프린터 속성 창에서 공급용지의 종류, 공유, 포트 등을 설정할 수 있다.

③ 인쇄 대기 중인 작업은 취소시킬 수 있다.

④ 인쇄 중인 작업은 취소할 수는 없으나 잠시 중단시킬 수 있다.

전문가의 조언 | 인쇄 중인 작업도 인쇄를 취소하거나 잠시 중단시킬 수 있습니다.

05 다음 중 기억장치의 기억 용량 단위로 가장 큰 것은?

① 1TB ② 1KB

③ 1GB ④ 1MB

전문가의 조언 | • 문제의 보기 중 기억 용량 단위가 가장 큰 것은 1TB입니다.
• 기억 용량의 단위를 작은 것부터 큰 것까지 차례대로 나열하면 'Byte 〈 KB 〈 MB 〈 GB 〈 TB 〈 PB 〈 EB' 순입니다.

06 다음 중 컴퓨터의 기억장치에 관한 설명으로 옳은 것은?

① 캐시 메모리 : CPU와 주기억장치 사이에서 컴퓨터의 처리 속도를 향상시키기 위한 것

② 가상 메모리 : 주기억장치에 저장된 정보에 접근할 때 주소 대신 기억된 정보의 내용의 일부를 이용하여 직접 접근하는 장치

③ 연관 메모리 : 보조기억장치의 일부를 주기억장치처럼 사용하는 메모리 관리 기법

④ 버퍼 메모리 : EEPROM의 일종으로, 전력 소모가 적고, 데이터 전송 속도가 빠른 비휘발성 메모리

전문가의 조언 | 기억장치에 관한 설명으로 옳은 것은 ①번입니다.
• ②번은 연상(연관) 메모리(Associative Memory), ③번은 가상 메모리(Virtual Memory), ④번은 플래시 메모리(Flash Memory)에 대한 설명입니다.

07 다음 중 컴퓨터의 롬(ROM)에 기록되어 하드웨어를 제어하며, 하드웨어의 성능 향상을 위해 업그레이드 할 수 있는 마이크로프로그램의 집합을 의미하는 것은?

① 프리웨어(Freeware)

② 셰어웨어(Shareware)

③ 미들웨어(Middleware)

④ 펌웨어(Firmware)

> 전문가의 조언 | 문제에 제시된 내용은 펌웨어(Firmware)에 대한 설명입니다.

08 다음 중 컴퓨터 시스템에서 사용하는 채널(Channel)에 관한 설명으로 옳지 않은 것은?

① 주변장치에 대한 제어 권한을 CPU로 부터 넘겨받아 CPU 대신 입출력를 관리한다.

② 입출력 작업이 끝나면 CPU에게 인터럽트 신호를 보낸다.

③ CPU와 주기억장치의 속도 차이를 해결하기 위하여 사용된다.

④ 채널에는 셀렉터(Selector), 멀티플랙서(Multiplexer), 블록 멀티플랙서(Block Multiplexer) 등이 있다.

> 전문가의 조언 | ③번은 캐시 메모리에 대한 설명입니다.

09 다음 중 하드디스크 용량이 부족할 경우의 해결 방법으로 옳지 않은 것은?

① USB 파일 정리   ② 휴지통 파일 정리

③ 디스크 정리 수행   ④ Windows 기능 제거

> 전문가의 조언 | • USB 파일을 정리한다고 해서 하드디스크의 용량 부족이 해결되지는 않습니다.
> • 하드디스크의 파일을 USB로 백업한 후 하드디스크의 파일을 삭제해야 하드디스크의 용량 부족이 해결됩니다.

10 다음 중 데이터가 발생되는 즉시 처리되어 결과를 바로 확인할 수 있는 시스템으로, 은행이나 여행사의 좌석 예약 조회 서비스 등에 이용되는 것은?

① 실시간 처리 시스템

② 일괄 처리 시스템

③ 분산 처리 시스템

④ 시분할 시스템

> 전문가의 조언 | 문제에 제시된 내용은 실시간 처리 시스템에 대한 설명입니다.
> • 일괄 처리 시스템(Batch Processing System) : 초기의 컴퓨터 시스템에서 사용된 형태로, 일정량 또는 일정 기간 동안 데이터를 모아서 한꺼번에 처리하는 방식
> • 분산 처리 시스템(Distributed Processing System) : 여러 대의 컴퓨터들에 의해 작업들을 나누어 처리하여 그 내용이나 결과를 통신망을 이용하여 상호 교환할 수 있도록 연결되어 있는 시스템
> • 시분할 시스템(Time Sharing System) : 여러 명의 사용자가 사용하는 시스템에서 컴퓨터가 사용자들의 프로그램을 번갈아 가며 처리해 줌으로써 각 사용자에게 독립된 컴퓨터를 사용하는 느낌을 주는 것이며, 라운드 로빈 방식이라고도 함

11 다음 중 웹 브라우저의 기능에 관한 설명으로 옳지 않은 것은?

① '설정'에서 멀티미디어 편집기를 선택할 수 있다.

② 전자우편을 보내거나 FTP 서버에 접속할 수 있다.

③ 웹 페이지를 사용자 컴퓨터에 저장하거나 인쇄할 수 있다.

④ 자주 방문하는 웹 사이트 주소를 관리할 수 있다.

> 전문가의 조언 | '설정'에 멀티미디어 편집기를 선택할 수 있는 메뉴는 없습니다.

12 다음의 장치 중에서 자료가 전송될 최적의 길을 찾아주는 역할을 하며, 네트워크 내의 정보가 다른 네트워크에서도 충분히 읽히도록 해주는 장치는?

① 반복기(Repeater)   ② 허브(Hub)

③ 라우터(Router)   ④ LAN 카드

> 전문가의 조언 | 문제에 제시된 내용은 라우터(Rounter)에 대한 설명입니다.

13 다음 중 모든 사물을 네트워크로 연결하여 인간과 사물, 사물과 사물간에 언제 어디서나 서로 소통할 수 있게 하는 새로운 정보 통신 환경을 의미하는 것은?

① 클라우드 컴퓨팅(Cloud Computing)

② RSS(Rich Site Summary)

③ IoT(Internet of Things)

④ 빅 데이터(Big Data)

> 전문가의 조언 | 문제에 제시된 내용은 사물 인터넷(IoT)에 대한 설명입니다.
> • 클라우드 컴퓨팅(Cloud Computing) : 하드웨어 · 소프트웨어 등의 컴퓨팅 자원을 자신이 필요한 만큼 빌려 쓰고 사용 요금을 지불하는 방식의 컴퓨팅 서비스
> • RSS(Rich Site Summary) : 뉴스나 블로그 등과 같이 콘텐츠가 자주 업데이트 되는 사이트들의 정보를 자동적으로 사용자들에게 알려주기 위해 사용하는 웹 서비스 기술
> • 빅 데이터(Big Data) : 기존의 관리 방법이나 분석 체계로는 처리하기 어려운 막대한 양의 데이터 집합으로, 스마트 단말의 빠른 확산, 소셜 네트워크 서비스의 활성화, 사물 네트워크의 확대로 데이터 폭발이 더욱 가속화되고 있음

14 다음 중 이미지의 가장자리가 톱니 모양으로 표현되는 계단 현상을 없애기 위하여 경계선을 부드럽게 해주는 필터링 기술은?

① 디더링(Dithering)

② 안티앨리어싱(Antialiasing)

③ 렌더링(Rendering)

④ 모핑(Morphing)

전문가의 조언 | 문제에 제시된 내용은 안티앨리어싱(Antialiasing)의 개념입니다.
- 디더링(Dithering) : 제한된 색상을 조합하여 복잡한 색이나 새로운 색을 만드는 작업
- 렌더링(Rendering) : 3차원 애니메이션을 만드는 과정 중의 하나로 물체의 모형에 명암과 색상을 입혀 사실감을 더해 주는 작업
- 모핑(Morphing) : 2개의 이미지를 부드럽게 연결하여 변환·통합하는 것으로, 컴퓨터 그래픽, 영화 등에서 많이 응용하고 있음

15 다음 중 그래픽 데이터 형식에 관한 설명으로 옳지 않은 것은?

① BMP : Windows 운영체제의 표준 비트맵 파일 형식으로 압축하여 저장하므로 파일의 크기가 작은 편이다.

② GIF : 인터넷 표준 그래픽 형식으로 8비트 컬러를 사용하여 최대 256 색상까지만 표현할 수 있으며, 애니메이션 표현이 가능하다.

③ JPEG : 사진과 같은 선명한 정지 영상 압축 기술에 대한 국제 표준으로 주로 인터넷에서 그림 전송에 사용된다.

④ PNG : 트루 컬러의 지원과 투명색 지정이 가능하다.

전문가의 조언 | BMP 파일 형식은 압축을 하지 않으므로 파일의 크기가 큽니다.

16 다음 중 한글 Windows 10의 '작업 관리자' 대화상자에서 수행할 수 있는 작업으로 옳지 않은 것은?

① 컴퓨터를 이용하는 사용자 계정의 추가와 삭제를 수행할 수 있다.

② 현재 실행 중인 앱을 강제로 종료시킬 수 있다.

③ 시스템의 CPU 사용 내용이나 할당된 메모리의 크기를 파악할 수 있다.

④ 현재 네트워크 상태를 보고 네트워크 처리량을 확인할 수 있다.

전문가의 조언 | • [작업 관리자] 창에서는 사용자 계정을 추가하거나 삭제할 수 없습니다.
• 사용자 계정의 추가 및 삭제는 [⊞(설정)] → [계정]을 이용해야 합니다.

17 다음 중 컴퓨터 범죄 예방과 대책에 관한 설명으로 옳지 않은 것은?

① 해킹 여부를 정기적으로 검사한다.

② 의심이 가는 이메일은 열어서 내용을 확인하고 삭제한다.

③ 백신 프로그램을 설치하고 자동 업데이트 기능을 설정한다.

④ 회원 가입한 사이트의 패스워드를 주기적으로 변경한다.

전문가의 조언 | 의심이 가는 이메일은 열어보지 않고 삭제해야 합니다.

18 다음 중 컴퓨터에서 사용하는 하드디스크의 파티션에 대한 설명으로 옳지 않은 것은?

① 하나의 물리적인 하드디스크를 여러 개의 파티션으로 나눌 수 있다.

② 파티션을 나눈 후에 하드디스크를 사용하기 위해서는 포맷을 해야 한다.

③ 하나의 하드디스크 내의 모든 파티션에는 동일한 운영체제만 설치할 수 있다.

④ 하나의 파티션에는 한 가지 파일 시스템만을 설치할 수 있다.

전문가의 조언 | 하나의 하드디스크 내 각각의 파티션에는 서로 다른 운영체제를 설치할 수 있습니다.

19 다음 중 유틸리티 프로그램에 대한 설명으로 적절하지 않은 것은?

① 다수의 작업이나 목적에 대하여 적용되는 편리한 서비스 프로그램이나 루틴을 말한다.

② 컴퓨터의 동작에 필수적이고, 컴퓨터를 이용하는 주목적에 대한 일부 특정 작업을 수행하는 소프트웨어들을 가리킨다.

③ 컴퓨터 하드웨어, 운영체제, 응용 소프트웨어를 관리하는 데 도움을 주도록 설계된 프로그램을 의미한다.

④ Windows에서 제공하는 유틸리티 프로그램으로는 메모장, 그림판, 계산기 등을 예로 들 수 있다.

전문가의 조언 | 유틸리티 프로그램은 컴퓨터 동작에 필수적이지는 않지만, 컴퓨터를 이용하는 주 목적에 대한 특정 작업을 수행하는 소프트웨어들을 가리킵니다.

20 다음 중 운영체제의 운용 방식으로 옳지 않은 것은?

① 일괄 처리는 컴퓨터에 입력하는 데이터를 일정량 모았다가 한꺼번에 처리하는 시스템으로, 오프라인으로만 사용한다.

② 시분할 시스템은 한 대의 시스템을 여러 사용자가 동시에 사용하는 시스템이다.

③ 실시간 처리 시스템은 처리할 데이터가 생겨날 때마다 바로 처리하는 시스템이다.

④ 분산 처리 시스템은 지역적으로 분산된 여러 대의 컴퓨터를 연결하여 작업을 분담하여 처리하는 시스템이다.

전문가의 조언 | 일괄 처리 시스템은 오프라인뿐만 아니라 온라인으로도 사용합니다.

2과목 스프레드시트 일반

21 다음 중 차트에 대한 설명으로 옳지 않은 것은?

① 기본적으로 워크시트의 행과 열에서 숨겨진 데이터는 차트에 표시되지 않는다.

② 차트 제목, 가로/세로 축 제목, 범례, 그림 영역 등은 마우스로 드래그하여 이동할 수 있다.

③ Ctrl을 누른 상태에서 차트 크기를 조절하면 차트의 크기가 셀에 맞춰 조절된다.

④ 사용자가 자주 사용하는 차트 종류를 차트 서식 파일로 저장할 수 있다.

전문가의 조언 | Ctrl 아닌 Alt를 누른 상태에서 차트 크기를 조절해야 차트의 크기가 셀에 맞춰 조절됩니다.

22 다음은 자료의 화면 표시 형식을 지정한 것이다. 그 결과가 옳은 것은?

입력 자료	표시 형식	결과
① 2021-8-1	yyyy.mmm	2021.Aug
② 5	#.#0	5.00
③ 1234567	0.0E+00	1.23E+8
④ 2234543	#,###,"천원"	2,234천원

전문가의 조언 | 입력 자료에 대한 표시 형식의 적용 결과가 옳은 것은 ①번입니다.

① 'mmm'은 월을 Jan~Dec로 표시하므로 2021-8-1을 입력한 후 표시 형식으로 yyyy.mmm을 지정하면 2021.Aug로 표시됩니다.

② 5를 입력한 후 #.#0 형식을 적용하면 5.0이 표시됩니다.

③ 1234567을 입력한 후 0.0E+00 형식을 적용하면 1.2E+06이 표시됩니다.

④ 쉼표(,)가 서식의 맨 뒤에 입력되어 있을 때는 천 단위가 생략되므로, 2234543을 입력한 후 표시 형식으로 #,###,"천원"을 지정하면 반올림되어 2,235천원으로 표시됩니다.

23 다음 중 =SUM(A3:A9) 수식이 =SUM(A3A9)와 같이 범위 참조의 콜론(:)이 생략된 경우 나타나는 오류 메시지로 옳은 것은?

① #N/A   ② #NULL!

③ #REF!   ④ #NAME?

전문가의 조언 | 인식할 수 없는 텍스트를 수식에 사용했을 때는 #NAME? 오류가 표시됩니다.

• #N/A : 함수나 수식에 사용할 수 없는 값을 지정했을 때
• #NULL! : 교차하지 않는 두 영역의 교점을 지정하였을 때
• #REF! : 셀 참조가 유효하지 않을 때

24 다음 중 [A8] 셀에 아래 함수식을 입력했을 때 나타나는 결과로 옳은 것은?

=COUNTBLANK(A1:A7) + COUNT(A1:A7)

① 4   ② 5

③ 6   ④ 7

전문가의 조언 | 문제에 제시된 수식의 결과는 4입니다.

=COUNTBLANK(A1:A7) + COUNT(A1:A7)
　　　　　①　　　　　　　②
　　　　　　　　　③

① COUNTBLANK(A1:A7) : COUNTBLANK(인수1, 인수2)는 '인수' 중 비어 있는 셀의 개수를 구하는 함수이므로 2를 반환합니다.

② COUNT(A1:A7) : COUNT(인수1, 인수2, …)는 '인수' 중 숫자가 들어 있는 셀의 개수를 구하는 함수이므로 2를 반환합니다.

③ = ① + ② : 2+2는 4입니다.

25 아래 워크시트에서 [B2:D6] 영역을 참조하여 [C8] 셀에 표시된 바코드에 대한 단가를 [C9] 셀에 표시하였다. 다음 중 [C9] 셀의 수식으로 옳은 것은?

⏷	A	B	C	D
1		바코드	상품명	단가
2		351	CD	1,000
3		352	칫솔	1,500
4		353	치약	2,500
5		354	종이쪽	800
6		355	케이스	1,100
7				
8		바코드	352	
9		단가	1,500	

① =VLOOKUP(C8, $B$2:$D$6, 3, 0)

② =HLOOKUP(C8, $B$2:$D$6, 3, 0)

③ =VLOOKUP($B$1:$D$6, C8, 3, 1)

④ =HLOOKUP($B$1:$D$6, C8, 3, 1)

26 다음 중 아래 워크시트의 [A1] 셀에서 10.1을 입력한 후 (Ctrl)을 누르고 자동 채우기 핸들을 아래로 드래그한 경우 [A4] 셀에 입력되는 값은?

① 10.1 　　　　② 10.4

③ 13.1 　　　　④ 13.4

27 다음 중 [페이지 설정] 대화상자의 [머리글/바닥글] 탭에 대한 설명으로 옳지 않은 것은?

① 홀수 페이지의 머리글 및 바닥글을 짝수 페이지와 다르게 지정하려면 '짝수와 홀수 페이지를 다르게 지정'을 선택한나.

② 인쇄되는 첫 번째 페이지에서 머리글과 바닥글을 표시하지 않으려면 '첫 페이지를 다르게 지정'을 선택한 후 머리글과 바닥글 편집에서 첫 페이지 머리글과 첫 페이지 바닥글에 아무것도 설정하지 않는다.

③ 인쇄될 워크시트를 워크시트의 실제 크기의 백분율에 따라 확대 · 축소하려면 '문서에 맞게 배율 조정'을 선택한다.

④ 머리글 또는 바닥글을 표시하기에 충분한 머리글 또는 바닥글 여백을 확보하려면 '페이지 여백에 맞추기'를 선택한다.

28 다음 중 인쇄에 대한 설명으로 옳은 것은?

① 기본적으로 워크시트에서 숨기기를 실행한 영역도 인쇄된다.

② 인쇄 영역에 포함된 도형들을 함께 인쇄하려면 [파일] → [인쇄]에서 '개체 인쇄'를 선택하여 인쇄한다.

③ 워크시트에 삽입된 차트만 인쇄하려면 차트가 선택된 상태에서 인쇄 명령을 실행한다.

④ 여러 시트를 한 번에 인쇄하려면 [파일] → [인쇄]에서 '여러 시트 인쇄'를 선택하여 인쇄한다.

29 [매크로 기록] 대화상자에 대한 설명으로 옳지 않은 것은?

① 매크로 이름에는 공백 문자는 사용할 수 없다.

② 바로 가기 키 조합은 숫자로 지정한다.

③ 매크로 이름에는 +, −, &, ?와 같은 특수문자는 포함될 수 없다.

④ 매크로 이름의 첫 글자는 반드시 문자로 지정해야 합니다.

30 다음 중 정렬에 대한 설명으로 옳은 것은?

① 최대 24개의 열을 기준으로 정렬할 수 있다.

② 글꼴 색을 기준으로 정렬할 수 있다.

③ 정렬 대상 범위에 병합된 셀이 포함되어 있어도 정렬할 수 있다.

④ 숨겨진 행은 정렬 결과에 포함되나 숨겨진 열은 정렬 결과에 포함되지 않는다.

31 다음 중 피벗 테이블에 대한 설명으로 옳지 않은 것은?

① 원본 데이터가 변경되면 피벗 테이블의 데이터도 자동으로 변경된다.

② 외부 데이터를 대상으로 피벗 테이블을 작성할 수 있다.

③ 피벗 테이블을 작성한 후에 사용자가 새로운 수식을 추가하여 표시할 수 있다.

④ 많은 양의 자료를 분석하여 다양한 형태로 요약하여 보여주는 기능이다.

전문가의 조언 | 원본 데이터가 변경된 경우 [피벗 테이블 분석] → [데이터] → [새로고침]을 눌러 주어야만 피벗 테이블의 데이터도 변경됩니다.

32 다음 중 아래 그림과 같이 목표값 찾기를 설정했을 때, 이에 대한 의미로 옳은 것은?

① 평균이 40이 되려면 노트북 판매량이 얼마가 되어야 하는가?

② 노트북 판매량이 40이 되려면 평균이 얼마가 되어야 하는가?

③ 노트북 판매량을 40으로 변경하였을 때 평균은 얼마가 되어야 하는가?

④ 평균이 40이 되려면 노트북을 제외한 나머지 제품의 판매량이 얼마가 되어야 하는가?

전문가의 조언 | 문제에 제시된 목표값 찾기 대화상자는 평균(E4)이 40이 되려면 노트북(B4)의 판매량이 얼마가 되어야 하는지를 찾기 위한 설정입니다.

33 다음 중 매크로의 바로 가기 키에 대한 설명으로 옳지 않은 것은?

① 매크로 생성 시 설정한 바로 가기 키는 [매크로] 대화상자의 [옵션]에서 변경할 수 있다.

② 기본적으로 바로 가기 키는 Ctrl과 조합하여 사용하지만 대문자로 지정하면 Shift가 자동으로 덧붙는다.

③ 바로 가기 키의 조합 문자는 영문자만 가능하고, 바로 가기 키를 설정하지 않아도 매크로를 생성할 수 있다.

④ 엑셀에서 기본적으로 지정되어 있는 바로 가기 키는 매크로의 바로 가기 키로 지정할 수 없다.

전문가의 조언 | 엑셀에서 기본적으로 지정되어 있는 바로 가기 키도 매크로의 바로 가기 키로 지정할 수 있습니다.

34 아래 워크시트에서 [A] 열에 [셀 서식] → [표시 형식] → [사용자 지정] 형식을 이용하여 [C] 열과 같이 나타내고자 한다. 다음 중 입력해야 할 사용자 지정 형식으로 옳은 것은?

	A	B	C
1	김철수		김철수님
2	박영희	→	박영희님
3	이영수		이영수님
4	유인나		유인나님

① G/표준님

② @'님'

③ G/표준'님'

④ @님

전문가의 조언 | 이름 뒤에 "님"을 표시하려면 문자 데이터의 표시 위치를 지정하는 서식 코드인 @를 이용하여 **@님**으로 지정하면 됩니다.

35 다음 중 아래와 같이 조건을 설정한 고급 필터의 실행 결과에 대한 설명으로 옳은 것은?

소속	근무경력
〈〉영업팀	〉=30

① 소속이 '영업팀'이 아니면서 근무경력이 30년 이상인 사원 정보

② 소속이 '영업팀'이면서 근무경력이 30년 이상인 사원 정보

③ 소속이 '영업팀'이 아니거나 근무경력이 30년 이상인 사원 정보

④ 소속이 '영업팀'이거나 근무경력이 30년 이상인 사원 정보

전문가의 조언 | • 고급 필터의 실행 결과에 대한 설명으로 옳은 것은 ①번입니다.
• 고급 필터의 조건이 같은 행에 있으면 AND 조건, 다른 행에 있으면 OR 조건으로 연결됩니다.
※ "〈〉"는 같지 않다는 의미입니다.

36 아래 워크시트에서 [A] 열을 오름차순 정렬할 경우 올바르게 정렬된 것은?

	A
1	A
2	FALSE
3	1
4	0
5	TRUE

①

	A
1	A
2	0
3	1
4	FALSE
5	TRUE

②

	A
1	0
2	1
3	A
4	FALSE
5	TRUE

③

	A
1	FALSE
2	TRUE
3	A
4	0
5	1

④

	A
1	FALSE
2	TRUE
3	0
4	1
5	A

37 다음 중 날짜 및 시간 데이터에 관한 설명으로 옳지 않은 것은?

① 날짜를 입력할 때 일을 입력하지 않으면 자동으로 해당 월의 1일로 입력된다.

② 셀에 4/9를 입력하고 Enter 를 누르면 셀에 04월 09일로 표시된다.

③ 날짜 및 시간 데이터는 자동으로 오른쪽을 기준으로 정렬된다.

④ Ctrl + ; 을 누르면 시스템의 현재 시간, Ctrl + Shift + ; 을 누르면 오늘 날짜가 입력된다.

38 다음 중 데이터가 입력된 셀에서 Delete 를 눌렀을 때의 상황에 대한 설명으로 옳지 않은 것은?

① 셀에 설정된 노트는 지워지지 않는다.

② 셀에 설정된 내용과 서식이 함께 지워진다.

③ [홈] → [편집] → [지우기] → [내용 지우기]를 실행한 것과 동일한 결과가 발생한다.

④ 바로 가기 메뉴에서 [내용 지우기]를 실행한 것과 동일한 결과가 발생한다.

39 다음 중 데이터 통합에 관한 설명으로 옳지 않은 것은?

① 데이터 통합은 위치를 기준으로 통합할 수도 있고, 영역의 이름을 정의하여 통합할 수도 있다.

② '원본 데이터에 연결' 기능은 통합할 데이터가 있는 워크시트와 통합 결과가 작성될 워크시트가 같은 통합 문서에 있는 경우에만 적용할 수 있다.

③ 다른 원본 영역의 레이블과 일치하지 않는 레이블이 있는 경우에 통합하면 별도의 행이나 열이 만들어진다.

④ 여러 시트에 있는 데이터나 다른 통합 문서에 입력되어 있는 데이터를 통합할 수 있다.

40 다음 중 조건부 서식을 이용하여 [A2:C5] 영역에 EXCEL과 ACCESS 점수의 합계가 170 이하인 행 전체에 셀 배경색을 지정하기 위한 수식으로 옳은 것은?

	A	B	C
1	이름	EXCEL	ACCESS
2	김경희	75	73
3	원은형	89	88
4	나도향	65	68
5	최은심	98	96

① =B$2+C$2<=170

② =$B2+$C2<=170

③ =$B$2+$C$2<=170

④ =B2+C2<=17

01 다음 중 네트워크 장비인 브리지(Bridge)에 대한 설명으로 옳은 것은?

① 서로 독립적으로 동작하면서 같은 프로토콜을 사용하는 두 LAN을 연결하는 네트워크 장치이다.

② 인터넷에 접속할 때 반드시 필요한 장비로, 가장 최적의 경로를 설정하여 전송하는 장치이다.

③ 주로 LAN에서 다른 네트워크에 데이터를 보내거나 다른 네트워크로부터 데이터를 받아들이는 출입구 역할을 하는 장치이다.

④ 네트워크를 구성할 때 한꺼번에 여러 대의 컴퓨터를 연결하는 장치이다.

> 전문가의 조언 | 브리지(Bridge)에 대한 설명으로 옳은 것은 ①번입니다.
> • ②번은 라우터, ③번은 게이트웨이, ④번은 허브에 대한 설명입니다.

02 다음 중 그래픽 데이터 형식에 관한 설명으로 옳지 않은 것은?

① BMP : Windows 운영체제의 표준 비트맵 파일 형식이다.

② PNG : GIF를 대체하여 인터넷에서 사용할 수 있으며, 애니메이션을 표현할 수 있다.

③ WMF : Windows에서 기본으로 사용되는 벡터 파일 형식이다.

④ GIF : 인터넷 표준 그래픽 형식으로, 256가지로 색 표현이 제한되어 있으나, 애니메이션 표현이 가능하다.

> 전문가의 조언 | PNG는 GIF를 대체하여 인터넷에서 사용할 수 있는 파일 형식이지만 애니메이션은 표현할 수 없습니다.

03 다음 중 비트맵 이미지를 확대하였을 때 이미지의 경계선이 매끄럽지 않고 계단 형태로 나타나는 현상을 의미하는 용어는?

① 디더링(dithering)

② 앨리어싱(aliasing)

③ 모델링(modeling)

④ 렌더링(rendering)

> 전문가의 조언 | 문제에 제시된 내용은 앨리어싱(aliasing)의 개념입니다.
> • **디더링(Dithering)** : 제한된 색상을 조합하여 복잡한 색이나 새로운 색을 만드는 작업
> • **모델링(Modeling)** : 렌더링을 하기 전에 수행되는 작업, 어떠한 방법으로 렌더링 할 것인지를 정함
> • **렌더링(Rendering)** : 3차원 애니메이션을 만드는 과정 중의 하나로 물체의 모형에 명암과 색상을 입혀 사실감을 더해 주는 작업

04 다음 중 컴퓨터 소프트웨어 배포와 관련하여 셰어웨어(Shareware)에 관한 설명으로 옳은 것은?

① 정상 대가를 지불하고 사용하는 소프트웨어이다.

② 특정 기능이나 사용 기간에 제한을 두고 무료로 배포하는 소프트웨어이다.

③ 개발자가 소스를 공개한 소프트웨어이다.

④ 배포 이전의 테스트 버전의 소프트웨어이다.

> 전문가의 조언 | 셰어웨어에 대한 설명으로 옳은 것은 ②번입니다.
> • ①번은 상용 소프트웨어, ③번은 공개 소프트웨어, ④번은 알파 또는 베타 버전에 대한 설명입니다.

05 다음 중 전자우편(E-mail)에 대한 설명으로 옳지 않은 것은?

① SMTP는 송신자가 작성한 메일을 수신자의 계정에 전송하는 역할을 담당하는 프로토콜이다.

② 전자우편을 통해 한 사람이 동시에 여러 사람에게 동일한 전자우편을 보낼 수 있다.

③ POP3는 멀티미디어 파일의 내용을 확인하고 실행시켜 주는 프로토콜이다.

④ 불특정 다수에게 대량으로 보내는 광고성 메일을 스팸 메일이라 한다.

> 전문가의 조언 | ③번은 MIME에 대한 설명입니다.
> • POP3는 메일 서버에 도착한 E-mail을 사용자 컴퓨터로 가져올 수 있도록 메일 서버에서 제공하는 프로토콜입니다.

06 다음 중 컴퓨터에서 사용하는 각 기억장치의 접근 속도가 빠른 것에서 느린 순서로 옳게 나열된 것은?

① CPU의 레지스터 → 캐시 메모리 → 주기억장치 → HDD → ODD

② 캐시 메모리 → CPU의 레지스터 → 주기억장치 → HDD → ODD

③ CPU의 레지스터 → 캐시 메모리 → HDD → ODD → 주기억장치

④ 캐시 메모리 → CPU의 레지스터 → HDD → ODD → 주기억장치

> 전문가의 조언 | • 기억장치의 접근 속도를 빠른 것부터 올바르게 나열된 것은 ①번입니다.
> • ODD는 광 디스크 드라이브(Optical Disk Drive)를 가리키는 말로, DVD나 CD 등의 저장장치를 의미합니다.

07 다음 중 Windows에서 실행중인 프로그램 사이의 작업 전환을 위한 바로 가기 키는?

① Alt + Enter   ② Alt + F4

③ Alt + Tab   ④ Alt + Delete

> 전문가의 조언 | 실행중인 프로그램 사이의 작업 전환을 위한 바로 가기 키는 Alt + Tab 입니다.
> • Alt + Enter : 선택된 항목의 속성 대화상자를 나타냄
> • Alt + F4 : 실행중인 창이나 앱을 종료함

08 다음 중 파일 및 폴더에 대한 설명으로 옳은 것은?

① 파일과 폴더에 대한 바로 가기 아이콘을 바탕 화면에 만들 수 있다.

② 하나의 폴더 내에는 동일한 이름의 파일이나 폴더가 존재할 수 있다.

③ 하위 폴더가 있는 폴더는 삭제할 수 없다.

④ 파일과 폴더의 이름으로 * / ? ₩ : 〈 〉 " | 등의 특수 문자나 공백을 사용할 수 없다.

> 전문가의 조언 | 파일 및 폴더에 대한 설명으로 옳은 것은 ①번입니다.
> ② 하나의 폴더 내에는 동일한 이름의 파일이나 폴더가 존재할 수 없습니다.
> ③ 하위 폴더가 있는 폴더도 삭제할 수 있습니다.
> ④ 파일이나 폴더의 이름에 공백을 사용할 수 있습니다.

09 다음 중 네트워크와 관련하여 Ping 서비스에 대한 설명으로 옳은 것은?

① 원격으로 다른 컴퓨터를 사용할 수 있는 서비스이다.

② 인터넷이 정상적으로 연결되었는지 확인하는 서비스이다.

③ 인터넷 서버까지의 경로를 추적하는 서비스이다.

④ 특정 시스템을 사용하고 있는 사용자 정보를 알아보는 서비스이다.

> 전문가의 조언 | Ping 서비스에 대한 설명으로 옳은 것은 ②번입니다.
> • ①번은 Telnet, ③번은 Tracert, ④번은 Finger에 대한 설명입니다.

10 다음 중 컴퓨터에서 사용하는 레이저 프린터에 관한 설명으로 옳지 않은 것은?

① 회전하는 드럼에 토너를 묻혀서 인쇄하는 방식이다.

② 인쇄 해상도가 높으며 복사기와 같은 원리를 사용한다.

③ 비충격식이라 비교적 인쇄 소음이 적고 인쇄 속도가 빠르다.

④ 인쇄 방식에는 드럼식, 체인식, 밴드식 등이 있다.

> 전문가의 조언 | 드럼식, 체인식, 밴드식은 라인 프린터의 인쇄 방식입니다.

11 다음 중 디지털 컴퓨터와 아날로그 컴퓨터의 차이점에 관한 설명으로 옳은 것은?

① 디지털 컴퓨터는 전류, 전압, 온도 등 다양한 입력 값을 처리하며, 아날로그 컴퓨터는 숫자 데이터만을 처리한다.

② 디지털 컴퓨터는 증폭 회로로 구성되며, 아날로그 컴퓨터는 논리 회로로 구성된다.

③ 아날로그 컴퓨터는 미분이나 적분 연산을 주로 하며, 디지털 컴퓨터는 산술이나 논리 연산을 주로 한다.

④ 아날로그 컴퓨터는 범용이며, 디지털 컴퓨터는 특수 목적용으로 많이 사용된다.

> 전문가의 조언 | 디지털 컴퓨터와 아날로그 컴퓨터의 차이점에 관한 설명으로 옳은 것은 ③번입니다.
> ① 디지털 컴퓨터는 숫자, 문자 데이터를 처리하며, 아날로그 컴퓨터는 전류, 전압, 온도 등 다양한 입력 값을 처리합니다.
> ② 디지털 컴퓨터는 논리 회로로 구성되며, 아날로그 컴퓨터는 증폭 회로로 구성됩니다.
> ④ 아날로그 컴퓨터는 특수 목적용이며, 디지털 컴퓨터는 범용으로 많이 사용됩니다.

12 다음 중 정보 사회의 특징으로 적절하지 않은 것은?

① 정보처리 기술의 발달로 사회의 변화 속도가 빨라졌다.

② 사이버 공간 상에 새로운 인간관계와 문화가 형성되었다.

③ 통신 기술의 발달로 시간과 공간의 제약에서 벗어나게 되었다.

④ 컴퓨터를 통한 정보 처리 기술의 발달로 인해 정보의 양이 감소하였다.

> 전문가의 조언 | 정보 사회에서는 컴퓨터를 통한 정보 처리 기술의 발달로 정보의 양이 폭발적으로 증가하게 되었습니다.

13 다음 중 한글 Windows 10의 [설정] → [시스템] → [디스플레이]에서 해상도 조정 설정에 대한 설명으로 옳지 않은 것은?

① 높은 화면 해상도에서는 텍스트와 이미지가 더 선명하지만 크기는 더 작게 표시된다.

② 해상도를 변경하면 해당 컴퓨터에 로그인한 모든 사용자에게 변경 내용이 적용된다.

③ 여러 디스플레이 옵션은 Windows에서 둘 이상의 모니터가 PC에 연결되어 있음을 인식할 때만 나타난다.

④ 두 대의 모니터가 연결된 경우 좌측 모니터가 주 모니터로 설정되므로 해상도가 높은 모니터를 반드시 좌측에 배치해야 한다.

> 전문가의 조언 | 주 모니터는 [⚙(설정)] → [시스템] → [디스플레이]에서 자유롭게 변경할 수 있으므로 주모니터 설정 때문에 모니터의 배치를 신경 쓸 필요는 없습니다.

14 다음 중 한글 Windows 10의 [설정] → [시스템] → [소리]에서 수행할 수 있는 작업이 아닌 것은?

① 출력 장치를 선택할 수 있다.

② 입력 장치를 선택할 수 있다.

③ 마스터 볼륨을 조절할 수 있다.

④ 내레이터를 설정할 수 있다.

전문가의 조언 | • [◎(설정)] → [시스템] → [소리]에서는 내레이터를 설정할 수 없습니다.
• 내레이터는 [◎(설정)] → [접근성] → [내레이터]에서 설정합니다.

15 다음 중 정보 보안을 위협하는 유형에 대한 설명으로 옳지 않은 것은?

① 가로막기는 데이터의 정상적인 전달을 막아 흐름을 방해하는 행위이다.

② 수정은 전송된 데이터가 원래의 데이터가 아닌 다른 내용으로 바꾸는 행위이다.

③ 가로채기는 송신된 데이터가 수신지까지 가는 회선을 절단하는 행위이다.

④ 위조는 다른 송신자로부터 데이터가 송신된 것처럼 꾸미는 행위이다.

전문가의 조언 | 가로채기는 송신된 데이터가 수신지까지 가는 도중에 몰래 보거나 도청하여 정보를 유출하는 행위입니다.

16 다음 중 한글 Windows 10에서 [작업 표시줄]의 바로 가기 메뉴에 있는 [도구 모음]에서 선택할 수 없는 것은?

① 바탕 화면　　② 링크

③ 새 도구 모음　　④ 알림 영역

전문가의 조언 | • 알림 영역은 작업 표시줄의 바로 가기 메뉴 중 [도구 모음]의 항목이 아닙니다.
• 작업 표시줄의 바로 가기 메뉴 중 [도구 모음]의 항목에는 링크, 바탕 화면, 새 도구 모음이 있습니다.

17 다음은 [설정] → [개인 설정]에 관한 설명이다. 다음 중 옳지 않은 것은?

① 바탕 화면의 배경을 사용자가 임의로 바꿀 수 있게 지원한다.

② 시스템을 켜둔 채 정해진 시간 동안 마우스나 키보드를 사용하지 않으면 모니터를 보호하기 위해 화면 보호기를 작동할지 여부를 설정한다.

③ 창의 색상과 구성 요소의 색상을 설정한다.

④ 모니터의 해상도 및 방향을 설정한다.

전문가의 조언 | • [◎(설정)] → [개인 설정]에서는 모니터의 해상도 및 방향을 설정할 수 없습니다.
• 모니터의 해상도와 방향은 [◎(설정)] → [시스템] → [디스플레이]에서 설정할 수 있습니다.

18 다음 중 한글 Windows 10에서 프린터 설치에 관한 설명으로 옳지 않은 것은?

① [설정] → [장치] → [프린터 및 스캐너]에서 '프린터 또는 스캐너 추가'를 클릭하여 프린터를 추가한다.

② 설치할 프린터 유형은 로컬 프린터와 Bluetooth, 무선 또는 네트워크 검색 가능 프린터 등에서 하나를 선택할 수 있다.

③ 네트워크 프린터를 선택한 경우에는 연결할 프린터의 포트를 지정한다.

④ 컴퓨터에 설치된 여러 대의 프린터 중에 현재 설치 중인 프린터를 기본 프린터로 설정할 것인지 선택한다.

전문가의 조언 | 네트워크 프린터를 선택한 경우에는 연결할 프린터의 포트가 자동으로 지정됩니다.

19 다음 중 컴퓨터에서 사용되는 바이트(Byte)에 대한 설명으로 옳지 않은 것은?

① 1바이트는 8비트로 구성된다.

② 일반적으로 영문자나 숫자는 1Byte로 한 글자를 표현하고, 한글 및 한자는 2Byte로 한 글자를 표현한다.

③ 1바이트는 컴퓨터에서 각종 명령을 처리하는 기본 단위이다.

④ 1바이트로는 256가지의 정보를 표현할 수 있다.

전문가의 조언 | • 컴퓨터에서 각종 명령을 처리하는 기본 단위는 워드(Word)입니다.
• 바이트는 문자를 표현하는 최소 단위입니다.

20 다음 중 웹 프로그래밍 언어에 속하지 않는 것은?

① LISP ② JSP

③ PHP ④ ASP

2과목 스프레드시트 일반

21 다음 중 차트에 대한 설명으로 옳지 않은 것은?

① 기본적으로 워크시트의 행과 열에서 숨겨진 데이터는 차트에 표시되지 않으며 빈 셀은 간격으로 표시된다.

② 표에서 특정 셀 한 개를 선택하여 차트를 생성하면 해당 셀을 직접 둘러싸는 표의 데이터 영역이 모두 차트에 표시된다.

③ 차트를 만들 데이터를 선택한 후 Alt + F1 을 누르면 별도의 차트 시트가 생성된다.

④ 차트에 두 개 이상의 차트 종류를 사용하여 혼합형 차트를 만들 수도 있다.

22 다음 중 학점[B3:B10]을 이용하여 [E3:E7] 영역에 학점별 학생수를 표시하고자 할 때, [E3] 셀에 입력해야 할 수식으로 옳은 것은?

	A	B	C	D	E
1	엑셀 성적 분포				
2	이름	학점		학점	학생수
3	김현미	A		A	1
4	조미림	B		B	4
5	심기훈	F		C	1
6	박원석	C		D	0
7	이영준	B		F	2
8	최세종	F			
9	김수현	B			
10	이미도	B			

① =COUNTIF(D3, B3:B10)

② =COUNTIF($D3, $B$3:$B$10)

③ =COUNTIF($B$3:$B$10, D3)

④ =COUNTIF($B$3:$B$10, D$3)

23 다음 중 매크로 단축키로 옳지 않은 것은?

① Alt + a ② Ctrl + a

③ Ctrl + Shift + a ④ Ctrl + p

24 다음 중 아래의 차트와 같이 데이터를 선으로 표시하여 데이터 계열의 총 값을 비교하고, 상호 관계를 살펴보고자 할 때 사용하는 차트 종류는?

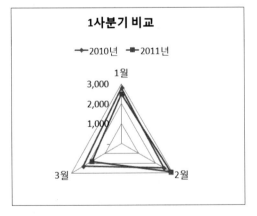

① 도넛형 차트 ② 방사형 차트

③ 분산형 차트 ④ 주식형 차트

25 다음 중 아래와 같이 조건을 설정한 고급 필터의 실행 결과로 추출되는 행으로 옳은 것은?

	A	B	C	D	E
1			직원 현황		
2	이름	직책	경력	부서	TOEIC
3	김상공	대리	4	마케팅	460
4	이한국	대리	2	관리	450
5	박대한	사원	3	기획	540
6					
7	<조건>	직책	경력	TOEIC	TOEIC
8		대리	>=4		
9				>=500	<700

① 3, 4, 5행
② 3행
③ 3, 5행
④ 4, 5행

전문가의 조언 | 고급 필터의 조건을 같은 행에 입력하면 AND 조건, 다른 행에 입력하면 OR 조건으로 연결되므로 '직책'이 '대리'이고 '경력'이 4 이상이거나, 'TOEIC'이 500 이상이면서 700 미만인 3행과 5행만 표시됩니다.

26 다음 중 원본 데이터에 사용자 지정 서식을 적용하였을 때의 표시 결과가 옳은 것은?

① 원본 데이터 : 6000000

　사용자 지정 서식 : #,###,"백만원"

　표시 데이터 : 6백만원

② 원본 데이터 : kim

　사용자 지정 서식 : @"daehan.go.kr"

　표시 데이터 : kim@daehan.go.kr

③ 원본 데이터 : 2021/03/29

　사용자 지정 서식 : dddd, mmm dd yyyy

　표시 데이터 : Monday, Mar 29 2021

④ 원본 데이터 : 16:08:15

　사용자 지정 서식 : h:m:s AM/PM

　표시 데이터 : 4:08:15 PM

전문가의 조언 | 사용자 지정 서식이 올바르게 적용된 것은 ③번입니다.

입력 자료	표시 형식	결과
① 6000000	#,###,"백만원"	6,000백만원
② kim	@"daehan.go.kr"	kimdaehan.go.kr
③ 2021/03/29	dddd, mmm dd yyyy	Monday, Mar 29 2021
④ 16:08:15	h:m:s AM/PM	4:8:15 PM

27 다음 중 [인쇄 미리 보기 및 인쇄]에 대한 설명으로 옳지 않은 것은?

① 인쇄 미리 보기 화면을 종료하려면 Esc를 누르거나 왼쪽 상단의 ⊙를 클릭한다.

② 차트를 선택한 후 [파일] → [인쇄]를 실행하면 선택한 차트만 미리 볼 수 있다.

③ 오른쪽 아래의 '페이지 확대/축소(⊡)'를 클릭하면 화면에는 적용되지만 실제 인쇄 시에는 적용되지 않는다.

④ 오른쪽 아래의 '여백 표시(⊞)'를 클릭하면 '페이지 설정' 대화상자의 '여백' 탭이 표시된다.

전문가의 조언 | [인쇄 미리 보기 및 인쇄] 화면의 오른쪽 아래에 있는 '여백 표시(⊞)'를 클릭하면 미리 보기 화면에 여백을 표시하는 경계선이 표시되지만 '페이지 설정' 대화상자가 표시되지는 않습니다.

28 다음 중 [텍스트 나누기] 기능에 대한 설명으로 옳지 않은 것은?

① 한 셀에 입력되어 있는 데이터를 여러 셀로 분리시킬 수 있다.

② 텍스트 나누기 수행 시 데이터 형식의 변환 및 셀 서식 변경이 가능하다.

③ 열의 데이터 서식을 '일반'으로 지정하면 숫자 값은 숫자로, 날짜 값은 날짜로, 모든 나머지 값은 텍스트로 변환된다.

④ 탭, 세미콜론, 쉼표, 공백 등의 구분 기호가 기본으로 제공되며, 사용자가 원하는 한 가지만 선택할 수 있다.

전문가의 조언 | 텍스트 나누기를 실행하면 '텍스트 마법사' 대화상자가 표시되는데, '텍스트 마법사 2단계' 대화상자에서 두 가지 이상의 구분 기호를 선택하여 텍스트 나누기를 수행할 수 있습니다.

29 다음 중 함수의 결과가 잘못된 것은?

① =ROUND(12.34, 1) → 12.4

② =LEFT("KOREA", 2) → KO

③ =MID("대한상공회의소", 3, 2) → 상공

④ =TRUNC(-8.6) → -8

전문가의 조언 | ①번 수식의 결과는 12.3입니다.

① =ROUND(12.34, 1) : 소수점 이하 둘째 자리에서 반올림한 값인 12.3을 반환합니다.

② =LEFT("KOREA", 2) : "KOREA"에서 왼쪽부터 2글자를 추출한 "KO"를 반환합니다.

③ =MID("대한상공회의소", 3, 2) : "대한상공회의소"에서 3번째부터 2글자를 추출한 "상공"을 반환합니다.

④ =TRUNC(-8.6) : 소수점 이하를 버리고 정수인 -8을 반환합니다.

30 다음 차트에 대한 설명으로 옳지 않은 것은?

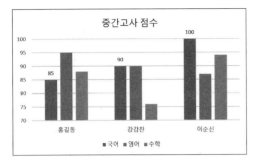

① '계열 겹치기' 값이 음수로 지정되었다.

② 국어 계열에 대해서만 데이터 레이블이 표시되었다.

③ 범례는 아래쪽으로 지정되었다.

④ '행/열 전환'을 수행하면 세로 축과 가로 축이 서로 변경된다.

전문가의 조언 | '행/열 전환'을 수행하면 다음과 같이 가로(항목) 축의 데이터 계열과 범례 항목(계열)이 서로 변경됩니다.

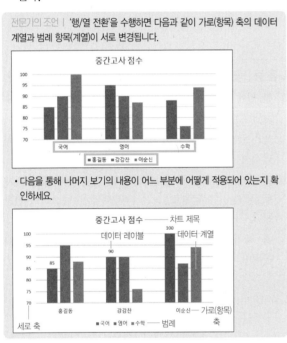

• 다음을 통해 나머지 보기의 내용이 어느 부분에 어떻게 적용되어 있는지 확인하세요.

31 북부/남부의 제품 판매 현황에서 금액은 단가×수량으로 산출한 것이다. 다음 중 남부의 금액[D7:F7]을 구하는 방법으로 옳은 것은 무엇인가? (단, 북부의 금액[D5:F5]은 [D5] 셀의 수식 (=D$3*D4)을 [F5] 셀까지 채우기 핸들을 드래그하여 구한 것이다.)

A	B	C	D	E	F
		1	북부/남부 제품 판매 현황		
		2		OLED TV	냉장고	세탁기
	단가	3	1,500,000	1,200,000	800,000
북부	수량	4	5	15	8
	금액	5	7,500,000	18,000,000	6,400,000
남부	수량	6	10	8	12
	금액	7			

① [D5] 셀을 복사하여 [D7:F7] 영역에 붙여넣기 한다.

② [D7] 셀에 '=D$3*D4'를 입력한 후 채우기 핸들을 [F7] 셀까지 드래그한다.

③ [D5] 셀을 복사하여 [D7:F7] 영역에 '값'으로 붙여넣기 한다.

④ [D7:F7] 영역을 선택한 상태에서 '=D$3*D4'를 입력한다.

전문가의 조언 | 남부의 금액을 구하는 방법으로 옳은 것은 ①번입니다.
• [D5] 셀의 수식 'D$3*D4'중 [D3] 셀의 행 번호에만 절대 참조($)가 지정되어 있으므로, 이를 복사하여 [D7:F7] 영역을 블록으로 지정한 후 붙여넣기하면 [D3] 셀의 열 문자와 [D4] 셀의 열 문자, 행 번호가 다음과 같이 변경되어 입력됩니다.
• [D7] : =D$3*D6, [E7] : =E$3*E6, [F7] : =F$3*F6

32 다음 중 아래 그림과 같이 [A2:D5] 영역을 선택하여 이름을 정의한 경우에 대한 설명으로 옳지 않은 것은?

① [B3:B5] 영역을 선택하면 워크시트의 이름 상자에 '품_명'이라고 표시된다.

② [A3:A5] 영역을 선택하면 워크시트의 이름 상자에 '코드번호'라고 표시된다.

③ [B3:D3] 영역을 선택하면 워크시트의 이름 상자에 'A_002'라고 표시된다.

④ 정의된 이름은 모든 시트에서 사용할 수 있으며, 이름 정의 후 참조 대상을 편집할 수도 있다.

전문가의 조언 | • [A3:A5] 형식을 선택하면 워크시트의 이름 상자에 A3이라고 표시됩니다.
• [B3:D5] 영역을 선택해야 이름 상자에 '코드번호'라고 표시됩니다.
• '선택 영역에서 이름 만들기' 대화상자에서 '첫 행'과 '왼쪽 열'을 선택하고 실행했을 때 정의된 이름은 다음과 같습니다.

A	1/4분기 소모품 구매 신청서		D
2	코드번호	품 명	규 격	단 가
3	A-002	복사용지	A4	16,000
4	A-005	프린터잉크	HP-1120C	35,000
5	B-010	견출지	일반	2,000

번호	이름	셀 범위
①	코드번호	B3:D5
②	품_명	B3:B5
③	규_격	C3:C5
④	단_가	D3:D5
⑤	A_002	B3:D3
⑥	A_005	B4:D4
⑦	B_010	B5:D5

33 다음 중 매크로에 관한 설명으로 옳지 않은 것은?

① 매크로 이름의 첫 글자는 반드시 문자로 지정해야 합니다.

② 서로 다른 매크로에 동일한 이름을 부여할 수 없다.

③ 현재 셀의 위치를 기준으로 매크로가 실행되도록 하려면 별도의 추가 설정없이 '매크로 기록'을 클릭한 후 매크로를 기록한다.

④ 매크로 기록 시 사용자의 마우스 동작은 물론 키보드 작업도 모두 기록된다.

전문가의 조언 | 현재 셀의 위치를 기준으로 매크로가 실행되도록 하려면 '상대 참조로 기록'을 설정한 후 매크로를 기록해야 합니다.

34 다음 중 사용자 지정 목록에 대한 설명으로 옳지 않은 것은?

① 정렬 기준이 셀 색, 조건부 서식 아이콘, 글꼴 색인 경우 사용자 지정 목록을 적용할 수 있다.

② 사용자 지정 목록을 만들면 다른 통합 문서에서 사용할 수 있도록 컴퓨터 레지스트리에 추가된다.

③ 엑셀에서 기본적으로 제공되는 목록은 수정하여 사용할 수 없다.

④ 사용자 지정 목록에는 텍스트 또는 텍스트와 숫자의 조합 등이 포함될 수 있다.

전문가의 조언 | 사용자 지정 목록은 정렬 기준이 '값'일 때만 적용할 수 있습니다.

35 다음 수식의 결과가 나머지와 다른 것은?

① =LEFT(123.654, 6)

② =ROUND(123.654, 2)

③ =ROUNDUP(123.654, 2)

④ =ROUNDDOWN(123.654, 2)

전문가의 조언 | ③번의 결과는 123.66이고, 나머지의 결과는 123.65입니다.

① =LEFT(123.654, 6) : LEFT(텍스트, 개수)는 '텍스트'의 왼쪽부터 지정한 '개수'만큼 반환하는 함수이므로 123.654에서 왼쪽부터 6글자를 추출한 **123.65**를 반환합니다.

② =ROUND(123.654, 2) : ROUND(인수, 반올림 자릿수)는 '인수'에 대하여 지정한 '반올림 자릿수'로 반올림하는 함수이므로 123.654를 소수점 이하 셋째 자리에서 반올림한 값인 **123.65**를 반환합니다.

③ =ROUNDUP(123.654, 2) : ROUNDUP(인수, 올림 자릿수)는 '인수'에 대하여 지정한 '올림 자릿수'로 올림하는 함수이므로 123.654를 소수점 이하 셋째 자리에서 올림한 값인 **123.66**을 반환합니다.

④ =ROUNDDOWN(123.654, 2) : ROUNDDOWN(인수, 내림 자릿수)는 '인수'에 대하여 지정한 '내림 자릿수'로 내림하는 함수이므로 123.654를 소수점 이하 셋째 자리에서 내림한 값인 **123.65**를 반환합니다.

36 다음 중 데이터 통합에 대한 설명으로 옳지 않은 것은?

① 참조 영역은 최대 3개까지만 추가가 가능하다.

② 지정한 영역에 계산될 요약 함수는 '함수'에서 선택하며, 요약 함수로는 합계, 개수, 평균, 최대, 최소 등이 있다.

③ 통합할 여러 데이터의 순서와 위치가 동일할 경우 위치를 기준으로 통합할 수 있다.

④ 사용할 데이터의 형태가 다르더라도 같은 이름표를 사용하면 항목을 기준으로 통합할 수 있다.

전문가의 조언 | 통합할 참조 영역의 개수는 기본적으로 제한이 없습니다. 다만 시스템의 사용 가능한 메모리에 따라 제한될 수는 있습니다.

37 다음 중 '페이지 설정' 대화상자에 대한 설명으로 옳지 않은 것은?

① 프린터 목록에서 사용할 프린터를 선택할 수 있다.

② 셀 오류의 표시 여부를 지정할 수 있다.

③ 페이지의 가로 · 세로 가운데 맞춤으로 인쇄되도록 설정할 수 있다.

④ 셀 구분선이 인쇄되도록 설정할 수 있다.

전문가의 조언 | • '페이지 설정' 대화상자에서 사용할 프린터를 선택할 수는 없습니다.
• 사용할 프린터는 [파일] → [인쇄]를 선택한 후 프린터 항목에서 지정할 수 있습니다.

38 다음 중 [찾기 및 바꾸기] 대화상자의 각 항목에 대한 설명으로 옳지 않은 것은?

① 찾을 내용 : 검색할 내용을 입력할 곳으로 와일드 카드 문자를 검색 문자열에 사용할 수 있다.

② 서식 : 숫자 셀을 제외한 특정 서식이 있는 텍스트 셀을 찾을 수 있다.

③ 범위 : 현재 워크시트에서만 검색하는 '시트'와 현재 통합 문서의 모든 시트를 검색하는 '통합 문서' 중 선택할 수 있다.

④ 모두 찾기 : 검색 조건에 맞는 모든 항목이 나열된다.

전문가의 조언 | '찾기 및 바꾸기' 대화상자에서 '서식'을 지정하면 특정 서식이 지정된 텍스트나 숫자를 찾을 수 있습니다.

39 다음 중 워크시트 작업 및 관리에 대한 설명으로 옳지 않은 것은?

① 시트 삭제 작업은 실행을 취소할 수 없다.

② Shift + F10 을 누르면 현재 시트의 뒤에 새 워크시트가 삽입된다.

③ 그룹화 된 시드에서 데이터 입력 및 편집 등의 작업을 실행하면 그룹내 시트에 동일한 작업이 실행된다.

④ 연속된 시트의 선택은 Shift 를 사용하면 편리하다.

전문가의 조언 | 새 워크시트를 삽입하는 바로 가기 키는 Shift + F11 이고, 새 워크시트는 현재 워크시트 앞에 삽입됩니다.

40 다음 중 날짜 및 시간 데이터에 관한 설명으로 옳지 않은 것은?

① 날짜 데이터를 입력할 때 연도와 월만 입력하면 일자는 자동으로 해당 월의 1일로 입력된다.

② 셀에 '4/9'을 입력하고 Enter 를 누르면 셀에는 '04월 09일'로 표시된다.

③ 날짜 및 시간 데이터의 텍스트 맞춤은 기본 왼쪽 맞춤으로 표시된다.

④ Ctrl + ; 을 누르면 시스템의 오늘 날짜, Ctrl + Shift + ; 을 누르면 현재 시간이 입력된다.

전문가의 조언 | 날짜 및 시간 데이터는 기본적으로 오른쪽 맞춤으로 표시됩니다.

1과목 컴퓨터 일반

01 다음 중 인터넷을 이용한 전자우편에 관한 설명으로 옳지 않은 것은?

① 인터넷에 접속하여 사용자들끼리 서로 편지를 주고받을 수 있는 서비스를 말한다.

② 전자우편 주소는 '사용자ID@호스트' 주소의 형식으로 이루어진다.

③ 일반적으로 SMTP는 메일을 수신하는 용도로, MIME는 송신하는 용도로 사용되는 프로토콜이다.

④ POP3를 이용하면 전자메일 클라이언트를 통해 전자 메일을 받아 볼 수 있다.

> 전문가의 조언 | • 메일을 보낼 때(송신) 사용하는 프로토콜은 SMTP이고, 메일을 받을 때(수신) 사용되는 프로토콜은 POP3입니다.
> • MIME는 웹 브라우저가 지원하지 않는 각종 멀티미디어 파일의 내용을 확인하고 실행시켜 주는 프로토콜입니다.

02 다음 중 연속적 소리 신호인 아날로그 신호를 일정한 간격으로 측정하여 그 값을 디지털화시키는 작업으로 옳은 것은?

① 시퀀싱　　　　② 샘플링
③ 멀티플렉싱　　④ 디더링

> 전문가의 조언 | 아날로그 신호를 디지털화시키는 작업은 샘플링입니다.

03 다음 중 Windows 10의 [설정] → [앱]에서 설정할 수 없는 기능은?

① 선택적 기능을 설치하거나 제거할 수 있다.
② 시작 프로그램을 확인할 수 있다.
③ 업데이트 현황을 확인하거나 설정할 수 있다.
④ 설치된 앱을 변경하거나 제거할 수 있다.

> 전문가의 조언 | Windows 10의 업데이트 현황의 확인 및 설정은 [⚙(설정)] → [업데이트 및 보안]에서 수행할 수 있습니다.

04 다음 중 컴퓨터에서 사용하는 일반 하드디스크에 비하여 속도가 빠르고 기계적 지연이나 에러의 확률 및 발열 소음이 적으며, 소형화, 경량화할 수 있는 하드디스크 대체 저장장치는?

① DVD　　　　② HDD
③ SSD　　　　④ ZIP

> 전문가의 조언 | 문제에 제시된 내용은 SSD(Solid State Drive)에 대한 설명입니다.

05 다음 중 인터넷에서 사용하는 도메인 네임에 대한 설명으로 옳지 않은 것은?

① 숫자로 구성된 IP 주소를 사람들이 기억하고 이해하기 쉽도록 문자열로 만든 주소이다.

② 우리나라에서 도메인 네임을 관리하는 기관은 KISA이다.

③ 인터넷의 모든 도메인 네임은 전 세계적으로 유일하게 존재해야 한다.

④ 도메인 네임을 사용자가 컴퓨터에서 임의로 설정하여 사용할 수 있다.

> 전문가의 조언 | 도메인 네임은 전 세계를 통틀어 중복되지 않는 고유한 주소로, 사용자가 임의로 설정할 수 없습니다.

06 다음 중 한글 Windows 10의 [설정] → [시스템] → [디스플레이]에서 해상도 조정 설정에 대한 설명으로 옳지 않은 것은?

① 높은 화면 해상도에서는 텍스트와 이미지가 더 선명하지만 크기는 더 작게 표시된다.

② 해상도를 변경하면 해당 컴퓨터에 로그인한 모든 사용자에게 변경 내용이 적용된다.

③ 여러 디스플레이 옵션은 Windows에서 둘 이상의 모니터가 PC에 연결되어 있음을 인식할 때만 나타난다.

④ 두 대의 모니터가 연결된 경우 좌측 모니터가 주 모니터로 설정되므로 해상도가 높은 모니터를 반드시 좌측에 배치해야 한다.

> 전문가의 조언 | 주 모니터는 [⚙(설정)] → [시스템] → [디스플레이]에서 자유롭게 변경할 수 있으므로 모니터의 배치를 변경할 필요는 없습니다.

07 다음 중 추상화, 캡슐화, 상속성, 다형성 등의 특징을 지니고 있으며, 크고 복잡한 프로그램 구축이 어려운 절차형 언어의 문제점을 해결하기 위해 개발된 프로그래밍 기법은?

① 구조적 프로그래밍
② 객체지향 프로그래밍
③ 하향식 프로그래밍
④ 비주얼 프로그래밍

> 전문가의 조언 | 문제에 제시된 내용은 객체지향 프로그래밍에 대한 설명입니다.
> • 구조적 프로그래밍 : 입력과 출력이 각각 하나씩 이루어진 구조로 GOTO문을 사용하지 않으며, 순서, 선택, 반복의 세 가지 논리 구조를 사용하는 기법
> • 비주얼 프로그래밍 : 기존 문자 방식의 명령어 전달 방식을 기호화된 아이콘의 형태로 바꿔 사용자가 대화형으로 좀 더 쉽게 프로그래밍 할 수 있는 기법

08 다음 중 차세대 웹 표준으로 텍스트와 하이퍼링크를 이용한 문서 작성 중심으로 구성된 기존 표준에 비디오, 오디오 등의 다양한 부가 기능을 추가하여 최신 멀티미디어 콘텐츠를 ActiveX 없이도 웹 서비스로 제공할 수 있는 언어는?

① XML
② VRML
③ HTML5
④ JSP

전문가의 조언 | 문제에 제시된 내용은 HTML5에 대한 설명입니다.
• XML : 확장성 생성 언어라는 뜻으로 기존 HTML의 단점을 보완하여 웹에서 구조화된 폭넓고 다양한 문서들을 상호 교환할 수 있도록 설계된 언어
• VRML : 가상현실 모델링 언어라는 뜻으로, 웹에서 3차원 가상공간을 표현하고 조작할 수 있게 하는 언어
• JSP : 자바로 만들어진 서버 스크립트로, LINUX, UNIX, Windows 등 다양한 운영체제에서 사용이 가능함

09 다음 중 정보통신에서 네트워크 관련 장비에 대한 설명으로 옳지 않은 것은?

① 라우터(Router) : 네트워크를 구성하기 위해 반드시 필요한 장비로 정보 전송을 위한 최적의 경로를 찾아 통신망에 연결하는 장치
② 허브(Hub) : 네트워크를 구성할 때 여러 대의 컴퓨터를 연결하고, 각 회선들을 통합 관리하는 장치
③ 브리지(Bridge) : 네트워크를 구성할 때 디지털 신호를 아날로그 신호로 변환하여 전송하고 다시 수신된 신호를 원래대로 변환하기 위한 전송 장치
④ 게이트웨이(Gateway) : 한 네트워크에서 다른 네트워크로 들어가는 입구 역할을 하는 장치로 근거리통신망(LAN)과 같은 하나의 네트워크를 다른 네트워크와 연결할 때 사용되는 장치

전문가의 조언 | • ③번은 모뎀(MODEM)에 대한 설명입니다.
• 브리지(Bridge)는 서로 독립적으로 동작하면서 같은 프로토콜을 사용하는 두 LAN을 연결하는 네트워크 장치입니다.

10 다음 중 파일 삭제 시 파일이 [휴지통]에 임시 보관되어 복원이 가능한 경우는?

① 바탕 화면에 있는 파일을 [휴지통]으로 드래그 앤 드롭하여 삭제한 경우
② USB 메모리에 저장되어 있는 파일을 Delete로 삭제한 경우
③ 네트워크 드라이브의 파일을 바로 가기 메뉴의 [삭제]를 클릭하여 삭제한 경우
④ [휴지통]의 크기를 0%로 설정한 후 파일 탐색기 안의 파일을 삭제한 경우

전문가의 조언 | 바탕 화면에 있는 파일을 [휴지통]으로 드래그 앤 드롭하여 삭제한 파일은 복원할 수 있습니다.

11 다음 중 컴퓨터 바이러스에 대한 설명으로 가장 적절하지 않은 것은?

① 사용자가 인지하지 못한 사이 자가복제를 통해 다른 정상적인 프로그램을 감염시켜 해당 프로그램이나 다른 데이터 파일 등을 파괴한다.
② 보통 소프트웨어 형태로 감염되나 메일이나 첨부 파일은 감염의 확률이 매우 적다.
③ 인터넷의 공개 자료실에 있는 파일을 다운로드하여 설치할 때 감염될 수 있다.
④ 온라인 채팅이나 인스턴트 메신저 프로그램을 통해서 전파되기도 한다.

전문가의 조언 | 컴퓨터 바이러스는 보통 소프트웨어 형태로 감염되며, 메일이나 첨부 파일의 경우 감염 확률이 매우 높습니다. 그러므로 발신자가 불분명한 메일이나 첨부 파일은 바이러스 검사를 수행한 후 열어보는 것이 좋습니다.

12 다음 중 한글 Windows 10에서 하드디스크를 포맷하기 위한 [포맷] 창에서 설정 가능한 항목으로 옳지 않은 것은?

① 볼륨 레이블 입력
② 파티션 제거
③ 파일 시스템 선택
④ 빠른 포맷 선택

전문가의 조언 | • '포맷' 대화상자에서 '파티션 제거'는 설정할 수 없습니다.
• '포맷' 대화상자에서 설정할 수 있는 항목에는 용량, 파일 시스템, 할당 단위 크기, 볼륨 레이블, 빠른 포맷 등이 있습니다.

13 다음 중 컴퓨터의 롬(ROM)에 기록되어 하드웨어를 제어하며, 하드웨어의 성능 향상을 위해 업그레이드 할 수 있는 마이크로프로그램의 집합을 의미하는 것은?

① 프리웨어(Freeware)
② 셰어웨어(Shareware)
③ 미들웨어(Middleware)
④ 펌웨어(Firmware)

전문가의 조언 | 주로 ROM에 반영구적으로 저장되어 하드웨어를 제어(관리)하는 역할을 수행하는 것을 펌웨어(Firmware)라고 합니다.

14 다음 중 유틸리티 프로그램에 대한 설명으로 적절하지 않은 것은?

① 다수의 작업이나 목적에 대하여 적용되는 편리한 서비스 프로그램이나 루틴을 말한다.
② 컴퓨터의 동작에 필수적이고, 컴퓨터를 이용하는 주목적에 대한 일부 특정 작업을 수행하는 소프트웨어들을 가리킨다.
③ 컴퓨터 하드웨어, 운영체제, 응용 소프트웨어를 관리하는 데 도움을 주도록 설계된 프로그램을 의미한다.
④ Windows에서 제공하는 유틸리티 프로그램으로는 메모장, 그림판, 계산기 등을 예로 들 수 있다.

전문가의 조언 | 유틸리티 프로그램은 컴퓨터 동작에 필수적이지는 않지만, 컴퓨터를 이용하는 주 목적에 대한 특정 작업을 수행하는 소프트웨어들을 가리킵니다.

15 다음 중 모든 사물을 네트워크로 연결하여 인간과 사물, 사물과 사물간에 언제 어디서나 서로 소통할 수 있게 하는 새로운 정보 통신 환경을 의미하는 것은?

① 클라우드 컴퓨팅(Cloud Computing)

② RSS(Rich Site Summary)

③ IoT(Internet of Things)

④ 빅 데이터(Big Data)

> 전문가의 조언 | 문제에 제시된 내용은 사물 인터넷(IoT)에 대한 설명입니다.
> • 클라우드 컴퓨팅(Cloud Computing) : 하드웨어 · 소프트웨어 등의 컴퓨팅 자원을 자신이 필요한 만큼 빌려 쓰고 사용 요금을 지불하는 방식의 컴퓨팅 서비스
> • RSS(Rich Site Summary) : 뉴스나 블로그 등과 같이 콘텐츠가 자주 업데이트 되는 사이트들의 정보를 자동적으로 사용자들에게 알려주기 위해 사용하는 웹 서비스 기술
> • 빅 데이터(Big Data) : 기존의 관리 방법이나 분석 체계로는 처리하기 어려운 막대한 양의 데이터 집합으로, 스마트 단말의 빠른 확산, 소셜 네트워크 서비스의 활성화, 사물 네트워크의 확대로 데이터 폭발이 더욱 가속화되고 있음

16 다음 중 한글 Windows 10의 [설정] → [시스템] → [소리]에서 수행할 수 있는 작업이 아닌 것은?

① 출력 장치를 선택할 수 있다.

② 입력 장치를 선택할 수 있다.

③ 마스터 볼륨을 조절할 수 있다.

④ 내레이터를 설정할 수 있다.

> 전문가의 조언 | • [⚙(설정)] → [시스템] → [소리]에서는 내레이터를 설정할 수 없습니다.
> • 내레이터는 [⚙(설정)] → [접근성] → [내레이터]에서 설정합니다.

17 다음 중 근거리 통신망(LAN)에 관한 설명으로 옳지 않은 것은?

① 비교적 전송 거리가 짧아 에러 발생률이 낮다.

② 반이중 방식의 통신을 한다.

③ 자원 공유를 목적으로 컴퓨터들을 상호 연결한다.

④ 프린터, 보조기억장치 등 주변장치들을 쉽게 공유할 수 있다.

> 전문가의 조언 | 근거리 통신망(LAN)은 전이중 방식의 통신을 합니다.

18 다음 중 전자우편과 관련하여 스팸(SPAM)에 관한 설명으로 옳은 것은?

① 바이러스를 유포시키는 행위이다.

② 수신인이 원하지 않는 메시지나 정보를 일방적으로 보내는 행위이다.

③ 다른 사용자의 개인 정보를 허락없이 가져가는 행위이다.

④ 고의로 컴퓨터 파일상의 데이터를 파괴시키는 행위이다.

> 전문가의 조언 | 스팸(SPAM)이란 수신인이 원하지 않는 메시지나 정보를 일방적으로 보내는 행위입니다.

19 다음 중 컴퓨터에서 문자 데이터를 표현하는 방법으로 옳지 않은 것은?

① EBCDIC

② Unicode

③ ASCII

④ Hamming Code

> 전문가의 조언 | 해밍 코드(Hamming Code)는 데이터 전송 시 에러 검출 및 교정을 위해 사용하는 코드로, 문자 데이터를 표현하기 위해 사용하는 코드가 아닙니다.

20 다음 중 아래에서 설명하는 그래픽 기법은?

> 컴퓨터 프로그램을 이용하여 3차원 애니메이션을 만드는 과정으로 사물 모형에 명암과 색상을 추가하여 사실감을 더해주는 작업이다.

① 안티앨리어싱(Anti-Aliasing)

② 렌더링(Rendering)

③ 인터레이싱(Interlacing)

④ 메조틴트(Mezzotint)

> 전문가의 조언 | 문제의 지문으로 제시된 내용은 렌더링(Rendering)의 특징입니다.
> • 안티앨리어싱(Antialiasing) : 2차원 그래픽에서 개체의 경계면 픽셀을 개체의 색상과 배경의 색상을 혼합해서 표현함으로써 경계면을 부드럽게 보이도록 하는 기법
> • 인터레이싱(Interlacing) : 그림 파일을 표시하는데 있어서 이미지의 대략적인 모습을 먼저 보여준 다음 점차 자세한 모습을 보여주는 기법
> • 메조틴트(Mezzotint) : 무수히 많은 점과 선으로 이미지를 만드는 것

21 셀에 데이터를 입력하던 중 [Alt] + [Enter]를 누르면 어떻게 되는가?

① 다음 입력할 셀로 이동된다.

② 데이터가 삭제된다.

③ 같을 셀 내에서 줄 바꿈이 된다.

④ 아무 일도 일어나지 않는다.

전문가의 조언 | 셀에 데이터를 입력하던 중 [Alt]+[Enter]를 누르면 같은 셀 내에서 줄 바꿈이 수행됩니다.

22 다음 중 데이터 통합에 대한 설명으로 옳지 않은 것은?

① 참조 영역은 최대 3개까지만 추가가 가능하다.

② 지정한 영역에 계산될 요약 함수는 '함수'에서 선택하며, 요약 함수로는 합계, 개수, 평균, 최대, 최소 등이 있다.

③ 통합할 여러 데이터의 순서와 위치가 동일할 경우 위치를 기준으로 통합할 수 있다.

④ 사용할 데이터의 형태가 다르더라도 같은 이름표를 사용하면 항목을 기준으로 통합할 수 있다.

전문가의 조언 | 통합할 참조 영역의 개수는 기본적으로 제한이 없습니다. 다만 시스템의 사용 가능한 메모리에 따라 제한될 수는 있습니다.

23 다음 중 하나의 계열만 표시할 수 있는 차트는?

① 세로 막대형   ② 원형

③ 방사형   ④ 영역형

전문가의 조언 | 항상 한 개의 데이터 계열만 사용하는 차트는 원형 차트입니다.

24 [A1] 셀에서 '연속 데이터' 대화상자의 설정 값을 다음과 같이 지정했을 때의 결과로 옳은 것은?

① C1 → 4   ② C1 → 5

③ A3 → 4   ④ A3 → 5

전문가의 조언 | 연속 데이터 대화상자의 결과로 옳은 것은 ①번입니다.

• 방향이 '행'이므로 오른쪽으로 값이 입력됩니다.

• 유형이 '급수'이므로 단계 값만큼 값이 곱해지며 입력됩니다.

• 단계 값이 2이므로 2씩 곱해지며 입력됩니다. 즉 [A1] 셀부터 오른쪽으로 차례대로 1, 2, 4, 8, 16, …이 입력되게 됩니다.

• 종료 값이 100이므로 채워지는 값은 100을 넘을 수 없습니다.

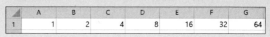

	A	B	C	D	E	F	G
1	1	2	4	8	16	32	64

25 다음 중 아래 차트에 대한 설명으로 옳지 않은 것은?

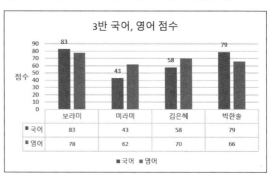

① 차트 위쪽에 차트 제목이 표시되어 있다.

② 세로(값) 축 제목이 가로 방향으로 표시되어 있다.

③ 차트 아래쪽에 범례 표지가 없는 데이터 테이블이 표시되어 있다.

④ 데이터 레이블의 위치가 바깥쪽 끝으로 설정되어 있다.

전문가의 조언 | 차트 아래쪽에는 범례 표지가 포함되어 있는 데이터 테이블이 표시되어 있습니다.

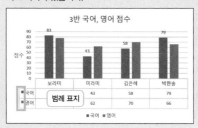

26 다음 중 틀 고정 및 창 나누기에 대한 설명으로 옳지 않은 것은?

① 창 나누기는 셀 포인트의 위치에 따라 수직, 수평, 수직·수평 분할이 가능하다.

② 화면에 나타나는 창 나누기 형태는 인쇄 시 적용되지 않는다.

③ 창 나누기 구분선을 제거하려면 [보기] → [창] → [숨기기]를 선택한다.

④ 첫 행을 고정하려면 셀 포인트의 위치에 상관 없이 [틀 고정] → [첫 행 고정]을 선택한다.

전문가의 조언 | 창 나누기 구분선을 제거하려면 [보기] → [창] → [나누기]를 다시 클릭하거나 창 나누기 기준선을 마우스로 더블클릭하면 됩니다.

---

27 다음 중 조건부 서식에 대한 설명으로 옳지 않은 것은?

① 조건부 서식에서 사용하는 수식은 등호(=)로 시작해야 한다.

② 규칙에 맞는 셀 범위는 해당 규칙에 따라 서식이 지정되고 규칙에 맞지 않는 셀 범위는 서식이 지정되지 않는다.

③ 조건부 서식이 적용된 후 셀 값이 바뀌어 규칙과 일치하지 않아도 셀 서식 설정은 해제되지 않는다.

④ 고유 또는 중복 값에 대해서만 서식을 지정할 수도 있다.

전문가의 조언 | 조건부 서식이 적용된 후 셀 값이 바뀌어 규칙과 일치하지 않으면 적용된 서식이 해제됩니다.

28 다음 중 매크로에 관한 설명으로 옳지 않은 것은?

① 같은 통합 문서 내에서 시트가 다르면 동일한 매크로 이름으로 기록할 수 있다.

② [매크로 기록] 대화상자에서 바로 가기 키 지정 시 영문 대문자를 사용하면 Shift 가 자동으로 덧붙는다.

③ 엑셀을 실행할 때마다 매크로를 사용할 수 있게 하려면 [매크로 기록] 대화상자에서 매크로 저장 위치를 '개인용 매크로 통합 문서'로 선택한다.

④ 통합 문서를 열 때 어떤 상황에서 어떤 매크로를 실행할지 매크로 보안 설정을 변경하여 제어할 수 있다.

전문가의 조언 | 하나의 통합 문서에는 동일한 이름의 매크로를 작성할 수 없습니다.

29 다음 중 수식의 실행 결과가 옳은 것은?

① =MOD(-7, 4) ⇒ -3

② =POWER(2, 3) ⇒ 9

③ =INT(-7.4) ⇒ -8

④ =TRUNC(-8.6) ⇒ -7

전문가의 조언 | 수식의 수행 결과가 옳은 것은 ③번입니다.
① =MOD(-7,4) : MOD(인수1, 인수2)는 '인수1'을 '인수2'로 나눈 나머지를 반환하는 함수이므로 -7을 4로 나눈 후 나머지인 1을 반환합니다.
※ 피제수(-7)가 음수이면 제수(4)로부터 채워야할 몫이 있다고 생각하세요. 7을 채우기 위해 4명에게 2개씩 받으면 1이 남으므로 나머지는 1이됩니다.
② =POWER(2,3) : POWER(인수, 제곱값)는 '인수'를 '제곱값'만큼 거듭 곱한 값을 반환하는 함수이므로 2를 3번 곱한 값인 8(2×2×2)을 반환합니다.
③ =INT(-7.4) : INT(인수)는 '인수'보다 크지 않은 정수값을 반환하는 함수이므로 -7.4보다 크지 않은 정수 -8을 반환합니다.
④ =TRUNC(-8.6) : TRUNC(인수, 자릿수)는 '인수'에 대해 '자릿수' 미만의 수치를 버린 값을 반환하는 함수로, '자릿수'를 생략하면 정수만 표시하므로 -8.6에서 소수점 이하를 모두 버린 값인 -8을 반환합니다.

30 다음 중 피벗 테이블에 대한 설명으로 옳지 않은 것은?

① 값 영역의 특정 항목을 마우스로 더블클릭하면 해당 데이터에 대한 세부적인 데이터가 새로운 시트에 표시된다.

② 데이터 그룹 수준을 확장하거나 축소해서 요약 정보만 표시할 수도 있고 요약된 내용의 세부 데이터를 표시할 수도 있다.

③ 행을 열로 또는 열을 행으로 이동하여 원본 데이터를 다양한 방식으로 요약하여 표시할 수 있다.

④ 피벗 테이블과 피벗 차트를 함께 만든 후에 피벗 테이블을 삭제하면 피벗 차트도 자동으로 삭제된다.

전문가의 조언 | 피벗 테이블과 피벗 차트를 함께 만든 후에 피벗 테이블을 삭제하면 피벗 차트는 일반 차트로 변경됩니다.

31 고급 필터에서 다음과 같은 조건을 적용하였을 때 선택되는 데이터로 올바른 것은?

	A	B	C
1	제품명	금액	수량
2	냉장고	<650000	
3			>5

① 제품명이 냉장고이고 금액이 650000 미만인 제품과 수량이 6 이상인 제품

② 금액이 650000 미만이고 수량이 5 이상인 제품

③ 제품명이 냉장고이거나 금액이 650000 미만인 제품이면서 수량은 6 이상인 제품

④ 수량은 5 이상이며 제품명이 냉장고이거나 금액이 650000 이상인 제품

전문가의 조언 | • 고급 필터에서 OR 조건은 각 조건을 서로 다른 행에 입력하고, AND 조건은 서로 같은 행에 입력합니다.
• 문제의 고급 필터 조건은 '제품명이 냉장고이고 금액이 650000 미만인 제품과 수량이 5보다 큰(6 이상) 제품'입니다.

32 다음 중 페이지 나누기에 대한 설명으로 옳지 않은 것은?

① 페이지 나누기는 워크시트를 인쇄할 수 있도록 페이지 단위로 나누는 구분선이다.

② [페이지 나누기 미리 보기] 상태에서 마우스로 페이지 나누기 구분선을 클릭하여 끌면 페이지를 나눌 위치를 조정할 수 있다.

③ 행 높이와 열 너비를 변경해도 자동 페이지 나누기 구분선의 위치는 변경되지 않는다.

④ [페이지 나누기 미리 보기] 상태에서 파선은 자동 페이지 나누기를 나타내고 실선은 사용자 지정 페이지 나누기를 나타낸다.

전문가의 조언 | 행 높이와 열 너비를 변경하면 자동 페이지 나누기는 영향을 받아 자동으로 변경되고, 수동 페이지 나누기는 영향을 받지 않고 원래대로 유지됩니다.

33 다음 중 [C10] 셀에 판매량이 판매량 평균 이상인 지점의 개수를 구하는 수식으로 올바른 것은?

	A	B	C
1	지점	대표자	판매량
2	마포	고아라	125
3	서대문	나영희	85
4	을지로	박철수	94
5	강남	안도혜	108
6	강서	최순이	75
7	강북	최하늘	12
8	강동	김수창	98
9			
10	판매량 평균 이상		4

① =COUNTIF(C2:C8, ")="&AVERAGE($C$2:$C$8))

② =COUNTIF(")="&AVERAGE($C$2:$C$8))

③ =COUNTIF(C2:C8, ")=AVERAGE($C$2:$C$8)")

④ =COUNTIF(")="&AVERAGE($C$2:$C$8), C2:C8)

34 다음 중 매크로의 바로 가기 키에 대한 설명으로 옳지 않은 것은?

① 매크로 생성 시 설정한 바로 가기 키는 [매크로] 대화상자의 [옵션]에서 변경할 수 있다.

② 기본적으로 바로 가기 키는 Ctrl과 조합하여 사용하지만 대문자로 지정하면 Shift가 자동으로 덧붙는다.

③ 바로 가기 키의 조합 문자는 영문자만 가능하고, 바로 가기 키를 설정하지 않아도 매크로를 생성할 수 있다.

④ 엑셀에서 기본적으로 지정되어 있는 바로 가기 키는 매크로의 바로 가기 키로 지정할 수 없다.

35 다음 중 정렬에 대한 설명으로 옳은 것은?

① 최대 24개의 열을 기준으로 정렬할 수 있다.

② 글꼴 색을 기준으로 정렬할 수 있다.

③ 정렬 대상 범위에 병합된 셀이 포함되어 있어도 정렬할 수 있다.

④ 숨겨진 행은 정렬 결과에 포함되나 숨겨진 열은 정렬 결과에 포함되지 않는다.

36 다음은 자료의 화면 표시 형식을 지정한 것이다. 그 결과가 옳은 것은?

	입력 자료	표시 형식	결과
①	2021-8-1	yyyy.mmm	2021.Aug
②	5	#.#0	5.00
③	1234567	0.0E+00	1.23E+8
④	2234543	#,###."천원"	2,234천원

37 다음 중 '페이지 설정' 대화상자에 대한 설명으로 옳지 않은 것은?

① 프린터 목록에서 사용할 프린터를 선택할 수 있다.

② 셀 오류의 표시 여부를 지정할 수 있다.

③ 페이지의 가로 · 세로 가운데 맞춤으로 인쇄되도록 설정할 수 있다.

④ 셀 구분선이 인쇄되도록 설정할 수 있다.

38 북부/남부의 제품 판매 현황에서 금액은 단가×수량으로 산출한 것이다. 다음 중 남부의 금액[D7:F7]을 구하는 방법으로 옳은 것은 무엇인가? (단, 북부의 금액[D5:F5]은 [D5] 셀의 수식(=D$3*D4)을 [F5] 셀까지 채우기 핸들을 드래그하여 구한 것이다.)

	A	B	C	D	E	F
1		북부/남부 제품 판매 현황				
2				OLED TV	냉장고	세탁기
3		단가		1,500,000	1,200,000	800,000
4	북부	수량		5	15	8
5		금액		7,500,000	18,000,000	6,400,000
6	남부	수량		10	8	12
7		금액				

① [D5] 셀을 복사하여 [D7:F7] 영역에 붙여넣기 한다.

② [D7] 셀에 '=D$3*D4'를 입력한 후 채우기 핸들을 [F7] 셀까지 드래그한다.

③ [D5] 셀을 복사하여 [D7:F7] 영역에 '값'으로 붙여넣기 한다.

④ [D7:F7] 영역을 선택한 상태에서 '=D$3*D4'를 입력한다.

40 다음 중 수식에 잘못된 인수나 피연산자를 사용할 때 표시되는 오류 메시지로 옳은 것은?

① #DIV/0!   ② #NUM!

③ #NAME?   ④ #VALUE!

39 다음 중 [부분합] 대화상자의 각 항목 설정에 대한 설명으로 옳지 않은 것은?

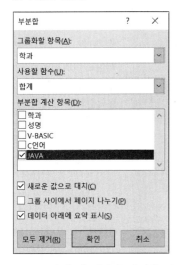

① '그룹화할 항목'에서 선택할 필드를 기준으로 미리 오름차순 또는 내림차순으로 정렬한 후 부분합을 실행해야 한다.

② 부분합 실행 전 상태로 되돌리려면 부분합 대화상자의 [모두 제거] 단추를 클릭한다.

③ 세부 정보가 있는 행 아래에 요약 행을 지정하려면 '데이터 아래에 요약 표시'를 선택하여 체크 표시한다.

④ 이미 작성된 부분합을 유지하면서 부분합 계산 항목을 추가할 경우에는 '새로운 값으로 대치'를 선택하여 체크한다.

나는 시험에 나오는 것만 공부한다!
이제 시나공으로 한 번에 정복하세요!

기초 이론부터
완벽하게 공부해서
안전하게 합격하고
싶어요!

기본서
(필기/실기)

■ 특 징 ■

자세하고 친절한 이론으로 기초를 쌓은 후 바로 문제풀이를 통해 정리한다.

■ 구 성 ■

본권
기출문제
토막강의

실기
채점 프로그램
• 워드프로세서
• 컴퓨터활용능력
• ITQ

■ 출 간 종 목 ■

컴퓨터활용능력1급 필기/실기
컴퓨터활용능력2급 필기/실기
워드프로세서 필기/실기
정보처리기사 필기/실기
정보처리산업기사 필기/실기
정보처리기능사 필기/실기
사무자동화산업기사 실기
ITQ 엑셀/한글/파워포인트
GTQ 1급/2급

필요한
내용만 간추려 빠르고
쉽게 공부하고
싶어요!

Quick & Easy
(필기/실기)

■ 특 징 ■

큰 판형, 쉬운 설명으로 시험에 꼭 나오는 알짜만 골라 학습한다.

■ 구 성 ■

본권
기출문제
토막강의

필기/실기
채점 프로그램
• 컴퓨터활용능력

■ 출 간 종 목 ■

컴퓨터활용능력1급 필기/실기
컴퓨터활용능력2급 필기/실기
정보처리기사 필기/실기

이론은 공부했지만
어떻게 적용되는지
문제풀이를 통해
감각을 익히고 싶어요!

총정리
(필기/실기)

■ 특 징 ■

간단하게 이론을 정리한 후 충분한 문제풀이를 통해 실전 감각을 향상시킨다.

■ 구 성 ■

핵심요약
기출문제
모의고사
토막강의

실기
채점 프로그램
• 컴퓨터활용능력

■ 출 간 종 목 ■

컴퓨터활용능력1급 필기/실기
컴퓨터활용능력2급 필기/실기
사무자동화산업기사 필기

이론은 완벽해요!
기출문제로
마무리하고 싶어요!

기출문제집
(필기/실기)

■ 특 징 ■

최신 기출문제를 반복 학습하며 최종 마무리한다.

■ 구 성 ■

핵심요약(PDF)
기출문제
토막강의

실기
채점 프로그램
• 컴퓨터활용능력

■ 출 간 종 목 ■

컴퓨터활용능력1급 필기/실기
컴퓨터활용능력2급 필기/실기
정보처리기사 필기/실기